한국사회복지
정책론

한국사회복지 정책론

개정판

박승희 지음

이룬세상 가꾸기

성균관대학교
출판부

이 책을 스승 심윤종沈允宗, 이승묵李昇默, 부모父母 박병돈朴秉敦,
전정례全正禮, 고故 이용주李容柱, 정인순鄭仁順님께 삼가 절하며 바친다.

2004년 가을, 박승희朴昇熙

개정판 서문

『한국사회복지정책론: 아름다운 세상 가꾸기』를 발간한 지도 어느새 15년이 지났다. 그동안 이 책에서 스스로 허점을 발견하였고, 독자들의 지적도 받았다. 무엇보다도 사회복지의 갈래 기준과 욕구의 개념은 마음에 걸리고, 문장의 오류誤謬와 군더더기는 눈에 밟혔다. 그러나 『한국사회보장론: 스웨덴을 거울삼아』, 『사회복지학자가 읽은 노자 도덕경』을 쓰느라, 틈을 내지 못했다. 해마다 침침해지는 눈 때문이었을까? 개정 작업은 더디기만 했다. 일을 시작한 지도 3년이 훌쩍 흘렀다.

이 책의 초판을 낼 무렵부터 백탑시사白塔詩社(한시漢詩 모임)의 끝자리에서 벽사碧史 이우성李佑成 선생先生을 뵈었다. 선생은 삶과 학문의 길은 말할 것도 없고, 글을 어떻게 써야 하는가를 때맞추어 내리는 비(시우時雨)처럼 깨우쳐 주셨다. 그러나 선생의 가르침을 오래도록 받을 수가 없었다. 꽃잎이 휘날리는 늦봄 밀양의 산골에서 선생을 영별하던 심경心境은 이러했다.

於天障山先塋下

酒筵談笑若陽春 簡潔文章不染塵
一覽粗詩成可詠 余今永別學誰人

천장산 선영 아래서

술자리 담소 모습 화창한 봄날 같고
간결한 문장마다 티끌 하나 없었으며
졸시도 살피셔서 시가 되게 하셨는데,
오늘 영별하면 누구에게 배울 건가?

다시 눈물이 난다. 선생께 배운 논리의 전개법과 언어의 절약 정신을 이 책을 수정하는 동안 잊지 않으려고 애를 썼다.

나는 여러 해 전부터 실복회實復會에서 동서양의 고전을 읽으면서 이은정, 최명민, 김기덕, 김성천 교수로부터 많이 배웠다. 그리고 삶의 지혜와 용기도 얻었다. 이것들이 이 책을 개정하는 데 웃거름이 되었다.

동리東離 김경훤金徑暄 교수는 밥 먹으러 오가는 와룡산 산책길에서 우리말의 사용법을 가르쳐 주셨다. 특히 첫 장을 직접 읽고 일일이 지적하여 길잡이를 마련해 주셨다.

내 책의 애독자이신 노화자 선생도 많은 가르침을 주셨다. 고등학교 때부터 이 책을 여러 번 읽은 동국대학의 박경민朴慶珉 군, 수업시간에 이 책으로 열심히 토론한 성균관대학교 대학원의 강금안, 김영은, 맹성준, 이동준, 이종선 군을 비롯한 학반學伴들은 오류를 바로잡아 주었다.

모든 분들께 감사드린다.

2019년 설날
대자동大慈洞 부지당不知堂에서
박승희 삼가 쓰다.

머리글

碧樹凉蟬曉氣新
墨香淸淡更精神
臨書終日蘭亭叙
尙友流觴曲水人[1]

푸른 나무 매미 소리에 새벽 기운 새로운데
맑고 엷은 먹 내음이 정신을 일깨우니
온 하루 하염없이 란정서[2]를 베껴 쓰며
굽은 물에 잔 띄우던 벗님들과 어울리네.

  일부러 가져보는 여유餘裕였다. 아내는 올 여름이 무던히 덥고 길다고 했
다. 그러나 나는 막바지 원고原稿 정리整理 때문일까 여름이 몹시도 짧았
다. 더위가 한풀 꺾이려 할 즈음에야 초벌 일을 방학 안에 마칠 수 있다는
기대감에 마음의 틈이 조금 생겼다. 올 여름 매미가 처음 울 리 없건마는
새벽부터 우는 매미 소리가 새로웠다. 하루쯤 붓 놀이에 취해 보았다. 그

---

1. 이 시는 2004년 백탑시사白塔詩社에서 벽사碧史 이우성李佑成 선생의 지도를 받아
완성하였다.
2. 란정서蘭亭叙의 글씨는 행서行書로 유명하다. 많은 서가書家들이 이것을 임서臨書한
다. 이 란정서는 아회雅會라는 시집의 서문으로 왕희지王羲之가 짓고 썼는데, 여기에
는 시인들이 포석정에서처럼 굽어 흐르는 물에 잔을 띄워(유상곡수流觴曲水) 술을 마
시며 시를 읊는다는 내용이 들어 있다.

리고 한참 지난 어제서야 원고를 넘겼다. (중머리 장단) 좋다! 매미 소리는 멎었더라도 아직 나무는 푸르고 바람결이 신선하니 산으로 가 봄 물결에 흘러가 버렸다는 '열아홉 시절'이라도 마음껏 노래하고 싶다.

이 책을 써야겠다고 생각하고 바쁠 때나 한가閑暇할 때나 마음의 바닥에 깔아둔 지가 10년이 넘었다. 집필執筆을 시작한 지만도 칠팔 년의 시간이 지났다. 이렇게 늦어진 것은 무엇보다도 나의 무능無能과 게으름 탓이다. 그러나 이것만이 다가 아니다. 일이 늦어진 것은 그동안 한국 사회에 몰아닥친 '대학개혁'의 바람 때문이기도 하다. 논문의 개수를 가장 중요한 평가 기준으로 삼는 '단순' 경쟁의 물결 속에서 나는 최소한 '생존生存'을 위해서라도 한가하게 책만 쓰고 있을 수는 없었다.

20대에 사회과학을 공부하겠다고 마음먹은 이래, 한국 사회의 바람직한 발전의 방향은 무엇일까라는 '거창巨創한' 문제를 놓고 항상 고민해 왔다. 이런 고민苦悶은 십수 년 전부터 사회복지정책론社會福祉政策論을 강의하면서 한국 사회에 적합한 사회복지의 방향은 무엇일까라는 것으로 구체화具體化되었다. 그동안 한국 사회는 서구西歐에서 발전되어온 자본주의를 급속하게 이식移植하여왔다. 전후의 가난 속에서 앞뒤와 좌우를 둘러보지 않고 자본주의의 경제 발전을 추진하며 서구의 사회제도나 학문, 사상을 머뭇거림 없이 받아들였다. 그래서 수입輸入과 도입導入이 첨단에 이르는 지름길이었다. 1960년대 가스라이터를 처음 사온 사람이 얼마나 으스댔던가를 생각해보라. 이러한 무분별한 사회제도와 학문의 도입에는 많은 문제가 따른다. 왜냐하면 아무리 곱더라도 제 몸에 맞지 않은 옷처럼, 아무리 좋더라도 상황에 맞지 않은 제도나 학문은 좋지 않기 때문이다. 그리고 다른 나라의 제도나 학문에는 좋은 점만 아니라, 나쁜 점도 적지 않다. 잘 골라서 받아들여야 한다. 이것은 사회복지정책이나 사회복지정책학의 경우에도 예외例外가 아니다. 한국의 사회복지정책은 출발 단계에 있다. 그러므로 다른 나라의 사회복지나 학문을 받아들이는 것을 거부拒否할 이유는 없다. 오히려 적극적으로 받아들일 필요가 있다. 그러나 받아들일 때는 좋은 것만, 좋은 것이라도 한국의 처지에 맞는가를 검토檢討하고 조정調整하면서 받아들여야 한다. 이런 맥락에서 나는 한국의 전통과 역사를 충분히 고려한 가운데, 서구의 사회복지정책을 비판적으로 검토하면서 우리에게 바람직하다고 할 수 있는 사회복지정책을 제시해보겠다는 의도意圖에서 이 책을 구상構想하고 집필하였다.

그런데 한국 사회의 사회복지정책을 제시하려면 먼저 사회복지정책이 무엇이며, 왜 필요하며, 이를 둘러싼 대립되는 입장들로는 어떤 것들이 있는가 따위를 먼저 정리할 필요가 있다. 지금 한국 사회에서는 어떤 사회복지제도나 정책을 도입할 것인가를 놓고 논쟁이 분분하다. 이러한 논쟁이 이루어지는 책이나 토론장에서는 예컨대 '사회복지정책社會福祉政策', '자본주의資本主義', '탈상품화脫商品化', '신자유주의新自由主義', '사회민주주의社會民主主義', 혹은 '보수保守'나 '진보進步' 등을 '상식常識'으로 여기면서 많이 사용하고 있다. 그러나 이런 개념들이 매우 혼란스럽게 사용되고, 이에 따라 논의와 토론이 중구난방衆口難防으로 흐르는 경우를 자주 보곤 한다. 이런 혼란은 논자들의 관점의 차이에서뿐만 아니라, 사회과학적인 '시민권市民權'을 획득하였다고 볼 수 있는 개념들의 이해 부족에서도 연유緣由한다고 생각한다. 그럼에도 이것들을 정리해 놓은 책이나 논문, 특히 한글로 된 문서를 찾아보기란 쉽지 않다. 물론 이런 작업이 전혀 이루어지지 않은 것은 아니나, 다양한 사회조건에서 여러 사람들이 주장하거나 지적한 것들을 피상적으로 소개하고 있을 뿐이다. 기초 작업마저 미진한 것이 한국 사회복지학계의 현실이다. 따라서 이 책에서는 사회복지정책의 개념槪念, 조건條件, 이념理念 따위를 정리整理해 보고자 하였다.

이 책의 1장에서는 사회복지정책이 무엇인가를 꼼꼼하게 천착穿鑿하고,

'사회복지정책'과 관련된 개념들의 계보系譜를 만들어 보았다. 2장에서는 사회복지정책의 사회적 조건條件이라고 할 수 있는 자본주의의 특성을 사회복지와 관련지어 정리하면서, 자본주의 사회에서 왜 사회복지정책이 필요하고 자본주의 사회의 사회복지정책의 특성과 경계는 어떠한가에 대해서 논의하였다. 3장에서는 사회복지에 관한 주요 사회이념들을 자본주의 발전과정과 연관지어 살펴보고, 이런 이념들이 사회복지에 대해 어떤 입장을 취하는지 등을 정리해 보았다. 이상의 논의는 기존의 연구 성과나 통용通用되는 개념들을 나름대로 체계를 잡아 정리해본 것에 불과하다. 그래서 이러한 1, 2, 3장의 논의는 창조적인 '내 주장'이라고 할 수는 없다. 그러나 꼭 필요한 작업이라고 생각한다.

4장에서는 필요와 욕구慾求 문제를 다루었다. 필요와 욕구는 사회복지정책론의 핵심核心 개념이다. 기존의 사회복지정책론에서는 흔히 욕구, 특히 기본필요基本必要의 충족充足을 가장 중요하게 여기고 있다. 실제로도 기본 필요의 충족이 사회복지의 중요한 목표 중의 하나이고, 역으로 사회복지는 필요를 충족시키는 중요한 수단 중의 하나이므로, 필요를 어떻게 규정하는가에 따라서 사회복지의 내용과 추진방향이 달라질 수밖에 없다. 그러므로 한국 사회에 적합한 사회복지를 찾아가고자 한다면 서구에서 발달되어 온 사회복지학에서 사용하고 있는 기존의 필요 개념부터 비판적批判的으로 검토해볼 필요가 있다. 이 장에서는 한국 사회복지정책의 기본방향을 설정하려는 데 긴요한 예비 작업으로서, 한국의 전통적인 사상과 문화의 관점에서 사회복지학의 기존 필요이론을 비판적으로 검토한 다음, 나름의 대안을 제시하고자 했다. 이런 검토결과에 따르면 기존의 필요 욕구이론에서는 필요나 욕구의 충족에만 관심을 갖는다. 필요 욕구의 불충족不充足으로부터 나오는 고통苦痛은 제거除去하고, 충족으로부터 나오는 즐거움은 추구한다. 그러나 고통과 즐거움은 서로 낳으므로苦樂相生(정약용, 1996: 35), 즐거움은 고통의, 고통은 즐거움의 필수조건이다. 그러므로 사회복지정책론에서는 고통마저 고이 여기고, 그 고통을 야기하는 불충족의 상태가 만들어지는 것, 즉 필요 욕구의 생성에도 관심을 가질 필요가 있다. 채우려면 먼저 비워야 하지 않겠는가?

5장에서는 4장까지 이루어진 작업의 토대 위에서 가족家族사회복지정책을 논의하였다. 자본주의 사회에서 보편적普遍的으로 나타나는 공동체共同體로부터 가족의 분리, 가족 축소·해소 경향은 한국 사회에서도 비슷하게 나타난다. 우리는 이러한 가족의 변화를 그대로 수용할 것인가? 수용한다면 어떤 문제가 발생하는가? 아니면 과거의 확대가족擴大家族으로 회귀回歸할 것인가? 이것은 가능하며, 이 경우 어떤 문제가 있는가? 이것도 저것도 아니라면 어떤 대안이 있는가? 기존의 사회복지정책에서는 가족에 대해서 어떤 입장과 대안을 가지고 있으며, 그런 입장과 대안의 장점과 문제점은 무엇인가? 이와 같은 문제들을 검토한 다음, 한국의 가족사회복지정책의 대안과 방향을 제시해보고자 하였다. 우리가 지금의 가족 변화를 그대로 지속시킨다면 결국 가족은 와해瓦解되고 인간은 고독孤獨할 것이나, 우리가 자본주의를 포기하지 않는 한 과거의 가족으로 되돌아갈 수는 없다. 여기서 우리는 가족과 자본주의 체제의 '화해和解'를 추구하지 않을 수 없다. 사회복지정책은 이 화해에 기여하는 방향으로 나가야 한다. 이것이 5장의 주요 논의 결과이다.

6장에서는 국가와 가족, 이웃 및 친족의 바람직한 부양 협력을, 노인 부양을 중심으로 탐구해보았다. 노인문제의 성격은 무엇이고 노인문제는 왜 생기는가? 노인문제를 시장과 가족에 맡겨두고 노인사회복지를 전혀 하지 않거나, 하더라도 매우 소극적으로 한다면 어떻게 될까? 노인들을 국가가 모두 부양한다면 어떨까? 이런 것들이 많은 문제를 가지고 있다면 어떤 방식의 노인 부양을 추구할 것인가를 논의하였다. 논의 결과의 요지는 다음과 같다. 사회복지社會福祉 없는 효孝는 살인殺人이고 효孝 없는 사회복지는 사육飼育이며, 이웃과 친족이 없으면 효는 위태롭고 사회복지는 낭비된다.

원래 이 책에서는 사회보장社會保障, 특히 소득보장所得保障, 노동勞動과 사회복지정책社會福祉定策, 주택사회복지정책住宅社會福祉定策, 여가餘暇사회복지정책 따위도 다루려 했었다. 그런데 이런 주제까지 포함한 책을 완성完成하려면, 지금의 작업 속도로 진행할 경우, 앞으로도 최소한 3년의 시간이 더 걸릴 것 같다. 그동안에도 써놓은 것들이 다른 사람들에게 읽혀지지 않고 묵혀 있는 것을 안타깝게 생각하여 왔으므로, 더 이상 완성된 원고의 발표를 미룰 수 없다는 중압감重壓感을 가졌다. 그런데 이 중압감은 나의 부모父母 때문에 더 커졌다. 나의 능력能力은 보잘 것이 없으므로 이 책이 세상에서 좋은 평評을 받고 잘 팔리라는 기대期待는 처음부터 하지 않았으나 미련한 사람일지라도 나름대로 심혈心血을 기울인 책이기에 부모께는 꼭 보여드리고 싶었다. 그러나 부모가 이 작업을 오래도록 기다려 주실 것 같지 않다. 아버지의 기억記憶은 다달이 흐려지고 어머니의 허리는 연연히 굽어간다. 그래서 우선 완성된 원고原稿라도 한 권의 책으로 묶어 세상에 내놓기로 하였다. 어찌 마음의 한 구석에 서운함이 없겠는가? 아무쪼록 제현諸賢들이 읽고 많은 비판을 해준다면 수정하고 보완해서 미루어 놓은 주제들까지 포괄하는 증보판增補板을, 기약期約이야 정할 수 없지만, 세상에 꼭 내놓고 싶다.

나는 이 책을 온고지신溫故知新의 정신으로 썼다. 그동안 고전古典의 지혜들을 사회복지학과 연결해 보려고 노력했다. 이를 위해 특히 동양의 고전을 사회복지학 혹은 사회과학의 시각에서 틈나는 대로 꾸준히 읽어 왔다. 그래서 이 책에서는 흔히 세상 사람들이 사회복지정책과는 관련이 없으리라고 믿고 있는 문헌文獻들을 많이 인용할 수 있었다. 이것이 아전인수我田引水나 견강부회牽强附會인 경우도 적지 않으리라는 우려를 하면서도 사회복지학의 지평을 넓히고 사고의 자원을 풍부하게 하는 데 기여寄與하리라는 기대도 해본다.

나는 모든 사회과학에서 다 그렇지만, 사회복지학에서도 인문학人文學과 예술藝術을 잘 활용할 필요가 있다고 생각한다. 사회복지학이 사람들의 행복 증진을 연구하며 사람들의 행복이 먹고 자고 입는 것만으로 다 달성되지 않으므로, 정신과 문화를 다루는 인문학과 예술의 소양素養이 사회복지학과 사회복지정책 및 실천을 위한 웃거름도 되고 밑거름이 된다고 믿는다. 그래서 사회과학도인 사회복지학도도 문학, 음악, 그림이나 체육을 하거나 즐길 자기 나름의 역량을 갖출 필요가 있다고 생각한다. 그래서 나는 이 책을 '군자불기君子不器'[3]의 정신을 반영反映하여 쓰고자 하였다.

한편 나는 이 책을 꼼꼼하게, 그러나 때로는 거침없이 기술記述하고자 했다. 무릇 사회과학의 글은 추사秋史 김정희金正喜(1995)의 '진흥왕 두 비석에 대해서 상고하다(眞興二碑攷)'[4]처럼 냉정冷情하면서도 엄밀嚴密하게 써야 한다. 그래야만 논리적論理的이고 '과학적科學的'인 글을 쓸 수 있고 말하고자 하는 뜻도 더 정확하게 전달할 수 있기 때문이다. 나도 그동안 주로 이런 글쓰기를 추구해 왔다. 그러나 이런 글쓰기는 상상력想像力과 표현력表現力을 위축萎縮시키기도 한다. 그래서 사회과학의 글쓰기에서도 이러한

---

3. 군자는 그릇처럼 국한되어서는 안 된다는 뜻이다.(『論語』, 爲仁 12) 물론 사회복지정책학에서도 전공이 필요하다. 그러나 특히 사회복지정책을 공부할 때는 총체적總體的 사고를 할 필요가 있다. 왜냐하면 어떠한 정책도 다른 정책과 분리되어 독자적으로 추진될 수는 없기 때문이다.
4. 추사는 예술을 하고 문학을 쓰며, 사상가思想家로서 자기 주장도 분명하게 했다. 그러나 이 글에서는 자기 가치(Wert, Value)와 감정을 배제한 가운데, 이 비석碑石이 어떤 비석인가를 치밀하게 논증하고 있다. 이 글에서 추사는 자기가 말하는 것이 아니라 사실들이 말하게 한다. 나는 이 글이 인문사회과학 분야에서 대표적인 과학적인 글, 베버(Weber, 1994: 36; Weber, 1988: 148)의 말을 빌려서 이야기하자면 당위當爲가 아니라 존재存在의 문제를 다룬 글이라고 생각한다.

냉정성과 엄밀성을 벗어난 글쓰기가 필요할 때가 있다. 오류誤謬의 가능성이 있다 하더라도 매임으로부터 자유로울 때 창의적創意的인 주장을 과감果敢히 내놓을 수 있기 때문이다. 이런 글들이 논쟁을 촉발觸發하고 더 깊은 사유思惟를 할 수 있는 계기契機를 마련해 주기도 한다. 나는 이제까지 내가 썼던 논문 중에서 가장 자유스럽게 쓴 논문[5]을 가장 창의적이라고 생각하여 제일 좋아한다. 이런 이유에서 이 책을 주로 냉정하고 엄밀하게 쓰려고 하였지만 때로는 자유스럽게도 쓰려고 했다. 뿐만 아니라 그동안 읽고 생각했던 것들을 쏟아버리고 싶은 곳에서는 쏟아비린다는 심정心情으로도 글을 썼다.

책을 내면서 한글을 처음 가르쳐 주신 故 전상균님을 비롯한 여러 선생님들, 부모, 그리고 부모를 잘 모셔준 형수兄嫂 정복순鄭福順을 비롯한 형제들에게 감사感謝드린다. 늘 학문적 자극刺戟과 격려激勵를 해주신 동료 이혁구, 김통원, 김정우, 엄명용, 홍경준 교수와 학생들에게도 감사의 뜻을 전한다. 이 책은 지난 20여 년 동안 고전을 함께 읽어 주신 전태국, 박시종 교수를 비롯한 마금모의 회원들이 없었다면 태어날 수 없었다. 캔사스 주립대학 캔다 교수와 김경미 박사는 미국에서 안식년을 보내는 동안 많은 도움을 주셨고, 이효익, 김종일 교수는 만날 때마다 "책이 언제 나오느냐"고 물으셨다. 일탄一灘 하한식河漢植 선생님과 이대근李大根, 송재소宋載邵, 임형택林螢澤 교수를 비롯한 행연회杏硯會(붓글씨 모임) 회원들은 취미趣味와 지혜智慧를 가르쳐주셨고, 이상주李商周, 김정제金政濟, 이태주李台柱, 하영휘河永輝 형을 비롯한 기러기·조은일 산 벗들은 건강健康을 지키고 낭만을 누리는 법을 알려주셨다. 최근 나는 벽사碧史 이우성李佑成 선생님과 백탑시사白塔詩社 선생님들로부터 한시漢詩를 배우는 영광榮光을 입었다. 이

---

5. 이것은 "현대 산업사회의 형성과 여가"(박승희, 1995)를 말한다.

모든 것들이 이 책을 쓰는 데 큰 도움이 되었다. 다 열거列擧할 수 없는 많은 분들에게까지 두루 감사드린다. 끝으로 교열을 도와준 김사현 군과, 성균관대학교 출판부 여러분들께 감사드린다.

2004년
매미 소리 이미 멎은 가을
망춘재望春齋에서
박승희朴昇熙 삼가 쓰다.

차례

3장 사회복지이념 137

1장

사회복지란 무엇인가?

공자는 다음과 같이 말한다. '큰 길(도道)이 실행되면, 천하가 공공이다. 현자賢者를 뽑고 능력자에게 일을 맡기며, 믿음(신信)을 키우고 화목和睦을 다진다. 그래서 사람들은 자기 어버이만을 어버이로 섬기지 아니하고, 자기 자식만을 자식으로 보살피지 아니한다. 늙은이는 말년을 잘 마칠 수 있게, 젊은이는 쓰일 수 있게, 어린이는 잘 자랄 수 있게, 홀아비·과부·고아·독거노인과 폐질자廢疾者(장애인)는 모두 보살핌을 받을 수 있게 한다. 남자는 직분을, 여자는 가정을 갖게 한다. 재화財貨를 함부로 땅에 버리는 것은 싫어하되, 반드시 자기 것으로만 쟁이지 않게 하고, 힘을 몸에서 내지 않는 것을 미워하되, 반드시 자기만을 위해 쓰지 않게 한다. 그러므로 모략이 사라져서 일어나지 않고, 도둑과 강도가 생기지 않아서 바깥문을 닫지 않는다. 이것을 큰 아우름(대동大同)이라 한다. 孔子曰 大道之行也 天下爲公 選賢與能 講信脩睦 故人 不獨親其親 不獨子其子 使老有所終 壯有所用 幼有所長 矜寡孤獨廢疾者 皆有所養 男有分 女有歸 貨惡其棄於地 也 不必藏於己 力惡其不出於身也 不必爲己 是故 謀閉而不興 盜竊亂賊而不作 故外戶而不閉 是謂大同(『예기禮記』: 예운편禮運篇)[1]

---

1. 나는 반평생 사회과학을 공부하면서, 이 글만큼 사회복지가 무엇인가를 깔끔하게 표현한 글을 보지 못했다. 이 글은 자본주의전 시대의 유교적 이상사회를 서술하고 있지만, 현대 사회복지를 이해하는 데도 도움을 주는 예지叡智를 담고 있다.

1절 사회복지의 뜻

사회복지는 사회가 복지를 함이다. 그러면 복지와 사회는 무엇인가?

1. 복지란 무엇인가?

복지(welfare)는 행복의 증진增進이다. 행복이란 또 무엇인가?

적잖은 사람이 행복은 부귀영화를 누리며 자기 욕망을 실컷 충족시키는 것이고, 불행은 그렇지 못한 것이라고 여긴다. 1885년 청나라의 조선 주재 총리교섭통상사의總理交涉通商事宜로 활동했고, 중화민국 초대 대총통이었던 위안스카이袁世凱는 권모술수에 능했다. 그는 황제가 되려는 생각을 하면서, 당시 국민당의 당수 대행인 쑹자오런宋教仁을 자기편으로 만들려고, 해진 옷을 입고 다니는 그에게 새 양복과 함께 100억 원짜리 수표를 전했다. 그러나 그가 옷만 받고 수표를 돌려주자 사람을 시켜 암살하고, 그것이 탄로날까 봐 세 사람의 암살 관련자들까지 독살했다. 이런 짓을 저지르면서 부와 권력을 거머쥐고 사치를 부렸다. 값을 따질 수 없는 보석으로 옥좌, 곤룡포, 모자를 치장하였다. 그러나 결국 그의 비리는 드러났고, 국민들의 거센 퇴진 요구를 받으면서 불안한 말년을 보냈다. 찹쌀떡 파는 소리를 대충통 직에서 '물러나라'는 소리로 듣고 괴로워했으며, 밤에 작은 쥐 소리만 나도 '자객'이라고 소리 지르며 소동을 피웠다. 그는 두려움 속에서 삶을 마쳤다.(야오간밍, 2006: 398~401) 부귀영화를 누리더라도 걱정이 크다면 행복하다고 할 수는 없다.

그러나 아무리 천하고 가난하더라도 평생 즐겁게 산 사람은 행복하다. 강원도 산골에서 100세를 넘긴 부부가 힘겹지만 즐겁게 살았다. 이 사실이 언론에 보도되자 그 지역의 군수가 '효심'을 발휘하여 노부부를 깨끗한 현대 시설로 옮겨드렸다. 할머니는 다른 할머니들과 아래층에, 할아버지는 위층에 살게 하여 서로 만나기도 어렵게 하였다. 갇혀 살게 된 할아버지는 자기 집으로 데려가 달라고 자기를 이곳으로 데려온 사회복지사에게 애원도 하고, 복지사의 어깨를 잡고 눈을 부릅뜨고 항의도 했지만, 군수의 명을 거역할 수 없는 사회복지사는 그렇게 해드릴 수가 없었다. 할아버지는 얼마 안 가서 세상을 떠났다.(김성천 교수의 가르침) 누추한 집에서도 즐거우면 행복하고, 아무리 편리한 집에서도 즐겁지 않으면 불행하다. 행복의 중요한 요소는 즐거움이다.

즐거움이란, 아이가 젖을 먹고 나서 웃을 때, 아이를 돌보는 것이 힘은 들지만 자라는 모습을 보면서 기뻐할 때,

> 노들매 강변에 비~ 둘기 한 쌍, 낟 콩 하나를 물어다 놓고, 암놈
> 이 물어서 수놈을 주고, 수놈이 물어서 암놈을 주고, 암놈 수놈
> 어우는 소리(방아타령)

이렇게 사랑할 때, 주변 사람들과 이야기하며 웃을 때, 노래하고 춤추고 놀 때, 산에 올라 겹겹이 펼쳐진 녹음을 보고 마음이 잠잠할 때, 따뜻한 난롯가에 앉아서 군 떡을 먹을 때, 어렵게 무언가를 성취한 다음에 울먹일 때

와 같은 느낌일 것이다. 덴마크 사람들은 이런 것들을 휘게Hygge[2]라 부른다.(마이크 비킹, 2016) 이런 즐거움이 많아야 우리는 행복하다.

그렇다면 즐거움이 곧 행복인가? 어떤 사람이 몇 년간 카지노 도박으로 전 재산을 다 잃은 후 죽을까, 한 번만 더 해볼까 망설이다가 돈을 빌리려고 십여 군데 전화를 했다. 마지막 사람으로부터 300만 원을 빌리고, 어머니가 20만 원의 노령연금으로 마련한 아버지 병원비 700만 원까지 3일 후에 돌려드린다고 가지고 나와 모두 날렸다. 병원비만은 꼭 돌려드려야 하므로 도둑, 강도, 사기를 생각하다가 포기하고, 아직 도박을 하는 줄 모르는 친척에게 500만 원을 겨우 빌렸다. 부족한 병원비 200만 원을 채우려고 100만 원만 들고 경마장으로 가기로 했다. 반드시 돈을 따야 하므로 밤을 새워가며 말들을 연구한 뒤에 경마장에 갔다. 400만 원을 땄다. 아버님 병원비 700만 원을 돌려드리고도 200만 원이 남았다. 그날 밤, 승리의 기분에 취해서 혼자 여관(모텔)의 의자에 거만하게 앉아 커피를 마시면서 영원한 패배자가 되라는 법은 없고, 내일도 잘 될 거라고 상상하였다. 만족스런 밤을 보냈다. 그러나 승리는 계속되지 않았다.(김용근, 2017) 이처럼 아무리 즐거운 순간을 누렸더라도 그 결과가 긴 걱정과 고통으로 이어진다면 행복하지 않다. 모든 즐거움이 행복일 수는 없다.

그러면 걱정이나 고통이 전혀 없는 것이 행복인가? 예를 들면, 농사의 괴로움이 크더라도 그것을 견뎌내고 가족이 겨울에도 배불리 먹을 수 있다면 이 농사꾼은 고통 때문에 즐겁고 그래서 행복하다. 걱정과 고통은 행복한 삶을 위한 조미료가 되기도 한다.

행복은 즐거움 그 자체도 아니고, 걱정이나 고통이 전혀 없는 상태만도

---

2. '휘게'는 일상의 소소하고 소박하며 아늑한 것을 함께 즐김이다. 덴마크 사람들은 사회보장제도와 이 '휘게' 풍습 때문에 행복 지수가 가장 높다고 한다.(마이크 비킹, 2016)

아니다. 그러나 행복하려면 즐거움이 적어서도, 걱정과 고통이 많아서도 안 된다. 우리가 백년을 산다고 해도 즐거움을 조금도 누리지 못하고, 오직 근심하면서 고통스럽게 살아간다면 행복하다고 할 수는 없다.

> 인생을 모두가 백년을 산다고 해도
> 병든 날과 잠든 날, 근심 걱정[3] 다 제하면
> 단 사십도 못 산 인생, 아차 한번 죽어지면
> 북망산천의 흙이로구나.(사철가)

짧은 인생에서 고통과 시름의 날이 적고 즐거운 날이 많을수록 행복하다고 할 수 있다. 행복은 걱정과 고통은 적고 짧게 겪으며, 즐거움은 많고 길게 누리는 것이라고 할 수 있다.
이런 행복의 요건이 무엇일까?
첫째는 아프지 않은 몸이다. 노자는 이렇게 말한다.

> 이름과 몸 중에 어떤 것이 참된가?
> 몸과 돈 중에 어떤 것이 소중한가?
> 얻음과 잃음 중에 어떤 것이 문제인가?
> 그래서 아주 애착하면 톡톡히 잃고
> 많이 쟁여두면 크게 망한다.
> 만족할 줄 알면 욕당하지 않고
> 멈출 줄 알면 위태롭지 않다.
> 그러면 길이길이 누릴 수가 있다.(박승희, 2015: 246)

---

3. 잠든 시간, 근심 걱정을 하는 날을 뜻한다.

名與身孰親 身與貨孰多 得與亡孰病

是故甚愛必大費 多藏必厚亡

知足不辱 知止不殆 可以長久(『노자老子』: 44장)

명예와 몸 중에 어느 것이 참된가? 몸이 없으면 명예가 무슨 소용이 있을까? 명예가 없어도 몸이 있으면 삶을 누릴 수 있다. 이름은 허망하고 몸은 참되다. 돈과 몸 가운데, 어느 것이 더 중요한가? 몸이 없으면 돈도 쓸모가 없다. 돈이 없어도 몸이 있으면 빌어먹고라도 살 수는 있다. 몸이 중요하다. 더 큰 명예와 더 많은 돈을 얻으려고, 또는 얻은 것을 잃지 않으려고 남과 다투면서 애를 쓰다가 죽거나 병이 드는 것이 차라리 명예와 돈을 잃더라도 몸을 잘 지키는 것만 못하다. 명예에 너무 애착하면 결국 몸이 망가져서 톡톡히 잃고, 돈을 너무 쟁이려 하면 결국은 몸이 시들어서 욕을 당한다.

몸이 없으면 명예와 돈과 마찬가지로 걱정도 아무런 문제가 되지 않는다. 노자는 "내가 걱정거리를 가진 까닭은 이 몸을 내가 가졌기 때문이다. 이 몸을 내가 안 가졌다면 어떤 걱정거리가 있을 것인가?"(『노자老子』: 13장)라고 묻는다. 걱정이 없어도 몸은 있을 수 있지만, 몸이 없으면 걱정도 없다. 몸이 없으면, 걱정만이 아니라 즐거움도 없다. 따라서 행복도 없다. 몸이 행복의 필수 요건이다.

그렇다면 그 몸은 어떤 몸인가? 고통스럽지 않은 몸이다. 아프고, 배가 고프면 즐겁기가 어렵다. 그러나 '아름다운' 몸은 행복의 필수 조건이 아니다. 흔히 사람들은 나름의 기준에 따라 어떤 모습을 아름답다거나, 밉다고 한다. 요즈음 사람들은 흔히 '강남'의 성형외과에서 생각하는 아름다움을 진정한 아름다움이라고 믿는다.(박승희, 2015: 2장) 그런데 '강남 스타일'의 기준에서 한참 벗어난 사람도 많이들 즐겁게 산다. 쭈글쭈글한 얼굴을 가진 노인이 늘 흥겨워서 콧노래를 부르고, 화상을 입어 얼굴이 '흉측한' 젊은 이가 항상 남을 배려하며 환하게 웃으며 살아가는 것을 드물잖게 본다. 아프지 않은 몸이 행복의 조건이다.

고통스럽지 않은 몸은 영겁의 세월 동안 수없이 많은 인因(원인)과 연緣 (부가 요인)들이 쌓여서 이루어진 절묘한 상태이다. 이 몸이 얼마나 많은 선조들의 유전자를 받은 것인가? 그리고 이 몸을 유지할 수 있게 해주는 환경은 얼마나 긴 세월에 지어졌는가?[4] 이 인연들 가운데는 나의 행복도 있다. 아프지 않은 몸은 행복의 필수 요건이지만, 행복의 결과이기도 하다. 아프지 않기 때문에 즐거울 수 있지만, 즐겁기 때문에 더 건강할 수 있다. 마음이 괴로운 사람은 병을 쉽게 얻지 않는가?

두 번째 행복의 요건은 즐거움 짓기이다. 몸이 고통스러우면 즐겁기가 어렵지만, 몸이 고통스럽지 않다고 즐겁지만은 않다. 주변을 살펴보면 멀쩡한 몸을 지니고도 괴로워하는 사람이 얼마나 많은가? 즐거움 짓기는 몸의 상태에 따라서만 결정되지 않는다. 같은 몸의 상태라도 즐거움을 지을수도, 그렇지 않을 수도 있다. 20여 년간 나에게 서예를 가르쳐 주셨던 일탄―灘 하한식河漢植 선생이 92세에 노환으로 댁에 누워 계셔서 문병을 갔다. 선생은 오래된 연립주택의 작은 방에서 서예 작품과 도구들을 옆에 두고 옆으로 누워 웅크리고 계셨다. 인사를 드리자 대답을 하시고는, 도움을 청하여 개어진 이불에 기대어 앉으시더니, "성호星湖(이익)가 글은 아버지 (이하진李夏鎭)보다 잘 했지만, 시는 아버지가 더 잘 했어"라고 말씀하시면서 이하진 선생의 '비오는 밤(雨夜)'이라는 한시를 읊으시고 그 뜻을 설명해주셨다.

---

4. 건강한 몸이 운명이다. 이것은 내가 잘 관리한 탓이기도 하지만, '나'라는 것도 쌓임의 산물이기 때문이다.

江雨蕭蕭夜未央　漁燈明滅荻花凉
小亭人與瓶俱臥　天外歸鴻意獨長

강엔 비가 보슬보슬 동 트지 않은 밤에
고깃배 불 깜박깜박 갈대꽃은 쓸쓸하고,
정자 안에 사람 술병 널브러져 누웠는데
하늘 멀리 돌아가는 기럭 꿈만 아득하다.

일탄 선생은 누워서도 시를 암송하시면서 시 속의 멋진 경치를 생각하고
계셨다. 그리고 며칠 뒤에 세상을 떠나셨다. 사람들은 죽음을 앞두고 흔히
두려워하거나, 남겨둘 가족을 걱정하거나, 과거를 후회하기도 한다. 즐거
움 짓기가 반드시 몸에 따라서만 정해지지 않는다.
　이 즐거움은 마음에서 절로 이루어지지 않으며, 그림을 그리듯 그리는
것이다. 그림을 그리지 않으면 그림이 있을 수 없듯이 즐거움을 짓지(구성
構成) 않으면 즐거움이 있을 수 없다. 물론 괴로움도 마찬가지다. 이것을
『도덕경』에 나오는 다음 이야기를 보면서 생각해보자.

총애나 모욕이나 두렴(두려움)거리 같고
큰 걱정 귀히 함이 내 몸 귀히 함과 같다.
총애나 모욕이나 두렴거리 같다고
어찌하여 그렇게 말하는 것인가?
총애는 머지않아 냉대가 되므로
총애를 얻음도 두렴거리 같고
총애를 잃음도 두렴거리 같으므로
총애와 모욕이 두렴거리 같다 한다.
큰 걱정 귀히 함이 내 몸 귀히 함과 같다.

어찌하여 그렇게 말하는 것인가?

내가 걱정을 지닌 까닭은

이 몸을 내가 가졌기 때문이다.

이 몸을 내가 안 가졌다면

어떤 걱정인들 지닐 것인가?

따라서 몸을 천하로 삼을 듯이

귀히 해야 천하도 맡을 수 있고

천하로 삼을 듯이 몸을 아껴야,

천하도 위탁받아 안을 수 있다.(박승희, 2015: 108)

寵辱若驚 貴大患若身

何謂寵辱若驚 寵爲下 得之若驚 失之若驚 是謂寵辱若驚

何謂貴大患若身 吾所以有大患者爲吾有身 及吾無身 吾有何患

故貴以身爲天下 若可寄天下 愛以身爲天下 若可託天下(『노자老

子』: 13장)

흔히 사람들은 권력자의 총애를 받으면 기뻐하고, 모욕을 당하면 두려워
한다. 그러나 노자는 총애도 두려운 것이라고 한다. 영원한 총애는 없고,
곧 냉대로 바뀌기 쉽기 때문이다. 총애를 입었던 자들이 권력자의 마음이
변하거나 권력자가 바뀌어서 모욕을 당하는 것이 다반사茶飯事다. 이것을
생각의 머리맡(염두念頭)에 두고, 총애도 모욕처럼 두려움거리로 받아들인
사람은 총애를 받아도 담담하며 그것을 잃을까 두려워하지 않는다. 모욕
을 당해도 괴로워하지 않는다. 우리가 총애나 모욕을 어떻게 받아들이는가
에 따라서 즐거움도 괴로움도 조절할 수 있다. 그런데 노자는 여기서 한 걸
음 더 나아가서 걱정마저도 즐거움으로 바꿔 짓는 방법을 말하고 있다. 노
자는 큰 걱정이 몸과 같이 귀하다고 말한다. 왜 그런가? 몸을 가진다는 것

은 삶과 행복의 필수 요건이므로 몸이 귀하다. 그렇다면 걱정을 하고 있는 몸, 그리고 몸이 있어서 갖게 되는 걱정거리도 귀하다. 우리가 마음을 총애나 모욕에 두면, 총애를 얻고 모욕을 피하려고 마음을 졸이다가 몸을 망각해 버린다. 그러나 우리가 몸에 마음을 두면 걱정도 몸의 일부 작용이라는 사태를 알아차리고 수심을 털 수가 있다. 몸이 귀하고, 걱정마저 귀하다는 것을 알면 걱정도 즐거운 것이 되고 만다. 우리는 걱정도 즐거움도 스스로 짓는다.

우리는 즐거움을 어떻게 지을까?

해남 하고도 송지면 달마산 아래
늙고 헐거워져 편안한 윤씨댁 뒤란은
이 세상이 이 세상 같지 않고
오늘밤이 오늘밤 같지 않고
어제가 어제 같지 않고
내일이 내일 같지 않고 다만
개밥바라기별이 뜨고
간장 된장이 익어가고
누렁이 밥 먹는 소리
천지에 꽉 들어차고
(김태경, 2004: 「달마의 뒤란」)[5]

멀고 먼 남도 해남의 달마산 아래까지 여행을 떠나와서 민박집에 짐을 풀어버린 중년의 여성 시인은, 개밥바라기별(금성金星)이 뜨고, 간장 된장

---

5. 이 시를 소개해준 김언영 교수께 감사드린다.

이 익어가고, 누렁이가 밥을 먹는, 신기할 것 없는 시골집의 밤을 만나 일
상의 공간과 시간을 초월한 특별한 즐거움을 느끼고 있다. 불교에서는 사
람들이 대상(색色) 정보를 마음의 임금인 식識이 받아들여서 생각을 짓는다
고 한다.[6] 누렁이가 있는 뒤란의 평범한 정경이라는 색(대상)을 자기의 식
(마음의 왕)에 따라서 특별한 느낌으로 그려낸다. 만약 이런 정경이 없다
면, 그리고 시인이 예컨대 개에 대한 두려운 경험을 의식이나 잠재의식(무
의식) 안에 저장하고 있다면, 이런 느낌을 지을 수가 있었을까? 우리의 즐
거움과 괴로움과 같은 느낌은 색과 식의 결합이라고 할 수 있다.

그런데 이 색과 식은 쌓임(온蘊)의 결과이다. 달마산 아랫집의 정경도 영

---

6. 불교에서는 사물이 대상을 인식하는 과정을 오온五蘊으로 이해한다. 다섯 가지는 색
   色 수受 상想 행行 식識이다(표1-1). 색은 인식의 대상이다. 사람은 대상(색상, 소리, 냄
   새, 맛, 느낌, 뜻)의 1차 정보로부터, 눈 귀 코 혀 살 생각으로 2차 정보를 만들고, 2차 정
   보를 받아들여서(수), 영상(이미지)을 떠올리며(상), 순간적으로 반응한 다음(행), 정리
   하여 저장한다(식). 식은 더 나아가 수 상 행을 조정하고 통제한다. 식에 술 생각이 저
   장되어 있으면, 빗소리를 술 익는 소리로 편집하여 수 상 행한다. 식이 마음의 왕이고
   수 상 행은 마음의 부하(심소心所)이다. 식에는 깨어 있는 의식만이 아니라, 말라식과
   아뢰야식이라는, 잠겨 있는 의식(잠재潛在식, 무의식)도 있다. 눈의 대상 정보를 인식
   하는 과정 전체를 눈누리(眼界, 눈의 세계)라고 한다. 귀누리(이계耳界) 코누리(비계鼻
   界) 혀누리(설계舌界) 살누리(신계身界), 생각누리(의식계意識界)도 있다.(『반야심경般
   若心經』)

〈표 1-1〉 인식의 여섯 누리

구분	색		도구			마음			
						수受	상想	행行	식識
눈누리	형색	1차정보	눈	봄	2차 정보	수용	형색상	반응	의식
귀누리	소리	1차정보	귀	들음	2차 정보	수용	소리상	반응	말라식
코누리	냄새	1차정보	코	맡음	2차 정보	수용	냄새상	반응	
혀누리	맛	1차정보	혀	맛봄	2차 정보	수용	맛상	반응	
살누리	느낌	1차정보	살	만짐	2차 정보	수용	느낌상	반응	
생각누리	뜻	1차정보	생각	이해	2차 정보	수용	뜻상	반응	아뢰야식

겁의 세월 동안 많은 인因과 연緣이 쌓여서 이루어진 것이다. 간장 된장도 '우리 살아온 내력來歷처럼 익어'(김태경, 2004: 55)가면서 소리를 낸다. 식은 몸이 태어나서 살아온 경험의 정보들이 얽히고설킨 것이다. 내가 언제 누구의 피를 받아 태어나서 무엇을 먹으며 누구를 만나고 어떻게 살았는가에 따라서 식이 달라진다. 그러므로 즐거움이란 생각도 우리가 스스로 짓는 것이지만 대상도 그리고 그것을 받아들여서 편집하는 마음의 왕도 '쌓인 것'이므로 즐거움도 결코 홀로 짓는 것이 아니다. 그 '스스로 짓기'조차도 쌓임의 결과이자 운명運命이다. 짓지만, 지어진다. 그리고 지금 내가 짓는 즐거움과 괴로움은 나와 남의 다른 즐거움과 괴로움을 짓는 인과 연이 된다.

2. 사회란 무엇인가

개인이 하는 복지는 개인복지, 가족이 하는 복지는 가족복지[7], 국가가 하는 복지는 국가복지[8], 사회가 하는 복지는 사회복지이다.

사회란 두 사람 이상이 상호작용하는 집단을 말한다. 독일의 보수적 사회학자인 막스 베버Max Weber는 사회적 행위(Soziales Handeln)를 행동 및 행위와 구별한다. 행위行爲는 사람들의 행동行動(Verhalten, behavior) 중에서 사람이 자기 의도에 따라서 한 행동만을 가리킨다. '사회적' 행위

---

7. 개인을 위해서 사회가 하는 복지도 '개인복지', 가족을 위해서 사회가 하는 복지도 '가족복지'라고 부르기도 한다. 이것들을 엄밀하게 표현하면, 개인사회복지와 가족사회복지이다.
8. 어떤 사람들은 복지의 주요 주체로 국가, 가족, 시장을 말하기도 한다. 그러나 시장은 물건 따위를 사고파는 제도일 뿐 주체가 될 수 없다. '시장복지'란 성립되지 않는다.

("Soziales" Handeln, action)는 행위 중에서 행위자가 다른 사람을 의식하면서 한 행위만을 가리킨다.(Weber, 1985: 11) 행동 속에 행위가 포함되고(행동⊃행위), 행위 속에 사회적 행위가 포함된다(행위⊃사회적 행위). 내가 무심코 눈을 깜박였다면, 이것은 행동일 뿐, 행위는 아니다. 내가 눈에 들어간 티를 눈물로 흘러내리게 하려고 눈을 깜박였다면, 의미를 가지고 움직인 것이므로 행위이다. 그러나 사회적 행위는 아니다. 내가 젊은 여성에게 나의 사랑을 전하려고 눈을 깜박였다면, 이것은 사회적 행위이다. 남을 의식한 의미 있는 행동이기 때문이다. 그런데 여성이 나의 망령妄靈됨을 알아차리고 아무런 대꾸도 하지 않았다면, 그것도 사회적 행위이다. 나와 그 여성처럼 서로를 의식하면서 행동을 주고받는 것을 사회적 상호작용이라고 한다. 이처럼 두 명 이상이 사회적 상호작용을 하는 것이 사회이다.[9]

이 사회는 개인과 무관하지 않지만 개인의 차원을 넘어선다. 예컨대 두 사람이 어떤 약속을 하면, 그것을 지켜야 한다. 어기면 비난을 받거나 미안함을 느낀다. 약속을 한, 두 사람으로 이루어진 사회가 두 개인의 행위를 구속한다. 사회란 개인들의 단순한 결합 이상이다.

사회는 크든 작든, 개인들이 각각 자신의 사적私的인 이해利害(interest), 곧 특수特殊이해를 지니고 있는 것과 달리, 개인의 이해를 초월超越하는 공적公的인 이해, 곧 일반이해一般利害를 갖는다. 예컨대 개인은 자신의 목숨을 유지하고자 하는 사적 이해(특수이해)를 갖지만, 사회는 사회 자체를 방어하고자 하는 공적 이해(일반이해)를 갖는다. 한 사회를 방어하고자 하는 전쟁이 일어나면 목숨의 유지라는 특수이해와 전쟁의 수행이라는 일반이

---

9. 막스 베버는 사회를 알려면 사회적 행위를, 사회적 행위를 알려면 볼 수도, 만질 수도 없는 행위의 의미를 이해해야 한다고 주장하면서 이것을 '이해사회학'(Versrhen-soziologie)'이라고 불렀다.

해 사이에는 모순이 발생하기도 한다. 그러나 사적 이해와 공적 이해가 반드시 명확하게 분리되지는 않는다. 아이의 출생과 성장은 가족의 사적 이해임과 동시에 사회 성원의 유지라는 공적 이해이기도 하다. 한편 사적 이해와 공적 이해, 특수이해와 일반이해는 상대적이다. 예컨대 한 나라의 이해는 인류 사회의 공적 이해와 대비하면 사적 이해이고 특수이해이지만, 지역사회의 이해와 견주면 공적 이해이고 일반이해이다.

사적 이해는 주로 개인 각자가, 공적 이해는 사회가 추구함이 원칙이다. 공적 이해는 형식으로는 사회 자체가, 실제로는 주로 그 사회를 대표하는 사람이 맡아서 처리한다. 계의 공적 이해는 형식으로는 계 자체가, 실제로는 계주가 관리한다. 물론 개인도 공적 이해를 실행할 수도 있다. 개인이 전체를 위해 '희생정신'을 발휘할 수도 있기 때문이다. 그렇지만 많은 공적 이해는 개인이 감당하기가 어렵기 때문에 대체로 사회 성원들이 대표자를 세워서 추진한다.

그런데 나라라는 사회의 공적 이해는 그 사회의 대표이자 통치 기구機構인 국가[10]가 감당한다. 이 국가는 사람들이 자신들의 특수이해와는 별개인 일반이해를 추구할 필요성을 인정하기 때문에 생긴다. 흔히 전쟁과 홍수와 같은 재난으로부터 한 사회를 보호한다는 명분 아래서 국가가 생성되고 확대되었다. 국가는 어느 시대이고 한 나라라는 사회의 '일반이해의 추구'를 그 목적으로 표방하고, 구성원들로부터 그것을 추구하는 주체로서 인정

---

10. 국가國家는 나라와는 다르다. 나라가 국민과 통치기구 전체를 가리키는 말이라고 한다면, 국가는 통치기구만을 지칭한다. 국가는 소위 '민주주의' 사회에서는 입법부, 사법부, 행정부를 총괄하는 개념이다. 경우에 따라서는 학교나 교회도 국가의 범위에 들어가는 것으로 보기도 한다. 우리나라의 경우와는 달리 국교가 있거나, 유럽의 여러 나라들처럼 국가가 종교세를 거두어서 성직자들에게 월급을 주는 경우는 교회도 국가에 속한다고 볼 수 있다.

받을 때에만 안정되게 존립할 수 있었다. 왕조시대에도 민심이 천심이었던 이유가 여기에 있다. 만약 대부분의 사람들이 일반이해가 없다고 믿으면 국가는 성립되기 어렵다. 따라서 이 세상 어떤 국가도 공적인 이해를 표방標榜하지 않은 적이 없고 앞으로도 없을 것이다. 심지어 적절한 공적 이해가 없을 때에는 공적 이해를 억지로 만들어 내서라도 국가는 공적 이해를 표방한다. 국가를 새로 세우거나 정권政權이 바뀔 때마다, 국가 권력을 강화하려고 얼마나 많은 명분을 새로 만들고 혹은 조작하는가를 보면 이를 잘 이해할 수 있다.

그러나 실제적으로 국가가 공적인 이해만을 위해서 노력하는 것은 아니다. 국가를 장악한 사람들은 자신들의 사적 이해를 위해서 권력을 사용하는 경우가 많다. 이런 뒤바뀜(전도顚倒)이 어떻게 일어나는가? 분업 사회에서는 각 개인들이나 집단들은 각기 자기에게 주어진 특수이해에 집착하게 되며, 따라서 그들에게 일반이해는 매우 '낯설게' 보인다. 예컨대 구멍가게 아주머니는 장사에만 주로 관심을 갖기 때문에 '민주화'나 '국가 보위保衛'와 같은 일반이해도 중요한 것이라는 것만 막연하게 알 뿐 그 내용을 자세히 알 수는 없다. 이 아주머니처럼 일반이해에 낯선 대부분의 사람들을 국가의 일을 담당하는 사람들이 속여서 자기들의 특수이해를 일반이해로 둔갑시켜 버릴 수 있다. 예컨대 전두환 정권은 군사 독재에 항거하며 민주주의를 외치는 광주 시민을 학살하면서 '국가 보위'를 내세웠다. 여기서 '국가 보위'는 소수 개인의 '권력 보위'라는 특수이해에 지나지 않는다. 이처럼 특수이해가 일반이해로 포장되는 것을 '사적 이해의 공공화公共化'라고 부른다. 이 가짜 일반이해를 활용하여 국가는 대다수 개인들의 특수이해로부터도, 그리고 진정한 일반이해로부터도 동떨어져 있는 지배계급의 특수이해를 대변하기도 한다.[11](Marx & Engels, 1983: 33~34; 심윤종 외, 1991: 313~314)

여기서 우리가 주목하여야 할 것은 국가는 사적인 이해를 추구할 때조차도 '일반이해'의 깃발 아래서 움직인다는 점이다. 국가가 실제로 공적 이해와 사적 이해 가운데 어떤 것을 추구하느냐에 상관없이 공적 이해의 추구가 자기의 목적이고 존재 이유이므로 공적 이해를 추구하지 않으면 비판과 저항을 받기 때문이다. 따라서 국가는 일반이해를 추구하지 않을 수 없다. 심지어 실제로 추구하는 사적 이해를 공적 이해의 탈로 가릴 의도로도 공적 이해를 전혀 추구하지 않을 수는 없다. 이 점이 사적 이해의 추구를 자기 목표로 삼고 있는 기업이 공적 이해를 추구하지 않더라도 크게 문제가 되지 않는 것과는 다르다.

그런데 한 나라의 공적 이해를 실현하기 위해서 노력하는 것은 국가만이 아니다. 나라라는 사회에는 국가 이외에도 다른 많은 집단과 개인들이 있고, 이것들이 나름대로 공적 이해를 추구할 수 있다. 예컨대 사회단체나 절, 교회, 심지어 개인도 그럴 수 있다. 그러나 국가는 그런 것들과는 달리, 공적 이해를 추구하는 '공식적公式的' 지위를 독점하고 있다. 이것은 대통령만이 한 나라를 대표代表하는 것은 아니지만, 대통령만이 나라의 공식적인 최고 대표자의 자리를 차지하는 것과 같다. 이 때문에 국가는 한 나라라는 사회의 일반 이해를 추구해야 할 책임과 함께, 그것을 추구할 가장 강력한 권한을 가진다. 그러므로 국가는 다른 사회단체들과는 비교도 할 수 없는 만큼 공적 이해 달성에 필요한 자원을 막대하게 동원하여 사용할 수 있다. 예컨대 치안을 유지하는 데 필요한 돈과 인력을 어떤 다른 기관이 동원할 수 있겠는가?

---

11. 이런 맥락에서 맑스는 자본주의 사회에서 국가는 자본가 계급들의 사적인 특수이익을 공적인 일반이해로 포장하여 관철시키며, 따라서 국가는 자본가들의 위원회에 지나지 않는다고 보았다.

3. 국가와 사회복지

국가는 일반이해에 속하는 국민 복지도 실행할 책임과 권리를 가진다. 가족, 계, 친척 공동체, 지역공동체, 봉사단체도 사회이므로 사회복지를 할 수는 있다. 심지어 개인이 사회 성원의 복지를 실천할 수도 있다. 그리하면 칭찬은 받을 수 있지만, 하지 않는다고 해도 문책은 당하지 않는다. 이와는 달리 국가가 하지 않으면, 국민들에게 책임을 추궁追窮당한다. 이런 연유에서 민간복지는 베푸는 자의 자선慈善[12]이고 받는 자의 행운인 반면, 국가복지는 국가의 책임이고 국민의 권리이다. 개인이나 단체는 사회복지를 해도 그만, 안 해도 그만이지만 국가는 하지 않으면 안 된다.

국가는 사회복지를 수행할 강력한 힘을 가지고 있다는 점에서도 공동체나 사회단체, 개인과 같은 다른 복지 주체와는 사뭇 다르다. 국가는 한 나라의 사회복지에 필요한 자원을 강제로 동원할 권한을 독점하고 있기 때문이다. 강제로 자원을 동원할 수 없는 조직이나 개인들은 대규모 사회복지를 직접 할 수는 없고, 겨우 국가가 사회복지를 실행하도록 여론의 압력을 넣는 일 정도를 할 수 있을 뿐이다.

따라서 국가만이 사회복지의 가장 중요한 실행 주체가 될 수 있다. 이것은 민간단체에서 행하는 복지가 사회복지가 아니라는 것도, 민간 복지가 중요하지 않다는 것도 아니다. 특히 자선이나 자원봉사로 이루어지는 민간복지는 정情까지도 담은 '고품질'의 자원資源을 나누고, 사람들의 삶을 의미 있게 구성해 가는 과정이라는 점에서 아무리 그 중요성을 강조해도 지나침이 없다. 그러나 이런 사회복지는 어디까지나 부차副次에 지나지 않는다. 국가가 사회복지를 책임지지 않은 채 자선과 자원봉사로만 사회문제를 해

---

12. 권리와 자선의 개념에 대해서는 3장의 주 34를 참조할 것.

결하고자 한다면 사회복지의 질은 낮을 수밖에 없다. 예컨대 빈곤 아동들을 도우려고 텔레비전에서 자선 모금을 주관하는 것을 자주 본다. 이것은 대중들에게 아픔을 공감共感하고, 함께 눈물을 흘리면서 마음을 정화할 수 있게 해주는 좋은 일이다. 그러나 수조원의 세금을 거둔 나라에서, 겨우 동정심에 호소해서 일부 빈곤아동의 일시적 문제만을 구제한다는 것이 얼마나 구차苟且한가? 자선이나 자원봉사가 의미 있는 사회복지임에 틀림없지만, 이것이 국가의 사회복지를 대체할 수는 없다. 모든 국민의 생존 보장과 같은 사회복지는 국가가 할 수밖에 없다. 그래시 사회복시란 국가가 하는 복지이고, 사회복지의 사회는 국가라고 말해도 지나치지 않는다.

그렇다면 사회, 특히 국가가 행복을 증진하는 조치들이 모두 사회복지인가? 원칙으로 보면 그렇게 부를 수 있다. 예컨대 폭력 예방이나 국방國防, 공해 방지는 국가가 국민의 행복을 증진하거나 불행을 예방하는 것이므로 사회복지라고 할 수 있다. 그러나 이것을 사회복지라고 부르지 않고 특별히 '치안治安 유지維持'나 '국방', '환경보호'라고 부른다. 범죄나 전쟁으로 부모를 잃은 아이들을 보살펴주고 공해로 몸이 아픈 곳을 치료해주는 것만을 사회복지라고 부른다. 그런가 하면 마약 의존자依存者를 처벌하는 것과, 재활을 도와주는 것이 모두 마약 의존을 줄여서 국민의 행복을 증진시키려는 조치들이므로 사회복지라고 할 수 있다. 그러나 처벌은 '마약 단속', 재활 도움은 사회복지라고 한다. 이처럼 치안 유지나 국방, 환경보호, 마약 단속을 사회복지라고 부르지 않는 것은 그것들이 사회복지가 아니기 때문이 아니라, 거대한 업무를 분리하여 전문화專門化한 결과에 따라 이름을 붙이기 때문이다. 현실의 '사회복지'는 논리보다는 현실 사정事情과 관례에 따라, 넓거나 좁게 정의된다.

2절 사회복지의 필요와 한계

1. 왜 사회복지가 필요한가?

복지는 행복의 증진인데 행복의 요건은 아프지 않은 몸의 유지와 즐거움 짓기이다. 이 둘 가운데에서 앞의 것이 더 근본에 가깝다.

몸이란 다양한 물질을 빌려다가 하나의 몸에 의탁한 상태(假於異物 託於同體 – 장자莊子, 대종사大宗師)이다. 우리 몸은 여러 물질들이 절묘하게 균형과 질서를 이루고 있는 헤아릴 수조차 없는 기관들로 이루어져 있다. 그 기관들이 대부분 생명에 긴요하므로 그 중의 하나만 잘못되어도 균형이 깨지거나, 모아진 물질들이 흩어지고 만다. 따라서 삶, 무엇보다도 건강한 삶은 우연偶然이다. 인공위성의 부품이 10만 개이고 그 각 부품이 고장 날 확률이 1/10만이라고 하면, 각 부품이 고장 날 가능성은 거의 없다. 그러나 인공위성이 고장 날 확률은 100% 이상이다. 부품이 하나라도 고장 날 가능성만도 100%(=10만×1/10만×100)이기 때문이다. 우리 몸도 수많은 부품으로 이루어져 있다. 몸이 문제 없이 유지되기란 인공위성이 고장 나지 않은 것만큼이나 희박하다. 살아 있는 몸, 더욱이 건강한 몸은 기적奇蹟 중의 기적이다.

이 몸을 개인이 혼자서 가누면서 천수대로 살기는 어렵다. 사람은 태어나면서부터 다른 사람의 도움을 받지 않고 살아갈 수가 없다. 누군가 먹여주고 살펴주지 않으면 어떻게 아이가 살아서 자랄 수 있을까? 늙은이는 말할 것도 없고, 심지어 장년도 남의 도움이 없이는 살기 어렵다. 흔히 50대 남성은 강하다고 여긴다. 그런데 이들의 고독사가 한국 사회에서는 노인보다도 많다. 젊은 날에 취업 전쟁을 치르고 밤낮으로 일을 하면서 가족과 어울리는 것도 제대로 익힐 수 없었던 초로의 '가장'들은 실직을 하고는 가족으로부터도 버림받기도 한다. 이런 사람 중에는 나의 벗도 있다. 나는 뒷산을 산책하면서 벗을 생각했다.

꽃잎이 휘날리는 늦봄의 해질 녘에
산새들은 짝을 지어 돌아오는데
자리 잃은 가장은 어디서 잠을 자나?
밤마다 처자식이 꿈결에 아른대리.
暮春斜日落花飛　山鳥喳喳作伴歸
失位家君何處宿　宵宵妻子夢依稀

외로우면 싸구려 술을 들고, 자주 마시면 아프게 된다. 아파서 죽게 되었더라도, 구조대에 전화를 해줄 사람이 있다면 죽음은 면할 수 있다. 나는 벗이 떠났다는 소식을 한참 뒤에야 알았다. 주안상을 차려놓고 절을 올렸다. 혼자서는 건장한 사람마저도 몸을 건사하기가 어렵다.

홀로보다는 가족 및 이웃과 어울려 살면 몸의 위기를 넘기기가 쉽다. 그렇지만 가족과 이웃이 죽음의 위기를 다 벗어나게 해주지는 못한다. 무엇보다도 분리되어 사는 사람이 없을 수는 없기 때문이다. 가족 안팎 공동체가 튼실하던 시대를 살아간 맹자도 양혜왕에게 이런 말을 했다.

> "아내가 없는 사람을 환鰥이라고 하고, 남편이 없는 사람을 과寡라 하며, 늙고 자식이 없는 사람을 독獨이라 하고, 어린데 부모가 없는 사람을 고孤라고 합니다. 이 네 부류 사람들은 천하에서 가장 궁한 백성으로서 하소연할 곳 없는 자들입니다. 문왕이 정사를 펴고 인을 베풀 때에 이런 사람들을 반드시 먼저 살폈습니다.(老而無妻曰鰥 老而無夫曰寡 老而無子曰獨 幼而無父曰孤 此四者天下之窮民而無告者 文王 發政施仁 必先斯四者)"(『맹자孟子』: 양혜왕장구하梁惠王章下 5)

　지금 한국에서는 10명 중에 한 명이 혼자 산다. 이런 사람들을 어떻게 가족이 살필 수 있겠는가? 뿐만 아니라 가족 자체도 개인의 위기를 모두 이겨 낼 수 있을 만큼 탄탄하지 않다. 같이 벌어야만 살 수 있는 젊은 부부가 누군가의 도움이 없이 아이를 낳아 기르기란 힘에 부친다. 의료 사회보장이 제대로 되어 있지 않는 한국 사회에서는 만약 부부 중에 한 명이 큰 병에 들면, 병원비와 생활비를 감당할 수 없다.

　사람은 혼자서는 살 수 없는데 가족도 개인들의 천수를 보장해 줄 수 없다. 사회도 개인을 돕는 일을 하지 않으면 안 된다. 사회복지는 필요하다.

2. 사회복지의 한계

사회의 대표인 국가가 아무리 국민의 복지를 책임질 의무가 있고, 그것을 실행할 자원을 가지고 있더라도 국가가 다 감당할 수는 없다. 그리고 국가가 개인, 가족, 친족이나 이웃 공동체보다 모든 면에서 복지를 잘 할 수는 없다. 왜 그런가?

행복하려면 건강한 몸이 있어야 하는데 이런 몸을 국가가 다 유지해주려면, 사람이 태어나서 죽을 때까지 먹여주고 재워주며 운동을 시켜주고 병을 치료해주어야 한다. 이런 세상에서는 사람들이 양계장의 닭처럼 살아야 한다. 국가라는 사육자가 주는 먹이를 먹고, 살라는 집에서 살며, 하라는 운동을 하고, 받으라는 치료를 받아야 한다. 이렇게 하면 건강한 몸이 보장될 수 있을지는 몰라도, 즐거운 삶을 누리게 해주지는 못한다.

이런 방식의 건강 보장이 효율성이라도 지닐까? 국가가 모든 국민의 몸 관리를 다 감당하려면, 필요한 자원을 공출供出하여 나누어주는 방법을 따를 수밖에 없다. 예컨대 국가가 사람들에게 식재료비와 취사비용을 거두어서 각자의 입맛과 건강에 적합한 음식을 요리하여 공급해주어야 한다. 이것은 스스로 음식을 마련할 수 없는 사람(예, 중병노인)만을 제외한 사람들이 자기 돈으로 알아서 먹게 하는 것보다는 행정 비용이 많이 든다. 물론 학교나 어린이 집에 모인 아이들의 점심을 국가가 해주는 것처럼 특별한 경우에는 국가가 먹을 것을 마련해 주는 것이 효율적일 때도 있다. 그러나 국가 모든 사람의 모든 음식을 다 마련해 주는 것은 효율적일 수 없다.

국가는 개인이나 주변 사람이 할 수 없거나, 해결하기 어려운 문제의 처리를 도와주는 선에서 책임을 멈출 수밖에 없다. 먹을 것이 없거나 아플 때와 같은 위기만을 해소해 주어야 한다. 이것은 행복의 증진이라기보다는 개인이나 가족이 직면한 문제의 해결이며, 불행의 감소일 뿐이다.

행복하려면 즐거움을 짓는 것도 필요한데, 국가가 개인을 대신하여 즐거움을 지어줄 수 있는가? 국가가 그렇게 해주면 개인은 오래도록 즐거워서 행복할까? 점수 경쟁이 심한 한국 사회에서는 아이의 숙제를 엄마가 대신해 주는 경우가 많다. 자식을 '더욱 사랑한다'면, 공부, 운동, 놀이, 결혼, 죽음까지 대신해주면 어떨까? 그렇게 못할 것도 없다. 그러나 그렇게 하면 자식이 즐거울까? 자식이 스스로 살지 않으므로 삶이 지루할 것이다. 엄마가 아이의 삶을 대신해줄 수 없는 것과 마찬가지로 국가도 개인들의 즐거움 짓기를 대신해줄 수는 없다. 즐거움 짓기는 그림 그리기와 같다. 학생의 그림을 대신 그려주면 그것은 학생의 그림이 아니므로 누구도 대신 그려줄 수는 없다. 부모나 선생은 학생들이 그림을 그릴 수 있도록 도구를 마련해주고, 그리는 여러 기법들을 가르쳐줄 수만 있을 뿐이다. 국가도 개인의 즐거움 짓기를 어렵게 하는 환경을 개선해줄 수 있을 뿐이다. 즐거움 짓기의 측면에서 보더라도 국가복지는 행복의 증진이라기보다는 문제의 해결이며, 불행의 감소이다.

한편 국가가 행복을 증진시키려고 국민의 몸 건강 유지와 즐거움 짓기를 돕고자 할 때에도 건강함과 즐거움이 무엇이고, 그것을 어떻게 달성할 것인가를 단순하게 확정하기가 쉽지 않다. 그것이 사람마다 다를 수 있으며, 어떤 것이 최선인가를 경험으로 확인하기가 쉽지 않다. 그런데 사람들은 흔히 건강 자체보다는 아픔을, 즐거움보다는 고통을, 삶보다는 죽음을 쉽게 알아차리며, 질병의 치료를 건강으로, 고통의 해소를 즐거움으로, 죽지 않음을 삶으로 여기곤 한다. 그러므로 국가는 '불행의 제거'를 '행복의 증진'으로 표상하면서, 사회복지에 대한 국민들의 동의를 얻어내려 한다. 이런 점에서 보더라도 사회복지는 말로는 '행복의 증진'이지만 실제로는 '불행의 제거'일 뿐이다.

이 점은 유교의 이상적인 사회복지의 주요 내용에도 잘 반영되어 있다.

"늙은이는 말년을 잘 마칠 수 있게, 젊은이는 쓰일 수 있게, 어린 이는 잘 자랄 수 있게, 홀아비·과부·고아·자손 없는 노인과 폐질자廢疾者(장애인)는 모두 보살핌을 받을 수 있게 했다. 남자는 직분을, 여자는 가정을 가지게 했다.(使老有所終 壯有所用 幼有所長 矜寡孤獨廢疾者 皆有所養 男有分 女有歸)"(『예기禮記』, 예운편禮運篇)

유교에서도 국가가 모든 개인들의 행복의 증진을 책임지지 않고, 건강한 몸의 유지와 즐거움 짓기를 어렵게 하는 조건의 개선을 사회복지의 이상적 목표로 삼고 있다. 그 목표는 홀로 몸을 가누기 어려운 사람들을 보호해주는 것이다. 그러므로 가족과 이웃을 중심으로 개인들의 삶을 꾸려나가는 사회에서, 개인들이 가족과 이웃에서 되도록 벗어나지 않게 하되, 벗어난 사람들의 최저 삶은 국가가 보장해 주고자 한다.

그런데 사회복지가 문제의 제거라는 사실은 다음과 같은 문제들을 야기하기 쉽다. 사회성원의 행복 증진이라는 그 말뜻에 따르면 사회복지는 많을수록 좋다는 생각을 하게 된다. 그러나 사회복지가 그 말뜻과는 달리, 실제로는 행복의 장애 제거, 불행의 감소이다. 따라서 병원이 많으면, 병이 많은 것처럼, 사회복지가 많으면, 불행이 많다. 사회복지가 많은 것보다는 불행이 적은 것이 좋다. 그런데 국가는 흔히 '사회복지의 확대'를 강조하며 실제로는 불행의 축소에 시선을 모은 나머지 불행의 예방에는 소홀히 한다. 이것은 병의 치료에 관심을 가질 뿐 병의 예방을 경시하는 것과 같다.

이런 사회복지는 주로 개인들이 직면한 문제를 해결解決해주고자 하며, 생계에 필요한 필수 자원을 공급하는 방식으로 이루어진다. 예컨대 생계비가 부족한 사람에게는 현금을, 병이 들어 스스로 몸을 건사할 수 없는 사람에게 수발을 제공한다. 이것은 필요(needs)[13]의 충족이다. 필요는 생계유지와 같은 일정한 기준에 미달하는 것, 곧 결핍이며, 충족의 욕망慾望(욕구慾求)을 유발誘發한다. 그러므로 필요의 충족을 욕망의 충족으로 이해하고 욕망의 충족만을 사회복지로 추진하기 쉽다.

그렇다면 욕구를 충족시키기만 하면 문제는 없는가? 앞에서 언급한 바와 같이, 유가儒家의 이상을 담은 대동사회론에는 다음과 같은 내용이 있다.

> "남자는 직분을, 여자는 가정을 갖게 한다. 재화財貨를 함부로 땅에 버리는 것은 싫어하되, 반드시 자기 것으로만 쟁이지 않게 하고, 힘을 몸에서 내지 않는 것을 미워하되, 반드시 자기만을 위해 쓰지 않게 한다.(男有分 女有歸 貨惡其棄於地也 不必藏於己 力惡其不出於身也 不必爲己)"(『예기禮記』: 예운편禮運篇)

참 아름다운 삶의 방식이다. 그런데 홀아비 · 과부 · 고아 · 무자식無子息 노인과 장애인을 모두 부양을 받게 하는 것은 필요와 욕구의 충족이지만, 젊은이는 쓰이고, 남자는 일정한 직분을 가지며, 여자는 더불어 살고, 모두 근검하고 남을 배려하게 하는 것은 욕구의 생성이다. 왜 그런가? 그리고 이것이 왜 중요한가? 예컨대 사람들은 자기와 주변 사람의 생존에 필요한 자원을 얻으려는 바람을 가지고 노동을 함으로써 그것을 충족시키고, 노동을 하면서 생겨난 쉼의 바람을, 쉬어서 충족하는 과정을 반복하면서 즐거운 삶을 엮어간다. 해야 할 바를 하면서 욕구를 만들고, 채우면서 삶의 의미와 보람을 짓는다. 욕구가 생성되지 않으면, 마음을 기댈 곳이 없어서(무료無聊) 불행하다. 삶의 과제로 욕구를 생성하고, 욕구의 생성으로

---

13. needs을 흔히 욕구慾求라고 번역하는데 욕구는 욕망(desire)과 유사하다. needs는 결핍되어 채워지지 않으면 안 되는 것이다(4장에서 다룸).

즐거운 삶을 가꾼다. 그렇다면 아무 욕구나 생성하기만 하면 좋은가? 예컨대 도박의 욕구는 나쁘고, 나눔의 욕구는 좋다. 좋은 욕구의 생성은 충족만큼이나 중요하다.[14] 그러므로 불행을 제거하려고 필요와 욕망의 충족만을 추구하는 사회복지는 적잖은 문제를 지닌다.

---

14. 이것을 4장에서 자세히 다룬다.

3절 사회복지의 대상

사회는 공적 이해와 관련된 사회문제만을 책임질 뿐, 개인의 문제는 관여하지 않는 것이 원칙이다. 그런데 사회복지는 주로 개인의 불행, 곧 개인 문제를 사회가 해소시켜 주는 것이므로, 사회복지의 대상 범위는 사회가 누구의 어떤 문제를 사회문제로 인정해 주는가에 따라서 결정된다.

1. 인색한 사회복지와 개인 불행

흔히 사회복지에 인색한 곳에서는 개인이 직면한 불행의 문제를 되도록 사회문제로 인정하지 않으려는 경향을 보인다. 이것은 그런 곳에서 통용되는 사회문제 규정 방식에 잘 반영되어 있다.

자유주의[15]는 사회복지에 인색한데, 이 자유주의가 지배하는 '선진' 미국에서 통용되는 사회문제의 기준들을 '후진' 한국에서는 금과옥조金科玉條로 여기고 따른다. 그 기준들은 다음과 같다. 첫째, 사회적인 상태狀態가 사회적인 가치價値나 규범規範에 어긋나 있고, 둘째, 상당수의 사람들이 그 상태로 인하여 부정적인 영향을 받고 있으며, 셋째, 그 상태의 원인이 자연적이 아니라 사회적이며, 즉 그 상태가 천재天災가 아니라 인재人災이며, 넷째, 다수의 사람들이나 영향력 있는 사람들이 그 상태를 문세로 인식하

---

15. 이 점은 3장에서 소개할 것이다.

고, 다섯째, 사회가 그 개선改善을 원하며, 여섯째, 그것이 개선되려면 집단적인 행동이 요청된다.(최일섭·최성재,1995: 22~27)

이런 사회문제의 규정 방식이 어떤 문제를 가지는가? 이 여섯 가지 규정 중에서 다섯째와 여섯째는 사회가 해결해야 한다는 주장이므로 논란의 여지가 적다. 그러나 나머지 네 가지는 문제가 많다.

첫째, '사회적인 상태가 사회적인 가치價値나 규범規範에 어긋나 있음'이란 기준에 따른다면, 사회적 가치에 어긋나지 않는 상태는 심각하더라도 사회문제가 될 수 없고, 사회적 가치에 어긋난 것은 하찮아도 사회문제가 된다. 예컨대 신분제 사회에서는 귀족이 천민을 매질하여 죽이는 것은 심각하지만 사회문제가 아닐 수 있고, 천민이 귀족에게 비굴한 모습으로 인사를 하지 않는 것은 하찮지만 사회문제일 수도 있다. 이런 혼선은 왜 생기는가? 사회적 가치나 규범이 매우 객관적인 것처럼 보이나, 따지고 보면 사람들이 마음속에 가지고 있는 판단 기준에 불과하다. 가치나 규범에 따른 판단이란 생각의 한 장면이지,[16] 상태 자체가 아니다. 여기서 우리는 인식의 대상인 본질本質과, 그 대상의 인식인 현상現象의 문제[17]를 접하게 된다. 곧은 막대기를 물에 반쯤 넣었을 때 그 막대기는 굽은 형태로 보인다. 어린아이들은 막대기가 굽었다고 여긴다. 그렇다면 그 막대기는 굽은 것인가? 상태 자체를 보지 않고 현상으로만 대상을 판단하면, 그 상태가 문제인가 아닌가를 옳게 판단하기가 어렵다.

이런 문제점은 '넷째, 다수의 사람들이나 영향력 있는 사람들이 그 상태를 문제로 인식한다'는 기준에서 더 선명하게 드러난다. 이것은 어떤 상태가 문제인가 아닌가를 판별하는 권한이 사회의 지배적인 사람들의 생각(현

---

16. 가치나 규범도 일종의 식識(1장 주6)이다.
17. 앞 주6에서 설명한 색이 본질이라면 수 상 행 식에서 펼쳐지는 것이 현상일 것이다.

상)에 달려 있다는 것을 뜻한다. 한국에서는 1970년대에 공해公害가 사람들에게 심각하게 인식되지 않았다. 오직 소수의 사람들만이 그 심각성을 지적했다. 그렇다면 1970년에는 공해가 사회문제가 아니었는가? 이 기준에 따르면, 심지어 약자가 권력자의 비리를 비판하는 것도 다수나 권력자가 문제로 인정하면 사회문제가 되지만, 비리 자체를 문제로 인정하지 않으면 사회문제가 되지 않는다.

이처럼 사회의 규범과 영향력 있는 다수의 의사에 따라 어떤 것이 사회문제인가 아닌가를 결정하는 방식이 통용되는 사회에서는 특정한 것만 골라서 사회문제로 여기므로, 개인 불행이 모두 사회문제로 인정받을 수 없다. 이것은 개인들의 불행이 사회문제에서 배제된다는 것을 의미한다.

이런 배제의 원리는 한편 '둘째, 상당수의 사람들이 그 상태로 인하여 부정적인 영향을 받고 있음'과 '셋째, 그 원인이 자연적이 아니라 사회적이며, 즉 그 상태가 천재天災가 아니라 인재人災임'이란 기준에서도 작동한다. 둘째의 기준에 따르면 소수의 문제는 아무리 심각한 문제라 하더라도 사회문제가 아니다. 그리고 인재만이 사회문제라면 천재를 당한 사람들의 아픔은 사회문제가 되지 않는다.

이제까지 살펴본 사회문제의 기준에 따르면 적잖은 개인들의 불행이 사회문제가 아니라 개인 문제로 취급될 수 있으므로, 사회복지의 대상에서 배제될 수 있다. 예를 들면 젊은 시절 게을러서 일도 하지 않고 가족도 돌보지 않았던 어떤 노인이 혼자 생계를 꾸리기 어려운 처지에 있다고 하자. 자유주의 관점에서 보면 노인의 가난은 스스로 초래한 것이므로 마땅히 그 고통은 노인 스스로 감내해야 한다. 이것은 어디까지나 개인 문제이지 사회문제가 아니다. 그러므로 이 노인의 생계 위기가 심각하다고 하더라도 사회복지의 대상이 될 수가 없다.

2. 하늘 아래 모든 것이 공公이다

이와는 달리 사회복지의 대상을 관대하게 인정하는 사회에서는 모든 개인들의 불행을 사회문제로 여긴다. 예컨대 스웨덴에서는 국민의 인간다운 삶을 위한 필요(needs)가 불충족不充足된 상태를 사회문제로 규정한다.(Elmer, 1988: 19) 이 나라의 지도자들은 1900년 초반부터 나라를 '인민의 집'으로 생각했다. 이들은 가정에서 모든 가족을 보살피듯, 모든 인민을 가족처럼 보살피려고 사회복지를 꾸준히 추진하여 왔다. 이곳에서는 가족 가운데 한 사람의 생계 곤란이 가족문제가 되듯, 국민 개인의 생활 어려움이 모두 사회문제가 된다. 그러므로 모든 국민이 양육, 질병, 장애, 실업, 늙음으로 상실한 소득을 인간다운 삶이 가능할 정도로 국가가 보장해준다. 보육과 교육, 치료와 수발을 거의 무료로 시켜주고, 주거와 취업 및 재취업을 지원해준다. 심지어 건강한 사람이 일부러 일을 하지 않아서 생계가 어렵더라도, 소득 및 자산의 조사를 받으면 굶거나 얼어서 죽지는 않을 만큼 국가가 돈을 지급해준다.

큰 길이 실현된 사회에서는, 천하가 공이다.(大道之行也, 天下爲公 -『예기禮記』: 예운편禮運篇) 천하를 공으로 삼다는 것은 모든 사람의 불행을 공적 과제, 곧 사회문제로 여긴다는 것을 뜻한다. 이런 세상에서는 개인이 과거에 무슨 잘잘못을 했고, 그 사람이 어떤 생각을 하고 있느냐 따위를 따지지 않고, 삶을 위협받으면 모두 구제해준다. 여기서는 지도자의 모습이 이러할 것이다.

나라의 때(垢)까지 감당하는 이,
그를 사직의 주인이라 부르고
나라의 재앙까지 감당하는 이,

그를 천하의 왕이라 부른다.

受國之垢 是謂社稷主 受國不祥 是謂天下王

(『노자老子』: 78장)

4절 사회복지의 방법

사회복지란 국가가 생계 위기와 같은 개인 문제를 사회문제로 여겨서 구제救濟하는 것이다. 그렇다면 어떻게 구제하는가?

1. 사회복지와 계契

모든 사람이 언제 어디서나 몸을 건강하게 유지하면서 즐거움을 목숨이 다하도록 누리는 데 필요한 자원을 혼자서도 마련할 수 있다면 사회복지는 필요하지 않다. 그러나 언제나 자원이 남는 사람과 부족한 사람이 있게 마련이다.

하늘의 길은 마치
활줄을 당기는 듯
높은 곳은 눌러주고
낮은 곳은 돋아주며
남는 곳은 줄여주고
부족한 곳은 더해준다.
하늘 길은

남는 데서 덜어내서는

부족한 곳에다 보태주는데

사람의 길은 그렇지 않는구나.

부족한 곳에서 털어내서는

남아도는 데에다 갖다 바친다.

누가 천하를 남는 것으로

잘 받들어 살필 수 있나?

오로지 길을 품은 사람이로다.

그래서 성인은 돕고도 기대지 않고

공이 이뤄져도 머물지 않으며

현명함을 자랑하려 하지 않는다.

(박승희, 2015: 380)

天之道 其猶張弓與

高者抑之 下者擧之 有餘者損之 不足者補之

天之道 損有餘而補不足 人之道則不然 損不足以奉有餘

孰能有餘以奉天下 唯有道者

是以聖人 爲而不恃 功成而不處 其不欲見賢(『노자老子』: 77장)

남는 데서 덜어다가 부족한 곳에다 보태는 것이 사회복지이다. 그러므로 큰 아우름(대동大同)의 세상에서는 "재화財貨가 함부로 땅에 버려지는 것은 싫어하되, 반드시 자기 것으로만 쟁이지 않게 하고, 일하는 힘이 몸에서 나오지 않는 것을 미워하되, 반드시 자기만을 위해 쓰지 않게 하였다.(惡其棄於地也 不必藏於己 力惡其不出於身也 不必爲己)"(『예기禮記』: 禮運篇).

　남는 곳에서 덜어서 부족한 곳에 보태는 사회복지의 방법에는, 거두어서 나누어줌이 있다. 특히 규모가 큰 현대 사회복지는 이렇게 할 수밖에 없다. 그러므로 계와 같다. 계에서는 계주契主가 계원契員들의 돈을 모아서 관리하다가, 계원이 필요할 때 되돌려준다. 현명하고 능력이 있는 계주는 돈을 모아서 계원들에게 잘 돌려준다. 되받아 본 계원들은 계주를 믿고 돈을 계속 낸다. 마음이 불량하거나 능력이 없는 계주는 곗돈을 자기 마음대로 쓰거나 잃어버리고 돌려주지 않는다. 계원들은 계주를 의심하고 곗돈 내기를 꺼린다. 사회복지는 국가가 국민의 세금이나 보험기여금[18]을 모아서 국민이 위험을 만났을 때 돌려주는 것이다. 현명하고 능력 있는 지도자가 관리하는 국가는 거두어들인 것을 국민에게 잘 돌려준다. 국민은 국가를 믿고 세금을 기꺼이 낸다. 마음이 불량하거나 무능한 지도자가 관리하는 국가는 국민의 돈을 부정하게 쓰거나 잃어버리고, 국민이 불행을 만났을 때도 보살피지 않는다. 국민은 돈 내기를 꺼린다. 좋은 지도자와 국민의 신뢰가 사회복지의 필수조건이다. 그래서 공자는, "큰 길(道)이 실행되어, 천하가 공公인"(『예기禮記』: 예운편禮運篇) 사회에서는, "현자賢者를 뽑고 능력자에게 일을 맡기며, 믿음(信)을 키우고 화목和睦을 다진다.(選賢與能 講信脩睦)"(『예기禮記』: 예운편禮運篇)고 말했다.

실례를 들어 보자. 스웨덴 사회복지의 기틀을 다진 타게 에를란데르Tege Erlander 총리는 11번의 선거에서 승리하여 23년간 총리직을 맡았다. 67세(1968년)에 그가 또 총리가 되었으나, 자기는 늙었다고 생각하여 국민들의 만류를 뿌리치고 68세에 정계를 떠났다. 그가 총리 공관을 비우고 나오려 하는데 들어가 살 집이 없었다. 국민들이 돈을 모아 조그만 집을 지어주었다(최연혁, 2012: 39). 이렇게 현명하고 능력 있는 지도자가 관리하는 스웨덴의 국가는 국민으로부터 공출한 자원을 국민에게 잘 돌려준다. 돌려

---

18. 연금이나 의료보험의 기여금도 세금이라고 볼 수 있다. 스웨덴에서는 복지에 필요한 모든 비용을 세금으로 거두어들인다.

받은 것을 오랫동안 체험한 국민은 세금稅金이 전체 국민 생산(GDP)의 절반가량이나 되는데도 기꺼이 납부納付한다. 그러나 한국의 한 대통령은 환경을 파괴하는 토목 공사를 나랏돈으로 하면서 주변 사람의 주머니를 채웠고, 다른 대통령은 재벌에게 연금기금으로 특혜를 주고 뒷돈을 받았다. 적지 않은 사람들이 돈만 내고 어려울 때 받을 수 없을지 모른다고 우려하며 세금을 내는 것을 꺼린다. 이러니 사회복지의 발전이 더딜 수밖에 없다.

2. 사회복지의 분배 원리

말을 백 마리 가진 사람이라도 채찍 하나 때문에 남의 신세를 져야 할 때가 있다는 라다크의 속담이 있다.(헬레나 노르베레-호지, 2001 : 86) 채찍을 전해준 사람이 채찍의 값이나 사용료를 받으려 하지 않는다. 신세를 진 사람도 대가를 지불할 의무감을 느끼지 않는다. 그는 도움을 준 사람에게 고마움을 느끼고 언젠가 어떤 방식으로든 보답할 기회가 오면 기꺼이 보답하겠지만 그렇지 않아도 그만이다. 만약 채찍의 주인이 대가를 바라고, 받은 사람이 의무감을 가진다면, 이것은 거래다. 거래란 다른 사람과 손익을 따지면서(타산打算) 주고받는 것이다. 이와는 달리 나눔이란 손익을 따지지 않으면서 "베풀고도 기대하지 않고(爲而不恃)"(『노자老子』: 2장) 받고도 갚을 의무감을 갖지 않는 것이다. 거래의 목표는 자기의 이익이고, 나눔의 목적은 남의 배려配慮이다.

거래와 나눔 중에서 사회복지는 어디에 속할까? 개인들이 모았거나 생산한 자원을 사회에 내놓고 사회가 그것을 개인들에게 분배하는 사회복지는, 이익을 얻으려는 거래가 아니라, 구성원의 불행을 구제하려는 나눔이다.

민간 의료보험회사에서 개인이 내온 보험료에 비례하여 치료비 따위를 지급해주는 것은 이익을 겨누는 거래이지만, 공공 의료보험공단에서 개인이 내온 기여금의 액수와는 무관하게 치료비를 대주는 것은 구제救濟를 추구하는 나눔이다. 이는 천하가 공公이 되는 상황에서 "오로지 자기의 어버이만을 어버이로 섬기지 않고, 오로지 자기의 자식만을 자식으로 여기지 않는(不獨親其親 不獨子其子)"(『예기禮記』: '예운편禮運篇') 것과 같다.

그렇다면 사회복지의 나눔이 우리가 사는 자본주의 사회에서는 어떻게 이루어지는가? 자본주의의 가장 중요한 기초는 상품의 갈이(교환)가 이루어지는 시장이다. 이 시장이란 이해를 계산하는 거래로 이루는 분배과정이다.[19] 시장의 원칙이 사회의 구석구석까지 스며들어 있는 자본주의 사회에서 사회복지의 나눔은 시장의 원칙을 벗어나지 않으면 성립될 수 없다. 공공부조의 경우를 보자. 시장에서는 대가代價를 지불하기 때문에 물건이나 돈을 주지만, 공공부조에서는 대가를 지불하지 않았는데도 생계가 어렵기 때문에 생계비를 지급한다. 이처럼 자본주의 사회에서 사회복지는 시장의 원리를 벗어나서 나눔의 원리에 따라 이루어지므로, 자본주의 사회의 사회복지를 '탈상품화脫商品化(de-commodification)'(Esping-Andersen, 1990: 35)[20]라고도 부른다.

---

19. 시장도 사회복지도 돈과 물건과 품을 분배하는 제도이다. 다만 분배의 방식이 다를 뿐이다. 어떤 것을 선택하는가는 사회 성원의 마음에 달려 있다. 먹을 것이 넘치는 마을이라도 나누지 않으면 주린 사람이 있을 수 있고, 넉넉하지 않은 마을이라도 나누면 주림을 다 같이 벗어날 수 있다.
20. 상품과 시장, 그리고 탈상품화는 2장에서 자세히 다룬다.

3. 사회복지의 나눔 방식

사회복지의 나눔이 자본주의 사회에서는 어떻게 이루어지는가?

자본주의 사회에서는 재화의 분배가 주로 시장에서 이루어진다. 사회복지를 하려면, 흔히 국가가 시장의 재화 분배(1차 분배)에 개입하거나, 시장의 분배가 끝난 재화를 다시 분배하는(재분배, 2차 분배) 과정으로 이루어진다.

국가의 시장 분배 개입이란, 시장의 원리에 따라 마땅히 이루어져야 할 분배를 제한함이다. 예컨대 직장인이 보증을 서서 진 빚을 갚지 못하면 월급을 가압류假押留한다.[21] 그런데 경제 논리로만 보면 모든 월급을 마땅히 가압류해야 하나, 채무자의 생계 보호를 고려하여 절반만 한다. 이와 같은 원칙은 노동시장에서도 적용된다. 노동시장에서는 노동자와 사용자가 자유의사에 따라서 계약하는데 어떠한 강제가 있어서도 안 된다. 그러나 시장의 원리만을 따른다면 경쟁력이 약한 노동자는 열악한 근무조건에서 일하면서 삶을 위협威脅당하기 쉬우므로, 최저임금과 노동환경의 최저 기준을 정하여 시장의 분배를 제한한다. 이런 시장 분배의 제한은 개인의 불행을 막아주는 중요한 예방 조치이다. 그러나 시장에 참여할 수 없는 노인이나 장애인과 같은 사람들에게까지는 그 효력이 미치지 않는다.

그러므로 확실한 사회복지를 하려면, 시장의 1차 분배가 마무리된 다음에 다시 분배하여야 한다. 이 재분배에는 두 가지 방식이 있다. 하나는 거둘 때 깎아줌(세금 감면)이고, 또 하나는 거두어서 보태줌(복지 급부)이다. 이 둘이 같이 시행되면, 부딪쳐서 사회복지의 전달체계가 혼란해진다. 예

---

21. 나는 젊은 날 아는 사람들에게 빚보증을 서주고, 월급의 절반을 가압류假押留당한 적이 몇 차례 있었다.

컨대 아동을 부양하는 사람에게 세금을 감면해 주면서, 아동수당도 지급하면 중복 수혜가 생긴다.

　이것을 피하려면 깎아주든 보태주든 한 가지만 하여야 한다. 그런데 거둘 때 깎아주는 쪽으로 통일하는 것은, 국가가 모든 사람들의 최저 생계를 보장해야 한다(사회보장)는 관점에서 보면 바람직하지 않다. 면세의 범위가 아무리 넓다 하더라도 소득이 전혀 없는 사람에게까지 면세의 '단이슬(감로甘露)을 내려줄' 수가 없기 때문이다. 오히려 곤궁한 사람이 사회보장의 사각지대에 놓이게 된다. 그러나 소득이 없는 사람에게도 보태주기는 할 수 있다. 그러므로 거둔 다음에 보태주는 방식으로 통일하는 것이 바람직하다.

5절 사회복지의 안팎

사회복지의 안과 밖에는 사회복지와 깊은 관련이 있는 분야들이 있다. 이것들을 살펴보아야 사회복지를 더 잘 이해할 수 있다. 사회복지와 비슷하지만 아닌 것(사이비似而非[22])들, 사회복지의 이웃인 사회복지정책 및 사회정책, 그리고 사회복지에 포함된 사회보장을 살펴보기로 하자.

1. 사회복지의 사이비

사회복지의 범위가 넓고 그 종류도 많아서 그 살피(경계境界)가 분명하지 않다. 국경에서는 언어와 인종이 애매한 것처럼 사회복지의 변경에서도 사회복지인지 아닌지가 분명하지 않은 것들이 많다. 더군다나 사회도, 복지도 그 뜻이 화려하므로 흔히 사회복지를 여러 사업과 정책을 포장하는 색종이로 사용된다. 그래서 이 세상에는 사회복지와 비슷하지만 사회복지가 아닌 것, 사이비似而非가 많다. 우리가 사회복지를 논의하고 실행하려면 사이비 사회복지를 알아두는 것이 좋다.

사회복지가 나눔의 원리를 따르므로 나눔의 원리가 사회복지를 판별하는 기준이 될 수 있다. 사회복지의 살피에 놓인 몇 가지 사업들이 나눔인가 거래인가를 따져보기로 하자.

---

22. 『맹자孟子』(진심장구하盡心章句下)에 나온다.

국가 기구들이 자주 '국민의 복리福利'를 전면에 내세우는데 이것들이 다 사회복지인가? 예컨대 한국토지주택공사의 설립 운영 목적은 토지의 취득·개발·비축·공급, 도시의 개발·정비, 주택의 건설·공급·관리 업무를 수행하여 국민주거생활의 향상 및 국토의 효율적인 이용을 도모하여 국민경제의 발전에 이바지함이다.(한국토지주택공사, 2016년, 전자방) 이것만 보면 사회복지를 하고 있는 것 같다. 그러나 지금까지 토지를 정리하고 주택을 지어서 판매하여 이익을 얻는 일을 주로 해왔다. 이것은 정부가 이 공사의 성과를 수익성으로 평가하여 왔다는 점으로도 알 수 있다. 그러므로 한국토지주택공사는 나눔이 아니라, 거래를 하므로 아무리 서민 주택을 많이 공급하여 주거문제 해결에 기여한다고 하더라도 사회복지를 하는 것이 아니다. 사회복지와 비슷한 것을 하고 있을 뿐이다. 물론 임대주택 사업을 벌여서 가난한 사람의 주거비를 줄여준다는 점에서는 사회복지를 한다고 할 수 있다. 그러나 이것도 포장용 사회복지에 지나지 않는다. 그런가 하면 정부에서는 사회복지의 비용을 마련한다는 명분을 내걸고 경마, 도박, 복권 사업을 운영한다. 그리고 수익금의 일부로 가난한 국가유공자를 도우며 도박 중독자를 치유해준다. 이것이야말로 서민을 중독의 함정에 빠뜨려서 돈을 버는 악행을 사회복지로 미화함이다. 국가가 사회복지를 내세우고 하는 일이라고 모두 사회복지는 아니다. 사이비 사회복지도 적지 않다.

민간단체가 하는 일 중에도 사이비 사회복지가 있다. 민간단체도 국가처럼 개인이 아니라 사회이므로 사회복지를 할 수 있다. 예컨대 공동모금회의 활동이나, 각종 종교단체나 사회봉사단체의 활동은 거래가 아니라 나눔이므로 사회복지에 속한다. 심지어 사기업이 사회복지단체를 만들어서 영리를 포기하고 사람들의 복지를 증진하는 것도 사회복지일 수 있다.[23] 그러나 민간단체가 아무리 사회복지단체와 유사한 모양을 갖고 있다 하더라도 시장의 원리에 따라 영리를 목적으로 운영된다면 사회복지를 한다고 말할 수 없다. '실버산업'은 '노인(사회)복지'인 것처럼 보인다. 여기서는 노인들에게 돈을 받고 그 대가로 편의를 공급한다. 이것은 사회복지 양로시설에서 나눔의 원칙에 따라 노인들에게 편의를 제공하는 것과는 다르다. 따라서 사회복지라고 할 수 없다. 다른 예를 들어보자. 어떤 유명 사회복지단체가 '돈이 있어야 복지도 한다'는 원칙을 천명闡明하고 사회복지사업에 필요한 돈을 마련하려고, '대규모 어린이 놀이 시설'을 경영한다. 이 단체가 아무리 거창하고 위대한 사회복지를 하고 있다 하더라도, 놀이 시설로 돈을 버는 것 자체는 사회복지일 수 없다. 돈벌이는 돈벌이고, 사회복지는 사회복지다.

국가가 민간단체에 위탁하여 사회복지를 실행하는 경우에도 어디까지 사회복지인지가 논란이 될 수 있다. 흔히 한국에서는 국가가 사회복지관의 운영을 사회복지법인에 위탁한다. 이 법인이 사회복지관을 공익의 목적으로 나눔의 원리에 경영한다면, 국가와 법인이 다 사회복지를 실천한다고 할 수 있다. 물론 현실에서는 애매한 경우가 많이 있다. 국가가 사회복지관의 운영비를 충분히 지급하지 않는다면, 법인이 수익사업을 할 수밖에 없다. 한 다리는 사회복지에 두고, 다른 다리는 사업에 두는 안타까운 처지에 놓이게 된다. 이와는 달리 국가가 사회복지를 민간영리업체에 위탁하기도 한다. 이 경우에 국가는 시장을 활용하여 사회복지를 시행하지만, 업체는 사회복지가 아니라 영리활동을 한다. 예컨대 국가가 노인들의 요양을 시설에 맡기고 대가를 지불한다면, 이 시설은 국가의 돈을 받고 다리 공사를 해주는 건설업체와 다르지 않다.

---

23. 물론 사기업의 이런 활동이 기업 홍보의 전략에서 나온다면 사회복지라고 부르기에는 무리가 있다.

한편 자원봉사나 자선이 사회복지인가도 논란이 될 수 있다. 이것들은 이해타산의 거래가 아니라 구제 목적의 나눔이다. 그러므로 관리 주체가 개인이 아니라 국가나 민간단체라면 마땅히 사회복지이다.

2. 사회복지정책

정책(policy)은 어떤 문제를 해결해가는 절차(course)나 원칙(principle)이므로, 사회복지정책이란 사회, 특히 국가가 사회복지를 실행하는 방침方針이다. 모든 국가의 활동이 다 그렇듯이, 사회복지도 방침을 결정하여 그것을 집행하고, 현장에서는 실행하는 과정을 거친다. 사회복지의 방침 설정을 흔히 사회복지정책, 그 집행을 사회복지행정이라 하며, 현장의 실행을 사회복지실천(social work)이라고 부른다.

그런데 이 책에서는 사회복지정책을 다루므로 정책 연구의 바람직한 태도를 잠깐 논의하고자 한다.

막스 베버는 당위(das Seinsollende, 존재해야 하는 것) 진술과, 존재(das Seiende, 존재하는 것) 진술을 구분하면서, '과학적' 활동에서는 당위보다는 존재 진술을 추구하고, 그러려면 '가치 벗기(Wertfreiheit, value- freedom, 몰가치沒價値)'가 필수적이라고 주장한다.(Weber, 1994) 당위 진술은 '너는 다른 사람을 존중해야 한다' 또는 '존중하라'와 같은 문장으로 이루어지며, 여기에는 말하는 사람의 가치가 함유含有되어 있다. 존재 진술은 '그는 타인을 존중한다'와 같은 문장으로 이루어지며, 말하는 사람의 가치가 배제되어 있다. 과학적 연구란 신념이나 소망의 주장이 아니라 실재의 발견이므로, 연구자가 가치를 벗어버리고 존재 진술을 하는 것이 바람직하다. 뿐만 아니라 당위 진술보다는 존재 진술을 상대가 거부감 없이 잘 받아들이므로 가치 벗기는 과학적 글쓰기에서는 물론 일상의 대화에서도 유용하다.

그러나 과학을 포함한 인간의 사유 과정에서 가치 벗기가 실제로 가능한가는 의문이 적지 않다. 장자의 관점에서 보면 가치 벗기가 부질없다. 대단한 미인이라도 물고기들이 보고는 깊이 숨는다는 장자의 우화(『장자莊子』: 제물론齊物論)에서도 알 수 있듯이, 사람을 포함한 만물이 어떤 것을 판단하거나 인식할 때는 저마다 자기 가치를 암묵적으로 따르기 때문이다. 그리고 사람들이 사용하는 말과 글에도 이미 가치가 들어가 있으므로, 말과 글을 사용할 수밖에 없는 존재 진술에서도 가치를 완전히 배제하기는 어렵다. 어떻게 사람이 식 쌓임(주6)을 벗어나서 판단할 수 있겠는가?

특히 과학에서 가치 벗기가 어려운 또 다른 이유는 과학이 대부분 문제의 해결을 지향하기 때문이다. 물론 연구가 순수하게 심심풀이인 경우도 있을 수 있지만, 대부분은 문제의 해결에 직, 간접으로 기여하는 것을 목표로 삼는다. 예컨대 응용학문이 아니라 순수학문인 사회학도 사회 현상을 이해하여 그 사회의 문제를 해결하는 데 간접으로 기여하고자 한다. 그런데 문제 해결을 지향하려면, 무엇을 문제로 볼 것인가라는 가치 판단이 선행되어야 한다. 마약 판매업자에게는 중독자의 적음이, 사회 개혁가에게는 중독자의 많음이 문제이다. 연구자가 어떤 가치를 따르느냐에 따라 문제의식이 달라지고, 연구 방법과 결과가 달라진다. 그러므로 과학 활동에서 가치 벗기는 심지어 불가능하다고까지 말할 수 있다. 그런데도 가치 벗기만을 강조하면, 연구 절차의 가치 벗기에만 만족하여, 연구 목적과 결과에 들어가 있는 가치를 주어진 것으로 당연시할 수 있다. 어떤 연구자가 마약 판매업자의 돈을 받고 연구과정에서 가치를 떨쳐버리고 마약 중독의 효과적 방법을 밝혀냈다고 하여 가치 벗기를 제대로 하였다고 말할 수 있겠는가? 가치 벗기가 '가치 입기(Wertbeziehung)'일 수 있다.

그렇다면 사회복지정책학에서는 가치 벗기를 하여야 하는가 말아야 하는가? 사회복지정책연구는 주로 국민의 불행을 해결하는 방안을 찾고자 한다. 이것은 정책의 설정과 개선을 탐구함이다. 무릇 대안 정책을 찾고자 할 때는 그것이 공적이냐 사적이냐, 장기적이냐 단기적이냐, 거시적이냐 미시적이냐와 상관없이 현실 및 기존 정책을 되도록 '가치를 벗어나서' 이해하려는 노력이 먼저 이루어져야 한다. 이를 바탕으로 삼아야만 미래를 예측하고, 대안을 제시할 수 있기 때문이다. 그러나 대안을 제시하려면 기존 현실과 정책을 긍정하거나 비판하면서 무엇을 어떻게 할 것인가를 결정하는 과정이 반드시 필요하므로, 가치에 따른 판단을 하지 않으면 안 된다. 따라서 대안 정책을 제시하려는 연구는 현실과 기존 정책을 '가치를 벗어나서' 이해하려고 하면서도 '가치를 따라' 판단할 수밖에 없다.

그러므로 정책 연구자는 자기의 가치를 오히려 존중하여야 한다. 그러나 이 세상에는 나의 가치만 있지 않으므로, 나의 가치가 객관성이 보장된 규범처럼 고집함은 바람직하지 않다. 모든 연구가 다 그렇지만 특히 정책 연구에서는 이녁(자기)의 가치를 존중하면서도 남의 비판에 귀를 기울이고, 비판을 수용하면서도 이녁의 가치를 간직하려 함이 바람직하다. 다른 견해나 입장을 배격하지 않으면서도 견해들을 억지로 통일하려 들지 않는, 화이부동和而不同(타인과 어울리면서도 타인과 하나가 되지 않음)(『논어論語』: 자로장子路章 23)의 자세가 필요하다.

3. 사회정책과 사회보장

사회복지정책을 가장 가깝게 둘러싸고 있는 것이 사회정책이다. 사회정책도 사회복지정책과 마찬가지로 국가의 사회문제 대책이다. 다만 사회복지정책보다 넓은 의미로 사용된다. 사회정책은 사회복지정책과 노동정책을 포함한다. 노동정책에는 고용정책을 포함한 노동시장정책, 노자勞資(노사勞使)관계정책, 작업장의 노동자보호정책 따위가 있다. 이 가운데 일자리 늘리기, 취업 알선, 취업 교육, 취업 지원, 실업자의 소득보장, 노동자보호와 같은 것들은 사회복지정책과 관련이 깊어서 사회복지정책에도 속할 수 있다. 특히 소극적인 실업정책[24]은 노동정책이면서도 사회복지의 중요한 분야라고 할 수 있다. 그러나 경제를 살려내려는 의도로 추진하는 노동시장정책이나, 노사 분쟁을 관리하는 정책 등은 사회복지정책이라기보다는 사회정책에 속한다.

사회정책은 전체의 공공정책, 국가의 전체 정책에 포함된다. 공공정책에는 국방정책, 치안정책, 경제정책, 문화정책, 교육정책 따위가 있다. 모든 사물들이 다 그렇듯이 사회복지정책 및 사회정책도 다른 정책들과 연관되어 있다. 예컨대 사회정책은 교육비를 지원하는 교육정책, 그리고 소득을 향상시키려는 경제정책과 분리될 수 없다.

사회정책은 사회복지정책을 포함하지만, 사회보장정책은 사회복지정책에 포함된다. 사회보장[25]은 사회복지의 노른자위로서 모든 사회 성원들의 최저 삶, 앞에서 행복의 기본 조건으로 제시한 '아프지 않은 몸'을 사회가 보장함이다. 그런데 행복이 있은 이후에 사람의 삶이 있는 것이 아니라, 삶이 있는 다음에 행복이 있다. 죽은 사람에게 행복의 증진인들 무슨 소용

---

24. 실업이 발생했을 때 실업자의 생계를 지원하거나 취업을 알선하는 것 등은 실업의 소극적 대응이고, 실업 자체를 줄이는 것은 적극적 대응이다. 심지어 실업자에게 취업을 하지 않을 경우 실업급여를 취소하는 방식으로 취업을 '강요'하는 것도 적극적 대응에 속한다.(김종일, 2001)
25. 사회보장은 『한국사회보장론』(박승희, 2012, 성균관대출판부)에서 자세히 논의하였다.

이 있겠는가? 그러므로 사회보장이란 사회복지의 '포기할 수 없는 기본'이 자 '출발점'이라고 할 수 있다. 이것은 국민의 최고 행복 추구라기보다는 최저 생계의 유지이므로 소극적 사회복지라고 할 수 있다.

사회보장은 최저 생계에 꼭 필요하지만 결여된 것, 곧 기본필요基本必要 (basic needs)의 충족이다. 필요를 충족해 주려면 모자란 재화와 품을 제공해야 한다. 시장과 상품이 없는 세상에서는 굶는 사람에게 쌀을 주고, 손이 없어서 밥을 먹을 수 없는 사람에게 다른 사람의 손길을 준다. 그러나 온갖 재화와 품을 돈을 주고 구입하여 쓸 수 있는 자본주의 사회에서는 필요가 있는 사람에게 돈만 주면, 많은 사람들이 큰 어려움 없이 살아갈 수 있다. 그래서 자본주의 사회에서 가장 손쉬운 사회보장은 소득보장이다.

그러나 돈을 나누어주는 것만으로는 모든 사람들의 최저 생계를 보장할 수 없다. 예컨대 치매 든 노인에게 돈이 무슨 소용이 있겠는가? 굶고 있는 술 중독자에게 돈을 주면 술을 사먹을 수도 있다. 이런 사람들에게는 현물 (물건과 품)을 줌이 좋다. 현금은 수급자의 선택의 폭을 넓혀주지만, 수급자의 현금 사용의 무능과 오용으로 문제를 일으키기도 한다. 그러므로 현금과 현물의 중간 형식인 이용권(voucher)을 제공하기도 한다.

한편 현금 지급이 현물 지급보다 항상 효율적이지는 않다. 의료나 보육, 수발 같은 것들은 사람마다 사정이 달라서 그 필요를 예측할 수 없으므로 현물로 지급하는 것이 바람직하다. 그리고 주택은 개별보다는 집합으로 지어 사용할 때, 비용이 절감된다. 이처럼 개인 소비보다는 집합 소비가 효율적인 경우에는 소득 보장보다 현물 보장이 나을 수도 있다.

사회보장은 무엇을 제공하는가에 따라 소득보장과 현물보장으로 분류[26] 할 수 있다. 현금을 제공하면 소득보장이고, 물건(예, 윤의輪倚, wheel-chair)이나 사람의 품(예, 보육)을 지급하면 현물보장이다.

그리고 자원을 어떻게 거두어서 어떻게 나누어 주는가에 따라서 사회

(공공公共)부조, 사회보험, 사회보공普供, 사회지본支本 따위로 나눈다(표 1-2). 세금으로 자원을 만들어서 일정 정도 이하의 소득과 자산밖에 갖고

〈표 1-2〉 주요 사회보장 방식

제도	징수방식	분배방식	급부내용	대표사례
사회부조	조세	소득 조사, 필요 확인	현금	국민기초생활보장
			현물	의료부조
사회보험	기여금	기여 여부, 필요 확인	현금	한국연금
			현물	한국건강보험
사회보공	조세	국민 여부, 필요 확인	현금	스웨덴 아동수당
			현물	스웨덴 의료보장
사회지본	조세	국민 여부만 확인	현금	기본소득

있지 못하면서 어려움을 겪는 사람[27]에게 현금이나 현물을 지급하는 것이 사회부조(사회가 도와줌)이다. 기여금(보험료)으로 자원을 마련하여, 기여금을 내놓고 어려움을 당한 사람과 그 가족에게 지급하는 것이 사회보험이다. 세금으로 자원을 갖춘 다음 빈곤과 기여금 납부 여부를 확인하지 않고 어려움에 처한 사람에게 지급하는 것이 사회보공(사회가 보편으로 제공함)

26. 분류分類란 같은 것들끼리는 모으고 다른 것들끼리는 나눔이다. 모으고 나누려면 기준이 있어야 한다. 예컨대 『채근담菜根譚』 후집 79장을 보면 "천자는 나라를 다스리고, 거지는 아침 저녁밥을 호소한다. 지위는 하늘과 땅 차이지만, 초조한 생각이야 초조한 목소리와 무엇이 다르겠는가?(天子 營國家 乞人 號饔飧 位分 霄壤也 而焦思 何異焦聲)" 천자와 거지가 지위는 달라도 초조함은 같다. 여기서 지위와 초조함은 모으고 나누는 기준이다.

27. 어려움을 겪는 사람이란 예컨대 아픈 사람이다. 이 사람은 치료를 받아야 할 필요 (needs)를 갖는다.

이다. 세금으로 자원을 마련하여 빈곤과 기여금 납부, 어려움의 여부와 같은 조건은 따지지 않고 국민 모두에게 지급하는 것이 사회지본(사회가 기본을 지급함)이다. 사회지본으로 이루어지는 대표적인 사회보장 방식은 기본소득제이다.

2장

자본주의와 사회복지정책

사람이 사물事物을 볼 때는, 외부外部 대상對象인 하나의 사물로부터 나온 빛이 눈이라는 다른 하나의 사물에 실제로 가 닿는다. 그것은 두 물리적物理的인 사물들 사이의 물리적 관계關係이다. 이와는 달리 상품형태商品形態[1]와, 이것이 스스로 상품형태임을 드러내는 곳인 노동생산물勞動生産物들의 가치관계價値關係는 그 노동생산물들의 물리적인 속성屬性 및 그 노동생산물들로부터 생겨나는 물리적인 관계關係와는 전혀 상관相關이 없다. 이것이 사람들에게는 사물들 사이의 관계라는 환상적幻想的 형태로 나타나지만 실제로는 사람들 사이의 특정特定한 사회적인 관계 그 자체일 뿐이다. 우리가 이와 비슷한 예를 찾아보려면 종교적宗敎的 세계의 안개 지역으로 숨어 들어가야만 한다. 이곳에서는 사람 머리의 산물産物들이 각자 고유한 자기 생명을 부여받고 자기들끼리 그리고 인간들과 관계를 형성하는 자립自立적인 모습을 보인다. 상품의 세계에서는 사람 손의 산물들이 그와 같은 모습을 보인다. 나는 이것을 물신주의物神主義(Fetischismus, Fetishism)라고 부른다. 그런데 이것은 노동생산물이 상품으로 생산되자마자 그 노동생산물에 달라붙으며, 그래서 상품생산과는 분리分離될 수 없다.(Marx, K., 1986: 86~87; 1987: 91~92; 2016: 93~94)

---

1. 형태는 역할과 비슷하다. 사람들이 어떤 물건을 상품으로 취급하면 그것이 상품의 역할, 곧 상품형태를 가지게 된다.

1절 무엇을 이야기할 것인가?

앞에서 사회복지가 무엇인가를 살펴보았다. 사회복지를 더 잘 이해하려면, 그것의 사회적 조건과 연관시켜 살펴볼 필요가 있다. 사회복지도 그 사회 속에서 형성 발전하기 때문이다. 한국 사회복지정책도 한국 사회와 별개로 탐구할 수는 없다.

한국 사회는 1960년대 이후 매우 빠른 자본주의資本主義적인 산업화産業化의 길을 걸어왔다. '압축壓縮적 자본주의 경제의 성장'으로 한국은 자본주의 사회가 되었다. 얼마 전까지만 해도 사회 구석구석에 잔존殘存하던 자본주의전資本主義前의 요소들이 거의 힘을 잃었다. 예컨대 자급자족自給自足의 삶은 그 흔적조차 찾기 어렵다. 이제 자본주의가 우리의 삶을 강력하게 규정規定하는 사회적인 원칙原則이다. 이것은 자본주의의 핵심요소 중의 하나인 돈이 우리의 삶에서 어떠한 위치를 차지하고 있는가를 생각해 보면 쉽게 알 수 있다.

따라서 한국 사회의 사회복지를 논의論議하려면, 그것의 중요한 사회적 조건인 자본주의를 이해할 필요가 있다. 물론 자본주의를 이해하지 못한다고, 자본주의 사회의 사회복지정책을 전혀 논의할 수 없는 것은 아니다. 그러나 자본주의 사회에서 생겨나는 사회문제에 대응對應하는 방책方策일 수밖에 없는 사회복지를 더 깊이 있게 논의하고 적절適切한 대안을 찾아보려면, 시간과 노력이 더 들어가더라도 자본주의의 뿌리와 줄기(근간根幹)를 이해할 필요가 있다. 조급躁急한 생각을 가진다면 '당장當場(여기에 지금, now and here)' 필요치 않은 노력을 무엇 하려 하느냐고 물을 수도 있다. 심지어 좁게 생각한 나머지 그것은 사회복지학에서 할 일이 아니라고 단정斷定할 수도 있다. 그러나 사회복지의 나은 대안代案을 찾고 사회복지학의 자원을 풍부하게 하려면 숨은 깊고 눈은 멀리 해야 한다.

따라서 한국의 사회복지를 논의하기에 앞서 한국의 자본주의를 먼저 소개하고자 한다. 그런데 한국의 자본주의도 자본주의의 보편성普遍性과 함께 한국적인 특수성特殊性을 가진다. 우리가 어떤 사물을 이해하고자 할 때 그 보편적 핵심을 먼저 파악하는 것이 그 사물을 이해하는 지름길이므로 한국 자본주의의 특수성보다는 자본주의의 보편적 핵심을 먼저 논의하고자 한다. 이를 바탕으로 사회복지가 자본주의 사회 일반에서, 그리고 한국 사회에서 왜 필요하며, 그 의미는 무엇인가를 살펴보려 한다. 이것이 자본주의 사회에서 사회문제들이 어떤 사회구조적인 원리에 따라 만들어지며 이러한 사회문제들에 대응하려면 어떤 사회복지가 필요한가를 따져보는 기초 작업이기도 하다.

2절 자본주의전[2] 사회와 사회복지

모든 사물이 다 그렇듯이 자본주의도 그 자체만으로 이해하기는 곤란하다. 어두움에 밝음처럼 비非자본주의에 자본주의를 맞대보아야 쉽게 파악할 수 있다. 따라서 자본주의전資本主義前 사회의 기본적인 특성과, 그런 사회의 사회복지가 가질 수 있는 의의와 의미를 간략하게 살펴보면서 자본주의 사회와 자본주의적 사회복지를 논의하는 발판을 마련하고자 한다. 여기서 자본주의전 사회는 자본주의 사회를 비추어보는 거울일 뿐이다. 거울에 자기 모습을 비추는 것은 거울을 찬양하며 그 속에 들어가 살려 함이 아니라 자기 모습을 보고 가다듬으려 함이다.

흔히 사람들은 사회복지가 많으면 많을수록 좋다고 생각한다. 그런데 자본주의전의 전통사회傳統社會에는 사회복지가 거의 없었다. 그런 사회는 후진後進하고, 그래서 후진가?

---

2. 전자본주의前資本主義는 전기 자본주의를 뜻 할 수 있으므로 자본주의가 되기 전을 확실하게 표현하려고 '자본주의전'으로 바꾸었다.

사람이 죽지 않으면 장의사葬儀社가 없다.[3] 사회복지는 사회문제에 대응하는 제도이므로 사회문제가 없다면 사회복지가 없다. 사회복지가 발전함은 사회문제가 많기 때문이다. 사회복지가 발전된 자본주의 사회에는 그만큼 '자본주의적인' 사회문제가 많다. 서구의 여러 나라에서는 사회복지가 자본주의와 함께 발전하였다. 특히 자본주의가 고도화高度化된 1900년부터 사회복지가 활발하게 도입導入되었다. 자본주의가 발전發展하면서 많은 사회문제가 늘어났고 이에 대응하여 사회복지를 추진하였다. 심지어 봉건적封建的인 요소가 많이 남아 있던 자본주의 초기에 시행된 사회복지도 주로 자본주의가 초래한 사회문제를 해소하려고 만들었다. 예컨대 근대 사회복지기관의 시초로 알려진 노동의 집(救貧院, workhouse)도 자본주의가 발전하고 봉건제封建制가 해체解體되는 과정에서 늘어난 떠돌이(부랑민浮浪民)들을 수용하여 자본주의적인 작업장에 적응하는 훈련을 시키려고 세웠다. 현대 사회복지는 처음부터 자본주의적 사회문제에 대응하려는 것이었다.

그러나 사회복지가 발전하지 않은 자본주의전 사회에는 최소한 '자본주의적인' 문제는 적다. 사회복지가 많기보다는 사회문제가 적은 세상이 좋다. 그러므로 자본주의전 사회가 나쁘지 않고 오히려 좋을 수도 있다. 이것은 자본주의전 사회가 모든 면에서 좋다는 말은 아니다. 그곳에도 굶주린 사람이 많았다.

근대전 사회가 '후지기만' 한가를 사회보장제도를 중심으로 설명해 보자. 사회보장은 국가가 소득보장과 사회권우眷佑(서비스)로 전국민全國民의 최소 생계를 보장함이다. 우리가 사회보장을 하여야 하는 까닭은 국가가 나

---

3. 장수촌長壽村에 하루는 상여喪輿가 나갔다. 누가 죽었을까? 장례사葬禮師였다. 사람들이 죽지 않으니, 장례사가 돈을 벌지 못해서 화병火病으로 죽었다. 마지막 장례사였다.

서지 않으면 많은 사회구성원이 생계의 위기에 내몰리기 때문이다. 예컨대 미국 사회에서는 대부분 노인을 보살펴줄 친지親知가 없다. 자식들이 멀리 떨어져 자기 살기에만 급급하며 돈을 대주지도 않는다. 그래서 노인이 또 다른 이의 도움이 없다면 생계의 위기를 만난다. 거동擧動이 불편하기라도 하면 문제는 더욱 심각해진다. 만약 국가가 이런 노인의 최소 생계를 보장해 주지 않으면 노인은 곧 죽는다. 그러나 1970년대 이전의 티벳 고원의 라다크 사회와 같은 자본주의전 사회에서는 사회보장제도가 필요하지 않았다.(헬레나 노르베르 호지, 2001) 노인들은 국가가 나서지 않아도 주변 사람들의 보살핌을 받았다. 노인이 천수를 다할 때까지 사회로부터 버림받지 않았다. 물론 모든 자본주의전 사회에서도 많은 노인이 생계위기를 당했다. 생산력이 낮은 전통사회에서는 노인老人 살해殺害가 일반적이었다.(Beauvoir, 1994: 54~114) 그러나 이런 풍습이 생산력과 더불어 사는 문화가 발전함에 따라 오래전에 사라졌다. 어린아이가 어른들이 노인을 버리는 것을 보고 자기도 그대로 하겠다는 말을 그 부모가 듣고 깨달았다고 하는 전설傳說이 세계 곳곳에 많이 남아 있다.(Beauvoir, 1994: 54~114) 따라서 라다크와 같이 나름대로 아름진 자본주의전 사회에서는 자본주의 사회에서와 같은 노인의 생계위기生計危機도 없었고, 이에 대처한 사회보장제도도 없었다. 그런 사회가 사회보장제도가 발전된 사회보다 좋지 않은가?[4]

자본주의전 사회에서는 왜 노인 생계위기와 같은 사회문제가 적었을까? 이 답은 자본주의전 사회의 기본적인 사회원리를 이해하면 분명해진다.

자본주의전 사회에서는 대부분 자급자족하였다. 자급자족이란 각 개인이나 집단이 자기가 필요한 물건을 스스로 생산하여 사용함이다. 이것이 자본주의 사회에서는 생필품生必品을 시장에서 구매購買하여 사용한다는 것

---

4. 물론 좋고 나쁨이 기준에 따라 다르다.

과 대비對比된다. 예컨대 내가 어렸을 때, 나의 어머니와 할머니는 직접 목화木花를 길러 손수 실을 뽑고 베를 짜고 바느질을 해서 우리의 옷을 만들었다. 이것이 지금은 까마득한 옛날이야기이다. 티벳 고원의 라다크 전통 사회에서도 가족들이 이웃 사람들과 협력하여 농사를 짓고 가축家畜을 길러서 생활했다. 필요한 물건을 시장에서 사 쓰는 경우가 없는 것은 아니지만 옷과 음식을 비롯한 대부분의 생활필수품生活必需品은 가족이 스스로 생산하여 사용하였다.(헬레나 노르베레-호지, 2001 : 46)

그런 사회에서는 일터와 살림터가 멀리 떨어져 있지 않았고 가족끼리 일을 하였으므로 일하다가도 집안 살림을 돌보곤 하였다. 은퇴隱退도 없었다. 건강하면 죽는 날까지 일을 할 수 있었다. 일과 놀이, 일과 살림이 시간과 공간으로 분리되어 있지 않았다. 이것은 오늘날 우리 사회에서 일과 살림, 일터와 살림터, 일하는 시간과 쉬는 시간이 명확하게 구분된 것과는 대조對照된다. 현대 사회에서 공장의 노동자가 잠시 짬을 내서 집에 누워 있는 노인을 돌볼 수 있겠는가? 전통사회에서는 밭 일꾼이 그럴 수 있었다.

그리고 자본주의전 사회에서 사람들은 가능한 한, 여러 세대가 함께 사는 대가족大家族을 이루었다. 자본주의가 첨예尖銳하게 발달하지 않은 1900년 이전의 서구사회에서도 대가족이 적지 않았다.[5] 전통사회에서는 노약자나 어린이를 가족이 부양하고 양육하였다. 물론 함께 사는 불편과 갈등이 없었던 것은 아니지만 서로 의지依支하며 살았으므로, 개인들은 가족에서 보호될 수 있었다. 그뿐만 아니라 이웃 공동체가 굳건하였다. 사람들이 누대累代에 걸쳐 거의 같은 장소에서 살면서 세교世交했다. 결혼식이나 장

---

5. 흔히 서양은 원래부터 핵가족 사회이고 동양은 대가족 사회였다고 말한다. 이것은 서양 사람은 원래부터 먼 거리를 자동차로 이동하고, 동양 사람은 걸어서 다녔다고 말하는 것과 같다.

례식과 같은 행사에는 이웃들이 자기 일처럼 도와주었다. 한국의 전통 마을사회에서는 대동계大同契 등을 만들어 상부상조相扶相助하기도 하였다.[6] 이웃이 물건만이 아니라 마음도 나눴다. 서로 상담相談을 주고받았다. 지금도 전통적 삶의 방식이 남아 있는 농촌에서는 이웃 간에 고민苦悶들을 이야기하고 들어준다.(박승희, 2000: 1026)

이런 세상에서는, 개인이 자기 문제를 스스로 책임責任지는 오늘날과는 달리 공동체 성원들이 함께 해결하였다. 노인의 생계위기, 양육부담, 가정폭력과 같은 현대적 사회문제가 공동체 안에서 해소解消되거나 억제抑制되었다. 따라서 공동체 자체가 문제가 없는 한, 사회복지가 필요하지 않았다. 사회복지가 있었지만 오늘날과는 달랐다. 국가는 개인의 문제에 직접 개입하지 않고, 공동체를 보호하거나 공동체에서 분리된 환과고독鰥寡孤獨을 공동체와 함께 돕는 데 그쳤다. 공동체적인 삶 자체가 사회복지였다.[7]

---

6. 1565년에 설립된 '구림대동계鳩林大同契'의 강령이 여러 차례 바뀌었지만, 그 강령綱領들에서는 항상 상례와 혼례 시의 상부상조相扶相助를 앞에 내세웠다. 예컨대 1743년에 개정된 강령은 상장상부喪葬相賻, 혼인상부婚姻相扶, 환난상구患難相救, 강신수목講信修睦, 동임윤정洞任輪定, 유사상체有司相遞, 후입행례後入行禮, 과실상규過失相規, 태만치벌怠慢致罰, 유죄출동有罪黜洞 사산금벌四山禁伐이다.(영암군 구림대동계복원추진원회, 2004, 『구림대동계지』)

7. 물론 자연재해, 전쟁, 질병, 봉건적인 착취搾取가 있었고, 생산력 수준이 낮았으므로 생계위기가 늘 있었다.

3절 자본주의 이해[8]

이 책의 목적目的이 자본주의 자체가 아니라, 사회문제에 대한 공적 대응인 사회복지를 논의하는 것이므로, 자본주의가 사회문제를 어떻게 만들어내는가에 초점을 맞추어 자본주의의 특성特性을 기술記述하고자 한다.[9]

1. 상품이란 무엇인가?

자본주의가 발전된 사회에 사는 우리는 음식, 옷, 집, 자동차, 모자, 신발을 비롯하여 아침부터 저녁까지, 머리끝에서 발끝까지 일상생활에 필요한 대부분을 돈을 주고 시장에서 상품商品으로 구입한다. 그리고 모든 부를 특별한 상품인 화폐로 측정測定한다. 여기서 상품의 원리가 자본주의 사회를 포괄적으로 지배하고 있는 뿌리와 줄기(근간根幹)임을 알 수 있다. 따라서 자본주의를 이해하려면 상품이 무엇인가를 먼저 이해하여야 한다.

상품이란 무엇인가? 상품이란 인간이 교환交換[10]을 목적으로 노동해서

---

8. 나는 자본주의에 대한 설명을 맑스Marx의 『자본資本』만큼 잘 해놓은 것을 보지 못했다. 『자본』의 내용은 사회복지정책을 논의하는 마당에 들어오기 전에 미리 알고 있어야 할 기초상식基礎常識이므로, 구태여 장황張皇하게 소개할 필요가 없다. 그러나 한국의 분단 상황에서는 맑스의 책이 너무나 오랫동안 금서禁書였으므로, 그 내용이 결코 '상식'일 수 없다. 여기서는 특히 『자본』 1권의 1~3장을 쉽게 해설하는 방식으로 쓴다. 일일이 주를 달지 않는다.
9. 그래서 이 글에서 기술된 자본주의의 모습은 부정적일 수밖에 없다.

생산한 재화와 용역이다. 물물교환物物交換을 하든 화폐를 매개로 하든 교환의 대상인 노동생산물만이 상품이 된다.[11] 예컨대 어떤 사람이 기른 무공해 배추를 자기 집의 김장감이나 친구들에게 주는 선물, 배추밭의 주인에게 내는 땅세 등으로 사용할 때에는 그것이 상품이 아니다. 냉정하게 이해를 계산하면서(이해타산利害打算) 쌀이나 돈 따위와 바꾸려고 할 때만 상품이 된다. 어떤 물건이 상품이냐 아니냐는 물건의 물질적 속성과는 아무런 상관이 없다. 그것이 상품인 것은 사람들이 그것을 교환의 대상, 곧 상품으로 취급하기 때문이다. 사람들이 노동생산물에 상품의 역할, 상품형태(Warenform)를 부여하므로 그것이 상품형태를 취한다.[12]

이런 상품을 사고파는 공간 혹은 사회제도를 시장이라 한다. 그래서 상품의 원리가 자본주의 사회의 기본인 한, 시장 또한 자본주의 사회의 기본이라 할 수 있으며, 우리가 상품을 이해하면 이 시장도 쉽게 이해할 수 있다.

---

10. 교환이란 사고파는 것이다. 현대 사회에서는 돈을 중심으로 사고파는 것을 생각한다. 그러나 원래 산다는 것은 가져오는 것이며 판다는 것은 주는 것이다. 우리는 돈을 살 수도, 팔 수도 있다. 흔히 농촌에서는 '쌀로 돈 산다'고 말한다. 옛날 사람은 흔히 쌀을 사면서도 '쌀을 판다'고도 이야기하였는데, 이것은 혹시 쌀을 사고 돈을 판다는 말을 줄여서 한 것은 아닌가 생각한다. 아무튼 사고판다는 것은 교환을 뜻한다. 그리고 노점상 할머니가 '좀 갈아' 달라고 한다. 갈이가 바꿈, 교환이다. 마치 밭을 쟁기로 갈 때 겉과 속의 흙을 바꾼다는 것과 같다. 말의 변천에서도 상품의 본질 속성이 교환임을 알 수 있다.
11. 물론 상품과 화폐가 발달하면 인간이 생산하지 않은 물건도 상품으로 취급된다. 땅이나 명예가 그렇다. 그러나 이것은 원래의 전형적인 상품이 아니다.
12. 이것은 물건을 사람으로 여겨서 말하는 것(의인화擬人化 화법話法)이다.

2. 상품의 사용가치, 교환가치, 가치

상품은 사용가치使用價値와 교환가치交換價値, 가치價値를 가진다. 이것들을 차례차례 풀어보자.

1) 사용가치

요즈음 텔레비전의 안방 장터(홈쇼핑)를 보면 남자가 들뜬 목소리로 '여자의 손이 고귀하다'라고 외치면서 채소와 과일을 원하는 대로 편리하고 안전하게 척척 썰어서 그릇에 담을 수 있는 채칼을 소개한다. 이 칼처럼 모든 상품이 유용성有用性을 가진다. 유용성이 사람의 필요(needs)를 충족시켜준다. 이 필요가 사람들의 밥통(위胃)에서 나왔든, 사람들의 머리에서 나왔든 상관이 없다. 그리고 유용한 물건이 인간의 필요를 소비재로써 직접으로, 또는 생산재(도구)로써 간접으로 충족시키느냐도 문제가 되지 않는다.(Marx, K., 1986: 86~87; 1987: 91~92; 2016: 43) 어떻든 상품의 유용성이 그것의 사용가치를 이룬다. 쌀은 배를 채우는 데, 질그릇은 된장과 간장을 담는 데 필요한 사용가치를 지닌다. 쌀도 질그릇도 나름의 물질적 속성을 지니므로 우리가 먹을 수 있고 뭔가를 담을 수 있다. 따라서 사용가치는 인간의 필요를 충족시켜 준다는 점에서는 인간적이거나 사회적인 것이라고 볼 수도 있지만 상품이 가지고 있는 고유한 물질적 속성에 따라 결정된다는 점에서는 물질적이다.

한 상품의 사용가치는 생산자나 판매자의 사용가치가 아니라 구매자나 소비자의 사용가치이다. 상품은 남의 사용가치를 겨냥하고 만들어진다. 남이 필요로 하지 않으면 아무런 의미가 없다.

2) 교환가치

안방 장터(홈쇼핑)에서는 유용성의 찬양讚揚이 끝나면 '말도 안 되는' 가격을 '선포宣布'한다. 가성비價性比(가격 대비 성능)가 높다는 뜻이다. 이때 성능性能이 그 상품의 사용가치라면 가격은 교환가치다. 이 가격은 그 칼이 얼마나 가치 있는가를 표현해준다. 교환가치는 가치의 이름이다. 가치가 무엇인가는 뒤에서 설명하겠다.

교환가치는 사용가치와는 확연히 다르다. 상품 소개자가 사용가치는 장황하게 설명하지만 교환가치인 값은 싸다는 수식어만 달고 한 개가 얼마의 돈(예, 5만 원)이라고만 간결하게 말한다. 여기서 칼의 교환가치는 돈과 교환되는 비율이다. 개당 얼마(예, 5만 원)라는 비율은 질이나 종류가 아니라 양이다. 양이란 어떤 성질을 단일한 기준에 따라서 수치로 단순화시킨 것이다. 어떤 상품(채칼)의 사용가치가 질(종류)인 것과 달리 그 교환가치는 양이다. 한 상품의 교환가치는 그 속에 들어 있는 뭔가[13]가 크거나 작음, 많거나 적음을 수치로 나타내주고 있다.

이것은 물물교환에서도 마찬가지다. 지금처럼 화폐가 일반화되기 전에는 상품은 다른 상품과 교환되었다. 내가 어렸을 때 질그릇 장사가 마을에 찾아오면 사람들은 질그릇을 주로 쌀이나 보리로 주고 샀다. 그때 질그릇 하나가 쌀 2되와 바뀌었다면 질그릇 하나의 가치는 쌀 2되라는 교환가치로 나타난다. 따라서 교환가치는 얼마의 상품(1개의 질그릇)에 견주는 얼마의 상품(2되의 쌀)으로 표시된다. 여기서 교환가치란 한 상품(예, 질그릇)과 다른 상품(예, 쌀)이 갈리는(바뀌는) 비율이다. 비율은 양이다. 물물교환에서도 한 상품의 교환가치는 종류나 질이 아니라 양이고 그 상품의 뭔가(가치)

---

13. 뒤에서 설명하겠지만, 이것이 가치이다.

를 나타내준다.

그런데 어떤 상품도 자기 교환가치를 자기 사용가치로는 나타낼 수는 없다. 질그릇 1개의 교환가치가 질그릇 1개란 말은 하나마나하다. 도공은 예컨대 가족들의 배를 채울 쌀을 구하려는 목적으로 질그릇을 힘들게 만든다. 그 질그릇의 교환가치는 가족의 배를 채워주는 사용가치를 가진 쌀이다. 도공에게는 쌀의 사용가치가 중요하다. 그러므로 팔아주는 상품(쌀)의 사용가치가, 팔리는 상품의 교환가치를 표현해주는 재료이다. 물론 어떤 상품이 돈과 교환된다면, 이 돈은 직접적인 사용가치를 지니지는 않는다. 그 돈은 그 돈으로 살 수 있는 상품들의 사용가치를 나타내는 기호記號이다. 아무튼 사람들은 한 상품의 교환가치는 다른 상품의 사용가치 양으로 알아차린다.

그런데 교환가치의 생성 원리는 사용가치의 경우와는 사뭇 다르다. 채칼은 생산자가 팔지 않고 스스로 쓰려고 만들었어도 사용가치를 지닌다. 그것이 팔리든 팔리지 않든 사람에게 유용한 물질적 특성만 있으면 사용가치를 지닌다. 사용가치는 물질적 속성에서 연유한다. 그러나 교환가치는 그 칼을 상품으로 취급하려고 할 때만 비로소 생겨난다. 팔거나 사려고 하지 않으면서 교환가치인 값을 흥정하여 매기겠는가? 교환가치는 사람들 사이의 물건 갈이(교환), 곧 사회적 거래로부터 생겨난다. 사용가치가 상품의 물질적 속성에서 나오고 교환가치는 사회적 상호작용에서 유래한다. 사용가치는 물질적이고 교환가치는 사회적이다.

3) 가치

한 상품의 교환가치는 그 상품의 뭔가를 나타내 주는 이름인데 그것이

가치이다. 그렇다면 한 상품의 가치는 무엇인가? 예컨대 질그릇 1개가 쌀 2되와 동일한 가치(등가等價)로 갈릴 때 질그릇 1개의 가치가 쌀 2되라는 교환가치로 불린다. 이것은 질그릇의 판매자와 구매자가 질그릇 1개의 가치가 쌀 2되의 가치와 같음을 인정하기 때문이다. 같다고 인정하는 것이 가치이다. 여기서 사람들은 무엇이 같다고 하는가? 질그릇 1개와 쌀 2되는 유용성인 사용가치도 다르고 모양도 부피도 다르다. 나와 아내의 직장은 다른데 주거지는 같다. 같고 다름을 말하려면 기준이 필요하다. 그 기준이 무엇인가? 이 비밀을 마자馬子(Marx)[14]가 처음으로 풀었다고 스스로 말한다. 그것은 상품들을 생산하는 데 들어간 노동의 양이다. 노동의 양이 같기에 다른 물건을 같다고 여긴다.

그러면 왜 노동의 양만 중시하고 종류(질)는 무시하는가? 예컨대 도공이 질그릇을 다른 도공의 질그릇과 바꾸는 것은 의미가 없다. 교환이란 다른 사용가치를 가진 물건들의 교환이다. 사용가치가 다른 이유는 그것들을 만드는 노동의 종류가 다르기 때문이다. 만약 도공은 물레질만을, 농부는 쟁기질만을 중시하고 상대의 쟁기질과 물레질을 깔본다면 갈이가 이루어지지 않는다. 다른 사용가치를 가진 물건들끼리 갈리려면 노동의 종류는 일단 무시하고 모든 노동이 같다고 인정하면서 그 양만을 따지지 않으면 안된다. 노동의 종류는 달라도 양이 같다고 여기므로 상품이 교환된다. 이것은 사람들이 한 상품(질그릇 1개)의 생산에 들어간 노동량이 그 교환가치(쌀 2되)의 생산에 들어간 노동량과 같다고 여긴다는 뜻이다. 한 상품(질그릇 1개)에 응축된 이 노동량이 그 상품(질그릇 1개)의 가치이다. 물론 교환가치의 역할을 담당하는 상품(쌀 2되)도 팔리는 상품(질그릇 1개)과 같은 가치를

---

14. 공자孔子는 공孔 선생, 맹자孟子는 맹孟 선생, 노자老子는 노老 선생, 장자莊子는 장莊 선생, 마자馬子는 마馬(Marx) 선생이다. 하하….

지닌다고 인정받는다. 그러나 그 가치는 들러리의 가치로서 주인공(질그릇 1개)의 가치를 드러내줄 뿐이다. 한 상품(질그릇 1개)의 교환가치(쌀 2되)는 그 상품(질그릇 1개)의 가치를 부르는 이름과 같다. 한 상품의 가치는 남의 사용가치를 소재로 빌려다가 교환가치라는 이름으로 삼는다. 한 상품의 가치는 본질이고 그 교환가치는 현상이다.

그렇지만 한 상품의 가치가 교환가치를 나타내주는 다른 상품의 가치와 항상 같지는 않다. 예컨대 도공이 농부에게 그릇을 팔 때는 나의 적은 물건으로 더 많은 상대의 물건을 가져오려고 밀고 당기는 흥정을 한다. 이 밀당 끝에 교환 비율인 교환가치, 곧 값이 결정된다. 이 과정에 소위 '수요 공급의 법칙'이 작용한다. 예컨대 너무 많은 도공이 질그릇을 과잉 생산하여 하루 걸러서 만든 질그릇을 한 나절 걸러서 생산한 쌀 1되와 바꾸는 사태가 계속된다면, 손해를 보고 있는 도공 중에서 이직하는 사람이 늘어날 것이다. 이것이 지나쳐서 질그릇의 공급이 줄면 질그릇 1개가 쌀 4되와 교환될 수 있다. 이런 교환이 오래 계속되면 농부 중에서도 도공이 되려는 사람이 늘어나서 질그릇의 교환가치인 값이 내린다. 이런 조정 과정을 방해하는 독점 상태와 같은 요인들이 없다면 질그릇의 교환가치는 그것을 생산하는 데 들어간 노동의 양, 따라서 가치와 같아진다. 이처럼 상품이 일시적으로는 가치대로 팔리지 않을(부등가不等價교환) 수 있지만 길게 보면 가치대로 팔린다(등가等價교환). 그 상품의 교환가치가 가치와 같아지는 경향을 가치법칙이라 한다.

아무튼 한 상품의 가치를 결정하는 노동의 양은 그 상품의 생산에 들어간 노동의 총량이다. 노동의 총량에는 도구나 원료를 생산하는 데 들어간 노동까지도 포함된다. 예컨대 한 물레로 1만 개의 질그릇을 만들었다면 물레에 투입된 노동의 1/10,000이 질그릇 가치 생산의 총노동량에 들어가 있다. 이 총노동량을 흔히 노동시간으로 측정한다. 이 노동시간은 개인별 노동시간이 아니다. 한 사회에서 숙련 수준과 노동 환경이 다른 여러 노동자가 같은 품질의 상품을 만든다면 교환에서는 그 노동자들의 평균 노동시간만을 따질 수밖에 없다. 결국 노동시간을 사회적 평균적 노동시간으로 잰다. 따라서 상품의 가치는 그것을 생산하는 데 들어간 사회적 평균적 노동시간에 비례比例한다. 한편 이 총노동량은 한 상품이 만들어지고 나면 변하지 않으므로 그 상품의 가치는 고정된다. 그러나 길게 보면 같은 사용가치를 지닌 상품들의 생산에 필요한 노동량은 계속 변한다. 생산력生産力이 발전하여 어떤 상품을 생산하는 데 들어가는 노동의 양이 줄어든다면 그만큼 상품의 가치가 작아진다. 예컨대 10년 전에는 질그릇 1개를 하루에 만들었는데 기술이 발전하여 지금은 같은 품질의 질그릇 1개를 반나절에 만든다면 새로 만든 질그릇의 사용가치는 옛것과 같지만 가치는 절반으로 줄어든다. 상품의 가치는 노동시간에는 비례하지만 생산력에는 반비례反比例한다.

이처럼 한 상품의 가치가 투여된 총노동의 결과이고 노동시간에 비례하므로 가치도 교환가치처럼 양임이 분명하다. 그리고 상품의 가치도 교환가치처럼 교환 때문에 인간의 머릿속에서 생겨난다. 자기가 먹으려고 기르는 배추의 가치를 따져서 무얼 하겠는가? 가치는 교환과는 무관하게 물질적 속성에 의존하는 사용가치와는 달리 교환가치처럼 교환에서 출현한다. 그러므로 사용가치는 물질적이지만 가치는 교환가치와 함께 사회적이다.[15]

---

15. 그러나 '부르주아지' 경제학에서는 사용가치는 인간의 심리와 주관으로 결정되므로 인간적이고, 가치는 물질적 속성에서 기인起因하므로 물질적이라고 본다. 맑스는 이것을 조롱하면서, "좋은 외모外貌는 환경의 산물이나, 글을 읽고 쓸 수 있는 것은 천부적天賦的이다"라는 어리석은 사람의 말로 「자본」의 1장을 끝맺는다.(Marx, K., 1986: 98) 당시에는 성형 수술이 없었다.

4) 사용가치, 교환가치, 가치의 관계

이제 사용가치, 교환가치, 가치의 관계를 정리해보자. 이것은 대상과 그 이름, 이름의 소재인 말의 관계와 같다. 우리가 어떤 갓난애의 이름을 '박이진朴而眞'으로 부르면, 아이가 대상(본질)이고 이름이 표현(현상)이며, '박이진'이란 말이 이름의 소재이다. 이름은 대상을 표현하며 말은 이름을 담는 그릇이다. 한 상품(질그릇 1개)의 가치를 표시하는 교환가치를 다른 상품(쌀 2되)의 사용가치로 삼으면 한 상품(질그릇 1개)의 가치는 본질이고 교환가치는 현상이며, 다른 상품(쌀 2되)의 사용가치가 그 상품(질그릇 1개)의 교환가치의 소재이다. 교환가치가 가치를 표현하며 사용가치가 교환가치를 담는 그릇이다. 가치가 아이, 교환가치는 이름, 사용가치는 이름으로 사용된 말과 같다.

사용가치, 가치, 교환가치는 노동과는 어떻게 관련되는가? 사람들이 질그릇을 만들 때는 일정 시간 동안 흙을 파기, 이기기, 물레질, 가마에 굽기 따위를 한다. 쌀을 만들 때는 일정 시간 동안을 써레질, 모내기, 김매기, 탈곡, 방아 찧기 따위를 한다. 이렇게 다른 두 종류(질)의 노동으로부터 두 가지의 사용가치가 태어난다. 이런 노동들은 우리가 경험할 수 있는 모습, 다 갖추어진 몸(구체具體)과 같다. 이런 구체의 노동 중에서 사람들은 많은 것들을 상상像想으로 털어내고 노동량의 모습만을 남긴다. 이것이 추상抽象(깎아낸 형상)이다. 여기서는 노동의 종류는 무시한다. 양으로 추상한 노동, 곧 추상적 노동에 따라 상품들을 서로 비교하여 교환할 수 있게 해주는 가치를 매긴다. 이 가치의 이름이 교환가치이다. 이상의 논의를 다음과 같은 표(표 2-1)로 요약할 수 있다.

지금까지 논의한 사용가치, 가치, 교환가치가 상품 판별의 기준이 될 수 있다. 이 세 가지를 갖춘 물건만이 상품이다. 선물이나 공물(조선시대의 진

상품)로 쓰거나 자급자족自給自足하려고 만든 물건은 사용가치는 가지나 가치와 교환가치는 가지지 않는다. 공기空氣도 사용가치는 있지만 가치와 교환가치는 없다. 다들 상품이 아니다. 거래되는 땅은 사용가치와 교환가치는 있지만 가치가 없다. 땅은 자연이지 사람이 만들지 않았다. 개발한 땅에는 개발에 들어간 노동만큼의 가치가 있지만 땅 자체에는 없다. 땅값이 아무리 많이 오르더라도 송곳을 세울(입추立錐) 땅조차도 사람이 만들어서 늘릴 수가 없다. 땅의 거래에서는 가치법칙이 작동하지 않는다. 이런 맥락에서 '토지 공개념公槪念'[16]이 나온다. 땅은 엄밀히 말하자면 상품이 아니다. 기껏해야 특수 상품이거나 사이비似而非(비슷하지만 아닌) 상품이다.

〈표 2-1〉 노동, 사용가치, 가치의 관계

노동		상품		
구체	종류(질)	사용가치	종류(질)	물리적 속성
추상	양	가치, 교환가치	양	사회적 속성

16. 토지를 개인이 소유하였더라도 공익에 따라 국가가 그 권리를 제한할 수 있다. 예컨대 녹지대(그린벨트)에서는 환경보호라는 공익을 위해서 개인이 소유한 땅의 개발을 막는다. 이것은 토지를 공공의 개념으로 다루기 때문이다. 만약 사람들이 노동해서 땅을 계속 만들 수 있다면 토지 공개념이 필요하지 않을 것이다.

3. 돈이란 무엇인가?

맑스는 사람들이 돈을 어떤 논리로 만들고 발전시켰는가를 길고 치밀하게 탐구하였다.(『자본』:1장)[17] 이것을 알면 돈이 무엇인가를 잘 이해할 수 있다. 맑스가 밝혀낸 돈의 논리적 역사를 살펴보자.

1) 단순한 가치형태[18]

최초의 상품은 두 상품의 물물교환에서 시작되었다. 예컨대 도공과 농부가 질그릇 1개와 쌀 2되를 바꾼다고 하자. 이때 도공은 질그릇을 팔고 농부는 쌀로 질그릇을 사며, 농부는 쌀을 팔고 도공은 질그릇으로 쌀을 사는, 두 가지 일이 동시에 벌어진다. 질그릇 1개가 쌀 2되로 팔리는 것을 '질그릇 1개=쌀 2되'라고 하자. 그러면 '쌀 2되=질그릇 1개'는 쌀 2되가 질그릇 1개로 팔리는 것을 뜻한다.[19] 장터에서는 '질그릇 1개=쌀 2되'와 '쌀 2되=질그릇 1개'가 분리되어 있지 않다. 이것이 구체具體(다 갖추어진 모습)이다. 그러나 이 두 가지를 한꺼번에 살펴보면 혼란스러우므로 머릿속에서 한 가지(쌀 2되=질그릇 1개)는 털어버리고 다른 한 가지(질그릇 1개=쌀 2되)만 보기로 하자. 이것은 추상抽象(깎아낸 모습)이다.

---

17. 푸코의 연구방법인 계보학이 여기서 연유했다고 볼 수 있다(김기덕 교수의 가르침).
18. 가치형태價値形態란 사람들이 상품들을 교환할 때 가치를 따지면서 맺어주는 관계의 유형이다.
19. 수학에서는 '질그릇 1개=쌀 2되'와 '쌀 2되=질그릇 1개'는 같다. 그러나 여기서는 다르다. 등식의 앞부분은 판매자의 물건이고 뒷부분은 구매자의 물건이기 때문이다. 자리가 바뀌면 물건의 역할도 바뀐다.

'질그릇 1개=쌀 2되'는 판매자인 도공과 구매자인 농부가 질그릇 1개를 판매 대상으로, 쌀 2되를 구매 수단으로 취급한다는 의미이다. 이것이 두 상품이 가치로서 관계를 맺는 단순한 가치형태이다. 여기서 질그릇 1개는 주어이고 '쌀 2되와 같다(=쌀 2되)'는 술어이다. 질그릇 1개는 주인공이고 쌀 2되는 주인공의 존귀함을 치켜세워주는 들러리이다. 질그릇 1개는 자신의 가치를 스스로 말하지 않고 쌀 2되가 자기의 가치와 같다는 상대적인 말로 과시한다. 이것은 어떤 사람이 자신의 대단함을 직접 말하지 않고 대단한 사람이 자기의 친구임을 들먹이는 것과 같다. 질그릇 1개는 가치를 상대적으로 과시하는 놈의 역할을 맡는다. 이 역할을 상대적 가치형태(the relative form of value)라 부른다. 반면 쌀 2되는 질그릇의 가치를 표현해주는, 곧 교환가치를 말해주는 역할(형태)을 감당한다. 이것은 질그릇의 가치가 '쌀 2되의 가치와 같다(등가等價이다)'는 술어의 일부로서, 등가형태(the equivalent form of value)를 맡는다.

2) 전개된 가치형태

상품의 가지 수가 늘어나면 단순한 가치형태가 많은 문제에 직면한다. 예컨대 질그릇과 쌀 이외에도 손전화(휴대폰), 구두, 모자가 상품이라고 하자. 질그릇이 상대적 가치형태를 차지한다면 나머지는 등가형태를 맡는다. 이것을 가치등식의 사례로 나타내면 다음과 같다.

질그릇 1개 = 보리쌀 4되
　　　또는 = 손전화 1개
　　　또는 = 구두 1켤레

또는 = 모자 2개

또는 = 그 밖의 각 상품

이것을 전개展開된 가치형태라 부른다. 이 가치형태에서는 상품이 늘어남에 따라 등가형태의 수가 많아진다. 그런데 이런 가치형태가 현실에서는 결코 순조롭게 이루어지지 않는다. 예를 들어보자. 도공이 쌀을 필요로한데, 쌀 가진 사람은 질그릇이 아니라 손전화가 필요하며, 손전화를 가진 사람도 질그릇이 아니라 구두가 필요하며, 구두를 가진 사람도 질그릇이아니라 모자가 필요하며, 모자를 가진 사람이 드디어 질그릇이 필요하다고하자. 그러면 도공은 질그릇을 모자와, 그 모자를 구두와, 그 구두를 손전화와, 그 손전화를 쌀과 교환하는 복잡한 절차를 거쳐야만, 비로소 질그릇을 만든 보람을 맛볼 수 있다. 그러나 이것도 오히려 단순한 교환이다. 만약 시장에 수천 가지의 상품들이 있다면, 사정事情이 더욱 복잡해진다.

3) 일반적 가치형태

상품의 소유자는 누구나 자기의 상품을 모든 다른 상품과 한 번에 교환하기를 바란다. 그러나 이 바람은 극히 일부의 상품 소유자만이 이룰 수 있다. 내가 어렸을 때는 쌀이 귀해서 사람들이 쌀을 갖기를 원했다. 쌀을 가진 사람들은 필요한 것이 무엇이든 쉽게 바꿀 수 있었다. 이런 쌀이 다른모든 상품과 관계에서 상대적 가치형태를 차지한다. 그런데 이것을 뒤집어보면 쌀이 다른 모든 상품의 등가형태가 된다. 쌀이 다른 모든 상품으로 팔린다는 것은 다른 모든 상품이 쌀로 팔린다는 것이기 때문이다. 이것을 가치등식의 사례로 나타내보자.

질그릇 1개
보리 4되
손전화 1개   =   쌀 2되
구두 1켤레
그 밖의 각 상품

이것은 모든 상품의 가치가 쌀 2되와 같다는 뜻이다. 쌀 2되가 등가형태를 독차지하고 다른 모든 상품의 가치를 일반화된 방식으로 표현해준다. 이것을 일반적 가치형태라고 부른다. 이제 쌀을 제외한 모든 상품의 소유자들은 자기 물건을 쌀과 바꾸어 두면 다른 물건과 쉽게 교환할 수 있다. 두 차례의 교환을 하면 무엇이든 손에 넣을 수 있다.

일반적 가치형태도 한계가 있다. 쌀의 가치를 간명하게 알기 어렵기 때문이다. 쌀을 상대적 가치형태의 자리에 놓더라도, 쌀의 가치는 수많은 종류의 교환가치로 표현된다. 그 가치는 다른 상품의 가지 수가 100이면 100가지로, 만이면 만 가지로 표현되어야 한다. 그리고 새로운 상품이 생길 때마다 가치 표현의 가지 수가 늘어나야 하므로 쌀의 가치 표현이 영원히 완성될 수 없다. 더군다나 쌀은 시간이 지나면 변질되고, 운반과 측정이 금이나 은보다 불편하다.

4) 화폐형태

이런 문제 때문에 쌀과 같은 상품 대신에 금이나 은이 일반적 등가형태의 자리를 차지한다. 금과 은도 사용가치, 가치, 교환가치를 지니는 상품이다. 그러나 일반 상품과는 달리 다른 상품들의 가치를 표현해주는 특수

한 상품이다. 금과 은이 돈이다. 이 돈이라는 등가형태의 도움으로 모든
상품의 가치가 표현되는 가치형태를 화폐형태라고 부른다. 화폐형태에서
는 모든 상품이 돈과 교환되며, 그러므로 각 상품 사이의 교환은 돈을 거쳐
서만 이루어진다(질그릇 1개 = 금 5냥 =쌀 2되). 모든 상품은 돈으로 통한다.
화폐형태의 사례는 다음과 같다.

질그릇 1개
보리 4되
손전화 1개   =   금 5냥
구두 1켤레
쌀 2되
그 밖의 각 상품

5) 진화된 화폐들

금과 은의 화폐가 태환지폐兌換紙幣 [20]에서, 다시 불환지폐不換紙幣로, 지
금은 전자화폐로 발전한다. 지금은 사람들이 종이돈을 만져보지도 않고 전
자망電子網에서 부호로만 받고 준다. 이런 화폐들의 성격을 살펴보자.
    금과 은은 사용가치와 가치를 가진다. 이것은 상품이다. 이것들의 가치
는 기술과 자연조건 등의 변동에 따라 변한다. 다른 상품들의 가치도 마찬
가지로 변한다. 따라서 다른 상품들이 금과 은으로 교환되는 비율(교환가

---

20. 태환지폐는 소지자가 원하면 은행에서 금과 은으로 바꾸어주고 불환지폐는 원하더
    라도 바꾸어주지 않는다.

치)이 늘 변하게 마련이다. 그렇지만 그것들이 보편적 등가형태로서 큰 문제가 되지 않는다. 왜 그런가? 만약 그것들의 사용가치가 없다면 아무도 금과 은을 가지려고 하지 않을 것이므로 등가형태를 취할 수가 없다. 그리고 만약 가치가 없다면 공기처럼 값이 없거나 희귀품처럼 값이 극히 비쌀 것이므로 다른 상품의 가치를 나타내줄 수 없다. 금과 은은 사용가치와 가치를 가지므로 다른 상품들과 교환되는 비율이 변하면 변한 대로 등가교환의 경향, 곧 가치법칙의 적용을 받는다. 그래서 다른 상품들의 교환가치를 표시해주는 등가형태로서 자리를 유지할 수 있다. 이것은 태환지폐도 마찬가지다. 태환지폐 그 자체는 사용가치도 가치도 갖지 않지만 금과 은의 사용가치와 가치로 보증保證받는다.

그러나 불환지폐는 다르다. 불환지폐는 사용가치도, 가치도 없다. 다만 국가가 그 지폐에다 일반적 등가형태(역할)를 부여하고 보증해준다. 이것은 어떤 사람에게 국가가 재판관의 역할을 부여하고 보증해준 것과 같다. 그리고 이 지폐의 양을 조절하여 다른 상품과 교환되는 비율을 관리한다. 이것은 국가가 억지로 돈과 상품 사이의 가치법칙을 유지하는 것과 같다. 그러므로 국가가 망하면 불환지폐는 쓰레기가 된다. 전자화폐도 이와 비슷한 특성들을 갖는다.

이런 기준에 따라 최근 문제가 된 가상화폐(비트코인)의 성격을 따져보자. 우선 가상화폐는 사용가치가 거의 없다. 그것으로 국을 끓여 먹을 수도 없고 벽지로 쓸 수도 없다. 그것을 소유하면 약간의 심리적 만족을 느낄지는 모르겠다. 가치는 있다고 볼 수 있다. 수수께끼를 사람들이 애를 써서 풀어서 만들어내기 때문이다. 그러나 수수께끼는 얼마든지 바꿀 수도 있다. 그 가치는 금과 은의 가치보다 아주 불안하다. 가상화폐는 사용가치와 가치가 취약하므로 다른 상품과 교환되는 과정에서 가치법칙이 작용하지 않는다. 그렇다고 국가가 가상화폐에 보편적 등가형태를 부여하고 보증해주지도 않는다. 따라서 이것이 안정적 화폐가 되기는 어렵다.

4. 상품교환商品敎의 비밀

우리는 일상에서 상품으로 필요를 충족시키고 살아간다는 점에서 보면 상품은 조금도 신비神秘스럽지 않다. 그러나 곰곰이 따져보면 참 신비하다. 무엇이 왜 신비로운가?

1) 무엇이 신비로운가?

> "이와 비슷한 예를 찾아보려면, 종교적宗敎的 세계의 안개 지역으로 숨어 들어가야만 한다. 이곳에서는 사람 머리의 산물產物들이 각자 고유한 자기 생명을 부여받고, 자기들끼리 그리고 인간들과 관계를 형성하는 자립自立적인 모습을 보인다. 상품의 세계에서는 사람 손의 산물들이 그와 같은 모습을 보인다. 나는 이것을 물신주의物神崇拜(Fetischismus)라 부른다."(Marx, K., 1986: 86~87; 1977: 72~73; 1987: 91~92; 2016: 91~92)

사람들은 곳곳에서 종교를 만든다. 대왕신大王神, 할머니신, 신하신臣下神, 악신惡神, 선신善神 따위를 세우고 받든다. 사람 머리의 산물인 이들이 생명을 부여받고, 군신君臣이나 모녀母女, 적대敵對와 같은 자기들끼리의 관계는 물론, 인간과도 모자母子, 왕·백성과 같은 관계를 형성한다. 이들은 인간이 만들었는데 인간에게 상도 주고 벌도 준다. 만들어준 인간에게서 벗어나서 자립적인 모습을 보인다. 그러나 이런 사태는 현실이 아니라 환상이다. 참으로 안개 속에 있는 것처럼 묘妙하고도 가물거린다(현玄).

종교 영역에서 머리의 산물처럼 상품의 세계에서는 사람 손의 산물이 고유한 생명을 부여받고 그것을 만들어준 인간으로부터 자립하여 자기들끼리의 관계는 물론, 자기들과 인간 사이의 관계도 만든다.

예를 들면 내가 시장에서 돈을 주고 옷을 사서 입는다. 이 옷은 누군가가 내가 입을 수 있도록 만들었지만 나는 그를 전혀 알지 못하고 알려고 하지 않는다. 판매인도 사는 내가 누구인지 모르고 알려 하지 않는다. 그 옷은 나의 의지와는 상관없이 비싸게 또는 싸게 팔린다. 옷과 돈이 스스로 값을 정한다. 옷이 화폐를 매개로 삼아 스스로 다양한 상품들과 관계들을 맺는다. 사람이 만든 옷과 돈을 포함한 상품들이 고유한 물리적 힘을 부여받고 살아서 움직인다. 물물교환에서도 옷과 같은 상품이 스스로 알아서 다른 물건들과 짝을 이루어 교환된다. 그리고 상품이 사람들에게 스스로 정한 시세를 따르게 한다. 특히 돈은 사람 간의 관계까지 지배한다. 최근 나의 친척이 자기 부친의 제문에서 "아버님께서 남겨주신 유산이 없으니 형제들이 화목합니다"라고 했다. 흔히 형제끼리 유산 문제로 싸우고는 돈이 원수라고 한다. 돈이 사람을 싸우게 한다. 돈이 사람을 종으로 삼는다. 이처럼 상품은 고유한 생명과 물리적인 힘을 부여받고 자기들끼리 스스로 관계는 물론, 인간과도 관계를 맺는다. 머리와 손발도 가지지 않은 상품의 조화가 신비스럽다. 종교의 신들처럼 상품도 사람이 만들었는데도 사람에게서 벗어나서 자립적인 모습을 보이며 거꾸로 사람을 지배한다. 이것을 물신주의物神主義라고 부른다. 물신주의는 전형적인 뒤집힘 현상, 즉 리외離畏(alienation, Entfremdung)[21]이다.

2) 신비로움이 왜 생길까?

물신주의는 자급자족 살이를 하거나 공납貢과 선물을 하는 곳에서는 나타나지 않는다. 사람들이 자기가 쓰려고 만든 질그릇은 자기가 다룬다는 점을 모르지 않는다. 도공이 질그릇을 나라에 바칠 때도 그것을 마지못해 바쳤지 질그릇이 스스로 궁궐로 들어갔다고 여기지 않는다. 선물로 줄 때도 질그릇이 자기 마음대로 남에게 갔다고 여기지 않는다.

그렇다면 공동체의 나눔에서는 어떨까? 도공이 질그릇 1개를 자기 동생인 농부에게 선물로 주고 쌀 2되를 보답으로 고맙게 받았다고 하자. 이런 관행이 발전하여 형은 항상 동생이 쓸 질그릇까지 빚고 동생은 형이 먹을 쌀까지 지어서 나눈다고 하자. 이 두 사람으로 이루어진 사회에서는 각자가 질그릇과 쌀을 생산하여 스스로 쓸 때와는 달리 개인적 노동이 사회적 노동도 된다. 두 사람은 사회 전체가 필요한 노동을 서로 나누어서 전담하고(분업分業) 다른 사람의 노동 결과물과 교환하여 살아간다. 그러나 이 물건들은 상품이 아니다. 두 물건의 교환이 이해타산이 아니라 형제의 우의를 기반으로 이루어지기 때문이다. 이 두 사람은 물건을 생산할 때도, 교환할 때도 상대를 잊지 않는다. 형과 아우가 물건을 주고받는다는 사실을

---

21. 이것을 '소외疎外'라고 부르는데 이 말이 우리 사회에서는 '소외된 이웃'에서 알 수 있는 바와 같이 따돌림으로만 쓰인다. 그래서 리외라고 부르고자 한다. 리외란 인간이 만들어낸(인간에게서 나온, 외화外化) 대상이 인간에게서 벗어나 자립自立하여, 거꾸로 인간을 지배하는(전도顚倒) 상태이다. 외화外化 자립화自立化 전도顚倒가 리외의 3요소이다(전태국 교수의 가르침). 인간의 창조물이 인간에게서 분리分離되어 인간을 두렵게 함(외畏)이다. 이것은 사람들이 한 측면에 집착하여 다른 측면을 억압하는 데서 생긴다고도 할 수 있다. 노자에 따르면 인간이 부질없이 뭔가를 만들어서 자연의 결을 파괴하고 괴로움을 당한다. 예컨대 사람들은 예禮를 만들고, 그것을 중심으로 사유하며 행동하고, 인간의 다른 측면들을 무시無視하면서 고통스러워한다.

한순간도 놓칠 수가 없다. 물신주의가 출현하지 않는다.

이 형제처럼 사이 좋은 여러 사람이 각자가 물건들을 만들어서 사이 좋게 나누어 쓰는 세상을 생각할 수 있다. 이것이 맑스가 말하는 자유인 연합(einen Verein freier Menschen, a association of free individuals)(Marx, K., 1986: 92; 2016: 102)이다. 사람들은 사회 전체가 필요한 노동을 나누어서 하고 다양한 노동의 결과물을 교환하여 살아간다. 개인적 노동이 사회적 노동이기도 하다. 그렇지만 이 물건들은 상품이 아니다. 물건들의 교환이 거래가 아니라, 공동체적 나눔이기 때문이다. 사람의 조직이 물건의 생산과 분배를 의도적으로 관리하므로, 물건들이 사람에게서 벗어나 자립한다는 생각을 하지 않는다. 여기서도 물신주의가 출현할 수 없다.[22]

그렇다면 상품 경제에서는 어떨까? 도공과 농부가 형제가 아니라 상품을 팔고 사는(매매賣買) 사이라고 해보자. 두 사람은 각자가 자급자족할 때와는 달리 상대방의 사용가치를 만드는 일을 하므로, 개인의 노동이 사회적 노동이다. 이것은 나누고 사는 형제의 경우와 다르지 않다. 그러나 이 두 사람은 나누지 않고 손익을 따지는 거래를 한다. 형제는 인간관계 때문에 물건을 나누지만, 이들은 물건을 사고팔려고 인간관계를 맺는다. 형제의 관계가 정의情誼적이고 장기적이며 복합적이라면 매매買賣의 관계는 이해타산적이고 단기적이며 단편적이다. 저는 따뜻하고 이는 차갑다.

두 사람이 장터에서 자기의 적은 질그릇으로 얼마나 많은 쌀을, 자기의 적은 쌀로 얼마나 많은 질그릇을 가져올 것인가에만 골몰한다. 두 사람은 상대에게는 관심이 없다. 상대가 누구인가는 알 필요도 없고 안다고 하더라도 그것이 중요하지 않다. 형제가 물건을 나눌 때와는 달리 시선은 사람이 아니라 물건에 머문다(그림 2-1, 그림 2-2). 상품의 원리가 지배하는 식

---

22. 이것이 사회주의 사회이다. 이런 사회의 문제는 이 장의 끝에서 다룰 것이다.

〈그림 2-1〉 나누는 형제의 시선視線

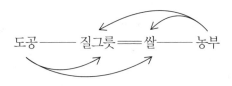

〈그림 2-2〉 상품 거래자의 시선

　두 사람이 이해利害를 타산打算하며 밀고 당기기를 하는데 그 밀당의 결말은 자기의 뜻대로만 되지 않는다. 거래가 이루어지지 못하거나 이루어져도 각자의 물건값(교환가치)이 만족스럽거나 그렇지 못할 수도 있다. 두 사람은 자기들이 만든 물건이 그럴 만한 물리적 힘을 가지고 있으며 자신들의 의지와 무관하게 스스로 그렇게 한다고 믿는다. 그리고 상대방을 보지 않고 물건에만 집착하므로 물건들이 알아서 관계를 맺는다고 여긴다. 이처럼 사람이 물건들을 상품으로 취급하자마자, 곧 물건들이 상품형태를 취하자마자 그것들이 자립적인 모습을 보인다. 사람의 노동생산물이 살아서 움직이는 물질적인 힘을 가지고 스스로 관계를 맺으며 거꾸로 인간을 지배한다. 이것이 물신주의의 출발이다. 물신주의는 "노동생산물이 상품으로 생산되자마자 그것에 달라붙으며, 그래서 상품생산과는 분리分離될 수 없다."(Marx, K., 1986: 86~87; 1987: 91~92; 2016: 93~94)

　이 물신주의는 도공과 농부의 수가 늘어나면 더욱 분명해진다. 도공과 농부들은 물건의 생산자나 소유자는 알기도 더욱 어렵다. 시선은 오직 물건에 모인다. 각 도공은 자기의 적은 질그릇으로 더 좋고 더 많은 쌀과, 각 농부도 자기의 적은 쌀로 더 좋고 더 많은 질그릇과 바꾸려고 한다. 거래가 내 마음대로 될 리가 없다. 그럴수록 거래하는 사람은 보지 못하고 물건의 고유한 무언가가 있어서 거래를 결정한다고 생각한다. 물건들이 스스로가 짝을 지어 소유자를 바꾸고 사람의 거래를 이끌고 간다고 믿는다.

상품의 수가 늘어나면 늘어날수록 물신주의는 더욱 강해진다. 거래의 상대를 더욱 알기 어려워지고 거래가 각자의 뜻대로 되지 않으므로 물건의 힘이 더욱 크다고 느낀다. 화폐가 보편적 등가형태의 자리를 독점하면 모든 상품이 화폐로 전환되어야 하고 화폐는 모든 상품과 교환될 수 있다. 화폐가 다른 상품들 위에 군림君臨하므로 화신주의貨神主意가 확고하게 자리를 잡는다.

상품이 지닌 물리적 힘, 곧 '보이지 않는 손'[23]의 실체는 무엇일까? 도공과 농부는 질그릇과 쌀에 상품형태를 부여하고 상대의 노동이 나의 것과 종류는 달라도 노동이라는 점은 같으며 따라서 두 물건의 가치도 같다는 점을 인정하면서 교환한다. 매매가 이루어지면 두 물건은 가치로서 관계(가치관계)를 맺게 된다. 두 물건이 가치관계를 맺어야만 사람들은 그 물건들이 상품이 되었음을 확인할 수 있다. 상품형태가 가치관계를 맺음으로써 자기가 상품형태임을 증명한다. 그런데 이 가치관계는 장터의 밀당으로만 이루어지지 않는다. 사람들이 장터에서는 흥정에 몰두하지만 돌아서서는 내가 판 물건을 계속 만들까 말까를 생각한다. 힘들게 일해도 보람이 크면 그 일을 계속하지만 적으면 그만둔다. 이것이 상품이 가치대로 팔리게 하

---

23. 애덤 스미스가 그의 『국부론國富論』에서 자본주의 사회는 '보이지 않는 손(invisible hand)'에 의해 공동선에 도달할 수 있다고 했을 때,(Smith, 1989: 447) '보이지 않는 손'이란 결국 시장의 원리를 말한다.

는 장기적인 흐름을 이룬다. 거래의 밀당은 가치법칙의 커다란 흐름 속에서 이루어진다. 그러나 사람들은 밀당을 하면서도 이 가치법칙의 큰 흐름을 알지 못한다. 이것이 순간순간 따고 잃음에만 집착하는 카지노 도박꾼이 확률의 법칙을 알아차리지 못하는 것과 같다. 결국 도박장의 득실은 기계의 확률이, 장터의 손익은 상품의 가치가 결정한다. 시장에서 알 수 없는 물리적 힘, '보이지 않는 손'의 실체는 상품의 가치이다.

3) 신비의 본 모습

물건들이 스스로 힘을 가지고 맺는 물질관계의 본 모습은 무엇인가? 거래에서는 사람들이 자기들은 보지 못하고 물건만을 보므로 자기들이 아니라 물건들이 고유한 물질적 힘을 지니고 관계를 맺었다고 생각한다. 인간의 거래 관계를 물건과 물건의 거래로 착각한다. 인간관계가 물건들의 관계로 드러나고 있을 뿐인데도 사람들은 그것을 인간관계로 보지 않고 물질관계로 본다. 이것은 마치 사람들이 눈으로 꽃과 같은 사물에서 나온 빛을 보면서도 그것이 빛이 아니라 사물(꽃)이라고 믿는 것과 같다.

> "사람이 사물事物을 볼 때는 외부外部의 대상對象인 하나의 사물로부터 나온 빛이 눈이라는 다른 하나의 사물에 실제로 가 닿는다. 그것은 두 물리적物理的인 사물들 사이의 물리적 관계이다. 이와는 달리 상품형태商品形態들과, 이 상품형태들이 자신들이 상품형태임을 드러내는 곳인 노동생산물勞動生産物들의 가치관계價値關係는 그 노동생산물들의 물리적인 속성屬性 및 그 노동생산물들로부터 생겨나는 물리적 관계와는 전혀 상관이 없다. 이것이 사람

들에게는 사물들 사이의 관계라는 환상幻想의 형태로 나타나지만 실제로는 사람들 사이의 특정特定한 사회적인 관계 그 자체일 뿐이다."(Marx, K., 1986: 86~87; 1987: 91~92; 2016: 93~94)

물건과 물건의 관계는 사람들이 맺어주는 물건들의 가치관계일 뿐이고 이익과 손해를 따지면서 상품을 교환하는 냉정한 인간관계의 착시현상이다. 인간관계가 물건들의 관계, 물상物像(물건의 모습)으로 둔갑한다. 이것을 인간관계의 '물상화物像化'(Verdinglichung)[24]라 부른다.(Lukacs, 1986: 154)

5. 노동시장

상품의 수가 늘어나고 시장이 발전할수록 사람들은 무엇인가를 만들어서 팔지 않으면 안 된다. 팔아야만 필요한 사용가치를 지닌 물건을 살(매買) 수가 있고 사야만 살(생生) 수 있기 때문이다. 그러나 누구나 물건을 팔수 있는 것은 아니다. 물건을 만들 수 있는 공장이나 기계와 같은 생산수단을 갖지 못한 사람들은 시장에 물건을 내놓을 수 없다. 대개 시장 경쟁에서 탈락하였거나, 처음부터 가난한 사람들이다. 하지만 생존하려면, 마지막

---

24. 독일 말 Verdinglichung을 게오르그 루카치Georg Lukacs가 처음 사용한 것으로 알려져 있으나 맑스도 이 개념을 사용하였다.(전태국, 1997: 90) 이것을 사물화事物化, 혹은 물화物化로 번역하기도 한다. 그런데 『장자莊子』의 제물론齊物論에서는 장주(주主)와 나비(객客)가 구별할 수 없는 상태(인간의 생각과는 무관한 자연의 변화상태)를 물화物化라고 한다. 이때 물화는 만물의 조화造化이다.

재산인 '몸이라도 팔아서' 돈을 사야 한다. 절박한 사람은 장기臟器나 봄(春)을 팔기도 하지만 대부분은 노동력을 판다.[25] 자본주의 사회에서는 빈곤이 노동력을 팔게 하는 채찍이다.

노동력을 사용하는 것이 노동이며 노동할 수 있는 능력이 노동력이다. 노동력도 사고팔면 상품형태를 취한다. 그러므로 마땅히 가치와 교환가치와 사용가치를 가진다. 일반 상품의 가치처럼 노동력의 가치도 그 생산에 투여된 총노동량에 따라 정해진다. 이것은 노동자가 생활하고 자식들을 기르고 교육하는 것 따위에 필요한 재화와 용역을 생산하는 데 들어간 총노동량이다. 그런데 필요한 재화와 용역의 종류와 양이 사회마다 다르므로, 노동력의 가치는 사회적이고 역사적이며 문화적으로 규정된다.(Marx, K., 1986: 184~185; 1977: 171; 1987: 202~203)[26] 노동력의 가격은 임금이고 노동력의 사용가치는 그 쓸모이다.[27]

노동력을 사고팔 때는 그의 사용권을 일日 주週 월月 연年과 같은 시간 단위로 임대차賃貸借한다. 이것은 사람 자체가 팔리는 인신매매와는 다르다. 자동차의 임대가 자동차 자체의 판매와는 다른 것과 같다. 노동력을 파는 사람들이 노동자이고 사는 사람은 자본가다. 노동자는 노동력을 팔아서 생계를 꾸리고, 자본가는 노동력을 사서 상품을 생산한다.

노동력을 사고파는 곳이 노동시장이다. 노동시장에서 노동자는 정해진 시간 동안 자기 노동력의 사용권을 돈을 받기로 하고 자본가에게 넘겼으므

---

25. 노동자는 이중적 의미에서 해방된(자유로워진) 사람이다. 노동자가 되려면 봉건제의 신분적 예속만이 아니라, 생산수단인 토지로부터도 벗어나야(해방되어야) 한다. 농노나 노비들이 영주나 주인의 간섭에서 벗어났다 하더라도, 생산수단(토지)을 상실하지 않으면 노동력을 팔지 않는다.
26. 이에 대한 자세한 설명은 4장에서 한다.
27. 노동력의 가치와 사용가치도 분리되어 필요의 충족을 왜곡歪曲할 수 있다. 예컨대 노약자를 돈을 받고 돌보기로 해놓고 방치할 수도 있다.

로 자본가의 지시와 감독에 따라 노동을 한다. 자본가는 산 노동력을 자신의 상품생산에 가장 적합하도록 사용한다. 그리고 그것을 구매한 가치(임금의 가치)보다 더 많은 양의 가치를 생산하도록 노동을 시키고자 노력한다. 자본주의 사회의 노동과정은 자본증식의 목적에 따라 질로나 양으로나 철저히 관리된다.[28] 이 노동시장에서도 물신주의가 출현하고, 인간관계가 물상화된다. 일반시장에서 사람들이 상품에 시선을 모으면 상품의 주인(판매자와 구매자)을 보지 못한다. 노동시장에서는 노동력과 돈에 시선을 모으므로 노동력의 주인(노동자)과 구매자를 보지 못한다. 노동력과 돈이 스스로 알아서 교환되며 인간 위에 군림君臨한다. 노동자와 자본가의 관계도 물건들의 관계로 나타난다.

---

28. 산업복지론은 이러한 노동과정의 철저한 이해를 바탕으로 논의되어야 한다. 노동과정은 맑스의 『자본』에 잘 설명되어 있다.

4절 자본주의 사회의 문제들

자본주의 사회에서는 사람들이 서로 다른 종류의 노동을 하여(분업分業) 다른 사용가치를 가진 물건을 만들어서 남과 자기의 물건들을 가치로서 인정하고 손익을 따져가며 교환한다. 그 결과로 물신주의가 나타나고 인간관계가 물상화된다. 이런 원리를 적용하여 노동력도 사고판다. 그렇다면 다른 사용가치의 가름, 가치의 따짐(가치관계 맺기), 물신주의와 인간관계의 물상화, 노동시장, 그리고 이것들의 전제 조건인 분업이 어떻게 사회복지를 늘리는 사회문제들을 만드는가?

사회복지는 사회가 행복을 증진함이고 행복의 요건은 건강한 몸의 유지와 즐거움 짓기이다. 건강한 몸을 유지하려면 어떤 경우에도 기본필요가 충족되어야 한다. 즐거움은 주로 생활세계生活世界(life world, Lebenswelt)[29] 속에서 짓는다. 사람들이 생활세계에서 펼쳐지는 생각의 화면들을 이야기로 꾸미면서 살아가기 때문이다. 따라서 상품시장의 문제점들을 기본필요의 충족 및 생활세계와 관련지어 살펴보고자 한다.

1. 다른 사용가치들의 바꿈

자급자족 사회와는 달리 상품시장 사회에서는 서로 다른 물건을 만들고 바꾸어서 필요를 충족한다. 그러므로 시장의 상품 유통이 물건과 용역들을 배분하여 필요를 충족시켜주는 과정이기도 하다.

사회복지도 물건과 용역을 배분하여 필요를 충족시켜주는 사회제도라는 점에서는 상품시장 제도와 다르지 않다. 다만 분배하는 방식과 원리가 다를 뿐이다. 사회복지는 상품의 원리를 벗어나서 사회적 연대의 원리에 따라 필요를 충족해준다. 따라서 사회복지를 잘 이해하려면 상품시장 제도의 필요 충족 및 생성의 원리原理를 잘 따져보는 것이 좋다.

1) 남의 사용가치 생산

상품시장 제도에서 생산자生產者는 다른 사람의 필요와 욕구에 적합한 사용가치를 가진 물건을 만들어서 넘겨주고 자신의 필요와 욕구는 남이 만든 물건의 사용가치使用價值로 충족시킨다. 필요와 욕구를 직접이 아니라 간접으로 채운다. 이것은 자급자족의 체제에서 생산자가 스스로 만든 물건을

---

29. 여기서 말하는 생활세계는 사람들이 일상日常을 살아가는 과정 일체를 가리킨다. 우리는 날마다 사물과 사람의 1차 정보를 눈 귀 코 혀 몸 뜻으로 2차 정보를 만들어서 받아들이고 저장하여 관리하며 생각하고 행동한다. 이러한 삶의 과정은 나름대로 질서 있게 짜인 세계이다. 이 생활세계에서는 생활(일상)의식이 한 편의 영화처럼 펼쳐진다. 아침에 일어나서 다음날 아침에 일어날 때까지 어떤 단상斷想들이 연결되었는가를 생각해보라. 나의 경우 어떤 날은 월급 가압류假押留, 다른 날은 가인佳人과 호젓한 산길을 걸으면서 주고받은 대화와 관련된 단상들로 이야기가 짜인다. 이런 것들이 나의 생활세계이다.

소비하는 것과는 다르다. 이 때문에 상품의 가치와 사용가치가 분리된다. 예를 들면 도공이 질그릇을 쌀과 교환하였을 때 자기 질그릇의 가치를 나타내는 교환가치를 쌀의 사용가치로 알아차린다. 그러나 도공이 만든 질그릇의 사용가치는 농부를 위한 것이다. 생산자(도공)는 남이 만든 사용가치로 자기 상품의 가치를 실현하고 자기는 남(농부)의 사용가치를 만든다. 자기가 만든 상품의 가치는 자기 것이지만 사용가치는 남의 것이다(표2-2 참조). 상품에서는 가치와 사용가치의 주인이 다르다.

〈표 2-2〉 상품(질그릇, 쌀) 가치와 사용가치의 주인

구분	질그릇	쌀
가치 · 교환가치의 주인	도공	농부
사용가치의 주인	농부	도공

가치와 사용가치의 분리는 필요의 충족에 관한 심각한 문제를 만들어낼수 있다. 가치와 사용가치가 모순矛盾관계에 있기 때문이다. 예를 들면 도공이 질그릇을 생산하는 최종 목적은 질 좋은 쌀을 많이 획득하여 질그릇의 가치를 실현하고자 함이다. 그의 관심은 적은 가치의 질그릇으로 질 좋은 쌀을 얼마나 많이 확보하는가이다. 그가 질그릇의 사용가치를 고려하는 것은 이런 목표를 실현하려는 방편方便일 뿐이다. 질그릇의 사용가치가나쁘더라도 소비자인 농부가 다량의 좋은 쌀과 교환만 해준다면 도공은 목표를 달성한다. 예컨대 사람의 몸에 해로운 물질을 질그릇에 발라서 광택光澤을 냈더라도 농부가 사주기만 하면 노동한 보람과 질그릇의 가치를 얻는 데 성공한다. 자기 집에서 쓰려고 질그릇을 만들 때에는 사용가치가 자

기 것이므로 유해물질을 바르지 않는다. 자기가 먹을 고춧가루에 붉게 물들인 톱밥을 섞고, 자기 자식이 먹는 과자菓子에 유해有害 색소色素를 첨가하며, 생명을 위협하는 가습기 세척제를 만들겠는가? 그러나 남의 사용가치를 만들어서 자기의 가치를 실현하고자 할 때는 사정이 다르다. 상품(질그릇)이 화폐와 갈릴 때에도 가치와 사용가치의 모순은 마찬가지다. 의료나 수발을 사고파는 곳에서도 가치가 사용가치가 모순된다. 상품시장 제도로만 우리의 기본필요를 충족시키기에는 문제가 있다.

자본주의 사회에서는 상품시장 원리를 벗어난 필요 충족을 생각하지 않을 수 없다. 그래서 식품위생법食品衛生法이나 소비자보호법消費者保護法 따위로 상품의 생산과 유통을 관리管理 감독監督한다. 이것도 넓은 의미의 사회복지이다. 더 나아가 상품으로부터 해방된 사회적 여백을 제공하는 것도 사회복지의 중요한 목표로 설정할 필요가 있다. 예컨대 노인들의 텃밭 가꾸기는 여가 활동이면서 공동체 형성에 이바지하며[30] 고품질의 필요와 욕구를 왜곡됨이 없이 충족시켜준다. 다른 예를 들어보자. 최근 '종로 노인복지관'에서는 노인들이 집에서 된장을 만들어 먹을 수 있도록 지원해주고 있는데 참여자의 반응이 좋다. 이런 가사 노동은 무엇보다도 좋은 소일거리일 뿐만 아니라 '가치'[31]로 인정받지는 못하지만 인간의 필요를 직접 충족함으로써 양질良質의 삶을 유지하는 데 도움을 준다. 아무리 사 먹는 음식이 고급이더라도 어머니의 손맛보다는 우리를 더 행복하게 해줄 수는 없

---

30. 텃밭 가꾸기는 나누고 더불어 사는 것을 촉진하는 경향이 있다. 텃밭을 가꾸면 함께 일을 할 수 있기 때문만이 아니라, 생산하는 것을 나누어 먹지 않을 수 없기 때문이기도 하다.
31. 집 된장은 상품이 아니다. 이것이 아무리 우리의 삶을 복되게 하여도, 한 나라의 상품의 총량을 돈으로 환산한 나라의 총생산(GNP)과는 무관하다. 교통사고가 나면 총생산이 증가하지만, 집 된장을 아무리 많이 생산해도 총생산은 늘어나지 않는다. 따라서 행복과 나라의 총생산을 기계적으로 연관시키는 것은 우스운 짓이다.

다. 가사家事 노동勞動을 지원하는 것도 좋은 사회복지일 수 있다.

2) 가치실현의 어려움

상품의 생산자는 남의 사용가치를 생산해서 남에게 넘겨주고 남이 생산한 사용가치로 살아간다. 노동한 보람과 상품 가치는 다른 상품의 사용가치와 교환되어야만 실현된다. 상품이 팔리지 않으면 노동한 보람도, 상품의 가치도 실현되지 않는다. 팔리지 않은 상품은 쓰레기가 된다. 팔리지 않은 배추는 쟁기로 갈아엎어진다. 가치를 실현하지 못한 생산자는 생계까지 위협받을 수 있다. 상품을 팔지 못하여 스스로 삶을 마감하는 사람이 많지 않은가?

그런데 판매, 곧 가치실현이 남의 손에 달려 있다. '가위를 몇 번 치는가는 엿장수의 마음'이지만 사 먹고 안 사 먹고는 소비자의 마음이다. 생산자에게는 상품의 가치실현이 필연必然이 아니라 우연偶然이다. 그래서 상품 생산자는 팔려고 긴장緊張하며 '몸부림'을 친다. 무엇보다도 소비자의 필요나 욕구에 부합된 사용가치를 만들고자 한다. 그러므로 자본주의 사회에서는 소위 '품질品質'이 상상을 초월할 정도로 발전한다. 예컨대 살아 있는 생선을 서울에서 파는 것이 얼마나 대단한가? 살려 잡은 물고기를 살려서 운반 보관하려고 때로는 수면제나 침으로 잠을 재우고 항생제抗生劑로 병을 예방한다. 기발奇拔하다. 스스로 먹을 생선이라면 이렇게 할 수 있을까?

사람들이 상품만이 아니라, 판매 행위의 품질까지도 향상시키려 애를 쓴다. 이른 바 '서비스'를 극대極大한다. 예컨대 음식점에서는 친절까지도 판다. 요즈음 시장에서는 '잘 모시겠습니다'라는 구호가 '정성껏 섬기겠습니다'로 바뀌었다. '판매자가 봉건시대의 하인처럼 고객을 섬기겠다는 것인데, 이때 섬김의 대상은 고객顧客의 탈을 쓴 상품(돈)이거나 상품(돈)의 화신化身인 고객이다. 그리고 고객이 물어보면 주차장도 화장실도 '저기 있으십니다'가 된다. 판매자는 소비자가 싫어도 웃는다. 물론 이런 자본주의적인 웃음이 좋아서 웃는 자연스러운 웃음과는 다르다. 다 같이 이를 환히 드러낸 웃음이라도 술집 아주머니(마담)의 웃음이 좋아서 저절로 나오는 시골 할머니의 웃음과, 그리고 비행기 안내원의 세련된 웃음이 서산 마애불의 웃음과 어찌 같을 수 있을까?

그런데 이런 상품의 품질 향상만으로도 상품이 팔린다는 보장이 없다. 상품의 사용가치가 크다는 것을 적극적으로 나타내보여야 한다. 대개 소비자의 상품구매 여부는 그 사용가치의 크고 작음보다는 크거나 작다는 믿음에 달려 있다. 상품의 판매에서는 본질本質(실제로 그러함)보다 현상現象(그렇게 보이게 함)이 중요하다. 아무리 좋은 상품도 소비자가 좋다는 판단이 서지 않으면 팔리지 않지만 나쁘더라도 좋다고 여기면 팔린다. 실제보다는 여김이 중요하다. 이 때문에 상품의 포장包裝, 광고廣告의 기술이 발전한다. 왜 덜 익은 감귤을 '카바이드'로 노랗게 물들이며 왜 장난감의 포장이 내용물보다 크고 화려한가? 왜 우리가 광고를 보지 않고는 거리를 걸을 수 없고 지하철과 버스를 탈 수 없으며 텔레비전을 볼 수 없고 전자우편을 열 수 없는가? 광고가 시간과 공간의 여백을 남김없이 채운다. 이미 일상의 눈, 귀, 코, 혀, 살과 생각의 누리(의식계意識界)(1장 주6)까지 모든 생활세계를 광고가 도배해 버렸다. 사람들은 광고를 따라 욕망한다. 광고가 큰남(대타자大他者)[32]이다. 가치실현의 절박함이 필요와 욕구의 충족을 넘어 그것들을 조작한다.

---

32. 큰남은 사람의 마음 바닥에 뿌리내린 외부의 힘이라는 생각이다. 이것은 주로 잠재의식(무의식) 속에서 기호(씨니피앙)로 구성된다. 사람은 자기가 생각하는 큰남의 기대를 자기의 욕망으로 삼는다. 이것이 라깡의 주장이다.(무까이 무사아끼, 2017)

상품을 판매하려는 노력은 사용가치 증대와 치장에만 그치지 않고 더 나아가 새로운 수요를 창출하려고 한다. 필요와 욕구란 어떤 것이 자신에게 부족하다는 믿음으로부터 생긴다. 이 결핍이 필요와 욕구, 나아가 상품의 수요 및 판매의 근원이다. 상품시장 사회에서 결핍, 곧 필요와 욕구의 조작은 기발한 신상품新商品(신상)이 주도한다. 예컨대 텔레비전의 요조기遙調器(리모콘)가 없는 시절에도 우리는 큰 불편을 느끼지 않으며 텔레비전을 볼 수 있었다. 누워 있다가도 일어나 가서 개폐기開閉器(스위치)를 눌렀다. 게으른 사람은 발가락으로 켜고 껐다. 그것도 현대인의 부족한 운동의 보충이었다. 그런데 이놈이 상품으로 나타난 뒤로는 우리의 몸 운동은 더 부족해지고 숨어버린 요조기를 찾아내는 탐지기探知器[33]가 필요할 정도로 정신이 혼란스러워졌다. 그런데도 사람들이 갖지 않으면 갖고 싶어서 안달한다. 이놈이 선사한 안락安樂이 큰 만큼 금단禁斷의 아픔도 크다. 우리가 요조기를 조정調整하지만 요조기가 우리를 조정한다. 상품이 '베푼' 안락이 결핍, 곧 필요와 욕구를 만든다.

이런 신상新商의 결핍이 광고로 더욱 증폭된다. 안방 장터에서는 찬란한 물건을 소개하고는 '마지막 7개가 남았다'는 전형적인 '사기체詐欺體' 문장을 외치며 결핍의 불안을 키운다. 광고에서는 때로는 개성을 강조한다. 집단보다는 개인으로 소비해야 소비의 총량이 늘어나기 때문이다. 예컨대 개성을 고려하지 않을 때는 형이 입던 옷을 동생이 물려 입는다. 그러나 개성을 살리려면 동생은 형과는 다른 옷을 입어야 한다.[34] 이런 개성은 실제가 아니라 환영이고, 개성이 아니라 모방이다. '개성'도 조작된 욕망의 기호이다. 광고에서 개성이 강조될수록 결핍이 커진다.

---

33. 15여 년 전에 이 말을 할 때는 농담이었다. 드디어 탐지기가 나왔다. '기가지니, 리모컨 찾아라'라고 소리치면 요조기가 삐삐거린다.
34. 술자리에서 받은 박시종 교수의 가르침이다.

그런데 신상이 한 번 나오고 끝나지 않는다. 판매의 욕망은 끝이 없으므로, 더 편리한 물건이 계속 시장에 나온다. 여기서는 편리便利가 지고至高의 선善이며 일종의 이념(Ideologie)[35]이다. 예컨대 인체공학을 들먹이며 더 부드러운 신발을 시장에 내놓는다. 발바닥에 자극을 받지 못하는 인간은 새로운 질병으로 고통을 받지만 이것이 편리의 찬란한 불빛 아래서는 보이지 않는다. 더 좋은 신상이 나오면 멀쩡한 상품이 옛것이 된다. 옛것은 불편하고 새것은 결핍된다. 옛것은 쌓아두고 새것을 사들인다. 한 유행을 좇고 나면 새 유행은 저 멀리서 솟아오른다. 쓰지도 못한 물건이 늘어나는 수납장을 채워도 늘 부족하다.

상품이 조장한 불편을 줄이며 결핍을 채우려고 사람들은 돈을 더 많이 가지려고 분투한다.[36] 상품이 우리를 끌고 가는 목줄이다. 일상의식의 화면들이 결핍의 환상幻相과 충족의 망상妄想으로 연이어져 간다. "꿈이로다. 꿈이로다. 모두가 다 꿈이로다. 너도나도 꿈속이요, 이것저것 꿈이로다. 꿈 깨이니 또 꿈이요, 깨인 꿈도 꿈이로다."(흥타령) 시장사회에서는 결핍과 충족의 꿈속에서 꿈인 줄도 모르고 힘겹게 살아간다.

그렇다면 우리가 계속 생겨나는 이 결핍의 고통을 해소해 나가면 언젠가는 상품의 목줄에서 벗어나서 행복할 수 있을까? 관광객이 던져주는 '새우깡에 길든 갈매기'는 스스로 물고기를 잡아먹는 수고를 하지 않는다. 결국에는 사냥법도 잃는다. 몸도 마음도 안락해진다. 몸은 토실하고, 털에는 윤기가 흐른다. 그러나 즐겁지 않다. 괴로움과 즐거움이 서로를 낳는데(苦樂相生),(정약용, 1996: 35) 먹이 찾기의 괴로움이 없으므로 먹음의 즐거움

---

35. 이것이 개인주의를 키운다. 공동체 삶이란 상호부조相互扶助와 상호간섭相互干涉이 있게 마련이므로 불편하다.
36. 신자유주의자들은 능력과 열정을 외친다. 사람들은 능력과 열정을 키우려고, 키움으로써 괴물이 되어간다.(파울 페르하에허 지음, 장혜경 옮김, 2016)

을 알아차릴 수 없기 때문이다. 물론 불행하다고는 확언할 수 없다. 설문지를 돌려서 만족도를 측정해보지는 않았으니까.[37] 우리가 더 좋은 신상을 사서 결핍을 충족해 갈수록 새우깡 갈매기의 신세身世를 면키 어렵다. 달콤한 음식을 사 먹을수록 시장의 음식이 점점 달콤해진다. 달콤해질수록 얼굴이 번들거리고 배가 나오며 마음이 편안해진다. 몸과 마음이 더 '달콤한' 상품을 누리도록 가공된다. 소비자는 임금, 소비자의 딸과 아들은 공주公主와 공자公子가 되지만 그럴수록 몸은 병들기 쉽고 마음은 즐거움을 알아차리기 어렵다. 결핍의 고통 수용은 생각하지 않고 충족의 희락喜樂만을 추구하면서 오래도록 행복을 누릴 수 있을까?

기존의 사회복지정책에서는 필요와 욕구의 충족만을 추구한다. 자본주의 사회에서 필요와 욕구가 조작된다는 점을 간과한 채 사회복지로 더 많이 충족하려고만 하면 사회복지가 결코 결핍의 문제를 해결할 수 없다. 대안적인 사회복지에서는 필요와 욕구의 충족만이 아니라 생성에도 관심을 두는 것이 좋다.[38]

2. 시장의 부등가 교환

시장에서는 사람들이 자기가 팔 물건을 내놓고 필요한 물건을 사간다. 그래서 시장은 물건을 모았다가 나누는 곳이다. 이 과정에서 각 상품들끼

---

37. 논문의 개수로 연구자를 평가하니 설문지 논문으로 학회지가 도배된다. 설문지로 파악한 만족도가 믿을 만한가?
38. 4장에서 자세히 다룬다.

리 가치로서 관계를 맺는다. 상품의 수요와 공급이 완전한 자유경쟁에 따라 이루어진다면, 장기적으로 등가로 교환된다. 이것이 가치법칙이다.

그러나 현실에서는 자유경쟁이 오히려 일어나지 않는 것이 일반적이다. 토지와 기술의 독점獨占과 같은 여러 자연적·사회적 여건들에 따라 노동력과 생산재의 이동이 제한되기 때문이다. 이런 부등가不等價 교환이 빈부의 격차隔差를 만든다. 예컨대 어떤 사람들이 신상품에 대한 특허特許를 내서 많은 돈을 번다는 것은 무엇을 말하는가? 그것은 다른 많은 사람과 부등가 교환을 한다는 뜻이다. 만약 그 신상품이 가치대로만 팔린다면 그가 가치의 증서인 돈을 자기가 노동한 것 이상으로 모을 수 없다. 그 사람의 부가 결코 하늘에서 떨어지지 않고 시장에서 다른 사람들로부터 흘러왔다. 시장이 신상품과 신기술 따위를 개발하게 하는 유인誘引(incentive) 체계인 동시에 빈부격차를 늘리는 제도이다.

시장에서는 경쟁競爭의 승패勝敗에 따라서도 빈부의 차가 커진다. 개인들이 각자 자기가 만든 전문적인 상품을 시장에서 자기에게 필요한 수많은 다른 상품들과 교환하여 생활한다. 개인들이 분업 체계의 일부가 되므로 시장을 떠나서는 살 수 없다. 이것은 자급자족 사회에서 각 소집단이 외부와 거래를 하지 않고서도 스스로 필요한 물건들을 만들어 살아가는 방식과는 다르다. 아무튼 시장사회에서 사람들은 자기 물건을 팔아야 다른 물건을 사서 살아갈 수 있으므로 비슷한 사용가치를 가진 물건을 파는 사람끼리 치열한 경쟁을 한다. 더 좋거나 좋게 보이는 물건을 더 싸게 팔아야 승리한다. 승자는 상품을 가치 이상으로 팔아 부를 모으는 기회를 얻지만 패자는 손해보고 팔거나 팔지 못하여 망한다. 승자는 부자가 되고 패자는 빈자가 된다. 부자는 더 큰 경쟁력을 가지게 되어 빈부의 격차는 더욱 확대된다.

따라서 상품시장의 세상에서는 물품과 용역이 넘쳐날 때에도 생계를 위협받는 사람이 있게 마련이다. 이것을 시장의 원칙에 따라서만 보면 아무런 문제가 되지 않는다. 시장은 일종의 경기장이고 경기에서 지고 이김은 당연한 일이다. 그러나 시장이라는 경기장을 벗어나서 선수를 한 인간으로 바라볼 때라야 선수의 상처와 주검을 발견한다. 시장의 경쟁에서 진 사람들은 빈자가 되는데 빈자는 결국 자신의 생존에 필요한 재화와 용역을 구할 수가 없다. 따라서 이들이 생존을 유지할 수 있게 하려면 시장의 경기 규칙으로 배분한 재화와 용역을 그 규칙을 벗어난 사회적 연대 원리로 다시 분배해주어야 한다.

3. 물신주의와 인간관계의 물상화

물신주의와 인간관계의 물상화가 생활세계와 인간관계에 어떤 영향을 미치며 어떤 문제를 일으키는가를 살펴보자.

1) 물신주의(fetishism, Fetischismus)와 욕망 확대

사람들이 손익을 따지면서 물건을 상품으로 교환한다. 시선을 물건에 모으므로 갖고 있는 자기들을 보지 못한다. 물건들이 고유한 물질적인 힘을 가지고 자기들끼리 관계를 맺으며 자기들과 사람의 관계까지 주도한다고 착각한다. 이것이 물신주의이다. 상품들이 돈과 교환되면 원래 돈은 교환의 수단일 뿐인데도 고유한 힘을 갖는다고 여긴다. 이것이 화신주의다.

예를 들어서 더 설명해 보자. 상품 화폐 제도가 없던 시대에는 어떤 사람이 자기 가족이 하루 이틀에 다 먹을 수 없는 소고기를 얻었다면 쉬 썩으므로 이웃에게도 인심을 썼다. 그렇게 하면 다음에 이웃으로부터 뭔가를 얻어 쓸 가능성도 커진다. 그러나 상품과 돈이 널리 퍼진 사회에서는 남은 소고기를 내다 팔아서 돈을 소유한다. 언제든지 소고기는 물론 다른 물건도 살 수 있다. 돈이 없던 옛날이나 돈이 있는 지금이나 소고기를 주고 다른 것을 얻음은 같다. 그러나 지금은 돈이 교환 수단인 기호일 뿐인데 돈이 있으면 뭐든지 살 수 있게 되자 사람들은 돈이 힘을 갖는다고 착각한다. 실제로는 사람들이 손익을 따지면서 돈으로 교환하고 있으면서도 돈이 그렇게 한다고 믿는다. 돈이 신이 된다.

돈이 신이 되면 더 이상 기호만이 아니라 의미를 담은 상징이다. 사람의 마음을 사로잡는 이름(명名)이다. 이름에서 싫음(욕欲)[39]이 출현한다. 원래 사람들은 반짝거리는 돌을 조금 다른 돌로 여겼을 뿐이다. 누군가 그 돌에 옥玉이라는 기호를 달고 귀히 여기자 사람들이 옥을 가지고 싶어 한다. 옥이 상징이자 이름이 된다. 먹을 수도 입을 수도 없는 옥을 사람들이 서로 더 많이 가지려 한다. 그럴수록 부를 쌓아두는 수단이 된다. 돈도 이와 같다. 교환의 기호일 뿐인 돈을 이름으로서 귀히 여기자 너도 나도 많이 가지려 하므로 확실한 저장 수단이 된다. 그래서 더욱 많이 가지려 한다.[40] 이것이 냉장고의 효과效果와 같다. 냉장고冷藏庫가 집안에 들어오면 이웃 간에 음식을 나누어 먹기보다는 저장貯藏해 두고 필요 이상으로 먹어서 비만肥滿해진다. 기계적인 저장방식(냉장고)이 육체적 비만을 늘리듯 사회적 저장방식(돈)이 심리적 비만을 키운다. 사람들이 아무리 돈을 많이 가져도 돈

---

39. 싫음은 이름(명名)에 따라 조작된 바람이다.(『노자老子』: 1장; 박승희, 2015: 1장)
40. 그래서 돈이 이익과 손해, 성공과 실패의 척도가 된다. 비싼 차의 소유는 편리함을 즐기는 것 이상이다.

이 언제나 부족하다. 만족을 짓기 어렵다. 생활세계가 돈의 결핍과 갈망, 돈벌이로 채워지기 쉽다.

사람들은 돈으로 이익의 대상을 삼고 자기의 이익을 키우려고 돈을 노린다. 이것이 돈 이기주의利己主義[41]이다. 사람이 돈을 숭상하면 돈에 홀리고 도둑이 되기 쉽다.[42] 심지어 자기와 남의 생명마저도 가벼이 여긴다. 예컨대 빚에 쫓긴 사람이 취객醉客이나 여자를 납치拉致 살해殺害하거나 자살하기도 한다. 인간이 보이지 않은 경계境界(마음 정황)에서 어찌 인간관계가 온전하겠는가? 물신주의가 확대될수록 인간관계는 더욱 냉정해진다. 가족관계와 같은 공동체적 인간관계가 파괴破壞될수록 자신을 보호해줄 수 있는 것은 돈뿐이라는 믿음이 더욱 커진다. 공동체가 해체될수록 돈 이기주의와 개인주의가 더욱 번창繁昌하고, 그럴수록 공동체가 더욱 해체된다. 결국 돈 이기주의가 사람들의 잠재의식까지 지배한다.

2) 인간관계의 물상화

상품을 교환하는 인간관계는 정의情誼적이고 장기적이면서 복합적인 공동체 관계와는 달리 이해타산적이고 단기적이며 단편적이다. 예컨대 내가 어렸을 때 고향에서는 이웃들이 시신을 상여喪輿로 운반運搬하였으나 지금은 돈을 주고 빌린 영구차로 운반한다. 시신을 운반해준다는 점에서는 상여꾼이나 영구차靈柩車 운전사나 다르지 않다. 그러나 예전의 상주喪主와

---

41. 권력과 명예 따위를 늘리려는 이기주의도 있다.
42. 얻기 어려운 재화를 귀히 하지 않는 것이 백성을 도둑 되지 않게 하는 길이다.(不貴
難得之貨 使民不爲盜)(『노자老子』: 4장)

상여꾼과는 달리 지금의 상주와 운전사는 돈거래로 만난다. 공동체에서는 사람들의 만남 때문에 재화와 용역을 나누지만 시장에서는 돈과 용역의 거래 때문에 사람들이 만난다.[43] 여기서 사람들은 자기들의 관계를 물건과 물건의 관계로 이해한다. 인간관계가 물상화物象化된다. 사람 사이에는 물건과 돈의 장벽이 놓인다. 물론 그 장벽은 마음에 있다. 개인들은 실제로 긴밀한 연관을 맺고 함께 살아가는 수많은 사람에 싸여 있으면서도 마치 냉혹한 물건에 갇혀 있는 것과 다르지 않다. 그래서 현대인들이 '군중 속에서도 고독'할 수밖에 없다. 인간관계의 물상화는 상품을 교환하는 개인주의적個人主義的 인간관계로부터 나오지만 거꾸로 인간관계의 물상화가 개인주의적 인간관계를 키운다. 따라서 상품사회가 전개될수록 개인주의가 성행盛行한다.[44]

개인주의가 어떻게 우리의 삶에 어떤 영향을 미치는가? 인간은 도움을 주고받고 살 수밖에 없다. 본래 더불어 살면서 물질적인 필요를 상호부조로 해결한다. 그리고 다른 사람과 교류하면서 생활세계(일상의식)를 의미 있게 구성해간다. 남과 관계 속에서 희로애락喜怒哀樂을 형성하고 삶을 꾸며간다. 더불어 삶이 물질적物質的이고 정서적情緒的이며, 의식적意識的이고 무의식적無意識的이며, 욕구충족적慾求充足的이고 욕구생성적慾求生成的인 도움의 체계體系이다. 이것을 개인주의가 파괴함에 따라 물리적이고 심적인 차원의 삶의 위기가 생겨난다.

먼저 물리적 차원에서 개인주의가 어떻게 삶을 위태롭게 하는가를 살펴보자. 개인주의 세상에서는 사람들은 누구의 간섭도, 도움도 주고받지 않

---

43. '공동사회(게마인샤프트Gemeinschaft)'의 '일차적' 관계는 상품사회가 되면 '이익사회(게젤샤프트Gesellschaft)'의 '이차적' 관계로 변한다.
44. 노동자의 집단주의에 반대하는 '자유주의' 이념도 혈연, 지연과 종교에 근거한 근대전近代前의 공동체들을 위축萎縮시키는 데 힘을 보탠다.

는다. 수많은 개인이 시장 경쟁의 끝없는 바다에서 각자의 조각배를 혼자서 타고 떠다니다가 누가 가라앉아도 아무도 관심을 보이지도 돌봐주지도 않는다. 이것이 노인老人의 고립, 출산기피, 빈곤貧困, 가정폭력家庭暴力 따위와 같은 여러 사회문제를 늘린다. 예컨대 공동체 사회에서는 남편의 아내 폭행이 이웃과 가족 사이에서 억제되고 관리될 수 있다. 그러나 이웃 간에 교류가 없는 소가족의 사회에서는 관여할 사람이 없다. 그렇다면 공동체의 기능을 무엇이 대신하여야 할 것인가? 흔히 사회복지로 대체代替하려 한다. 그러므로 개인주의가 확산擴散되고 공동체가 약화弱化되어야 사회복지가 나온다. "큰길(大道)이 폐지되면 인仁과 의義가 생기고 지혜가 출현하면 큰 거짓이 생기며 육친이 불화하면 효孝와 자慈가 생기고 나라가 혼란하면 충신이 생긴다.(大道廢 有仁義 慧知出 有大僞 六親不和 有孝慈 國家昏亂 有忠臣)"(『노자老子』: 18장). 아무튼 개인주의가 몸의 보전마저 어렵게 만든다.

　그럼 심리적 차원에서는 이기주의와 개인주의가 삶을 어떻게 위태롭게 하는가? 이기주의와 개인주의가 성행하면 정적인 상호작용은 소가족 내부로 줄어들거나 아예 사라지게 된다. 이런 삶은 인간관계 자체가 주는 불편이나 고통이 없으므로 '편리하지만' 고락상생苦樂相生[45]의 관점에서 즐거움도 없어서 무료하다. 얼마나 심심하면 집안으로 개를 들여올까?[46] 공동체가 살아 있던 사회에서 인간관계의 얽힘으로 가득했던 일상의식이 이제는 상품과 광고의 논리를 싣고 안방과 마음으로 들어오는 정보로 채워진다. 이것을 일상의식의 '식민화植民化'라 부를 수 있지 않을까? 그리고 전자망電子網(internet)으로 세계의 사람들과 관계를 맺지만 그 관계는 매우 엷다. 그

---

45. 고통이 즐거움을, 즐거움이 괴로움을 낳는다.
46. 그리하여 개에게 옷을 입히고, 죽으면 장례를 치른다. 개 대접이 호화스러워질수록 사람이 개만도 못하게 된다(박시종 교수의 술자리 한담). 개가 사람처럼, 사람이 개처럼 된다.

사람들이 아득하게 멀리 떨어져 있다. 도움을 주고받기가 어렵다. 뉴욕의 쌍둥이 빌딩이 무너졌다는 소식을 듣고 안타까워하지만 나는 쉽게 도울 수 없다. 이것은 이웃에 초상이 나면 함께 슬퍼하며 장례를 돕는 상황과는 다르다. 공동체적인 인간관계에서는 내가 스스로 인간관계 자체를 조정함으로써 나의 의식 세계도 조절할 수 있지만 개인화된 세상에서는 일상의식은 단조로우면서 밀려드는 정보에 메어 번잡煩雜하다. 이런 일상이 새로운 형태의 많은 정신 질환疾患을 만들어낸다.

그러나 마땅한 대처 수단이 일상에는 없다. 공동체적인 삶에서는 서로가 늘 상담자가 되고 피상담자가 되므로 심리적 문제가 자연스럽게 정화된다. 그러나 개별화된 현대 자본주의적인 삶에서는 의도하지 않은 일상적인 상담이 사라졌으므로 상담의 수요가 증가하고 상담이 전문가의 영역으로 분화된다. 그리고 함께 일하고 노래하고 춤추는 공동체적인 삶의 양식이 소멸하면 일, 노래, 춤, 웃음과 울음이 '전문가專門家'의 치료 방편으로 부활한다. 이런 전문가의 보살핌(서비스)을 사람들이 시장에서 사야 한다. 그러나 살 수 없는 사람은 사회복지에 의존해야 하므로 사회복지가 확대된다. 여기서 우리는 국가의 보살핌(사회복지 서비스)의 확대만이 능사인가를 자문해보게 된다. 공동체인 삶을 유지하거나 새롭게 형성해낼 수 있도록 지원하여 국가의 보살핌 수요 자체를 줄이는 것이 더 바람직하지 않을까?

4. 노동시장

노동시장勞動市場도 시장이므로 사람들의 모든 생존을 보장할 수 없다. 그리고 노동시장은 사람과 분리될 수 없는 노동력을 사고판다. 일반 시장에서는 상품이 이동할 수 있지만 노동시장에서는 노동력을 실은 몸이 이동한다. 이것이 삶의 방식을 변화시킨다. 노동시장이 소득 위기와 삶의 방식에 어떻게 작용하는가를 살펴보자.

1) 소득 위기

노동력을 사고파는 곳이 노동시장이다. 노동시장의 노동력도 일반시장의 상품처럼 팔리지 않을 수 있다. 특히 노인이나 장애인의 노동력처럼 약점이 있으면 팔리지 않는다. 자급자족 사회에서는 노인들이나 장애인들도 자기의 능력에 맞게 일을 할 수 있었던 것과는 달리 자본주의 사회에서는 나름대로 쓸모가 있음에도 대부분 노동력을 팔지 못하여 일할 수 없다. 이것은 자급자족 사회에서는 까치가 쪼아 먹은 사과라도 사람들이 버리지 않고 먹었던 것과는 달리 시장사회에서 팔리지 않으므로 쓰레기로 버리는 것과 같다. 심지어 양질의 노동력을 가진 사람도 노동력이 팔리지 않아 쓰이지 않는다. 아무튼 노동력이 팔리지 않으면 일과 소득을 잃고 생계를 위협받는다.[47) 이 문제에 대응하는 제도가 실업급여와 공공부조, 연금 등이다.

노동력을 판매하기만 하면 생존의 위기는 사라지는가? 일반 시장에서와 마찬가지로 노동시장에서도 경쟁이 상존常存한다. 흔히 노동시장을 내부노동시장과 외부노동시장으로 나누는데 내부노동시장은 기업의 조직 내의 노동시장이며 외부노동시장은 기업 밖의 노동시장이다. 내부노동시장에서는 진급 등을 둘러싼 경쟁이, 외부노동시장에서는 일자리를 차지하려는 경쟁이 일반적이다. 어느 노동시장에서든 경쟁이 치열해질수록 임금이 하락

---

47. 노동력의 판매 여부가 노동자와 빈민을 가르는 경계선境界線이다. 재산이 없는 사람만이 노동력을 팔고자 하는데, 팔면 노동자, 팔지 못하면 빈민이 된다. 노동자와 빈민은 백지 한 장 차이다.

하거나 노동자가 자본가의 통제에 더 순응한다. 그러므로 자본가는 경쟁을 부추기려 한다. 최근 시장市場 만능萬能을 신봉信奉하는 신자유주의자新自由主義者들이 경쟁제도의 도입을 지고지선至高至善의 개혁 목표라고 선전한다. 어떤 '선구자'는 미꾸라지 양식장에 가물치를 한두 마리 넣어두면 미꾸라지가 안 잡아먹히려고 경쟁하면서 더욱 맛있게 자란다고 목소리를 높인다. 노동시장에서는 살아남기 경쟁을 하므로 승자가 부자富者가 되지는 못해도 패자는 빈자貧者가 된다. 패자는 실업이 아니라도 저임금으로 열악劣惡한 노동조건에서 일하게 되고 생계위기를 맞을 수 있다. 이런 문제들에 대응하려고 최저임금제, 산업재해보상, 근로 기준 보장과 같은 사회복지 정책이 생긴다.

2) 일터와 삶터의 분리

노동력을 사서 사용하는 자본가는 자기가 정한 시간과 장소에서 노동자에게 일을 시킨다. 그러므로 일과 다른 삶이 분리된다. 노동자가 일하는 시간에는 개인 일이나 놀이 따위를 할 수 없으며 일터를 떠날 수도 없다. 그러므로 가족이나 공동체가 노약자老弱者를 '자연스럽게' 부양扶養하기가 어렵다. 예컨대 자본주의전 사회에서는 일하면서 아이들을 돌볼 수도 있었지

---

48. 나는 '제자弟子'인 이윤정으로부터 열심히 살아간다는 소식을 담은 편지를 받은 적이 있다. 편지 안에는 아들 시우時雨에게 모유를 먹이려고 '투쟁'하는 모습이 상세히 적혀 있었다. 직장에서 젖이 불면 화장실에서 짜서 비닐 주머니에 담아 냉장고에 보관하였다가 집에 가져온다. 다음날 시어머니가 시우에게 먹인다. 언젠가 외국 출장 중에 모은 젖을 얼음 상자에 넣어 가져오다가 공항 세관稅關에서 한참 조사를 받았다. 노동시장이 모유를 먹이기조차 어렵게 한다. 사연事緣을 전해준 이윤정에게 감사의 뜻을 전한다.

만 자본주의 사회에서는 그럴 수 없다. 일터에서 엄마의 젖이 불어도 아이에게 먹일 수 없다.[48] 유통乳痛을 없애려고 약을 먹어서 젖을 말리고 아이에게는 소젖을 먹인다. 젖이 마르면 아이가 설 수 있으므로 인공 피임避妊으로 출산 간격을 조절調節해야 한다. 일과 삶의 분리가 부양을 어렵게 만든다.

더 나아가 자본주의 사회에서 일터는 상품의 가치를 생산하는 공식公式 영역이, 삶터는 가치와 무관한 비공식 영역이 되어서 가치 영역이 '무가치' 영역을 식민지로 지배하는 '가치제국주의'[49]가 자리를 잡는다. 그래서 엄마들이 젖을 먹이는 것조차도 '무가치'하다. 공공公共의 장소에서 젖을 먹이는 것이 '범죄'로 취급되거나 기껏해야 '허용許容' 된다.[50] 가족의 육아育兒나 노인 부양도 가치 노동으로 인정하지 않으므로 기피한다.

한편 일과 다른 삶이 하루라는 시간 단위에서만 분리되지 않는다. 일 주일은 노는 날과 일하는 날로, 일 년은 근무 기간과 휴가 기간으로, 한 평생은 정년 전과 후로 분리한다. 사람들이 일할 때는 일만 해야 하므로 지루하기 쉽고, 놀 때는 놀기만 해야 하므로 무료하기 쉽다. 이것은 일하면서 놀고 놀면서 일을 하는 전통사회의 삶의 방식과는 다르다. 그러므로 자본주의 사회에서는 여가 활동이나 노인들의 취업이 사회복지의 수단이나 목표로 떠오른다.

---

49. 이 점은 5장에서 다시 다룬다.
50. 그래서 '내 젖을 내 아이에게 먹이는 것이 무슨 죄이냐'라는 '엄마'의 외침이 깨어 있는 사람들에게는 하늘의 소리로 들린다.

5. 분업

상품의 생산에는 분업分業이 전제된다. 서로 다른 물건을 만들지 않으면 교환되지 않기 때문이다. 분업은 어떤 특성을 가지며 어떤 문제들을 일으키는가?

1) 시장 의존

자급자족 사회에서는 각자가 필요한 물건을 스스로 만들어 사용한다. 이와는 달리 상품사회에서는 각자가 잘 만드는 물건만 만들어서 자기가 필요한 물건들과 바꾸어 쓴다. 이 모습을 하늘에서 내려다보면 사회 전체가 필요한 일을 개인들이 나누어서 생산하고 같이 쓰는 것에 지나지 않는다. 이것을 사회적 분업(division of labor in society)이라 부른다. 사회적 분업은 사회 전체의 차원에서 이루어지므로 기업과 같은 조직 내에서 업무가 배당되는 분업(조직 내 분업)과는 구별된다. 이 두 분업은 상품 제도의 진전에 따라 발달하고 상품 제도는 이 분업의 발달에 따라 공고해진다.

분업이 생산력을 날고뛰는(비약飛躍) 모양으로 발전시킨다. 한 가지 일만 하는 사람들은 자신의 재능과 부를 한 곳에 모아 쓸 수 있다. 그래서 기술技術(technique)과 기능技能(skill)이 발전하고 생산의 도구나 원자재의 낭비가 줄어든다. 가족에게 먹이려고 순대를 아무리 잘 만드는 사람도 많은 재료를 싸게 구매하여 자동화된 기계와 숙련된 솜씨로 척척 일을 해내는 순대 공장 사람들을 따라 할 수는 없다.

그러나 분업이 확대될수록 사람들이 시장에 더욱 의존한다. 자기 일만을 하고 필요한 물건들을 시장에서 사서 소비하기 때문이다. 예컨대 옷을 만드는 회사에서 단추를 다는 사람은 생산 과정의 극히 작은 부분 업무를 맡는다. 옷은 사회 전체에서 필요한 물건 중의 일부이고 단추 달기는 옷 만들기의 일부이므로 단추를 다는 노동자는 사회 전체 노동의 극소 부분만을 담당한다. 그가 옷만으로는 살아갈 수가 없고 그것도 자기가 혼자서 만들지 않았다. 그러므로 옷을 포함한 모든 생필품을 시장에서 구할 수밖에 없다.

이런 의존은 분업이 진전될수록 심해진다. 분업이 성숙하지 않은 단계에서는 사람들이 소비에 필요한 재료는 시장에 의존하지만 소비과정에서 적잖은 자급자족의 노동을 한다. 이런 소비과정의 노동도 상품 제도가 진전될수록 상품생산의 영역으로 편입된다. 예컨대 옷 공장의 단추 달이(다는이)가 분업의 시작 단계에서는 배추를 길러서 절이고 김장한다. 그러다가 시장에서 배추를 사서 절이고 조금 지나서는 절임 배추를 사서 비빈다. 마침내 김치를 사서 먹는다. 김치 담기의 소비 노동이 상품으로 점점 대체된다. 이런 경향은 삶의 모든 영역에서 나타난다. 이사와 장례식 및 결혼식까지도 점점 더 상업적인 방식으로 바뀐다. 그러므로 분업이 발달할수록 사람들은 시장에 의존한다.

그런데 사람들의 능력은 점점 줄어든다. 왜 그런가? 사람들이 시장에 의존할수록 상품의 가지 수가 늘어나고 그럴수록 분업이 세밀해진다. 분업이 세분될수록 각종 전문가가 생겨난다. 상담전문가에서 손발톱을 다듬어주는 전문가와 개 미용사에 이르기까지 다양하다. 전문가를 입증하는 각종 자격증도 많아진다. '전문가專門家의 시대時代'가 도래到來한다. 너도나도 전문가가 된다. 그러나 전문가는 백치이기도 하다. 극히 미세한 일만을 잘할뿐, 다른 일은 할 줄 모른다. 고도 분업 사회에서는 사람들이 미세 노동을 하면서 파편破片 기능만을 지닌다. 자급자족 사회와는 달리 분업 사회의 사람이 할 수 있는 일은 거의 없는 셈이다. 내가 어린 시절 시골에서는 어른이면 누구나 닭을 잡아 요리하였다. 심지어 소도 잡았다. 그러나 지금 닭과 소를 잡을 수 있는 사람이 전문가를 제외하면 얼마나 될까? 기능이 파편화될수록 시장에 더욱 의존한다. 작은 조각 능력을 시장에 팔 수 없으면 목숨마저 위태롭다. 이것도 사회복지가 절실하게 된 이유이다.

2) 야성 상실과 무료

시장 의존으로 생기는 또 다른 문제는 사람들이 삶을 스스로 책임지는 동물적인 본성, 곧 야성野性을 상실한다는 점이다. 이것은 마치 장에 갇힌 꿩이 먹을 것을 걱정하지 않지만 사냥의 본능을 상실하고 왜소矮小해지면서 자유를 상실해버리는 것과 같다.[51] 물론 개인들이 자신의 생존 노동을 하지 않는 것은 아니다. 그러나 삶의 전체 과정에서 지극히 미세한 노동만을 반복하고 나머지는 남의 일에 기대므로 현대인의 일상은 편안하다. 결혼식의 경우를 보자. 본래 결혼은 축제祝祭이고 축제에서 가장 중요한 절차 중의 하나는 음식을 만드는 과정이다. 전통사회에서 혼인婚姻 대사大事의 시작은 소나 돼지를 잡는 일로부터 시작한다. 근례卺禮(혼례婚禮)에 참여한 사람들은 대부분 할 일이 있어서 편안하지 않다. 이와는 달리 시장에 의존하는 현대의 혼례에서는 사람들은 음식을 직접 만들지 않고 전문가로부터 상품으로 구매한다. 음식만이 아니라 혼인의 거의 모든 과정을 전문가의 노동에 의존한다. 참여자들이 마땅히 할 일이 없다. 그저 축의금祝儀金이나

---

51. "못가의 꿩은 열 걸음을 걸어서 한 입을 쪼아먹고, 백 걸음을 걸어서 함 모금을 마시지만, 새장에서 길러지기를 좋아하지 않는다.(澤雉十步一啄 百步一飮 不蘄畜乎樊中)"(『장자莊子』:養生主 第三 8)

전달하고 얼굴이나 내민다. 참 편안하다. 그러나 참여자들이 수동적 인 방관자일 뿐이다. 이런 수동적이고 방관자적인 삶이 집안의 대소사大小事에만 국한되지 않는다. 삶 전체가 그렇다. 우리는 야성을 상실한, 사육飼育당하는 삶, '양계장養鷄場 닭'의 삶을 살아간다. 문질文質이 빈빈彬彬(함께 갖추어짐)하지 않고 문文만이 있는 삶이다.[52] 야성을 상실하고 시장 문명에 길들인 삶은 참으로 편안하지만 무료하다. 불편에 따른 필요가 생성되지 않기 때문이다. 필요 및 욕구 충족의 관점에서만 무료함을 풀고자 한다면 그 끝은 어디일까? 흐릴 때는 고요하여 맑게 하고(濁以靜之徐淸) 편안할 때 오래 움직여서 살려냄(安以久動之徐生)(『노자老子』: 15장: 박승희, 2015)이 좋다. 우리가 사회복지 정책을 생각할 때는 이런 문제를 염두에 둘 필요가 있다. 이 문제에 대해서는 필요와 욕구 문제를 본격적으로 다룰 때 자세히 살펴보기로 하자.

고도 분업의 문제는 이것만이 아니다. 우리의 일이 미세하게 나누어질수록 삶의 과정도 분할된다. 가장 대표적인 삶의 분리가 삶과 죽음의 분리이다. 이 세상에서 죽음이 계속되지만 많은 사람은 그것을 알지 못한다. 주검은 소수小數의 전문가專門家만이 처리한다.[53] 주검으로부터 멀어진 사람들은 삶을 알기 어렵다. 죽음이 있어야 삶이 있기 때문이다. 삶과 죽음처럼 젊음과 늙음도 분리된다. 늙은이의 부양도 전문가들이 도맡는다. 사람들이 죽음과 늙음을 가까이서 볼 수 없으므로 자신의 삶과 젊음의 기적을 알아차리

---

52. 문文은 인위적인 세련됨, 질質은 자연적인 질박質朴함이다. 유교에서는 문과 질이 반반(빈빈彬彬)으로 섞여 있으면서도 균형이 잡힌(잡이균雜而均) 사람을 군자라고 여긴다.(『논어論語』: 雍也 16)
53. 전문화專門化에 따라 시체처리도 '합리화合理化' 된다. 노동을 줄이려고 매장埋葬을 기계로 하고, 매장보다는 화장火葬을 선호選好한다. 매장에서는 운구할 사람이 최소 6명이 필요하지만, 화장에서는 2명으로도 충분하다.

기가 어렵다. 사람들이 번개처럼 지나가는 젊은 날이 정녕 아름답다는 것은, 늙고 병들어 회상回想할 때나 알지만 눈을 지그시 감고 추억追憶하다가 이내 '돌아가는' 모습마저도 아직 젊은 날을 사는 후인後人들에게 보여줄 수 없다. 젊은 사람들은 삶과 젊음의 기적을 알아차리기 어려우니 누릴 줄 모르고 불만이 마음의 호수 바닥에 쌓이기 쉽다. 분업의 발전으로 사람들은 풍요豐饒를 누릴 수도 있지만 오히려 불만을 키운다. 지금은 '풍요로운, 불만不滿의 시대'다. 사회복지가 필요나 욕구의 충족에만 관심을 가져도 괜찮은가?

5절 자본주의 사회의 사회복지

이제까지 상품시장에서 만들어진 문제들을 사회복지의 시각에서 논의하였다. 이것들을 정리하면서 사회복지의 의미를 살펴보고 사회복지의 방향을 설정할 때 긴요하게 고려할 점과, 탈상품화를 뜻하는 사회복지의 윤곽을 정리해보고자 한다.

1. 시장사회의 생존 위기와 인간의 재발견

시장이 필요 충족에 필요한 거의 모든 재화와 용역을 모아서 분배하는 사회제도이므로 시장에 문제가 없다면 필요 충족에도 문제가 없어야 한다. 그러나 시장은 모든 사람의 기본필요를 충족시켜주지 못한다. 일반 시장이든 노동시장이든 반드시 경쟁이 있고 그 경쟁에는 승자와 패자가 있다. 패자는 일반 상품과 노동력을 저렴低廉하게 팔거나 팔지 못한 사람들로서 생계 수단을 마련하지 못한다.[54] 그런가 하면 시장에서는 가치와 사용가치의 어긋남으로 사람들이 건강과 생명을 위협당할 수 있다. 노동시장에서는 일과 다른 삶이 시공간으로 분리되므로 집에서 노약자를 부양할 수 없다. 그

---

54. 이런 시장의 한계 따위를 흔히 '시장의 실패(failure of the market)'라고 부른다. 그러나 이 말은 어색하기 그지없다. 이것은 시장이 완전에 가까워서 실패하기 어렵다는 것을 전제로 했을 때만 성립되기 때문이다. 시장은 장점만이 아니라 단점도 많이 가지고 있으므로, '실패'보다는 한계가 낫다.

리고 사람들은 분업으로 미세한 기능만을 지니므로 시장에 의존해야 하나 시장은 모든 사람에게 의존을 허락하지 않는다. 따라서 시장사회에서는 적지 않은 사람들이 생계 위기를 당한다.

이런 사람은 시장에서 스스로 위기를 해결할 수는 없다. 가족이나 친척, 이웃과 같은 공동체의 도움을 받기도 한다. 예컨대 한국에서 'IMF' 경제 위기 적에 어려움에 부닥친 사람들이 가족과 친지의 도움으로 연명連名하기도 했다. 주거비를 줄이려고, 전세가가 급락할 정도로 집을 합쳤다. 개인이 곤경에 처하더라도 가족과 공동체가 살아 있다면 시장과 상품의 문제가 심각하게 드러나지 않을 수도 있다. 그러나 자본주의적 시장사회는 이러한 공동체마저 야금야금 파괴한다. 상품 제도는 사람들을 '철저히 계산하는 합리적인 동물들'로 만들어가면서 물신주의와 개인주의를 발전시킨다. 자본주의전 사회에 일반적이었던 이웃과 친척 연대는 물론 가족마저도 허문다. 전통사회에서 작동하던 상부상조가 이제 '비합리'가 된다. 고립된 개인의 빈곤과 위험이 가족 안팎 공동체에서 걸러지지 않은 채 곧바로 사회문제가 된다.

그렇다면 이 문제를 어떻게 해결할까? 이 물음의 응답이 사회복지의 출발점인 사회보장이다. 사람들은 시장과 상품의 원리를 벗어나서, 곧 '탈상품화脫商品化'(Esping-Andersen, 1990: 35; 2007: 75)해서라도 최소한 인간의 생존을 사회가 보장하려고 한다. 사회보장이 사회복지의 기초이자 출발이므로 사회복지의 출발은 상품·돈 놀이(game)에 눈이 팔려 보지 못했던 '인간의 재발견'이다. 그러므로 '상식常識의 회복'이다. 사회복지는 인간을 평범한 눈으로 보면서 인간으로 대접함이다.

2. 그 밖의 문제들과 사회복지

시장 사회에서는 상품의 가치 실현이 남의 손에 달려 있다. 생산자와 판매자들은 가치를 폐기하지 않으려고 안달을 부린다. 쉼 없이 광고하고 신상품을 개발하면서 소비자의 욕망을 조작한다. 광고와 신상품이 소비자에게 큰남(대타자)이 되어 사람들의 잠재의식까지 지배한다. 소비자들은 늘 결핍되어 있다. 이 결핍을 채우는 수단이 돈이다. 돈이 많을수록 더 많이 채울 수 있다. 돈이 신이 된다. 화신주의에 빠진 사람들은 더 많은 돈을 가져야 하므로 돈이 늘 부족하다. 그러나 이 불만을 줄이기는 쉽지 않다. 분업체계에 편입되어 미세 노동를 감당할 수밖에 없는 사람들은 모두가 전문가가 되지만 남의 일을 알지 못한다. 주검의 처리도 소수의 전문가 이외에는 알지 못한다. 죽음을 알 수 없으니 삶의 만족을 알 수 없다. 결핍과 욕구는 채워져도 더욱 확대된다.

기존의 사회복지에서는 결핍을 줄이고 욕구를 채워줌에만 관심을 가진다. 채워줌만으로 불만을 해소할 수 있을까? 결핍, 필요, 욕구, 욕망의 문제를 뚫어(천착穿鑿) 볼 필요가 있다.

시장 사회에서는 인간관계가 물상화되고 개인주의가 확대되어 사람들이 외로워한다. 외로우면 마음을 기댈 곳이 없다. 무료無聊하다. 분업 체계에서는 미세 노동에만 종사함에 따라 일을 벗어나면 편안하지만 마땅한 소일거리가 없다. 특히 노동시장이 일과 다른 삶을 분리하였으므로 일에서 완전히 물러난 노인들은 더욱 무료하다. 분업으로 야성을 상실한 사람들은 미세 노동만을 전담하며 다른 노동으로부터 해방되지만 무료의 사슬에 묶이기 쉽다. 외로움과 무료함을 공동체가 살아 있다면 많이 해소할 수 있다. 그러나 시장은 공동체도 위축시킨다.

이 외로움과 무료를 해소하는 데 국가가 나서야 하며 보다 많은 편익을 시장의 원리를 벗어나서 제공해야 한다는 주장이 증가한다. 그러나 외로움과 무료는 필요나 욕구의 불충족만이 아니라 불생성의 문제이다. 이 점에서도 필요와 욕구를 깊이 검토해볼 필요가 있다.

한편 불만, 외로움과 무료의 증가는 공동체 파괴와 깊이 연관된다. 공동체의 파괴는 생계의 위기, 가정폭력과 같은 여러 사회의 구조적 원인이기도 하다. 그런데 기존의 사회복지에서는 이런 문제를 사회복지의 증가로만 해소하고자 한다. 공동체의 해체를 '자연적인' 추세로 받아들이고 주로 사회문제를 처리하는 데만 급급하다. 특히 미시적인 접근에서는 주로 당장當場의 사회문제를 처리하려고만 노력한다. 공동체 해소와 같은 사회 구조의 문제는 제쳐놓고 개인들을 그 구조에 어떻게 적응시킬 것인가만 고민한다. 주요 관심이 사회 자체가 아니라 개인, 해방解放이 아니라 적응適應으로만 국한된다. 이것은 어디까지나 사후적인 조치이거나 대증요법對症療法에 지나지 않으므로 사회문제 자체를 해결하지 못한다. 따라서 대안의 사회복지를 탐구하려면 공동체에 주목할 필요가 있다.

3. 탈상품화와 사회복지의 윤곽

자본주의 사회에서는 상품의 원리를 벗어난(탈상품화) 원리를 적용한 사회복지를 하지 않을 수 없다. 그렇다면 자본주의 사회에서 사회복지가 전혀 이루어지지 않은 사회, 그리고 사회복지가 극단極端으로 이루어지는 사회는 어떤 모습일까? 이에 답하는 것이 자본주의 사회의 사회복지 윤곽輪廓을 파악하는 빠른 길이다.

먼저 사회복지가 전혀 이루어지지 않은 사회부터 상상 실험을 해보자.

이런 사회에서는 자본주의전의 사회처럼 가족이나 이웃의 공동체적 연대聯隊에 따라서 부의 분배도 이루어지지 않는다고 가정하는 것이 편리하다. 사회복지가 전혀 시행되지 않으면 탈상품화脫商品化된 영역이 조금도 없으므로 모든 부富가 시장의 원리에 따라서만 분배된다. 이것이 순수純粹한 자본주의이다. 여기서는 앞서 지적한 상품시장 제도에서 초래되는 사회문제들이 많이 나타난다. 이것들을 내버려둘 수만 없으므로 사회복지를 조금이라도 하지 않기는 어렵다. 순수한 자본주의 사회가 현실에서 오래 존속할 가능성이 적다.

반대로 사회복지정책이 완벽하게 실행된 사회란 어떤 상태인가? 이런 사회에서는 탈상품화가 완전하게 이루어져서 시장의 원리가 전혀 통용되지 않는다. 시장이 아니라 국가가 주도하여 사람들의 필요와 욕구를 충족시키는 데 필요한 재화와 용역을 예측하고 계획적으로 생산하여 분배한다. 여기서는 자본주의 사회의 사회복지가 아무런 의미가 없다. 이것이 사회주의社會主義나 공산주의共產主義이다. 그런데 모든 개인의 필요와 욕구를 국가가 파악하고 생산을 주도하여 분배해 준다는 것이 쉽지 않다. 그뿐만 아니라 개인들이 재화와 용역을 선택할 수 있는 권리를 제약할 가능성이 크다.(Elmer, 1988: 48) 이런 사회도 현실에서는 오래 유지되기 어렵다.

실제 사회들은 이 양극단의 중간 어디쯤에 있다. 예컨대 사회복지가 매우 많은 스웨덴이나 미약微弱한 한국이나 모두 다 자본주의 사회로서 이 양극단에 속하는 것이 아니라 그 양극단 사이에 있는 것은 분명하다. 다만 나라마다 탈상품화와 사회복지의 실행 정도가 다를 뿐이다.

이제까지 논의를 표로써 정리해보자(표 2-3).

그렇다면 각 나라에서 탈상품화에 기댄 사회복지를 실행할 정도는 어떻게 결정되는가? 이 논의로 이 장을 마무리하기로 하자. 많은 사람은 사회복지를 실현하려면 한 사회의 부가 커야만 하며 사회복지는 한 나라의 부

〈표 2-3〉 자본주의 사회복지의 한계

사회복지정책의 정도	자본주의전 사회	자본주의 사회
사회복지가 전혀 없는 사회	가족과 공동체가 복지를 모두 책임지는 사회	시장만 있는 사회, 순수한 자본주의 사회
사회복지가 어느 정도 있는 사회	국가가 복지 일부를 책임지는 사회	시장과 사회복지가 공존하는 사회 (대부분 현실 자본주의 사회)
사회복지가 완벽하게 이루어진 사회	상상하기 어려운 사회	시장이 전혀 없는 사회, 순수한 사회주의나 공산주의 사회

에 비례한다고 생각한다. 그러나 이것은 잘못이다. 물론 사회복지를 포함한 모든 복지(예컨대 가족 복지, 교회 복지)를 위해서는 일정한 정도 이상의 물질적인 부가 필요한 것임은 틀림없다. 사람들이 먹을 것이 없어서 굶어 죽어 가는데 어떻게 사회복지를 할 수 있겠는가? 그렇지만 모든 국민의 생존 보장을 가능케 할 정도 이상의 부만 있다면 사회복지는 한 사회의 부의 크기와 관계없이 그 사회 성원의 합의에 따라 실행할 수 있다.[55] 사회복지란 사회가 이미 가지고 있는 재화와 용역을 성원들이 선택하는 분배방식에 지나지 않는다. 예컨대 미국이 스웨덴보다 더 가난한 나라라고 이야기할 수는 없으나 미국의 대학에는 납부금이 있고 스웨덴의 대학에는 납부금이 없다. 미국이 가난하기 때문에 교육(사회)복지가 이루어지지 않는가? 한국에서는 개인들이 교육비를 부담하면서 많은 사람이 대학교육까지 받고 있다. 이는 한국 사회의 부가 그만큼의 교육을 할 수 있을 정도로 충분充分하다는 것을 뜻한다. 만약 국민이 교육비 부담 방식을 바꾸어서 국가에 세금

---

55. 물론 1장에서 논의한 바와 같이 모든 국민의 식사를 국가가 마련해 주는 따위의 과도한 사회복지는 효율적이지 않을 뿐만 아니라 의미도 없다.

을 총교육비만큼 더 내고 그 세금으로 학생들이 공부하는 방식을 택할 수도 있다. 이 두 가지 교육비 부담 방식 중에서 어느 것을 선택하든 전체 교육비는 큰 차이가 없다. 그러나 앞것은 시장을, 뒷것은 시장을 벗어나서 사회복지를 따른다. 사회복지는 부의 크기보다는 성원들의 합의된 마음에 달려 있다. 조삼모사朝三暮四냐 모사조삼暮四朝三이냐(『장자莊子』: 제물론齊物論)는 총량이 아니라 배분의 문제이다. 어떤 배분 방식을 선택하느냐는 원숭이들의 합의에 달려 있다.

3장

사회복지이념[1]

장석匠石(목수 이름)이 제齊나라로 가다가 곡원曲轅에서 사당社堂의 참나무를 보았다. 그 크기가 소 수천 마리를 가릴 정도였다. 어림잡아 둘레가 백 아름이나 되고, 높이가 산에 닿았다. 열 길(24m) 위부터 가지가 나왔는데, 배가 될 만한 것이 10여 개였다. 구경꾼들이 장터처럼 모였으나 장석은 거들떠보지도 않고 지나갔다. 제자가 실컷 구경하고 달려와 장석에게 말했다. "제가 자귀를 잡고 선생님을 따라다니는 동안, 이렇게 좋은 목재는 보지 못했습니다. 선생님께서는 볼 생각도 안 하시고 그냥 가시니 왜 그러신지요?" 장석이 말했다. "됐다. 말도 하지 마라. 하찮은 나무(산목散木)야. 그것으로 배를 만들면 가라앉고, 널을 짜면 쉬 썩으며, 도구道具를 만들면 곧 망가지고, 문을 만들면 진이 흐르며, 기둥을 만들면 좀이 슨다. 저건 목재가 못 돼. 쓸데 없으니까 저리 오래 살 수 있지." 장석이 집에 돌아오니 꿈에 그 사당의 참나무가 나타나 말했다. "너는 나를 무엇에 견주려느냐? 나를 훌륭한 나무(문목文木)[2]에 견주려느냐. 대개 아가위·배·귤·유자나무 따위는 열매가 익으면 당겨져서 욕을 당하지. 큰 가지는 부러지고 작은 가지는 찢어지지. 이것이 이녁(자기)의 재주로 이녁의 삶을 괴롭히는 것이네. 그래서 천수天壽를 누리지 못하고 요절하네. 세상에서 스스로 얻어맞는 거지. 남들은 다 그렇지. 나는 쓸 데 없으려고 한 지가 오래되었네. 죽을 고비를 넘기면서, 지금 내가 쓸모 없음을 얻었네. 그것이 나에게는 큰 쓸모(참 쓸모)이지. 내가 (남의) 쓸모를 가졌으면 이렇게 큰 쓸모를 어

---

1. 이 글은 박승희(2002, '사회복지이념과 복지국가')를 보완한 것이다.
2. 문목文木은 인간의 이름(명名)과 싫음(욕欲)(박승희, 2017: 1장)에 알맞아서 인간에게 쓸모가 있고 훌륭하다. 산목散木은 인간의 이름과 싫음과는 무관해서 사람에게 쓸모가 없고 하찮다.

찌 지녔겠나?匠石之齊 至乎曲轅 見櫟社樹 其大蔽數千牛 絜之百圍 其高臨山 十仞而後
有枝 其可以爲舟者 旁十數 觀者如市 匠伯不顧 遂行不輟 弟子厭觀之 走及匠石曰 自吾執斧
斤以隨夫子 未嘗見材如此其美也 先生不肯視 行不輟 何邪 曰 已矣 勿言之矣 散木也 以爲
舟則沈 以爲棺槨則速腐 以爲器則速毁 以爲門戶則液樠 以爲柱則蠹 是不材之木也 無所可
用 故能若是之壽 匠石歸 櫟社見夢曰 女將惡乎比予哉 若將比予於文木邪 夫柤梨橘柚果蓏
之屬 實熟則剝 則辱 大枝折 小枝泄 此以其能苦其生者也 故不終其天年 而中道夭 自掊擊
於世俗者也 物莫不若是 且予求無所可用 久矣 幾死 乃今得之 爲予大用 使予也而有用 且得
有此大也邪(『장자莊子』: 인간세人間世)

1절 무엇을 이야기할 것인가?

사회제도는 '사회 구조적 조건' 속에서 형성된 문제에 사람들이 어떻게 대응하는가에 따라서 달라진다. 사회복지도 마찬가지다. 이제까지 자본주의적 사회문제가 어떠하며, 어떤 사회복지가 필요한가, 곧 사회복지의 사회 구조적 조건을 살펴보았다. 이 장에서는 사람들이 어떠한 이념을 내걸고 어떻게 사회문제들에 대처하는가, 곧 사회복지의 실천적 조건을 다루고자 한다.

지난 세기 동안 사회마다 자본주의의 사회문제가 증가함에 따라 사회복지가 확대되고 복지국가福祉國家가 출현하였다. 그러나 이것이 순탄하게 이루어진 것이 아니다. 나라마다 여러 세력이 다른 이념을 내걸고 사회복지의 확대와 축소, 방법을 둘러싸고 대립對立과 타협妥協을 벌였다. 사회복지는 물론 복지국가의 모습도 어떤 이념을 내건 세력들이 정책을 주도하였는가에 따라 다르게 나타났다. 제비는 처마 밑에 흙집을, 산새는 나무 위에 마른 가지집을 짓는다. 자유주의자들이 지은 복지국가는 사회민주주의자들이 지은 것과는 같을 수 없다. 사회복지 이념과 관련지어 복지국가의 형성과 변천 과정 그리고 유형들도 살펴보고자 한다.

2절 주요 사회복지이념들

    사람들이 한 사회의 문제에 대응할 때는 아무렇게나 하는 것이 아니다. 모든 사회문제를 해결하려는 사람들은 구성원들의 집단적 공감共感과 호응 呼應을 얻어낼 만한 이념이나 명분을 제시하고, 그것을 기준으로 삼아서 문제를 규정하고 해결책을 모색한다. 특히 자본주의 사회문제의 대응 방식인 사회복지를 입안하고 집행할 때는 사회이념들이 명시적明示的이거나 암묵 적暗黙的인 기준이 된다. 따라서 사회복지의 실천적 조건은 사회복지이념 들을 중심으로 살펴보는 것이 좋다.

    사회복지이념이란 사회복지를 바라보는 시각이나 견해를 담은 기준 생 각(개념槪念)을 말한다. 사회복지는 자본주의 사회에서 중요한 부의 분배 방식이므로 부와 권력의 분배문제와 직결된 시장과 국가 따위를 쟁점으로 다루는 일반이념들의 주요 관심 대상이다. 이 일반이념이 사회복지의 성격 이나 목적, 방법 따위를 다루면 그것이 사회복지이념이다. 사회복지이념 이란 일반이념의 부분이다. 따라서 사회복지이념보다 먼저 일반이념이 무 엇인가를 살펴보고자 한다.

1. 이념과 이해관계

사회복지가 부의 분배와 관련되므로 사회복지 이념이 이해관계와는 떨어지지 않는다. 그러므로 이념이 무엇이고 이것이 경제적 이해관계와 어떻게 관련되는가를 살펴보자.

1) 이념이란 무엇인가?

이념[3]이란 한 사회의 목표를 규정하는 생각이다. 이 생각을 사람들이 말소리와 글씨 같은 기호로 이름을 단다. 그 이름은 사람들이 나아갈 방향을 제시하는 '깃발'과도 같다. 예컨대 우리가 지향할 우리 사회의 이념을 '자유민주주의自由民主主義'라고 부르면 이것을 기준으로 삼아 현 사회의 장단점을 분별하면서 지킬 것은 지키고 개선할 것은 개선코자 한다. 이런 이념의 '깃발'을 따라 사람들이 머물기도 하고 나아가기도 한다.

이념의 '깃발'이 무엇이냐에 따라 손해損害와 이익利益을 보는 사람들이 있게 마련이다. 그래서 사회마다 무엇을 주도主導 이념으로 삼을 것인가를 놓고 대립한다. 대립이 역사에서는 대부분 먹고사는 문제와 직결된 부와 권력의 분배를 둘러싸고 전개展開된다. 부와 권력의 분배에서 유리한 위치를 차지한 집단들은 기존질서를 옹호하는 '그럴듯한' 이념들을 만들어서 유포하고 불리한 집단들은 기존질서를 비판하는 이념을 내걸고 대항한다.

앞것을 보수주의保守主義, 수구守舊 또는 우익右翼, 뒷것을 진보주의進步主

---

3. 이념은 이상적인 생각이다. 이 가운데는 그림, 글씨, 음악, 문학에 관한 미학 이념도 있고, 사회의 목표를 규정하는 사회이념도 있다. 여기서는 사회이념을 가리킨다.

義, 개혁주의改革主義 또는 좌익左翼이라 부른다. 이것들을 흔히 고유한 이념이라고 믿는다. 그러나 보수나 진보, 수구나 개혁, 우익과 좌익은 특정 이념을 가리키는 고유명사固有名詞가 아니다. 시대마다 다르게 사용되는 '이것'과 '저것'과 같은 일반명사이다. 여기서 보면 이것이, 저기서 보면 저것이다.(『장자莊子』: 제물론齊物論) 예컨대 봉건사회封建社會에서는 봉건질서를 거부하고 자본주의를 지지하는 자유주의가 진보주의이자 개혁주의改革主義, 좌익이지만, 자본주의 사회에서는 보수주의이자 수구, 우익이다. 다른 예를 들어보자. 한국 사회에서는 공산주의나 사회주의가 좌익이다. 그러나 1980년대 이후 소련의 사회주의가 자본주의로 바뀌는 과정에서는 자본주의를 부정하는 사회주의가 우익이었다. 좌익과 우익, 개혁과 수구, 보수와 진보가 상대적相對的이며 그 내용은 시대와 사회의 맥락에 따라 다르다.[4]

아무튼 이념이란 구체적인 사회에서 그 사회의 나아갈 방향을 제시하고 그 방향으로 사회의 변화를 추구하는 이론체계이다. 예컨대 봉건사회에서 봉건제를 옹호하는 봉건주의, 이를 반대하고 자본주의 사회를 지향하는 자유주의, 자본주의 사회의 상품시장을 철폐하고 노동량에 따라 분배하는 계획경제 제도를 건설하고자 하는 사회주의 혹은 남성 중심의 사회를 거부하며 여성 해방을 추구하는 여성주의와 같은 것들이다.

---

4. 비단 이런 개념들만이 그런 것은 아니다. 언어言語가 사회적인 상호작용의 산물인 한 그 의미는 상황에 따라 달라진다.

2) 이해관계를 은폐하는 이념

　이념 '깃발'의 대립이 주로 물질적 부의 분배를 둘러싸고 전개된다. 그렇다면 모든 사람이 물질적 이해관계[5]에 따라서만 이념을 선택하는가? 반드시 그렇지만은 않다. 물질적 부와 권력을 쥐고 있는 사람도 좌익을, 반대로 부와 권력에서 배제된 사람도 우익을 선택하기도 한다. 예컨대 봉건 귀족들은 대부분 봉건사회를 지지하는 봉건주의 이념을 지지하지만 모든 봉건 귀족들이 다 그런 것은 아니었다. 봉건 귀족으로서 자본주의를 지지하는 사람들도 있었다. 어떤 사람이 지지하는 이념이 자기의 이해관계와 반드시 일치하지 않는다. 사람들이 자신의 이해관계와 상관없는 이념에 동조하고 그에 따라 행위하기도 한다.

　이것을 지배이념을 중심으로 설명해보자. 역사를 보면 흔히 지배계급들이 자기들에게 유리한 이념을 만들어서 유포했다. 모든 사람이 몸을 써서 근근이 살아갈 때는 누구도 이념을 만들 수 없다. 인간이 생산력을 발전시켜 의식주에 여유가 생기면서 몸 일을 하지 않고 사는 사람이 생겨난다. 이 가운데 일부가 생산수단(재료나 도구)과 육체노동자를 지배하고, 남는 시간에 정신노동으로 지배를 정당화하는 이념, 곧 지배이념을 만들어낸다. 정신노동과 육체노동의 분리가 이념 시발始發의 조건이다. 그러다가 지배계급의 인원수가 늘어나면 분업의 원리에 따라 이념의 생산과 유포를 전담하는 이념가理念家(이데올로게Ideologue)가 나타나서 지배이념을 더욱 정교하게 다듬어 퍼뜨린다. 그래서 맑스는 물질적 생산수단을 마음대로 처분할 수 있는 계급이 정신적 생산수단[6]도 그렇게 할 수 있다고 말한다.(전태국,

---

5. 이해관계란 사람들에게 이익과 손해를 가져오는 인간관계이다.
6. 물질적 생산수단은 기계와 원자재 따위이고 정신적 생산수단은 연구소나 책과 같은 것들이다.

1997 : 175 ; Marx, K. & Engels, F.,1983 : 46)

이런 지배이념이 허술할 수가 없다. 엉성하면 다른 계급은 물론 지배계급도 따르지 않는다. 지배이념은 항상 화려한 진리의 옷으로 치장한다. 군사반란으로 권력을 잡은 전두환이 부정축재不正蓄財를 하면서도 '민주정의民主正義'를 외쳤다.[7] 이념가理念家는 다른 사람들은 물론, 심지어 스스로도 고개를 끄덕이게 하는 그럴듯한 논리를 개발한다. 이것은 정교할 뿐만 아니라 시대적 상황과 대중의 정서에도 적합해야 한다. 이념가의 이념은 사기꾼의 말과는 다르다. 사기꾼은 자기가 거짓말을 하고 있다는 것을 알지만 이념가는 스스로 자기의 이념 논리에 빠진다. 이념이 이념으로 작용하려면 진리의 요소를 담고 있어야만 한다.

그러므로 사람들이 자신의 이해관계와 상반되는 이념을 가질 수 있다. 이들은 자기의 이해에 적합한 '참된 의식'이 아니라 '헛된 의식(허위의식虛僞意識)'을 지녔다고 할 수 있다. 앞에 소개한 장자의 우화를 보면 사람들은 자기에게 쓸모 있는 나무를 훌륭한 나무(문목文木), 쓸모 없는 나무를 하찮은 나무(산목散木)라 부르며 문목文木을 이용하려고 괴롭히거나 베어 죽인다. 그런데도 나무들이 산목散木이 되기를 마다하고 문목文木이 되려고 하면, '헛된 의식(허위의식虛僞意識)'을 가졌다고 할 수 있다. 허위의식에 빠지면 빼앗기면서도 빼앗아 가는 자에게 충성한다.[8] 이처럼 이념이 허위의식을 일으키므로 초기 맑스주의에서는 이념(이데올로기ideologie)을 부정적으로 보았다. 그러다가 사회주의 혁명가들이 지배당하는 사람들의 '해방' 이념을 만들어 유포하자 이념이 좋을 수도, 나쁠 수도 있다는 생각을 하면서 중립적인 의미로 쓰이게 되었다.(전태국, 1997 : 206) 아무튼 사람들이 지지

---

7. 그가 만든 당이 민주정의당(민정당)이다.
8. 이때 빼앗은 자, 곧 지배자가 헤게모니hegemony를 잡았다고 한다. 헤게모니는 무력이 아니라 지배당하는 사람들의 동의에 따라서 이루어진 지배권이다.

하는 이념이 자신의 이해관계와 어긋날 수 있다.

왜 그런가? 사람이 받아들인 이념이 사유의 틀로서 작용한다. 노자는 "다섯 가지 색깔은 사람의 눈을 멀게 한다(五色令人目盲)"(『노자老子』: 12장)고 말한다. 사람이 식識[9]에 푸름 흼 붉음 검음 노랑이라는 다섯 색의 이름을 저장하면, 이를 따라서 다섯 가지 색만을 올바른 색이라고 생각한다. 밤색이나 회색 따위는 바른 색이 아니라고 여긴다. 오색이 마음의 왕을 움직여서 다른 색은 보지 못하게 한다. 그런가 하면 오색이라는 이름은 서로 다른 색깔들을 오색 중의 하나로만 보게 한다. 나뭇잎 색, 바다색, 하늘색이 다 다르지만, 한결같이 청색이라고 받아들이게 한다. 오색이 마음을 독점하여 눈을 가린다.(박승희, 2017: 96−105) 이 다섯 가지 색깔의 이름처럼, 이념이 식에 안주하여 사람들의 정보와 생각을 편집하고 관리한다. 이념이 이해관계로부터 솟아오는 이해利害의 생각을 은폐하거나 변형하거나 억압할 수 있다. 많은 사람이 문목文木이 되려는 나무처럼 다른 사람이 만든 이념을 받아들여서 고통을 당하면서도 이용당한다는 것을 알지 못한다. 이념이 이해관계를 알아차리지 못하게 하는 힘을 가진다. 그렇지 않다면 누가 애를 써서 이념을 만들겠는가?

이념의 힘은 이념들의 대립을 통해서 더욱 커진다. 역사적으로 볼 때 이념들은 대립과 전쟁의 과정에서 영향력과 지배력을 확대했다. 예컨대 냉전 체제에서 반공(반공산주의) 이념이 자유주의 이념으로 등치되면서 우리 사회의 강력한 지배이념이 되었다. 서양의 중세에서 봉건세력들이 생사람을 마녀로 몰아 처형處刑('마녀魔女 사냥')함으로써 흔들리는 봉건주의와 지배력을 다잡았다. 흔히 여러 정권이 '악惡의 축軸'을 설정하여 지배이념을 정당화正當化한다. 이처럼 대립할 때는 지배 세력이 악의 세력을 공격할수록 그

---

9. 1장 주6을 참조하자.

치부나 약점이 감추어지면서 지배이념이 완전한 것으로 치장된다. 적이 악하면 악할수록 그 적과 대항하는 지배 세력과 지배이념이 숭고해진다.[10] 지배이념은 강력한 적대敵對 이념과 세력을 공격攻擊함으로써 강화된다.

그래서 사람들은 이념이 이해의 생각은 물론 이해관계 자체, 더 나아가 사회구조까지 결정하는 힘을 가진다고 믿는다. 막스 베버(Max Weber, 1864-1920)는 개신교 윤리가 자본주의 정신을 키웠고 자본주의 정신이 자본주의를 발전시켰다고 주장했다. 그의 주장을 간추려 보자. 개신교 윤리는 구교인 가톨릭 정신과는 달리 신을 믿고 선행을 해야 구원을 받는다는 생각을 거부한다. 구원을 받느냐 못 받느냐는 하느님이 이미 결정해 두었으며 신을 믿고 선행을 하는 것은 하나님의 뜻이고 구원의 증거이다. 선행하기 때문에 구원받는 것이 아니라 구원받았기 때문에 선행한다. 하나님이 자기 뜻을 이루려고 선택된 사람들에게 직업을 맡겼다. 직업은 하나님의 부르심의 결과(소명召命)이다. 사람이 자기 직업에 근면하고 직업에서 번 돈을 절약하는 것은 하느님의 뜻이고 근검절약하여 모은 부는 하느님에게 선택되었다는 증표이다. 이 개신교 윤리가 자본주의 정신의 발전에 이바지한다. 자본주의 정신이란 근검절약으로 부를 모으는 정신이다. 투기나 고리대로 돈을 벌어서 사치하는 것은 자본주의 정신이 아니다. 자본주의 정신이 자본주의를 발전시킨다.(Weber, 1986) 이렇게 개신교 윤리와 자본주의 정신이라는 이념이 자본주의를 일으켰다는 것이 막스 베버의 주장이다. 이에 따르면 이념의 힘이 매우 커서 이해관계에 대한 생각은 물론 이해관계를 구성해내는 경제 제도를 만들어낸다.

---

10. 그래서 독재獨裁는 전쟁戰爭을 먹고산다.

3) 이념의 한계

그러나 이념이 이해관계에서 벗어나 독자적인 힘을 가지고 있지는 않다. 예를 들어보자. 1500년대 독일에는 유명한 종교 개혁가인 루터와 뮌쩌가 있었다. 두 사람이 다 절대 봉건세력의 지지를 받는 가톨릭에 반기를 들었다. 그렇지만 루터가 하층 귀족이나 자본가인 중간계층을, 뮌쩌는 주로 농민인 하층민을 대변하였다. 중간계층이 제후들부터 자율권을 확대하면서 하층민을 안정적으로 지배하기를 바랐고 하층민은 과도한 부역과 지대의 경감, 산림의 벌목, 수렵이나 어로漁撈의 허용을 원했다. 루터는 처음에 무력 항쟁을 주장하였는데 농민 봉기가 진행되자 위협을 느낀 중간계층의 뜻을 좇아 가톨릭 사제들과 함께 무장 농민의 '박살'을 외쳤다. 뮌쩌는 스스로 농민 봉기를 지휘하다가 제후들의 용병에게 패한 후, 젊은 나이에 교수형을 당했다.(Engels, 1988) 중간계층의 이해가 없었다면 루터의 변절이, 농민의 이해가 없었다면 뮌쩌의 지조가 있을 수 없다. 여기서 우리는 이념이 결코 이해관계로부터 완전하게 벗어날 수 없다는 것을 알 수 있다.

흔히 새로운 생산기술이 발전하여 경제적 이해관계가 변하면, 특히 젊은 사람들이 새로운 이해에 따라 기존의 이념을 재해석하여 변형하거나 폐기하면서 자기 이해를 대변하는 이념을 만들어 퍼뜨리거나 동조한다. 그뿐만 아니라 착취가 심하여 생계가 위협받는 상황이 오래가면 사람들이 기존 이념을 비판하기 시작한다. 비판에서는 이념 내의 논리적인 문제점만을 지적하는 내적 고찰만이 아니라 이념의 주장을 현실과 대질하는 외적 고찰까지 이루어진다.[11] 장석의 꿈에 나타난 사당의 참나무도 "죽을 고비를 넘기면서" 인간이 만든 '문목文木'의 이념을 현실과 대질해보지 않았을까? 그런 다음에야 남의 쓸모가 아니라 자신의 큰 쓸모(참 쓸모)가 무엇인지를 알아차렸을 것이다. 길고 크게 보면 사람들은 자기가 처한 사회 위치나 속한 계급의 이해에 따라서 세상을 해석하고 자기에게 유리有利한 사회를 만들려고 노력하며 그런 사회를 정당화正當化시켜주는 이념을 생산하거나 지지하는 경향을 보인다. 이렇게 보면 이념이 현실적 이해관계의 종속변수從屬變數이다.

이것이 맑스 유물사관唯物史觀의 주요 주장이다. 맑스는 생산력의 발전에 따라 생산관계, 나아가 이념을 비롯한 상부구조도 변한다고 주장한다. 생산력生産力이란 일정한 사람이 정해진 시간 동안 일정량을 생산할 수 있는 능력이다. 사람이 생산수단(재료와 도구)을 활용하여 노동을 반복하면서 기술과 기능을 발전시킨다. 이것이 곧 생산력의 증가이다. 생산관계生産關係란 생산을 할 때 맺어지는 인간관계를 말한다. 예컨대 봉건시대의 주요 생산관계는 영주와 농노의 관계이며 자본주의 사회에서 주요 생산관계는 노동자와 자본가의 관계이다. 이 생산관계에 따라서 분배가 결정된다. 생산관계는 계급관계이기도 하다. 생산관계와 생산력을 포괄하여 생산양식生産樣式이라고 부른다. 예컨대 자본주의적인 생산양식이란 노동자와 자본가로 이루어진 생산관계와 공장을 중심으로 형성된 생산력의 상태를 포괄包括한다. 생산양식을 하부구조下部構造 또는 토대土臺라고 부르며, 국가나 이념, 종교, 학문, 문화 등을 상부구조上部構造라 한다. 생산력이 발전하면 기존의 생산관계는 다른 생산관계로 변화되고 이러한 토대의 변화 때문에 상부구조도 변하게 된다.(전태국, 1997: 95; Marx, K., 1985: 8) 봉건시대에 생산력이 발전하자 봉건적인 생산관계는 무너지고 자본주의적인 생산관계가

---

11. 모든 이념의 비판은 이론 내의 논리적인 문제점을 지적하는 것(내적內的 고찰考察)만으로는 부족하며 이념의 주장을 이론 밖의 현실적 이해관계와 대질시키는 것(외적外的 고찰考察)이 필요하다. 내적 고찰은 헛된 의식을 유발하는 논리를 오히려 강화할 뿐이다. 진정한 이념의 비판을 하려면 외적 고찰을 하여야 한다.(전태국,1997: 341)

출현하였고 이에 상응한 이념이나 종교(예, 프로테스탄티즘)들이 나타나면서 봉건주의 이념이 쇠퇴하였다고 볼 수 있다. 유물사관으로 보면 토대가 상부구조를 결정한다.

그러나 토대가 일방적으로 상부구조를 결정하지는 않는다. 국면에 따라서는 이념을 비롯한 상부구조가 토대를 규정하기도 한다. 상부구조가 토대로부터 벗어나기도 하지만 완전하게 벗어나지는 못한다. 커다란 우리 안에 사는 닭이 자율성을 갖지만 우리를 벗어나지는 못한다. 상부구조는 토대로부터 절대적이 아니라 상대적인 자율성을 지닌다. 이념도 이해관계로부터 상대적인 자율성을 가진다.(전태국, 1997: 103-112)

2. 자본주의 사회의 발전과 주요 이념들

이념은 한 사회가 멈추거나 어디로 나아갈까를 가리키는 깃발과 같다. 이념은 생각과 행위에 많은 영향을 미친다. 심지어 사람들을 이해관계로부터 벗어나서 생각하고 행동하게 한다. 그러나 길고 크게 보면 이념이 이해관계의 변화에 따라 변하고 이해관계를 반영할 수밖에 없다. 그러므로 자본주의 사회의 주요 이념들을 주요한 이해관계와 이해대립의 발전 과정과 연관지어 살펴보고자 한다. 여기서는 자본주의 역사를 선두에서 이끌어온 유럽을 중심으로 다룬다.

1)봉건사회와 봉건주의

영국을 비롯한 유럽에서는 수세기에 걸쳐 봉건사회封建社會가 자본주의 사회로 변했다.[12] 이 과정에서 시민혁명市民革命과 산업혁명產業革命이 변화의 중요한 계기契機가 되었다.

그렇다면 봉건사회는 어떠하였는가? 서구 봉건사회에서는 지배구조가 중앙에서 각 고을의 수령들을 파견하여 다스리는 조선과는 크게 달랐다. 세습世襲 영주領主가 각 고을을 지배하였다. 각 고을의 농노農奴는 영주에게 신분身分이 예속隸屬되어 있었다. 농노는 거주 이전移轉의 자유가 없었고 심지어 어떤 지방에서는 모든 처녀의 초야권初夜權을 영주가 갖기도 하였다. 이를 받아내려면 자기 엉덩이만 한 치즈를 바쳐야 했다.

농노는 영주의 장원莊園 안에서 농사를 짓고 살면서 영주에게 지대地代를 냈다. 봉건제 초기에 한 고을의 토지는 영주의 직영지直營地와 농노의 점유지占有地[13]로 나누어져 있었다. 농노는 농사철의 절반은 영주의 직영지直營地에서 절반은 자기가 점유占有[14]한 땅에서 일했다. 직영지의 생산물은 영주의 것이고 점유지의 생산물은 농노의 것이었다. 농노는 생산물이 아니라

---

12. 이에 관해서는 최종식崔鍾軾, 1978, 『서양경제사론西洋經濟史論』, 서문당瑞文堂; 大塚久雄, 1978, 『歐洲經濟史』, 岩波書店; 김대환 편역, 1980, 『자본주의이행논쟁』 광민사; 高橋幸八郎, 1980, 『자본주의 발달사』, 광민사; Huberman, L., 장상환 역, 2000, 『자본주의 역사 바로알기』, 책벌레; 박광순 외저, 1997, 『경제사신론』, 유풍출판사; 김준호 편역, 1982, 『경제사입문』, 백산서당; 배영수 편, 『서양사강의(개정판)』, 한울 등을 비롯한 서양 경제사에 관한 책들을 참조하였다.
13. 영주領主의 입장에서 보면 이것은 탁영지託營地이다.
14. 점유占有는 소유所有 와는 다르다. 토지의 소유란 땅을 소유자의 마음대로 처분處分할 수도 있고 사용使用할 수도 있는 권리 상태를 말한다. 이와는 달리 점유란 단지 사용할 수 있는 권리만 지닌다는 것을 뜻한다. 봉건사회에서 농노들은 토지의 사용권만 가질 뿐, 그 토지를 마음대로 판매할 수 없었다.

노동을 지대로 바쳤다.

이 제도는 다음과 같은 문제가 있었다. 농노가 자기 점유지와는 달리 영주의 직영지에서는 열심히 일하지 않았다. 직영지에서 영주가 노동을 감독하는 것이 쉽지 않았고 농노는 감시받기를 싫어했다. 그래서 노동지대는 현물지대現物地代로 바뀐다. 영주가 자신의 직영지를 농노들에게 나누어주고 일정량의 곡물로 지대를 내게 했다. 이렇게 영주의 직영지도 탁영지託營地, 곧 농노의 점유지로 바뀐 셈이다. 농노는 원래의 점유지와 새로 위탁받은 농지에서 농사를 지어 일정량의 곡물을 영주에게 바치고, 나머지로는 가족들의 생계를 꾸렸다. 유능한 농노는 생산력을 증대시켜 부를 모아가기도 하였다. 한편 시장과 상품 화폐제도가 일반화됨에 따라 현물지대는 주고받기가 간편한 화폐지대貨幣地代로 바뀌었다. 농노는 영주에게 곡물 대신에 화폐로 지대를 냈다. 이처럼 화폐지대나 현물지대를 바치는 농노를 노동지대를 내는 농노와 구별하여 특별히 예농隸農이라고도 부른다.

이러한 봉건시대의 농노는 신분적인 자유가 없다는 점에서는 노예奴隸와 크게 다르지 않았지만 자기 점유지를 스스로 경영하였다는 점에서는 노예와는 구분된다. 노예가 시키는 대로 일을 하면 그만이었던 것과는 달리, 농노는 자기가 스스로 책임을 지고 자기가 점유한 땅을 경작耕作하였다. 자기 땅에서 노동하는 과정에서는 누구의 간섭도 받지 않았다. 자신의 생산물 중에 남는 부분을 시장에 내다팔 수도 있었다. 그러나 자기가 농사를 짓는 땅을 처분할 수는 없었다. 자기의 노동력도 마음대로 팔지 못했다. 주거지를 떠나서 취직就職할 수도 없었다. 그래서 젊은 사람이 상공업商工業의 도제徒弟로 고용雇用되려고 도시로 야반도주夜半逃走하였다. 이것이 '농촌 탈출脫出'이다.

한편 영주가 부와 권력을 유지했던 것은 특별한 생산력을 가졌거나 시장에서 돈을 모았기 때문이 아니다. 그들의 부는 지대와 세금, 독점을 보장하는 봉건적인 특권으로부터, 권력은 봉건적 신분질서身分秩序로부터 나왔다. 그들이 태어나기 전부터 주어져 있었다.

이런 봉건사회의 경제적 계급관계는 시장과 기술이 발달하면서 서서히 변화하기 시작하였다. 힘이 센 영주가 다른 영주들의 땅들을 자기 영토로 통합하였다. 이 과정에서 강한 영주는 절대군주絕對君主가 되고 약한 영주는 몰락沒落하거나 신하臣下가 되었다. 서구의 근대적 절대군주제는 이렇게 성립되었다. 이 절대군주제가 '봉건제의 마지막'이라고 할 수 있다.

이런 봉건사회를 유지하려는 이념이 봉건주의이자 '보수주의'이다. 이것을 최근 자본주의 사회의 보수주의와 구별하여 '구舊보수주의'라고 한다. 봉건주의자들은 '사회질서'와 '사회 안정' 등을 강조하였다. 봉건 귀족貴族들은 봉건적 특권과 신분질서에 의지하여 부와 권력을 유지하였으므로 새롭게 등장한 시장원리가 봉건적 질서를 무너트리는 것을 반대하였다. 그러나 시장의 발전을 결코 막을 수는 없었으므로 봉건주의자들은 '사회질서를 유지하려면' 국가가 시장을 적절히 통제統制할 필요가 있다고 생각했다.

2) 자본주의 사회의 출현과 자유주의

봉건사회에서도 장사하거나 남을 고용하여 물건을 만들어 팔아 부를 모은 새로운 부자, 곧 부르주아지[15](시민계급)가 출현하였다. 현물 시장과 노동시장이 없었다면 이들이 장사할 수도, 남을 고용할 수도 없었다. 시장이

---

15. 부르주아지는 불어로 성城 사람이란 뜻이다. 이것이 독일어로는 뷰르거Bürger이다. 역시 성(Burg)의 사람이란 뜻이다. 중세시대에 성벽 아래서 장판이 벌어졌는데, 여기서 유래한 말이라고 한다. 아무튼 부르주아지는 시장에서 장사로 돈을 버는 사람이다.

야말로 이들이 축재蓄財할 수 있는 필수 토대였다.

그러므로 부르주아지는 시장의 발전을 추구했다. 시장에서는 누구나 자기 물건을 마음대로 사고팔 수 있어야 한다. 그런데 영주들은 봉건적 특권을 이용하여 상인들의 거래를 간섭하고 여러 명분으로 세금을 부과했다. 일부 상인에게는 특혜를 주고 나머지에는 장사를 금하거나 불이익을 주었다. 그뿐만 아니라 모든 토지는 영주에게 속했으므로 농노들이 팔 수가 없었고 상인들이 함부로 사기도 어려웠다. 이런 봉건적 특권과 신분질서를 철폐해야만 만인이 시장에 자유롭게 참가하여 평등한 조건에서 거래할 수 있었다. 만인의 자유와 평등이 시장 확대의 필수 조건이었다.

부르주아지는 물품 시장만이 아니라 노동시장도 확대하고자 하였다. 노동자를 고용하여 물건을 만들어 팔아서도 이윤을 남길 수 있었기 때문이다. 노동자를 고용하려면 사람들이 노동력을 자유롭게 팔고 살 수 있어야 한다. 그러나 모든 사람이 자기 노동력을 마음대로 처분할 수가 없었다. 농노들은 영주의 허락이 없이는 거주지를 이전할 수도, 노동력을 판매할 수도 없었다. 농노들이 이런 신분 예속에서 벗어나지 않으면 자본가가 그들을 고용하지 못한다. 따라서 농노가 갈망渴望하는 신분 해방은 자본가의 소망이기도 했다. 비슷한 예를 들어보자. 미국의 남북전쟁에서 북쪽의 부르주아지들이 흑인 노예의 해방解放을 내걸고 싸웠던 주요한 의도는 이러한 노동력의 확보와 노동시장의 활성화였다. 노예의 해방은 노예만이 원하는 것이 아니었다. 만인의 자유와 평등은 노동시장 확대에도 필수 조건이었다.

한편 시장과 상품 제도는 개인주의 및 경쟁과 관련이 있다. 시장에서는 각 개인이 자기 이익을 철저하게 추구하는 경쟁을 한다. 이 경쟁에서 이기면 큰손이 되고 큰손이 되면 이기기 쉽다. 큰손이 부르주아지이므로 부르주아지는 개인주의와 경쟁을 사랑한다. 이들이 남을 고용하면 자본가가 된다. 고용된 사람, 곧 노동자들은 단결하여 자본가에게 맞서야 더 쉽게 일하면서 더 높은 임금을 받을 수 있다. 이것이 자본가의 이윤을 감소시키므로 노동자의 단결을 추구하는 집단주의는 자본가에는 불리하다. 이와는 달리 자본가가 노동자들을 개인으로 분리해 경쟁시킬수록 노동력을 싸게 살수 있으므로 개인주의와 경쟁은 자본가에게 유리하다.

이런 부르주아지의 이익을 대변하는 이념이 자유주의이다. 자유주의자들은 시장의 확대에 불리하면 반대하고 유리하면 옹호한다. 시장 확대에 불리한 봉건적 특권과 질서는 철폐하고 유리한 만인의 자유와 평등은 실현하자고 주장했다. 그리고 노동시장의 원칙을 제약하는 집단주의는 반대했고 개인주의와 경쟁주의는 옹호했다. 이들은 개인주의와 자유 경쟁이 개인들의 창의성을 증진한다고 믿으면서 이것들을 신성한 '가치價値'[16]로서 숭상한다. 자유주의의 핵심은 시장 숭배이다. 자유주의자들은 모든 것을 시장의 거래로 취급하고자 한다. 이것은 지금도 변함이 없다. 자유주의의 후계자인 1970년대의 미국의 신자유주의자들은 결혼까지도 시장 거래의 합리성으로 이해했다.(Foucault, 2014: 340)

이 자유주의가 부르주아지를 위한 사상이었음에도 봉건적 예속에 묶여 있던 빈민들로부터도 절대적인 지지를 받았다. 자유自由와 평등平等, 동포애(fraternity, 박애博愛)는 억압抑壓받던 농노가 바라고 또 바라던 바였다. 영국의 명예혁명名譽革命이나 프랑스 대혁명 같은 시민혁명市民革命은 부르주아지들이 자유주의의 깃발을 들고 농노들과 그 후예들의 절대적인 지지를 받아서 마지막 봉건제인 절대군주제를 무너뜨린 것이다. 자유주의가 자본주의 초기에는 봉건주의와 대립하였다. 이때 봉건주의가 보수세력保守勢力인 우파右派였다면 이에 대립하는 자유주의는 진보進步세력인 좌파左派였다.

---

16. 여기서 가치價値는 상품가치와는 전혀 다르다. '가치관價値觀'의 가치이다.

3) 자본주의 사회의 전개와 사회민주주의

시민혁명을 거치면서 농노는 신분 예속에서 해방되었다. 그들의 정치적 자유도 서서히 신장伸張하였다. 세상은 이제 농업 중심의 봉건사회에서 상공업중심의 자본주의적 시장사회로 변하였다. 누구나 시장에서 자유롭게 물건과 노동력을 사고팔 수 있게 되었다. 농노도 영주의 예속에서 벗어나 능력과 운수運數가 있으면 부자가 되고 정치적 권력도 가질 수 있었다. 만민萬民이 법 앞에서 자유와 기회의 평등을 누리게 되었다. 이것은 전에 농노들이 자기들의 땅은 물론 노동력勞動力마저도 마음대로 팔 수 없었던 상황과는 판이하다.

그러나 모든 사람이 다 부자가 되는 것은 아니었다. 오직 소수의 사람만이 부르주아지로 성장하였고 대부분 사람은 가난했다. 많은 사람이 신분적인 예속의 대가로 누릴 수 있었던 최소한의 삶의 터전마저 잃었고 시장의 경쟁이 치열해질수록 패배하여 생계를 위협받는 사람들의 수가 늘어났다. 부자는 더 부자가 되고 가난한 사람은 더 가난해졌다. 많은 사람이 신분身分 예속에서는 벗어났지만 궁핍窮乏의 채찍에는 벗어나지 못했다. 기회機會는 만인에게 형식적形式的으로만 평등했고, 그 결과는 실질적實質的으로 평등하지 못했다.

가난한 사람들은 생계를 꾸리기 위해 노동력을 팔게 되었다. 앞장에서 이미 밝힌 것처럼 상품 사회에서는 뭔가를 팔아야 살 수 있는데, 팔 것이라고는 노동력밖에 없는 사람들은 노동력이라도 팔아야만 했고 자본가들은 그 노동력을 구매하여 일을 시켰다. 이처럼 최초最初로 노동자가 노동력을 팔고 자본가가 노동자를 사는 것을 맑스는 '자본資本[17]의 본원적本源的 축적蓄積(Marx, 1986: 652~653, 741~744; 1987: 707~708, 801~804; 1991: 788~789, 897~901)'이라고 불렀다.

그러나 이러한 본원적 축적이 순조롭게만 진행된 것은 아니었다. 봉건적인 신분제가 약해지면서 농노들은 이제 자영自營 농민이 되었다. 자기 땅에서 농사를 지어 먹고사는 한, 노동력을 판매할 만큼 절박하지는 않았다. 토지로부터 분리되고서야 노동력을 팔게 되었다. 이들이 토지로부터 분리되는 주요 계기가 영국에서는 종획운동綜劃運動(울치기, Enclosure Movement)[18]이었다. 그 결과로 신분 예속에서 벗어난(자유로워진)[19] 농노들은 토지에서도 벗어났다. 그러나 이중二重적으로 벗어난 농민들도 곧바로 노동자가 되지는 않았다. 자기 땅에서 자유롭게 농사를 짓고 살던 사람들이 통제된 작업장에서 노동자로 일하는 것은 쉬운 것이 아니었다. 예컨대 정해진 시간에 일을 시작하기란, 해 뜨면 일하고 날 저물면 쉬던 농민들에게는 매우 어려운 과제였다. 시계가 필요치 않던 삶을 살았던 사람들이 시간에 맞추어 출퇴근하기가 어찌 쉬웠겠는가?[20] 그래서 이농離農을 당한

---

17. 자본은 단순한 재산이 아니다. 증식의 목적을 가진 재산이다. 회사의 컴퓨터는 자본에 속하지만 가정집의 컴퓨터는 소비재이다.
18. 영국의 봉건제 해체기解體期에 양모 값이 상승하자 토지의 주인들이 드넓은 토지에 울타리를 치고 그 안에 살던 농민들을 내몰고, 양羊을 길렀다. 이것을 종획운동綜劃運動이라 부른다. 그 결과 신분적 구속에서 벗어난 농민들이 토지에서 자유로워졌다(분리되었다). 우리 사회에서 농민들이 토지土地로부터 본격적으로 분리分離되는 것은 1960년 이후이다. 저곡가低穀價 때문에 농민들이 농토를 버리고 도시로 모여들었다. 이들이 노동자가 되었다. 당시 농촌은 노동력의 공급원供給源이었다.
19. 한국에서는 1960년대 이후 노동자가 급속하게 늘어났다. 이때 신분적 예속은 문제가 되지 않았다. 조선에서는 농민들이 유럽의 농노처럼 영주에게 예속되어 있지 않았다. 수령은 세습 영주와는 달리 왕이 임명했으므로 농민들이 수령에게 예속되었다고 볼 수는 없다. 솔거 노비는 주인에게 예속되어 있었지만 그 수가 농노처럼 많지는 않았다. 조선의 신분질서는 일제 강점기와 한국전쟁을 거치면서 현저히 무너졌다.
20. 한국 사회에서 이런 훈련이 학교와 군대에서 이루어진다. 학교는 지식만이 아니라 제 시간에 모였다가 흩어지고 '앞으로 나란히'와 같은 명령에 따라 움직이는 것을 가르쳤다. 군대의 사관학교 출신 장교 및 하사관, 사병이 작업장의 대졸 사원 및 반장, 생산직 노동자와 같다.

많은 농민이 떠돌아 다녔다. 이들을 강제 수용하여 자본주의적인 작업에 적응하는 훈련을 시키면서 일도 시키던 곳이 초기 사회복지 기관인 노동의 집(구빈원救貧院, Workhouse)[21]이었다.

이러한 복잡한 과정을 거쳐서 가난한 사람들은 노동자가 되고 부자는 자본가가 되었다. 영주와 농노라는 봉건사회의 계급 대신에 자본가와 노동자라는 새로운 계급이 나타났다. 자본가는 노동자에게 적은 돈으로 노동력을 사서 일을 많이 시키려 하였고 노동자들은 비싼 값으로 노동력을 판매하고 일은 적게 하려 하였다. 자본가는 노동자의 일을 관리 감독하고 노동자는 지시에 따라 일을 했다.[22] 이들은 서로가 필요해서 만났지만 서로의 이해는 대립하였다. 때때로 노동자들은 서로 경쟁을 치열熾烈하게 하면서 열악한 노동조건과 저임低賃, 실업으로 고통을 당하기도 하였다. 이들이 개인끼리 경쟁을 거부하고 단결로 자본가에 맞서기 시작하였다. 개인주의 대신

---

21. 흔히 이것을 '구빈원救貧院'이라고 번역한다. 그러나 이 번역이 적절하지 않다. 이 것의 설립 및 운영 목적이 빈민의 구제救濟이라기보다는 떠도는 사람들을 수용하여 노동을 시키는 것이었기 때문이다. 맑스의 『자본』에 소개된 자료들에 따르면 '이상 적인 노동의 집'이 하루 14시간의 노동을 시켰고 많은 곳에서는 수용된 사람들, 특히 어린이들을 자본가들에게 팔아넘겼다.

22. 노동자와 자본가를 다음의 표와 같이 구별할 수 있다. 그런데 자본가도 노동자도 아 닌 사람들이 있다. 예컨대 자영업자나 자영농은 기계 농토 등의 생산수단을 소유하 고 있다는 점에서 자본가와 유사하지만 직접 생산 노동을 한다는 점에서 노동자와 유사하다. 이들이 중간계급中間階級이다. 큰 기업의 관리직 사원은 노동력을 판매 한다는 점에서는 노동자와 비슷하지만, 하는 일은 다른 사람의 노동을 관리한다는 점에서 자본가와 유사하다. 이들을 신新중간계급이라고 부른다.

〈표 3-1〉 노동자와 자본가의 비교

구분	생산수단	노동력	업무
자본가	있음	구매	관리
노동자	없음	판매	생산 노동
자영업자(구중간계급)	있음	판매, 구매 안 함	생산 노동
관리직(신중간계급)	없음	판매	관리

에 '집합주의集合主義'를 지향하였다.

노동자勞動者는 자본주의 사회의 생산을 담당한다. 노예제奴隷制 사회에서는 직접直接 생산자가 노예였고 봉건사회에서는 농노였다면 자본주의 사회에서는 노동자이다. 노동자는 노동한다는 점에서는 노예나 농노와 같다. 그러나 신분적으로는 농노와는 달리 자유롭다. 한편 노동자는 자기가 책임을 지는 경영이 없다는 점에서는 농노와는 다르다. 노동자들은 농노와는 달리 노동의 자율권도 없고 그 노동의 결과인 생산물에 대한 책임과 권리도 없다. 농노들이 자기가 책임지고 농사지어서 생산한 곡식 중의 일부를 지대로 영주에게 바치고 나머지는 마음대로 처분할 수 있는 것과 달리, 노동자는 자본가의 지시와 감독을 받으면서 물건들을 만들며 자기 노동의 결과인 물건들을 조금도 처분할 권리나 책임을 갖지 않는다. 농노는 일의 목표, 방식, 생산물의 처리를 자율적으로, 노동자는 타율적으로 결정한다. 이를 표로 정리해보면 다음과 같다.

〈표 3-2〉 노동자와 농노의 구별 [23]

구분	신분 자유	자기 경영	노동 자율성	생산물 처분권
노동자	있음	없음	없음	없음
농노	없음	있음	있음	있음
노예	없음	없음	없음	없음

23. 이 표는 박준서 교수가 1980년경 성균관대학교의 '서양 경제사' 강의에서 그리신 것이다. 나는 지금도 그 표를 생생하게 기억記憶하고 있다고 생각한다. 그러나 기억이 정확한지는 알 수 없다. 얼마 전에 박준서 교수께서 돌아가셨다는 소식을 들었다. 가르침에 감사드리며 삼가 멀리서 절하고 명복冥福을 빈다.

이러한 자본주의 사회의 노동자 계급과 빈곤층의 이익을 대변하는 이념들이 등장하였는데 이것이 사회주의이며, 그 대표적인 학자가 칼 맑스Karl Marx이다. 그는 자본주의 사회는 생산관계와 생산력 간의 모순에 따라 붕괴崩壞하며 [24] 결국에는 착취가 없는 사회주의, 더 나아가 공산주의 사회가 도래到來할 것이라고 주장했다.[25] 이런 주장을 고수固守하는 이념들을 사회주의 혹은 공산주의라고 부른다. 이런 이념의 기치旗幟 아래서 소련과 중국, 북한의 사회주의 체제가 형성되었다. 이 이념에서는 자본주의가 존재하는 한, 자본가의 노동자 착취는 필연적이므로 투쟁鬪爭과 혁명革命[26]으로 자본주의 사회를 붕괴시키는 것을 목표로 삼는다. 이들은 자본주의 시장을 착취의 기제로 파악하며 자본주의 국가를 이 착취 기제를 유지 · 관리하기 위한 '자본가 위원회'로 이해한다. 부르주아지가 주도하는 '민주주의'도 그들의 지배 장치에 지나지 않으므로 의회에 기댄 어떠한 개혁도 자본

---

24. 자본주의에서 생산력이 발전하면 마치 어린아이가 자라면서 더 큰 옷을 갈아입듯 새로운 생산관계를 만들어낸다. 예컨대 기술이 극도로 발전하여 사람들이 더 이상 노동할 필요가 없는 세상이 되면 노동자와 자본가의 생산관계가 지금처럼 유지될 수 있을까? 사람들은 생산력 향상에 따라 증가한 물질적인 부의 분배를 둘러싸고 싸우면서 새로운 생산관계를 만들어 갈 것이다.
25. 이 이론에 따르면 계급階級과 착취搾取가 없는 사회주의 사회에서는 사람들이 노동의 양에 따라 분배를 받는 것이 원칙이지만 생산력이 고도로 발전된 상황에서 나타나는 공산주의 사회에서는 능력에 따라 일하고 필요에 따라 분배를 받게 된다고 한다.
26. 정변政變(쿠데타)이 사회구조는 그대로 둔 채 권력자만 폭력 등으로 신속하게 교체하는 것이라면, 혁명은 사회구조 자체까지 신속하게 바꾸는 것이다. 개혁은 사회구조를 근본적으로 바꾸는 것이 아니라 그 문제점만을 점진적漸進的으로 개선하는 것이다.
27. 전태국 교수에 의하면 radical이란 급진적急進的이 아니라 근본적根本的이라고 한다. 한 사회를 근본적으로 다른 사회로 변화시키는 것은 급격하게 변화시키는 것과는 다를 것이다. 그러나 '급진적'이라는 말속에는 '근본적'과 '급격함'의 의미가 동시에 포함되어 있지 않을까 하는 생각도 해본다.

주의의 문제를 은폐하는 미봉책彌縫策에 지나지 않는다고 본다. 자본주의의 수정이 아니라 근본(radical) [27] 변혁을 추구하며 자본주의 사회를 전제로 한 어떠한 타협도 반대한다. 이들을 흔히 정통 맑스주의 혹은 정통 사회주의, 때에 따라서는 '극좌極左'로도 부른다.

그러나 모든 사회주의 이념들이 이런 정통 맑스주의 노선을 따르지 않았다. 1900년 이후 독일에서는 사회주의의 흐름이 크게 3갈래로 전개되었다. 그 3갈래는 로자 룩셈부르크Rosa Luxemburg를 이론가로 한 정통 맑스주의, 칼 카우츠키Karl Kautsky를 이론가로 한 카우츠키주의, 베른슈타인Bernstein을 중심으로 한 베른슈타인주의이다. 이들은 원래 하나였으나 노선 차이로 분화되었다. 정통正統 맑스주의는 이미 소개한 것처럼 자본주의가 필연적으로 붕괴한다고 믿으며, 이런 자본주의의 전복을 위해 적극적으로 투쟁해야 한다고 주장하였다. 카우츠키주의도 자본주의가 필연적으로 붕괴한다고 믿었다. 그러나 자본주의는 자체 모순에 의해서 자동 붕괴하므로 구태여 투쟁할 필요는 없다고 생각했다. 자본주의가 스스로 망할 것이므로 권력을 인수할 최소 조직만 갖추고 기다리려 했다. 반면 베른슈타인주의는 자본주의의 붕괴 또는 전복 따위에는 관심을 두지 않았다. 그들의 관심은 노동자와 빈민의 곤궁한 현재의 삶을 개선함이었다. 정통 맑스주의와는 달리 이들은 의회를 인정하고 의회에서 의석을 확보하여 노동자의 이해를 대변하고자 하였다. 그리고 현실 타협적인 노선을 걸었기 때문에 1차 세계대전의 참여를 끝까지 반대한 정통 맑스주의와는 달리 참전에 동의하였다. 이처럼 베른슈타인주의는 정통 맑스주의와는 한 하늘을 같이 일 수 없었지만(불구대천不俱戴天) 카우츠키주의와는 의견은 달라도 부딪칠 이유가 없었다. 그래서 베른슈타인주의자들은 사회민주당의 하부조직과 실무를 장악하고 카우츠키주의자들은 사회민주당의 중앙조직과 이론업무를 주도하였다. 정통 맑스주의는 사회민주당과 결별하였다.(박호성, 1989) 이러한 사회민주주의가 사회복지와 밀접한 관련이 있으므로 이에 대해서 더 설명하기로 하자. 베른슈타인주의의 경우처럼 일반적으로 사회민주주의(이하 사민주의)는 자본주의 사회의 근본적인 변혁보다는 노동자들과 빈민들이 처한 현재의 곤궁한 삶을 개선하는 것을 목표로 삼는다. 이 점은 영국의 대표적인 사민주의인 페이비안Fabian주의도 마찬가지다. 사민주의자들은 일단 자본주의 체제를 인정한 가운데 의회를 통해서 노동자와 빈민들의 권익을 신장시켜나가고자 노력한다. 스웨덴의 사민주의자들은 노동자들이 단결하여 의회의 다수를 장악하고 노동자들의 권익을 신장시켜나가면 노동자들이 더욱 단결하여 그들의 권익을 더욱 신장시킬 수 있다고 믿는다. 계속 이렇게 나아가면 결국엔 사회주의도 건설할 수 있다고 주장한다.(Esping-Andersen, 1985; 2007) 이들은 시장을 철폐할 것이 아니라, 적절히 통제하여 시장의 심각한 문제를 교정하고자 한다. 사민주의는 시장이 만들어낸 사회문제들을 사회복지로 해소하려 한다. 2차 세계대전 이후 사회복지의 발전에 지대한 영향을 미친 영국의 베버리지 보고서도 페이비안주의의 토대 위에서 만들어졌다. 이런 이념을 정통 사회주의에서 벗어났다는 의미에서 '수정주의修正主義'라 부르며 근본적인 변혁이나 혁명을 추구하는 것이 아니라 점진적인 변화를 추구하므로 '개량주의改良主義'나 '개혁주의'라고 부른다. 물론 이 세상 어떤 종파宗派도 스스로 '사이비似而非'를 자칭自稱하지 않듯이, 이들도 자신을 수정주의, 개량주의로 부르기를 즐거워하지는 않는다.(박호성, 1989)

사민주의자들은 주로 생산직 노동자(blue collar) 조합이나 개별 노동자들의 지지를 바탕으로 사회민주주의당이나 노동당 등을 결성하여 의회에 진출하고자 한다. 이런 사민주의 정당들이 의회를 장악하려고 자유주의 정당(예, 영국의 자유당, 독일의 기독교 민주당 등)들과 경쟁한다. 사민주의 정당들은 일차적으로 생산직 노동자나 실업자의 이익을 대변하지만 집권執

權하려고 다른 계급들과도 연대한다. 그래서 때로는 구중간계급舊中間階級인 자영 농민들이나 신新중간계급인 사무직 노동자들의 이해를 대변한다.

이런 사회주의나 사민주의 이념들을 자본주의 사회에서는 '진보주의' 혹은 '좌파'이념이라, '자유주의'를 '보수주의' 혹은 '우파'이념, 특히 최근의 자유주의를 편의상 '신자유주의'와 '신보수주의'라 부른다. 자본주의 성립기에 봉건주의와 대립하였던 자유주의는 여러 사회주의가 출현하자 이제 이런 사회주의들과 대립하게 되었다.

여기서는 주요 이념들을 지나친 단순화의 위험성을 무릅쓰고 도식적으로 다루었다. 그것은 무엇보다도 우리에게 '개념도'가 필요하기 때문이다. 따라서 이 이념들은 어디까지나 개략적으로 분류된 것에 지나지 않으며, 실제로는 무수한 변종들이 있다.[28]

4) 민족주의와 여러 이념의 관계

이제까지 우리는 주로 경제적인 분배 및 계급과 관련된 이념들을 주로 살펴보았다. 그러나 이런 이념들만 있는 것이 아니다. 최근의 환경을 강조하는 환경주의環境主義나 여성의 권리 신장을 주장하는 여성주의女性主義는 이러한 계급적 관점의 이념들과는 다르다. 다만 이런 이념들이 계급적 관점의 이론들보다는 사회복지에 미쳐온 영향이 적기 때문에 이런 것들을 중심으로 다루지 않을 뿐이다. 그러나 이런 이념들이 중요하지 않다는 것은 결코 아니다. 이런 이념들에 대해서는 별도의 검토가 필요하다.

---

28. 오음五音(궁상각치우)을 염두에 두면 온갖 소리가 오음으로만 들린다.(『노자老子』: 12장.) 도식적으로 정리한 것은 참고할 뿐 그것에 집착하지 말기를 바란다.

한편 경제적 분배나 계급에 관련된 이념들과 다른 차원의 이념이면서도 우리의 삶에 지대한 영향을 미치는 이념이 민족주의民族主義이다. 이 민족주의는 사회복지와는 직접 관련이 없는 이념처럼 보이지만 밀접하게 뒤얽혀 있으므로 간단하게 정리해 두고 넘어가기로 하겠다. 민족주의는 민족정서에 그 뿌리를 두고 있다. 역사를 보면 이 민족주의가 여러 이념과 결합하였던 것을 알 수 있다. 서구 근대사회 성립기에는 민족주의가 봉건주의와 결합하여 절대군주제의 성립과 존속에 이바지하였다. 그런가 하면 1900년대 이후 중국과 같은 나라에서는 민족주의가 사회주의와 결합하여 민족민중民衆 해방解放 이념으로 나타나기도 하였다. 일반적으로 자본주의가 발전한 사회에서는 민족주의가 자유주의와 결합하여 매우 보수적인 성향을 보인다. 이런 사회에서는 자유주의에 대항對抗하는 사민주의나 사회주의는 민족주의를 거부하려 든다. 민족주의의 깃발 아래에서는 계급적인 관점이 매우 흐려지면서 정치의 주도권을 자유주의자들에게 넘겨주기 때문이다. 특히 1, 2차 세계대전의 경우처럼 민족주의의 이름 아래 전쟁을 하는 경우 전장에서 죽는 것은 대부분 노동자이지만 전쟁과 정치를 주도하는 것은 자유주의자들이기 때문에 사민주의자들이나 사회주의자들은 민족주의를 경계警戒하였다. 그러나 현실적인 노선路線을 걷는 사민주의 정당들은 제1차 세계대전 당시 독일의 사민당의 경우처럼 민족주의적인 국민감정을 거스를 수 없었으므로 자유주의자들이 민족주의를 내걸고 주도하는 전쟁에 동의하기도 하였다. 그러나 근본변혁을 추구하는 사회주의자들은 대개 이런 전쟁을 끝까지 거부하였다.(박호성, 1989)

한편 민족주의가 때로는 진보적이고 때로는 보수적이다. 예컨대 우리나라의 민족주의는 외세外勢의 침략侵略과 지배에 대항하여 형성 발전되어 왔기 때문에 '저항적抵抗的인 민족주의'로서 진보적인 성격을 지닌다. 반면 일제의 민족주의나 파시즘의 민족주의는 공격적인 민족주의로서 보수적인 성격을 지닌다. 이런 공격적인 민족주의는 전쟁을 부추기면서 타민족他民族을 억압하고 자민족自民族에게 독재하는 수단이 되기도 한다. 이런 맥락에서 예컨대 2차 세계대전을 기억하는 많은 독일 사람이 민족주의를 매우 부정적으로 인식하고 있는 점을 이해할 수 있다. 자유주의와 결합한 공격적인 민족주의를 정통 맑스주의인 '극좌極左'와 대비하여 '극우極右' 혹은 '극우 파시즘'이라고 부른다.

민족주의는 사회복지와는 직접 관련되지는 않지만 분배나 권력을 둘러싼 이념 논쟁과 복잡하게 맞물려 있어서 사회복지에 많은 영향을 미친다.

3. 주요 사회이념들의 사회복지 관점

자본주의 사회에서 시장은 이미 밝힌 것처럼 재화와 용역의 분배제도이다. 사람들은 생계에 필요한 대부분의 물질적 자원을 시장에서 사들이는 것이 원칙이다. 이런 점에서 시장은 복지의 주체라고[29]도 한다. 그러나 결코 주체가 아니다. 상품을 교환하는 사회제도일 뿐이다. 그런데 이런 시장만으로는 모든 사람이 생존 자원을 다 마련할 수 없다. 시장제도가 만들어낸 경쟁에서 뒤진 사람들은 생계를 위협당한다. 이들은 일차적으로 가정을 비롯한 공동체의 도움으로 생명을 유지하여야 하나 자본주의적인 시장 법칙은 이런 공동체마저도 점점 파괴했다. 이들의 생계를 시장의 원리를 벗어나서라도 보장하려는 다른 제도가 사회복지라고 할 수 있다.

---

29. 적잖은 학자들이 개인들이 시장에서 복지를 이루어내면 시장이 복지를 해주고 그렇지 못하면 시장이 복지를 해주지 못한다고 생각한다. 이것은 시장의 물신주의物神主義에 빠져 있기 때문이다. 이들은 수단을 주체로, 주체를 대상으로 착각한다.

이처럼 사회복지는 시장 및 가족(공동체)과 밀접한 관계를 맺고 있다. 사회(국가)는 가족과 함께 복지(well-being)의 제공 주체이며 시장은 부를 분배하는 제도인데, 이 삼자가 서로 대립적인 관계에 있는 것처럼 보인다. 시장에서 개인이 복지를 스스로 하지 못하면 사회나 가족이 책임져야 하고 사회가 복지를 책임지지 않으면 가족이나 시장 속의 개인이 떠맡아야 하기 때문이다. 따라서 사회복지에 대한 이념 논쟁은 시장과 가족의 문제와 별개로 논의될 수 없다. 이것들은 오히려 얽히고설킨 하나의 덩어리이다. 여기서는 앞에서 밝힌 일반적인 사회이념들이 시장, 가족, 사회복지에 관한 견해들을 정리해보기로 하겠다.

1) 봉건주의 사회복지 관점

봉건주의는 가족의 노약자 부양책임을 강조할 수밖에 없었다. 이것은 가족이 봉건사회에서 생산의 기본 단위였기 때문이다. 봉건주의자들은 가족의 노약자 부양을 당연한 '진리眞理'로 받아들였다.[30] 그리고 시장을 좋아하지 않았다. 그러므로 탈상품화를 뜻하는 자본주의적인 사회복지와는 친화성을 갖는다.

봉건주의가 자본주의 초기에는 나름대로 영향력을 지니고 있었지만 자본주의가 발달함에 따라 그 힘을 잃어갔으므로 자본주의 전성시대의 사회복지와는 밀접한 관련이 없다고도 볼 수 있다. 그러나 봉건사회에서도 자본주의 사회의 사회복지와는 그 성격이 다르지만 사회복지가 있었고 그 전

---

30. 이처럼 가족을 중시重視하고 가족의 노약자 부양을 당연하게 생각하는 것을 흔히 '가족주의'라 부른다.

통 위에서 현대 사회복지가 형성되어 왔다. 뿐만 아니라 시장의 원리를 따르지 않은 봉건적인 원조제도가 탈상품화를 지향하는 자본주의적인 사회복지의 출발점이 되기도 하였다. 따라서 봉건주의적인 사회복지 이념도 다룰 필요가 있다.

봉건주의자들은 온정주의溫情主義(paternalism)[31]로 빈곤 문제에 대처하고자 하였다. 봉건사회에서 백성들은 영주나 군주君主, 성직자聖職者들에게 충성忠誠을 다하면 이들이 자기들을 보호해주리라고 기대했다.[32] 반면 봉건세력들은 부모처럼 백성들을 대하면 백성이 충성할 것이라고 믿었다. 이런 '장기적長期的이고 복합적複合的인 거래去來[33]'를 당시의 민중들과 지배세력이 모두 당연하게 받아들였다. 따라서 봉건주의자들은 시장이 발전하

---

31. 이것을 마치 부자 관계와 같다 하여 paternalism라 불렀는데 직역하면 부성주의父性主義이다. 시장에서는 냉정하게 손익損益을 따지기 때문에 온정溫情이나 배려配慮가 통하지 않는다. 냉혹한 노동시장에서는 자본가는 노동자에게 임금만 주면 되고 노동자는 정해진 시간 동안만 일하면 된다. 그러나 자본주의전의 정서가 남아 있는 곳에서는 자본가는 노동자들의 경조사慶弔事까지도 배려해야 하며 그 대신 노동자들은 때에 따라 무상無償으로 잡일을 해주기도 한다. 이처럼 명확한 이해계산을 벗어나서 '베풀어야 한다'는 생각을 온정주의라고 부른다. 이 온정주의는 자본주의전의, 비상품적이고 비이해타산적인 인간관계를 기본으로 삼아 성립된다.
32. 온정주의에서 온정溫情은 외양일 뿐이며 그 본질은 지배이다. 『통감절요通鑑節要』의 제1권 주기周紀에는 오기吳起라는 장군의 고사가 나온다. 출세하려고 자신의 아내까지도 과감하게 죽인 바 있는 오기 장군은 가장 낮은 사졸士卒과 먹고 입는 것을 같이 하였고 누울 때는 자리를 펴지 않았으며 이동할 때는 말이나 수레를 타지 않고 친히 양식을 싸지고 다니면서 병사들과 노고를 나누어 졌다. 오기는 병사의 종기를 빨아 주어 낫게 했다. 그 병사의 어머니가 이 이야기를 듣고 울었다. 이웃이 '장군이 종기를 빨아 낫게 해주었는데 왜 우시오'라고 물으니, '작년에는 오기 장군이 그 애 아버지의 종기를 빨아 주니 애 아버지가 발뒤꿈치를 돌리지 않고 싸우다가 마침내 적에게 죽었소. 오공이 이제 아들의 종기를 빨았으니 나는 그 애가 어디서 죽을지 알 수가 없소'라고 대답했다. 이것이 온정주의의 본질을 잘 보여준다.
33. 이것은 시장의 상품 거래와는 다르다. 시장에서는 '이곳에서 지금(here and now)'의 이해를 계산함이다. 거래가 끝나면 관계도 일단 끝난다.

면서 야기되는 빈곤 문제에 대처하면서 '사회질서를 유지'하려고 교구를 중심으로 빈민을 구제하는 온정을 베풀었다.(신섭중 외, 1987) 이런 영주나 교회의 도움에 기대서 곤궁한 백성들이 연명하기도 하였다. 이것이 근대적인 사회복지의 시초가 되었다. 이러한 온정주의 사회복지는 상품의 원리를 벗어났다는 점에서 최근의 사회복지와 상통相通한 면이 많다. 인간의 노동력을 상품으로만 취급되는 것을 막는다는 점에서 현대 사회복지와는 다를 바가 없다. 바로 이 때문에 영국의 자유주의자들은 노동시장을 확장하려고 기존의 구빈제도救貧制度를 폐지하려 하였다. 그러나 이런 봉건주의적인 사회복지는 지배자의 시혜일 뿐 결코 백성의 권리[34]가 아니다.

봉건주의적인 국가주의도 사회복지의 발전에 이바지하였다. 봉건주의자들은 자본주의의 전개와 함께 강화되는 개인주의와 자유주의를 억제하면서 자신들의 사회적인 권위를 유지하고 노동자들의 충성심을 강화하려고 사회복지제도를 도입하기도 하였다. 예컨대 봉건적 신념을 가졌던 비스마르크 정부가 중상층 노동자들의 충성심을 강화하는 수단으로 사회보험을 실시하였다.

자본주의전 사회의 상부상조 정신도 사회복지의 발전에 힘을 보탰다. 길드제도 아래서 동업자同業者들은 회원자격을 엄격嚴格히 제한하면서 자기들

---

34. 시혜施惠와 권리權利에 대해서는 아래 표를 참조하기 바란다.(박승희, 1999)

〈표 3-3〉시혜와 권리의 비교

입장	복지형식	시혜	권리
주는 자	주는 태도	자선	의무
	주지 않을 때의 책임	책임지지 않아도 됨	책임져야 함
받는 자	받는 태도	감사하다고 생각함	당연시 여김
	받지 못한 때의 대응	줄 것을 건의, 책임 추궁 불가	줄 것을 요구, 책임 추궁 가능

의 수입을 보장하려고 가격과 생산을 조정하기도 하였다. 이들은 상호부조 제도를 만들어서 조합원 중에 어려운 사람들, 과부寡婦나 고아孤兒를 배려하는 사회복지제도를 운영하였다. 이것은 시장의 경쟁적인 개인주의로부터 구성원들의 삶을 보장한다는 의의를 지닌다. 그러나 이런 유형의 복지제도는 폐쇄적이라는 한계도 지닌다. 친목 집단 내부 사람만의 사회복지일 뿐, 그 조직 외부인의 사회복지일 수는 없다.(Esping-Andersen, 1990 : 39~41 ; 2007 : 83~87) 이것이 실업보험과 사회보험제도의 실마리가 되었다.

2) 자유주의 사회복지 관점

자유주의는 자본주의 사회를 지탱시키는 가장 강력한 이념으로서 사회복지에 많은 영향을 미치고 있다.

애덤 스미스를 비롯한 자유주의자들은 시장을 완전한 것으로 이해한다. 시장은 가만히 두어도 '보이지 않은 손'(Smith, A. , 1987:447)으로 모든 문제를 해결하므로 국가는 시장의 보호 밖의 다른 일을 해서는 안 된다는 '자유방임주의自由放任主義'와 '최소국가론最小國家論'을 주장한다.[35] 이들에게는 시장 보호가 사회복지인 셈이다.

이들은 빈곤 따위의 사회문제는 대부분 사회구조가 아니라 개인의 잘못에서 비롯되므로 어디까지나 개인이 책임져야지 사회가 책임을 지는 것은 바람직하지 않다고 여긴다. 그리고 사회복지로 이런 문제를 해결하는 것은 오히려 나태와 부정 수급과 같은 도덕적 해이解弛(moral hazard)를 부추긴다고 주장한다. 이런 주장은 실제로 성실하지 못해서 가난한 사람도 적지 않

---

35. 자유주의에 대해서는 노명식, 1983, 『자유주의』, 종로서적을 참조하였다.

고 대가代價 없이 주어지는 사회복지가 개인의 책임감을 약하게 만들기도 하므로 일리가 있다. 그러나 시장에 경쟁이 있는 한 누군가가 패배할 수밖에 없고 역사적으로 볼 때 빈곤이 사회 구조에서 만들어지는 경우가 많았으므로 이런 주장은 부분으로만 옳다.

자유주의자들이 사회복지를 반대하는 보다 근본적인 원인은 사회복지가 임금을 상승시킴으로써 이윤율利潤率을 감소시킨다고 보기 때문이다. 이들은 사회복지가 확대되어 가난한 사람들이 일보다 복지를 택하게 되면 노동력의 공급이 줄어들어 임금이 상승하고 이윤율이 하락하는 것을 두려워한다.

이들은 사회복지에 필요한 세금이나 기여금의 납부도 싫어한다. 사회복지를 증대시키려면 국가는 사회복지 재원을 자본가나 노동자로부터 거두어들여야 한다. 그런데 노동자들이 일상적인 생활을 유지하려면 실제로 받는 임금이 일상생활을 보장하는 선 이하로 내려가서는 안 된다. 노동자가 세금이나 기여금을 내고 남은, 실제 수령 임금이 일상생활을 유지할 정도가 되지 않으면 노동을 지속할 수 없다. 그런데 사회복지가 노동을 하지 않는 사람들에게 주로 돌아간다. 이것은 노동자가 노동현장을 떠난 이후의 미래 삶(예, 은퇴 이후의 생활)과 노동자가 아닌 사람들(예, 장애인)의 삶의 비용까지도 자본가가 지금 지불하는 셈이다. 그래서 자본가는 당장의 이윤율이 하락한다고 본다. 주로 자본가의 눈앞 이해를 대변하려는 자유주의자들은 사회복지가 투자의욕을 떨어뜨린다고 여기며 반대한다.

그러므로 자유주의자는 시장에서 스스로 삶을 책임질 수 없는 개인들의 부양을 가족에게 맡기려 한다. 그렇지만 국가의 가족 지원을 바라지 않는다. 이런 점들은 봉건주의자와 같다. 그러나 그 의도는 다르다. 봉건주의자들은 가족 부양을 '자연법칙自然法則'과 같은 사회질서로, 자유주의자들은 사회복지를 줄이려는 수단으로 이해한다. 그래서 자유주의자들은 가족의 책임을 강조하면서도 그들이 지지하는 시장원리에 따라 가족이 축소되고 해체되는 경향은 보려 하지 않는다.

그러나 이미 지적한 것처럼 시장도, 가족도 현실적으로는 완전하지 않다. 시장은 많은 장점을 가졌지만 사회문제를 양산하였으며 가정 공동체까지도 점점 파괴하는 데 힘을 보탰다. 이와 함께 진행된 도시화는 사회문제를 악화시켰다. 특히 빈곤은 그대로 놓아둘 수 없을 만큼 심각해졌다. 이를 기반으로 자본주의 자체를 부정하는 사회주의 운동이 전개되었고 1900년대 이후에는 소련을 중심으로 자본주의와 대립하는 현실 사회주의가 등장하였다. 봉건주의에 대항해서 승리했던 자유주의자들은 이제 사회주의와 대결해야 했다. 자유주의자들도 빈곤을 비롯한 사회문제에 어떤 식으로든 대응을 하지 않을 수 없었다. 특히 자유주의 정치가들은 사회문제에 대처하거나 근본적인 변혁을 추구하는 사회주의 세력을 억제하려고 사회복지를 추진하였다. 예컨대 19세기 후반 이후 프랑스나 스웨덴, 영국에서는 빈곤 문제의 심각성을 인식하고 독자적으로든 사회민주주의 세력과 연대하여서든 사회복지의 도입에 적극적이었다. 뿐만 아니라 전쟁 후에는 여러 사회문제가 더욱 심각해지고 국민적 통합도 더욱 필요해짐에 따라 사회복지의 도입을 주장하기도 하였다. 그리고 표심票心을 잡으려고 사회복지제도의 확대를 주장하기도 한다.

자유주의자들은 경제적인 이유에서도 사회복지의 도입을 받아들일 수밖에 없다. 개별 자본들은 임금을 줄이거나, 노동의 유연성을 증대하려고 노동자들을 마음대로 해고하고 고용할 수 있기를 바란다. 이것이 자유주의의 기본 원칙 중의 하나이다. 그러나 이런 개별 자본의 바람이 현실로 나타나면 노동자들은 자신들의 생계를 꾸리기가 어려워진다. 이것은 노동력의 재생산再生産[36]이 어려워진다는 것을 의미한다. 노동력의 재생산이 이루어지지 않으면 총자본總資本(전체 자본)이 위기에 처하게 된다. 노동력을 둘러싸고 개별 자본과 총자본의 이해가 상충할 수 있다. 개별 자본들은 저임금과 해고 따위가 길고 넓게 보면 노동력의 공급문제를 일으킨다는 것을 알지만 치열한 자본 간의 경쟁에서 승리하여 살아남으려면 저임금과 노동勞動 유연성柔軟性의 원칙原則을 포기抛棄할 수 없다. 그러므로 자유주의자들은 개별 자본의 차원이 아니라 총자본의 차원에서 노동력의 재생산을 지원하는 노력을 해야 한다. 그래서 아동의 출산 양육 따위와 관련된 사회복지를 반대하지 않는다. 노동력을 안정적으로 공급하려는 총자본의 이해에 따라 출산 및 보육 따위와 관련된 사회복지의 확대를 용인容認하지 않을 수 없다.

그런가 하면 사회복지가 자본가들에게 유리하게 작용하는 면도 있다. 사회복지가 없다면 노동자 개인이 주거, 교육, 노후, 질병과 같은 문제들을 저축하여 해결하여야 한다. 이것은 아무리 임금이 높다 하더라도 쉽지 않다. 불안한 노동자들이 임금 상승을 끊임없이 강하게 요구하거나 저임금 노동을 회피한다. 특히 희망이 없다고 느낀 젊은 노동자들은 결혼과 출산을 포기한다. 인구가 감소하고 노인 비율이 늘어난다. 이것들이 임금 상승, 수요 감소, 마침내 장기 불황으로 이어진다. 현재의 한국의 경제 상황이 이와 비슷하다. 멀리 보면 사회복지가 노동력의 재생산 비용을 떨어뜨려서 자본가들에게 적절한 가격으로 노동력을 안정적으로 사용할 수 있게 해주고 수요를 유지하는 데 도움을 준다.

따라서 자유주의자들은 사회복지를 싫어하면서도 사회복지를 도입해야

---

36. 노동력의 재생산이란 노동력이 반복적으로 생산되는 과정이다. 노동력은 노동자들이 정신적 육체적인 건강이 유지될 때만 유지되므로, 노동력의 생산이란 노동자가 생계를 꾸려가는 과정이다. 그래서 노동력은 매일 매일 반복해서 생산된다. 노동자의 일상적 생계를 유지하는 것이 노동력의 단기적 재생산이라면, 각 가정에서 아이를 낳아 기르고 교육시킴은 노동력의 장기적 재생산이다. 더 나아가 노동자의 은퇴 이후의 노후의 생계가 보장되지 않는다면, 사람들은 노동자가 되기를 꺼리므로, 노동자의 정년 후 생계유지도 노동력의 재생산 과정에 포함된다. 따라서 노동력의 재생산이란 노동자의 삶 전체를 유지시키는 과정이라고 할 수 있다.

하는 모순적인 처지에 놓이게 된다. 따라서 이들은 사회복지를 하면서도 시장을 교란攪亂하지 않는 방안들을 모색摸索하였는데 그 중의 하나가 1834년 영국의 '신빈민법新貧民法' 이후 계속된 '열등처우劣等處遇(less eligibility)의 원칙'이다. 이것은 사회복지의 수준을 최저임금보다는 적게 하여 빈민들이 '복지보다는 일'을 택하게 하려는 것이다. 다른 하나는 '잔여적殘餘的(residual)' 사회복지이다. 이것은 일단 개인과 가족이 시장에서 스스로 복지를 하도록 맡겨놓되, 해내지 못한 잔여 부분만을 사회복지가 감당하는 것이다. 여기서 잔여란 모든 사람의 최저생계 자원의 총합 중에서 개인들이 시장에서 충족하지 못하고 남은 부분을 의미한다. 그리고 자유주의자들은 시장의 파괴를 최소화하려고 각종 사회보험의 지급 수준을 사회복지의 원리에 따라 필요에만 맞추기보다는 시장의 원리에 따라 기여금이나 소득에 비례해서 조정하기를 선호한다. 연금이나 실업급여 따위를 최저 사회보장의 원칙에 따라 모든 가입자에게 일정액을 지급해준 다음, 그 이상의 금액은 기여금에 비례하여 지급하는 절충 방식을 추구한다.[37] 이에 따라 사회복지가 이중구조를 이루기도 한다. 한편 이들은 '국가가 시장보다 비효율적'이라고 믿으며, 사회복지의 운영도 시장에 맡기려 하므로 사회보험 등의 민영화民營化를 추진推進한다. 빈곤과 같은 문제도 국가복지보다는 자선慈善이나 지역사회, 가족에 맡겨서 해결하고자 한다.

---

37. 이를 그림으로 그려보면 다음과 같다.

⟨그림 3-1⟩ 기본급여와 비례급여의 혼합

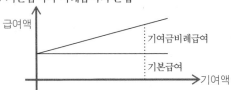

3) 사회주의 사회복지 관점

사회주의자들은 사회문제의 근원根源이 자본주의 체제 자체에 있다고 보므로 자본주의가 유지되는 한 사회문제를 근본적으로 해결할 수 없다고 생각하며 노동자 계급의 혁명으로 자본주의를 철폐하고자 한다. 이들은 자본주의 국가도 전복顚覆의 대상일 뿐 개혁의 대상으로는 여기지 않는다. 따라서 시장과 자본주의적 국가를 일단 인정한 가운데 빈곤 문제 등을 개선해 가고자 하는 사회복지도 부정否定한다. 그들에게 사회복지는 문제의 근원은 가만히 두고 문제만을 최소화시키려 하므로 '병의 치료와는 무관한 진통제鎭痛劑'에 지나지 않는다. 이것이 오히려 자본주의적 착취 기제를 은폐하고 노동자들의 계급의식을 누그러뜨려 근본 변혁을 지연시킨다. 사회복지는 기껏해야 자본가 계급이 채찍 대신 주는 당근이다. 물론 사회주의자들은 노동자들이 투쟁해서 얻어낸 사회복지가 혁명에 긴요한 노동자 단결의 계기가 되므로, 바람직한 점이 없지는 않다고 여긴다. 그러나 이때에도 사회복지 자체가 바람직하다고 보지는 않는다.

4) 사회민주주의 사회복지 관점

사민주의자들은 시장이 구조적構造的인 문제를 가지고 있으므로 보리밭에 돌을 던지면 몇 개의 보리는 상처를 입는 것처럼 시장에서는 누군가가 어려움을 당할 수밖에 없다고 본다. 이 점에서 사회민주주의는 사회주의와 같다. 그러나 이들은 근본적인 변혁을 추구하는 사회주의자처럼 시장을 전면적으로 부정하지는 않는다. 시장을 폐지하려 들기보다는 일단 인정한 다음, 시장의 문제점을 줄이려고 국가가 시장에 적절하게 개입하여야 한다고 생각한다. 자본주의적인 국가를 전복하기보다는 국가의 성격을 변화시키고자 한다. 국가가 공적으로 관리하는 시장경제, 곧 '사회적 시장경제'를 추구한다.

따라서 시장의 약점을 보완해주는 사회복지에 매우 적극적이다. 사회복지로 빈곤을 비롯한 사회문제를 해결하고 이를 기반으로 노동자와 빈민의 지지를 확보하여 권력을 장악하고자 한다. 그 권력으로 사회복지를 더 확충해서 더 큰 권력을 확보하여 이상적인 사회로 점점 나아가려고 한다. 이들에게 사회복지는 목표이자 수단인 셈이다.(Esping-Andersen, 1985; 2007)

이들은 페이비안 사회주의자였던 베버리지가 주장한 보편적인 사회복지를 추구한다. '모든 국민의 인간다운 삶의 보장'을 사회권으로서 중시하고 사회복지의 수혜를 소득이나 기여금에 비례해서가 아니라 수혜자의 필요에 따라서 지급하기를 바란다. 시장에서 생긴 문제는 시장에서 해결할 수 없다고 보며 이윤을 추구하는 시장보다는 공공성公共性을 지향하는 국가를 더 신뢰하므로 사회복지의 민영화에 반대한다. 한편 빈곤 따위의 사회문제를 자선이나 지역사회, 가족 등에 맡겨서 해결하기보다는 국가의 적극적인 사회복지를 통해서 해결하고자 한다. 최근에는 가족과 가족의 부양 능력이 약해지는 현실에 대응하여 '부양의 사회화'를 제시한다. 부양의 사회화는 가족의 부양을 사회의 부양으로 대체하는 것이다. 이 점은 5장에서 자세히 다룰 것이다. 사민주의자들은 '부양扶養의 사회화社會化'를 강조하므로 약해

---

38. 그러나 이것은 사회주의적인 계획경제하고는 다르다. 사회주의 사회에서는 시장을 계획경제로 대체하므로 생산도 소비도 개인적이 아니라 국가의 관리에 따라 집합적으로 한다. 사회주의 사회에서는 거의 모든 재화와 용역이 집합적으로 소비된다고도 말할 수 있다. 그러나 사회복지를 지향하는 사회민주주의자들은 주택이나 교육 등과 같이 시장에 맡겼을 때 부작용이 큰 부분에 대해서만 집합적으로 소비하고자 한다.

지는 가족이나 지역공동체, 그것들의 부양 능력 강화에는 큰 관심을 기울이지 않는다. 그리고 시장에서 분배된, 또는 될 부를 사회적인 연대의 원리에 따라 세금과 사회복지로 재분배하고자 하며 집합적集合的인 소비消費를 추구하기도 한다. 여기서 집합적인 소비란 예컨대 주택을 개인들이 건설하거나 사기 어려우므로 국가가 주택을 주도적으로 건설하고 개인들에게 공급하여 사용하게 하는 것 따위를 말한다 .[38)

3절 사회복지이념 논쟁

1. 복지국가 위기와 이념 논쟁

복지국가 위기를 둘러싼 이념 논쟁을 소개하기에 앞서 복지국가의 개념과 유형 따위를 소개하고자 한다.

1) 복지국가의 개념과 유형

(1) 복지국가란 무엇인가?

사회복지국가社會福祉國家의 준말이 복지국가이다. 복지국가라 불리려면 국가가 담당하는 복지(사회복지)의 양이 많아야 한다. 물론 그 양을 명확하게 정하기란 쉽지 않다.

'복지국가(welfare state)'라는 용어가 공적으로 사용되기 시작한 것은 1941
년 제2차 세계대전 중에 독일 나찌 국가를 '전쟁국가戰爭國家(warfare state)'
로 규정規定하고 이와 대립하는 영국의 국가를 복지국가로 부르면서부터
라고 한다.(유병용 · 신광영 · 김현철, 2002: 131) 그러나 이때가 복지국가의
시원始原이라고 할 수는 없다. 시장제도에서 야기되는 빈곤과 같은 사회문
제에 대처하려고 서유럽의 국가들은 싫든 좋든 훨씬 오래전부터 사회복지
를 도입했기 때문이다. 예컨대 영국에서는 16세기부터 '구빈법'을 제정하
여 부랑자들을 관리하였다. 그리고 19세기 말 자본주의적 성장의 후발주
자後發走者인 독일에서는 비스마르크 정권이 사회주의 세력의 성장에 대항
하여 중상층中上層 노동자들의 충성을 확보할 목적으로 사회보험제도를 도
입하였다. 그렇지만 16세기의 영국과 19세기의 독일을 복지국가라고 부를
수는 없다. 이미 지적한 바와 같이 상당히 많은 양의 복지를 수행하는 국가
만을 복지국가라고 부를 수 있는데 당시 영국과 독일의 국가는 많은 복지
를 실시하고 있지는 않았기 때문이다. 이것은 우리가 사회복지를 확대하고
있는 현재 한국의 국가를 복지국가라고 부르기 어려운 것과 같다. 아무튼
자본주의의 발전과 함께 서서히 발전해 오던 사회복지가 2차 세계대전 직
후 영국에서 '베버리지 보고서'가 채택된 것을 계기로 매우 빠르게 성장하
였다. 이 보고서의 제안은 스웨덴, 독일, 프랑스 등에서도 적극적으로 수
용되었다. 이렇게 사회복지가 국가의 중요한 업무들 중의 하나가 되어감에
따라 '복지국가'가 말과 현실로 정착定着되어 갔다.

 이 과정에서 '복지국가'와 함께 새롭게 등장하여 정착된 개념이 사회권
社會權이다. 시민권(citizenship)이 신분자유권身分自由權(줄여서 신분권, civil
right), 정치권(political right), 사회권(social right)으로 이루어진다. 18세기
의 신분권, 19세기의 정치권, 20세기의 사회권이 형성되었다.(Marshall,
1963: 73~127) 신분권은 봉건사회로부터 자본주의 사회로 전환되는 과정

에서 형성되었으며 신분적인 해방과 '법 앞에 만인의 평등'이 주요 내용을 이룬다. 정치권은 보통선거권이 확대되면서 여성을 포함한 모든 시민이 갖게 된 선거권과 피선거권을 말한다. 그런데 신분권과 정치권이 경제적 평등과 실질적 자유를 보장해주지 않으므로 시장에서 배제된 많은 사람이 생존을 위협받았다. 만인의 생존 권리(생존권)가 시장의 원리가 아니라 사회적 연대원리에 따라서 보장되어야 한다는 주장이 제기되었다. 이 생존권이 사회권으로 불린다. 복지국가는 이 사회권을 제도적으로 보장하는 국가라고도 할 수 있다.

(2) 복지국가의 유형을 결정하는 요인

복지국가의 유형은 국가가 수행하는 사회복지가 어떤 것인가에 따라서 정해진다. 그러므로 복지국가의 유형은 그 국가가 수행하는 사회복지 유형이라고 할 수 있다.

사회복지의 가장 중요한 주체는 국가이다. 국가가 사회복지 관련 문제들을 구체적인 사회적 상황 속에서 해결하려고 과거의 사회복지제도를 계승하고 변형해간다. 따라서 사회복지의 유형, 곧 복지국가의 유형에 영향을 미치는 요인으로 사회적 상황과 사회복지의 형성 경로를 무시할 수 없지만 역시 가장 중요한 것은 사회복지를 주도하는 국가이다.

국가가 공적인 이해를 대변한다고 하지만 공적 이해도 실제로 국가 주도권主導權을 장악掌握한 사람들이 규정하므로 국가의 실제 성격은 집권자가 누구인가에 달려 있다. 예컨대 자유주의자들이 집권하면 자유주의적인 성향을, 사회주의자들이 집권하면 사회주의적인 성향을 띤다. 이런 국가의 성향에 따라서 사회복지 및 복지국가의 성격이 달라진다. 따라서 자유주의적 성향의 국가는 잔여적인 사회복지를, 사민주의적 성향의 국가는 보편주의적인 사회복지를 주로 추구한다. 만약 사회주의자들이 집권한 국가는 시장경제를 계획경제로 바꾸어버릴 것이다. 이런 사회는 탈상품화가 완전히 이루어진 사회로서 구태여 이야기하자면 '사회복지가 필요 없는 사회' 혹은 '시장은 없고 사회복지만 있는 사회'라고 할 수 있다. 봉건주의가 주도하는 국가는 국가주의나 온정주의, 혹은 시혜적 성격을 띤 사회복지를 추구한다.

그런데 하나의 정파나 세력들이 국가를 홀로 지배하기는 불가능하다. 예를 들어 우리가 '자유주의적인 국가'니 '사회민주주의적인 국가'니 하는 용어를 이념형理念型(ideal-type)으로는 사용할 수 있지만 이런 유형들이 현실에서는 순수하게 존재하지는 않는다. 여러 유형이 혼합되어 있다. 무엇보다도 계급 간 혹은 이해집단 간의 타협妥協이 이루어지기 때문이다. 예컨대 서유럽의 여러 나라에서 자유주의 정당이 집권한 때도 사회민주주의 정당의 주장을 전적으로 무시할 수는 없으며 반대의 경우에도 마찬가지다.

이런 이해집단 간 타협이 제도로서 정착된 좋은 사례가 타협주의妥協主義(corporatism)[39]이다. 이 제도를 이해하려면 스웨덴의 타게 에를란데르Tage Erlander(1901-1985)의 정치를 간단하게나마 살펴봄이 좋다. 그가 44세부터 68세까지 23년간 의원내각제의 총리로 일했다. 67세에 11번째의 총선에 승리하고도 늙었다면서 국민의 만류를 뿌리치고 총리관저를 떠났을 때 들어가 살 집이 없었다. 그는 좌우의 대립이 극심했던 시대 상황 속에서 대학 시절을 보냈다. 그때부터 진보 성향을 강하게 가졌다. 총리가 되었을

---

39. corporatism을 흔히 '조합주의組合主義'로 번역하여 불렀다. 이것이 노동자들의 단결 방식과 같은 조합을 강조한 것으로 오해되곤 하였다. corporatism에서 중요한 것은 조합이 아니라, 다른 이해를 대변하는 조합의 대표들 사이의 조정과 타협이다.

때 재계에서는 사유재산을 국유화할 것이라고 우려했다. 그는 재계의 협조가 없이는 국민의 복지 확대가 불가능하다고 보고 경제단체의 대표들을 목요일마다 총리 별장으로 불러서 대화를 나누었다. 대화가 진행될수록 신뢰가 쌓였다. 그가 사회복지의 비용을 마련하려고 세금을 올린 대신, 임금의 상승을 자제시키자고 제의하자 경제단체 대표들이 노조의 대표들에게 확인하자고 하였다. 이후 별장 목요 모임에는 노조의 대표들도 참여하여 이해가 대립하는 문제들을 타협 조정했고 결과는 의회에서 진보와 보수 정당이 합의로 추인했다. 대립과 투쟁은 줄어들고 경제와 사회복지는 향상向上하였다.(최연혁, 2012: 39) 이처럼 노동자계급, 자본가계급, 농민계급 등을 비롯한 여러 세력의 조직 대표들이 모여 상충하는 이해를 조정하고 타협하면 각 세력의 또 다른 대변자들인 국회의원들이 이를 추인해주는 제도가 타협주의이다.(최경구, 1991)

계급타협을 통해서 사회복지를 비롯한 여러 국가적인 정책들이 성형되고 추진되므로 국가의 성격을 하나의 이념적인 경향으로 단정하기는 쉽지 않다. 그러므로 주도적인 이념에 따라서 사회복지와 복지국가의 유형을 분류할 때도 그 유형들의 경향만을 지적할 수 있을 뿐이다. 예컨대 사회민주주의적인 복지국가도 자유주의적인 복지국가의 요소들을 포함하고 있다. 반대의 경우도 마찬가지다.

한편 한 국가가 사회복지정책을 추구할 때는 구체적인 상황 속에서 추진하게 된다. 따라서 여러 사회경제적인 상황이 사회복지 및 복지국가의 성격에 지대한 영향을 미친다고 보아야 한다. 예컨대 영국에서 제2차 세계대전 이전에는 사회복지에 소극적이었던 자유주의 정당이 전쟁의 시기에는 노동자들을 전쟁에 동원할 필요성 때문에, 그리고 전후에는 국민의 생활안정이 시급하므로 사회복지를 매우 적극적으로 추진하였다. 영국에서는 '베버리지 보고서'를 비롯한 사회복지에 대한 사회민주주의적인 주장들이 일찍부터 제기되었지만 자유주의적인 국가는 그것들을 소극적으로만 받아들였다. 그러다가 제2차 세계대전을 치르는 과정에서 노동자들과 빈민들의 애국심을 고양할 필요가 있었으므로 전후에는 전쟁의 상처(상이군인, 전쟁과부, 주택부족 등)를 치유하여야 하였으므로 광범위한 사회복지제도를 제안한 '베버리지 보고서'를 채택하였다.(원석조, 2000)

그런데 사회복지가 하나의 제도로서 형성되면 이것이 다시 그 사회의 사회복지를 규정하는 요인이 되어 일정한 경로를 따르게 한다. 한번 형성된 제도는 그것을 유지하려 하든 변화시키려 하든 엄연한 현실이기 때문이다. 예컨대 스웨덴에서는 사회보장에 필요한 재원을 국세청과 지자체에서 세금으로 거둔다. 한국에서는 이 일을, 각종 연금, 의료보험, 실업급여, 산재급여 따위를 관리하는 여러 기관들에서도 담당한다. 이런 비효율성을 개선하려고 스웨덴 방식으로 바꾸고자 하면 여러 공단의 종사자들이 실업의 위기에 놓이는 것과 같은 문제들이 따르므로 기존의 제도를 완전히 무시할 수 없다. 한번 택한 길은 바꾸기가 쉽지 않다. 이런 경향을 경로의존성經路依存性(path dependence)이라고 부른다.(김종일, 2001 : 153) 이것도 사회복지 및 복지국가의 유형을 결정하는 중요한 요인이다.

(3) 주도적 사회복지이념에 따른 복지국가의 차이

특정한 사회복지이념이 순수하게 사회복지를 결정할 수는 없지만, 어떤 이념을 가진 사람이 국가 운영을 주도하는가에 따라서 사회복지와 복지국가의 성향이 많이 달라진다. 이 점을 살펴보자.

자본주의 사회에서는 봉건주의가 국가를 장악하는 경우는 극히 드물다. 그러나 자본주의 초기에는 봉건주의자들이 일시적으로 국가권력을 장악할 수 있다. 예컨대 독일의 경우 19세기 후반에 봉건주의자들이 '위로부터 혁명'을 추진하였다. 자본주의 후발주자인 독일에서는 봉건세력이 자본주의적 경제성장을 주도하였다. 이 과정에서 사회문제가 확대되고 자본주의를 변혁하려는 사회주의가 성행盛行하자 부르주아지와 연합한 봉건세력인 비스마르크 정권이 한 손에는 '사회주의자 탄압법社會主義者彈壓法 (Sozialistengesetz)'이라는 채찍을 들고, 다른 한 손에는 주로 중상층 노동자의 충성을 확보하려고 사회보험이라는 당근을 들었다. 이것이 사회복지 발전의 중요한 계기가 되었다. 이것은 독일 사회복지의 출발점이자 기본 틀로서 이후의 독일 사회복지 발전의 경로를 규정하였다. 그러나 독일의 봉건세력은 자본주의가 발전하면서 필연적으로 퇴조退潮하였으므로 독일의 복지제도를 봉건적이라고 이야기할 수는 없다. 봉건주의자들은 자본주의 사회의 복지국가에 영향을 미칠 수는 있지만 주도하기는 어렵다.

실제로 자본주의 사회에서는 자본주의 체제를 인정하는 자유주의자들이나 사회민주주의자들이 국가를 주도할 수밖에 없다. 자유주의자들은 잔여적 사회복지를, 사민주의자들은 보편적 사회복지를 추진한다. 자유주의자들이 국가를 주도하는 대표적인 사례가 미국이고, 사민주의자가 주도하는 대표적인 사례는 스웨덴이다. 미국에서는 두 자유주의 정당이 번갈아서, 스웨덴에서는 사민주의 정당이 주로 집권해왔다. 두 나라의 복지국가 성격이 많이 다르다. 예컨대 두 나라의 사회보장 방식이 다르다. 미국에서는 소득과 필요조사로 대상자를 선별하는 사회부조가, 스웨덴에서는 필요만 확인하고 소득조사를 하지 않는 사회보공社會普供이 중심이다.(박승희, 2012: 1장) 국민연금, 병가급여와 실업급여 따위의 소득대체율所得代替率(= 복지수혜금/전 소득), 수혜 기간, 수혜 대상자 비율을 비교해보면 미국이 스웨덴보다 대체로 낮은 점수를 보인다. 미국의 노동자들이 스웨덴의 국민에 비교해 아프거나 직장을 잃었을 경우 생계를 위협받을 가능성이 크며,

따라서 더 시장에 예속되어 있다. 미국 사람의 생계가 스웨덴 사람보다 덜 '탈상품화'되어 있다. 그리고 상대적으로 이 두 나라에 비교해 영국이나 독일, 프랑스는 사민주의 정당과 자유주의 정당이 상호 견제하면서 사회복지를 주도해왔으므로 국민 생계의 탈상품화의 정도가 스웨덴보다는 낮고 미국보다는 높다.(Esping-Andersen, 1990; 2007) 자유주의보다는 사민주의가 주도할수록 탈상품화 정도가 높은 복지국가가 발전하는 경향을 보인다.

사회주의자들은 자본주의 자체를 부정하기 때문에 자본주의 사회의 국가를 이들이 주도한다는 것은 형용모순形容矛盾이다.

2) 복지국가 위기와 사회복지이념 논쟁의 역사

사회복지이념들의 성격은 복지국가가 성립 발전하는 시기에도 잘 나타나지만, 복지국가가 위기를 맞았을 때 더욱 분명하게 드러난다. 따라서 제2차 세계대전 이후 서유럽에서 복지국가가 발전하다가 1970년대에 위기를 맞았을 때 각 이념이 복지국가를 어떻게 보고 있는가를 역사적인 사례로서 살펴보고자 한다.

제2차 세계대전 이후에 빠르게 사회복지가 확대되고 복지국가가 정착되어 갔다. 사회복지가 확대된 주요한 정치적 요인을 두고, 노동자계급과 사민주의자들이 쟁취爭取한 것이냐, 혹은 자유주의자들이 동구 사회주의에 대항하기 위해 사민주의와 연대하려고 양보讓步한 것이냐, 아니면 경제위기를 피하려고 도입한 것이냐의 논란이 있지만 이러한 요인들이 복합적으로 작용하여 복지국가가 발전 정착하였다는 점에 대해서는 이론이 없다.

그런데 이러한 복지국가가 성립 · 발전하려면 경제적으로 좋은 기회가 필수적이다. 복지국가는 세금을 거두어서 실업자와 같이 필요가 충족되지 않은 사람들에게 재화와 서비스를 제공하는 국가이므로 복지국가가 잘 작동하려면 세금은 많이 걷을 수 있되, 재화와 서비스를 제공해 주어야 할 사람은 적어야 한다. 만약 경제 불황不況으로 실업자가 늘어난다면 세금을 거두어들일 대상은 줄고 복지의 수혜자는 늘어나므로 복지국가가 위기에 직면하게 된다. 그런데 제2차 세계대전 이후 서구에서는 포드주의의 토대 위에서 경제는 호황好況을 누렸다. 포드주의는 노동과정의 차원에서 보면 '일관조립작업一貫組立作業(assembly line)'으로 소품종少品種을 대량大量으로 생산하는 제도이다. 이 작업장에서는 노동자가 노동대상으로 이동하지 않고 노동대상이 노동자에게 다가온다. 노동자는 제자리에서 단순 반복적인 노동을 한다. 노동과정이 자동적인 기계로 거의 완벽完璧하게 관리 통제되므로 생산성이 높다. 자본가는 노동자들에게 상대적으로 높은 임금을 줄 수 있고 높은 임금을 받은 노동자들은 세금도 잘 낼 뿐만 아니라 소비도 많이 할 수 있다. 따라서 포드주의는 사회적인 차원에서 대량생산과 대량소비의 체제이다.(박승희, 1989) 이런 포드주의적인 경제 토대 위에서 복지국가가 확고하게 뿌리내리면서 발전할 수 있었다.(박시종·이혁구, 2002)

한편 복지국가의 성장은 케인즈Keynes 경제이론에 따라서도 지지를 받았다. 국가가 유효수요有效需要를 창출하려고 재정 지출을 늘림으로써 경제 위기를 줄이거나 벗어나야 한다는 케인즈의 경제이론에 따르면 사회복지는 빈민의 구제뿐만 아니라 유효수요의 창출이었기 때문이다. 빈민은 상품을 살 욕구(수요)가 없는 것이 아니다. 살 수 있는 돈(효력이 있는 수요)이 없어서 상품을 구매하지 못한다. 그러므로 빈민에게 사회복지를 제공하는 것은 유효수요를 늘리는 것이다. 현금을 지급하든 국가가 현물을 지급하든 정부의 재정 지출이 유효수요 즉 시장을 확대한다. 그러나 정부가 재정 지출을 늘리려면 화폐를 발행하여 물가상승物價上乘(inflation)을 일으키지 않는 한, 세금을 더 많이 거두어들일 수밖에 없으므로 자유주의 처지에서 보면 사회복지는 '경제활동 의욕을 떨어뜨리는 국가의 불필요한 개입'에 지나지 않는다. 하지만 케인즈 이론의 관점에서 보면 사회복지는 유효수효의 창출 정책이자 시장의 활성화 정책이었으므로 케인즈 이론은 보편적 사회복지의 확대를 주장하는 베버리지의 주장과도 상통했다.(김종일, 2001 : 박시종 · 이혁구, 2002)

그러나 서구의 복지국가도 1970년대에 들어 1973년과 1979년 두 차례에 걸친 석유파동으로 경기침체景氣沈滯와 인플레이션이 동시에 일어나는 스태그플레이션이 지속됨에 따라 재정압박이 심해지자 위기를 맞는다. 서구의 복지국가는 경제적인 불황으로 사회복지에 필수적인 세금은 거두기 어려우면서도 실업의 증가로 사회복지비의 지출을 늘려야 하는 난감한 상황에 놓이게 된다.

위기를 맞은 복지국가가 비판의 도마 위에 오르게 되는데 비판은 우파와 좌파에서 동시에 이루어졌다. 이 복지국가 위기와 관련되어 새롭게 형성된 정치적 이념들을 편의상 '신우파新右派'와 '신좌파新左派'라 부른다.[40] 신우파는 기존의 자유주의와 대비하여 '신자유주의'라고도 부른다. 신우파와 신좌파의 복지국가 비판 논리들은 매우 다양하지만, 여기서는 양측의 공통적인 주장의 골자만을 추려서 정리해보겠다.

신우파에 의하면 사회복지가 세금을 과도하게 상승시켜 기업들의 이윤율을 떨어뜨림으로써 투자의욕投資意欲을 떨어뜨리고 노동자들을 사회복지에 의존하게 만듦으로써 나태와 도덕적 해이解弛를 키웠다. 이 때문에 경제가 위축하여 세금의 갹출醵出이 어렵게 되고 사회복지의 기대와 수요가 더욱 커져서 사회복지를 늘림에 따라 재정 위기財政危機가 초래되었다. 따라

---

40. 물론 신좌파나 신우파는 고유명사固有名詞가 될 수 없다. 오늘 새 것은 내일이면 헌 것이다.

서 베버리지와 케인즈 등의 국가 개입주의는 출발부터 잘못되었으며 국가의 개입은 실패할 수밖에 없으므로 이제부터라도 사회복지를 포기하고 시장을 활성화해야 한다.(유병용 · 신광영 · 김현철, 2002: 151-163)

이와는 달리 신좌파들에 의하면 자본주의 사회의 국가는 한편에서 자본축적資本蓄積을 원활圓滑하게 하고 다른 한편에서는 노동자계급의 저항抵抗을 최소화하려고 한다. 국가가 노동자계급의 저항을 최소화하려고 사회복지를 늘리면 세금의 증가로 자본 축적이 어렵게 된다. 이에 따라 투자의욕이 위축되고 세금의 갹출이 어려워져서 복지국가는 새성위기에 직면하게 된다. 이러한 신좌파의 주장은 노동자의 타락과 나태를 지적하지 않는다는 점을 제외하면 신우파의 진단과 유사하다. 그러나 신좌파의 대안은 신우파와는 전혀 다르다. 신좌파에게 복지국가의 재정위기는 자본주의적 모순, 즉 시장의 문제점을 사회복지라는 미봉책으로는 해결할 수 없다는 것을 보여줄 뿐이다. 따라서 대안은 자본주의 체제의 근본적 혁파革罷라고 주장한다.(유병용 · 신광영 · 김현철, 2002: 151-163)

이러한 신우파와 신좌파의 복지국가 비판론을 정리하면 다음과 같다.

〈표 3-4〉 신우파와 신좌파의 복지국가 비판론 비교

이념	재정위기의 진단	복지국가에 대한 해석	시장에 대한 견해	대안
신우파	경제활동의욕 하락, 노동자 타락	필연적 실패	완전한 것	시장의 활성화
신좌파	자본축적의 위기	필연적 실패	문제가 많은 것	시장(자본주의)의 부정

그러나 이러한 복지국가의 위기론과 비판에도 불구하고 사회복지는 신자유주의가 득세得勢해온 1980년대 이후에도 줄어들었다는 증거는 찾기 어

렵다. 일단 확보된 사회권을 후퇴시키기는 어려울 뿐만 아니라 실업 등의
증가로 사회복지의 수요가 줄어들지 않기 때문이다.

2. 최근 이념 대립과 사회복지 논의

1980년대 중반까지 자본주의체제 자체를 전복顚覆하고자 하는 사회주의
가 엄연한 현실 사회체제로서 지구의 한 편을 차지하고 있었다. 이런 상황
에서 자본주의(자유주의)와 사회주의 대립은 극심極甚하였다. 이 두 진영은
실전實戰과 냉전冷戰을 치렀다. 한편 자본주의를 인정하면서 사회복지 등의
사회적인 개혁을 추구하였던 사회민주주의는 이 두 진영의 사이에 낀 '제3
의 길'이었다〈그림 3-2 참조〉. 이러한 세계 정치의 구도가 1980년대 후반
에 현실 사회주의 체제의 붕괴로 변하였다. 냉전 체제는 무너지고 자본주
의는 '승리勝利'를 노래했다. 그동안 현실 사회주의 체제를 의식하여 나름대
로 절제節制의 길을 걷던 자본주의는 거침없이 자신의 속성을 드날렸다.

거대 자본은 정보기술情報技術의 도움을 받아가며 '세계화世界化'란 이름을
걸고 좋은 투자 환경을 찾아 신속하게 이동하였다. 자본이 떠나버린 나라
는 경제적인 불황으로 고통받으므로 개별 국가는 자본의 눈치를 살피는 처
지가 되었다.(Martin & Schumann, 1999; Mishra, 2002) 국가의 통제권 밖으
로 벗어난 자본들은 개별 국가에 노동시장의 유연화柔軟化와 세금 인하引下
등을 요구했고 각 국가는 자본들을 끌어들이려고 이들의 요구들을 수용하
게 되었다. 공짜는 없다. 노동자들은 '고용雇用 유연성柔軟性'의 증가라는 이
름으로 직장 안정성安定性을 잃었고 실업자는 늘고 사회복지의 수요는 증가
하였다. 그러나 각국은 세금을 증가시킬 수도 없으므로 사회복지를 확대하

기도 어려웠다. '복지국가의 위기'가 다가왔다.[41]

이 과정에서 '신자유주의'의 발언권이 강화되었다. 신자유주의자들은 국가의 시장 개입을 줄이고 시장 기능을 활성화할 것을 강조하였다. 사회복지의 축소, 공기업公企業의 민영화民營化, 노동운동의 억제 등과 같은 정책을 추진하였다. 신자유주의자가 시장의 원리를 강조한다는 점에서 옛 자유주의자와 다르지 않다. 그러나 이들이 공격하는 대상은 전과 다르다. 자본주의 초기의 고전적 자유주의의가 봉건주의적 보수주의를, 그리고 1940년대 이후 하이에크Hayek 등의 자유주의가 소련 등의 현실 사회주의를 주요 공격대상으로 삼았던 것과는 달리, 최근의 '신자유주의'는 사회복지를 강조하는 사회민주주의를 주공격의 대상으로 삼고 있다. 자유주의가 체제 외부의 적이 소멸하자 내부에서 새 적을 찾아 겨누며 변신變身하였다. 한편 고전적인 자유주의가 과거의 봉건체제에 반대하면서 새로 부상하는 자본주의를 옹호하였으므로 진보적이었다면 최근의 신자유주의는 1940년대 하이에크 등의 자유주의처럼 이미 지배적인 사회체제인 자본주의를 옹호하고 이것의 개선이나 철폐를 추구하려는 흐름에 저항하므로 보수적이라고 할 수 있다. 이를 다음 표로 정리한다.

이러한 자유주의의 호조건과는 정반대로 사민주의의 입장은 난처해졌다. 특히 정치적인 지형의 변화가 사회민주주의의 처지를 압박하였다. 1980년대 이전까지 두 대립적인 진영陣營 사이에 포탄이 날아다니는 상황에서도 주요 공격의 대상에서 제외된 중간지대의 사회민주주의는 안전을 유지할 수 있었다. 그러나 현실 사회주의 체제가 무력해진 1980년대 이후 사회민주주의는 가장 왼쪽에 서 있게 되었다. 본의 아니게 '제3의 길'로부

---

41. 그러나 이것은 결코 복지국가의 종말을 뜻하지 않는다. 복지국가는 늘 위기 속에 성장해 왔다는 점을 생각해 보면 위기가 곧 종말이 아님은 분명하다.

〈표 3-5〉 신자유주의와 구자유주의의 비교

구 분	시장에 대한 입장	대립하는 이념	대립하는 제도	보수/진보
구자유주의	옹호	봉건주의	봉건제도	진보주의
하이에크 등의 자유주의	옹호	사회주의	소련 등의 현실 사회주의	보수주의
신자유주의	옹호	사회민주주의 케인즈주의	복지국가	보수주의

터 '제2의 길'에 놓이게 된 것이다. 이제 사회민주주의는 자유주의의 직접적인 포격대상이 되었다. 그뿐만 아니라 사민주의는 경제적인 측면에서도 압력을 받아야 했다. 사회복지를 확대하거나 유지하려는 기존의 정책을 고수할 경우 자본이 다른 나라로 빠져나감으로써 불황과 실업의 문제가 심각해질 것이기 때문이다.

이런 상황 속에서 사민주의 정당들도 현실적인 적응適應을 하지 않을 수 없게 되었다. 사민주의자들은 초국적超國籍 자본들을 끌어들여 최소한의 일자리라도 유지하려고 그들의 요구에 따라 기존의 사회복지 주장을 포기할 수밖에 없었다. 사회민주주의 진영의 이러한 변화가 자유주의에 대한 공격이 아니라 기존의 사회민주주의 자체에 대한 공격적인 반성으로 나타났다. 이것이 영국의 노동당에서 이야기하고 있는 새로운 '제3의 길'이다. 이것은 '제1의 길'인 자유주의도 아니고, '제2의 길'인 사민주의도 아니라는 의미에서 '제3의 길'이다. 그런데 이 길이 기존의 사민주의적인 경향에 대한 자체적인 비판으로부터 형성되었으므로 자유주의와 유사한 점을 보인다. 예컨대 '제3의 길'을 이야기하는 기든스는 기존의 복지국가가 관료제로 굳어져서 효율성이 떨어진다는 점을 지적하고 사회복지를 자발적인 결사체에 맡기자는 주장을 한다.(Giddens, 1998) 이것은 자유주의자들의 주장과 크게 다를 바 없다. 바로 이 때문에 그가 자유주의에 투항했다는 지적을 받기도 한다.(김종일, 2001 : 60~66) 그러나 그것이 사민주의에서 출발하였고 스스로 '제3의 길'을 표방하고 있으므로 자유주의와 같을 수는 없다.

한편 최근에는 사회복지의 논쟁 차원도 다변화多邊化하고 있다. 이제까지 사회복지에 관련된 이념적인 논쟁은 계급 간의 소득분배를 중심으로 이루어졌다. 말하자면 어느 계급이 소비의 몫을 더 가지며 일을 더 하거나 적게 하느냐에 대한 논쟁이었다. 이것은 사회복지의 양에 관한 문제이다. 단기적으로 단순하게 볼 때 사회복지의 양이 늘어나면 노동자계급에는 유리하지만 자본가계급에는 불리하기 때문이다. 그런데 최근에 들어와서 이와는 다른 차원의 논쟁이 전개展開되고 있다. 예컨대 여성주의의 경우는 계급 간의 분배문제가 아니라 남녀 간의 분배문제를 제기하고 있다. 환경주의는 단순한 분배문제가 아니라 '지속(持續) 가능한 사회'를 만들자고 한다. 그런가 하면 자유주의가 복지를 가정과 지역사회에 맡기자는 주장을 하면서 사회복지의 방법에 관한 새로운 논쟁도 시작되었다. 물론 자유주의자들의 이런 주장은 사회복지를 줄이자는 것이지만, 사회복지를 가족家族이나 지역에 맡길 때 국가는 어떻게 가정과 지역사회를 지원할 것인가 하는 문제가 곧바로 제기될 수 있기 때문이다. 또한 노동과 사회복지를 어떻게 연결할 것인가 하는 것도 새롭게 제기되는 문제이다. 그리고 기든스처럼 많은 학자가 사회복지 서비스를 인간의 심리적이고 정신적인 영역까지 확대해야 한다고 주장하기도 한다. 이처럼 기존의 계급 간 분배문제와 사회복지의 양에 관한 단순한 논쟁 이외에도 새로운 차원의 논쟁들이 전개되고 있다.

4절 한국 사회의 이념 경향과
사회복지 논의 현황

이제 마지막으로 한국의 이념 및 정치 지형이 사회복지 논의에 얼마나 유리 또는 불리한가를 살펴보고, 사회복지 논의 현황을 간략하게 정리하고자 한다.

1. 이념 지형 및 정치 구도의 변천

분단 및 전쟁과 냉전의 체제에서 자본주의를 발전시켜온 한국은 다른 나라와는 많이 다른 이념 지형地形과 정치 구도構圖를 가지고 있다. 이것들의 특성과 변화를 사회복지와 관련시켜 논의해보자.

1) 이념 지형

한국의 사회복지이념을 이해하려면 먼저 이념 지형地形의 특성과 변화를 이해하여야 한다. 1945년 일본 제국주의의 지배에서 벗어나서 나라를 어떻게 세울 것인가를 놓고 좌우익이 대립하다가 외세의 도마 위에서 속절없이 남북으로 갈렸다. 1950년부터 3년간 외세들이 끼어든 남북전쟁으로 500만여 명(전체의 1/5)이 죽었다. 그 후 남북 사이에 이념 및 체제, 군사의 대치對峙가 반세기가 넘도록 지속되었다. 남쪽에서는 북한의 공산주의자가 침략자, 부모 형제를 죽인 원수, 호시탐탐虎視眈眈 우리의 생명과 재산을 노리는 주적主敵이었다. '빨갱이'는 극악무도한 공포의 대상이었다. '빨갱이'로 몰리면 가족들까지 연좌죄緣坐罪로 고통을 받았다. 공산주의와 사회주의는 물론 사회민주주의도 금지되었다. 반공을 내세운 권력자들은 모든 정적을 좌익으로 몰았다. 시장과 경제성장을 내세우는 자유주의만이 허용되었다. 이 자유주의마저도 '반공反共(공산주의 반대)'에 예속되었다. 강도의 칼 앞에서는 자유도 중요하지 않았다.

반공은 공산주의를 반대함이다. 반대의 명분은 공산주의라는 악의 위협과 그에 따른 삶의 불안이므로 이 위협과 불안이 증가할수록 반공 이념의 위세는 더욱 커졌다. 정보장교 중심의 군부 정권과 그들의 맥을 이은 세력들이 이를 잘 활용하여 권력을 유지하였다. 선거철이 되면 어찌 된 일인지 간첩이 출현하고 휴전선이 소란했다. 언젠가는 비행기도 폭파되었다. 그럴수록 군사독재정권의 힘이 강해졌다. 국민은 공산주의 악마에게 죽느냐 사느냐를 늘 걱정했다. 죽음의 공포 앞에서 계급 계층 간 이해관계와 연관된 이념 논의는 관심 밖으로 사라졌다. 물론 계급이해를 주제로 삼는 이념들이 전혀 없지는 않았다. 1970년대부터 대학가를 중심으로 체제를 부정하는 사회주의 이념이 저항의 무기로도 활용되었다. 그러나 탄압으로 널리 퍼지지도, 대중의 지지를 받지도 못했다.

이런 상황에서 민주주의와 정의의 외침이 반공 이념에 맞서서 나타났다. 반공으로 무장한 정권들은 독재獨裁하면서 부패腐敗했다. 이들이 경제개발을 추진하자 부자가 되거나 가난에서 벗어나는 사람들도, 희생되거나 상대적인 박탈감을 느끼는 사람도 많아졌다. 독재와 부패, 부의 불공정 분배를 비판하는 세력이 생길 수밖에 없었다. 그러나 이들이 계급투쟁이나 민중해방을 표방하지는 못했다. '빨갱이'로 처단당할 위험이 컸기 때문이다.

그 대신 민주주의와 정의, 독재 타도를 외쳤다. 집권자들은 실제로는 민주주의를 억압하였지만 '공산 독재'에 대항한다는 명분을 내세우는 한, 민주주의의 겉모양까지 버릴 수는 없었다. 박정희 정권이 '유신헌법'으로 구축한 1인 장기독재 체제를 '한국적 민주주의'라고 떠들어댔다. 그뿐만 아니라 아무리 부패한 정권이라도 정의를 거부하거나 금지할 수 없었다. 부패한 전두환 독재 정권도 '정의사회 구현'을 내걸었다. 저항세력은 민주와 정의를 외치며 지배세력을 '독재'와 '불의'로 비판하였다. 이에 맞선 보수 세력은 반공과 안보를 앞세우고 비판 세력을 '용공容共'과 '종북從北'(북한 공산주의를 따름)으로 매도했다.

반공 세력은 좌익을 차단遮斷하고 계급정치를 지역 대립 정치로 덮었다. 자본주의 초기 사회에는 전근대적인 지역 정서가 많이 남아 있게 마련이다. 경상도를 기반으로 한, 보안장교 중심의 군사정권軍事政權이 전라도를 고립시키는 지역주의를 부추겼다. 전라도 출신 정치인을 빨갱이로, 광주 민주화 운동을 북한 간첩들의 선동 결과로 몰았다. 비공개 조직 선거 운동에서는 '전라도 빨갱이'와 '목포 식칼(깡패)'을 쑥덕거렸다. 경상도는 반공으로 뭉쳤고 '괴물' 전라도를 두려워했다. 전라도는 민주로 뭉쳤고 경상도를 싫어했다. 두려워했던 전라도, 싫어했던 경상도도 모두 환영幻影이었다. 선거결과는 동서로 깔끔하게 나뉘었다.[42] 경상도와 전라도의 대립에 충청도가 독립을 선언했다. 이 지역감정에 올라탄 정치인들의 자리가 굳건했다. 지역을 대표하는 정치인은 봉건 제후였다. 그들은 큰 지역에서는 큰 권력을 거머쥐었고 작은 지역에서는 권력의 이삭을 여유롭게 챙겼다.

---

42. 1980년대에 군사정권은 전라도에서 국회의원 한 자리라도 얻어보려고 당선 가능성이 있는 지역에 '총알(돈)'을 지원했다. 돈을 받은 후보자는 조직원과 가족이 짝을 이루게 하여 밤에 '짚차'로 마을을 돌며 전달하게 했다(한 후보자 가족의 이야기). 그러나 한 석도 얻지 못했다.

반공과 용공, 민주와 독재, 우리와 남[43]으로 대립한 가운데 반공이냐 민주냐, 전라도냐 경상도냐를 선명하게 내세우는 사람들이 정계에 진출하였다. 그들에게 어느 쪽이든 '용맹한 전사'로 치장하는 것이 권세를 부리며 사는 길이었다. 국회는 패싸움의 무대였고 국회의원은 배우였다. 관객을 상대하는 배우끼리는 한패였다. 앞에서는 싸우고 뒤에서는 술잔을 마주했다. 싸움 연기만 잘 하면 되는데 뭐 하러 골치 아픈 민생 법안과 정책을 따지겠는가? 계급 이해도 민생도 뒷전으로 밀렸다. 어찌 사회복지가 국회에서 논의되었겠는가?

2) 정치 구도

이념의 논쟁이 결국 정치로 수렴되어야만 실제 정책으로 나타난다. 그렇다면 한국의 정치 구도는 어떠했는가?

한국에서는 대통령부터 지방의회의 의원까지 특혜特惠와 특권特權[44]을 누린다. 이것들이 물론 독재의 유산이다.[45] 국회의원을 보자. 1억 3천만 원의 연봉, 7명의 보좌진, 활동비, 특수활동비, 차량운영비 등을 받고, 예산심의권과 법률제정권, 국정감사권, 인사청문회와 인사 인준認准과 같이 사익으로 전용할 권한을 가진다. 스웨덴의 국회의원은 개인 보좌관도, 차

---

43. 1992년 대선에서 경상도 출신 김영삼 후보를 당선시키려고 부산의 기관장들이 모인 '초원복국집'에서 유신헌법의 초안자인 김기춘 전 법무부 장관이 경상도 지역감정을 부추기자며, '우리가 남이가?'라고 말했다.
44. 특혜와 특권이란 공직자가 국민이 아니라 자기를 위해서 쓸 수 있는 필요 이상의 혜택과 권한들이다. 공직자의 모든 혜택과 권한은 국민이 부여한 것이므로 국민을 위하는 범위 안에서만 써야 한다.
45. 독재자는 하수인의 맹목적 충성을 유도하려고 특혜와 특권을 부여한다.

량지원비도, 마음대로 사용할 수 있는 활동비도 없다. 국회의 권한을 이용하여 해외여행 접대를 받는 것 따위는 전혀 없다. 이들에게도 막대한 권한이 있지만 사적으로 사용할 수 있는 길이 막혀 있다. 한국 국회의원들은 사익私益을 합법적으로 추구할 수 있다. 대통령도 지방자치단체장도 마찬가지다. 이들이 수많은 기관장, 이사, 감사도 자기의 입맛대로 임명한다.[46) 선거에 당선되면 얼마나 좋은가? 해볼 만한 사업이다. 한국의 정치판에는 금광처럼 투기꾼이 모인다.

그러나 '노다지'와 마찬가지로 당선도 거머쥐기가 쉽지 않다. 한국 선거에서는 한 선거구에서 1명을 뽑는 직선제가 원칙이다. 비례대표제가 없지는 않지만 비율이 낮다. 1970년대부터 장기독재의 방편으로 대통령 간선제, 중선거구제(1선구 2명 선출),[47) 대통령 국회의원 임명제(유정회)가 있었으나 1980년대 말부터 국민 저항으로 직선제와 소선거구제의 위주로 바뀌었다. 대통령도 국회의원도 주로 한 선거구에서 1명을 뽑는다. 출마자가 남보다 1표라도 많으면 당선되나 적으면 떨어진다. 정치에 뜻을 두면 1등을 하려고 돈과 시간을 쏟아붓는다. 선거철에는 물론이거니와 평상시에도 쉼 없이 사람들을 만나고 경조사를 챙긴다. 행사장마다 얼굴을 내밀고 문자를 보낸다. 이런 일들을 제대로 하려고 사무실을 운영한다. 사무실 월 운영비만도 천만 원이 쉽게 넘는다. 비용은 개인의 몫이다. 가족과 '투자자'의 도움을 받더라도 결국 빚이다. 국가에서 부담해주지만 극히 일부이다. 선거비용이 법의 형식으로는 제한되지만 실제로는 무제한이다. 한 출마자의 가족에게 들은 이야기이다. 자기가 어떤 종교를 담당했다. 종교 의식이 있는 곳마다 얼굴을 내밀고 헌금이나 시주를 한다. 선거철에 성직

---

46. 그러니 패거리들이 우르르 달려들어 털어먹고 임기가 끝나면 튀곤 한다.
47. 돈이 많고 조직력이 큰 여당은 선거구마다 최소한 2등을 할 수 있으므로 과반의 확보에 어려움이 없었다.

자가 신도를 장어집으로 모아오면, 남을 시켜 현금으로 밥값을 낸다. 장어집 주인은 선거관리 위원들이 나오면 칙사勅使 대접을 한다. 한국에서 선거는 투자비용이 막대한 개인 사업이다. 아무리 깨끗한 정치를 하려고 해도 고비용의 덫을 피하기란 참으로 어렵다. 이 덫에 걸려 세상을 버린 노회찬 의원의 죽음에 삼가 애도를 표한다.

투자投資 손실의 위험이 크지만 당선만 되면 막대한 특권을 누리므로 한국의 선거는 도박이다. 당선만 되면 횡재橫財를 하고 떨어지면 빚을 진다. 그뿐인가? 당선 확률이 높으면 뒷돈을 대는 큰손과 선거 운동을 해주겠다는 떠돌이가 모이므로, 당선되면 성대한 논공행상의 잔치를 기름지게 베푼다. 그러나 떨어지면 겨울 들판처럼 쓸쓸하다.

선거의 당선자는 도박장에서 '대박'을 친 사람처럼, 특혜와 특권의 강렬한 달콤함을 잊을 수 없으므로 중독자가 되기 쉽다. 당선되고 또 당선되어도, 심지어 나이가 들어 정신이 흐려졌는데도 정치 사업을 놓지 못한다. 그런데 임기任期가 악마고 선거가 '왠수'다. 떨어지면 끝이니 늘 다음 선거를 준비해야 한다. 초심을 잃지 않고 저녁마다 주말마다 여러 모임 자리를 찾아서 칭찬하고 자랑하며 지역을 누빈다. 한국에서 선거 관직은 '거지 벼슬'[48]이다. 월급과 보좌진이 아무리 많아도 도박의 승률勝率을 높이려면 항상 부족하다. 정책을 탐구하고 법안을 제안할 의지도, 능력도, 시간도, 돈도 없다.

어떻게 정치의 마당에서 민생과 사회복지가 차분하게 논의될 수 있겠는가? 국회에서 얼마나 많은 법안이 잠자고 있는가? 당선자의 혜택과 특권을 줄이고, 선거제도를 개선하지 않는 한, 정치의 마당에서 사회복지를 의논하기란 도박장에서 가족의 행복을 배려하기만큼이나 어렵다.

---

48. 박지원 국회의원이 2018년 텔레비전 대담에서 한 말이다.

사회복지의 논의를 정치의 마당에서 멀어지게 한 또 하나의 중요한 원인이 양당제이다. 앞에서 지적했던 것처럼 한국의 이념은 반공과 민주로 양분되었다. 여기에 지역감정이 따라 붙었다. 반공이 경상과, 민주가 전라와 중첩되었고 지역 대립이 약한 나머지 지역에서는 반공과 민주의 이념으로만 나뉘는 경향이 있었다. 이것이 소선거구제小選擧區制의 토양 위에서 고착되었다. 소선거구제에서는 기초자치단체의 의원에서 대통령까지 이긴 자가 혼자 먹는다(勝者獨食승자독식). 그러므로 지역감정과 혼합된 반공과 민주의 이념이 대립하는 구도에서 좋은 사람과 당이 있어도 찍을 수 없는 경우가 많다. 싫은 사람을 떨어뜨리려면 당선 가능성이 큰 사람을 찍어야 하기 때문이다. 그러므로 군소 정당의 후보자가 당선되기란 참으로 어렵다. 이런 선거제도로 권력을 잡은 양당은 국가지원금, 후원금의 모금, 홍보에서도 자기들에게 유리한 제도만을 고수한다. 군소 정당과 정치신인의 진입 장벽이 높다. 반공과 민주가 대립하는 마당에서 다른 생각을 가진 정당이 끼어들 틈이 없다. 한국의 국회에는 2003년 이전까지 실질적으로 노동자나 빈민을 대변하는 정당의 의원이 한 명도 없었다. 환경주의 정당의 의원이 아직까지 한 명도 나오지 않았다. 사회복지에 적극적인 사회민주주의의 길을 가는 정당이 어떻게 자리를 잡을 수 있겠는가?

3) 변화의 바람

그러나 상황은 서서히 변했다. 무엇보다도 반공의 위력이 약해졌다. 북한과 함께 사회주의 국가였던 러시아와 중국이 자본주의의 길로 돌아섰다. 남한이 공산당이 지배하는 중국과도 외교 관계를 맺고 자유롭게 왕래하게 되었다. 1980년대 이전에는 상상조차 할 수 없었던 일이다. 김대중 노무현

정부에서는 남북 정상회담, 남북의 문화교류, 남북 이산가족의 상봉 사업도 하였다. 그리고 민주화가 진전되면서 반공을 내세우는 정권에서 저지른 간첩 조작 사건들이 들통이 났다. 특히 젊은 사람들이 반공과 안보의 논리를 의심하였다. 그렇지만 고립된 북한이 핵무기를 개발하면서 남한 및 미국과 대립하였다. 이 국면을 반공 보수 정권이 10여 년간 잘 활용하였다. 그러나 촛불 운동으로 정권이 바뀐 후, 남과 북, 북한과 미국의 정상들이 만나 북한 핵무기폐기와 북한 체제보장을 약속하였다. 반공과 안보의 이념 기반이 무너지기 시작했다. 그리고 전근대적인 지역감정도 자본주의가 진행되고 사람들이 도시로 모여들면서 서서히 약해졌다. 반공과 안보 논리가 흔들리자 '전라도 빨갱이' 주장도 차츰 힘을 잃었다.

이런 이념 지형의 변화가 정치에도 반영되었다. 무엇보다도 강고하게 보이던 정당별 지역분할 구도가 서서히 허물어졌다. 2004년의 총선부터는 경상도에서도 민주 이념의 정당의 후보자가, 2014년 보궐선거부터는 전라도에서 안보 이념의 정당 후보가 당선되었다. 2018년 지방자치단체 총선거와 국회의원 보궐선거에서는 지역 구도가 거의 깨졌다. 반공 이념 정당의 대통령이 실정으로 탄핵을 당하고 남북과 북미의 정상회담이 열린 직후에 경상도에 기반을 둔 정당이 흔들리면서 지역감정의 철옹성이 무너져 내렸다. 민주 이념의 정당인 더불어민주당이 골고루 지지를 받아 압승하였고 호남의 지역감정에만 호소했던 민주평화당도 재미를 보지 못했다. 많은 국민이 지역감정의 헛된 꿈에서 깨어났음을 드러내 보였다. 이제부터는 한국 사회에서도 사회복지가 정치의 장에서 논의될 비좁은 틈이 생겼다고 볼 수 있다.

이와 함께 진보이념의 정당도 조금씩 자리를 잡기 시작하였다. 가장 눈에 띄는 변화는 2004년 총선에서 노동자와 농민, 빈민을 대변한다는 '민주노동당' 소속 의원이 9명이나 탄생誕生하였다는 점이다. 이것은 대단한 역사적인 의미를 지닌다. 비록 이 정당이 교섭단체를 구성하지 못할 정도로 미미微微하지만 계급정치의 씨를 뿌렸다고 볼 수 있다. 그러나 힘을 키우지는 못했다. 내부 분열도 있었지만 무엇보다도 소선거구의 장벽이 높았기 때문이다. 그동안 대부분 대선거구에서 비례대표로 의석을 얻었다. 소선거구인 지역구에서는 총선마다 겨우 두세 명의 당선자만 냈다. 그런데 촛불 운동 이후 양당의 한 축인 '반공 안보' 정당이 흔들렸다. 이것이 민주 이념의 정당뿐만 아니라 진보정당에도 유리하게 작용했다. 촛불 운동 이후 진보이념 정당인 '정의당'의 지지도가 상대적으로 성장하는 경향을 보인다. 그러나 소선거구제가 대선거구제로 바뀌지 않는 한, 사회복지를 비롯한 새로운 이념을 내세운 참신한 진보정당이 굳건하게 뿌리내리기가 어렵다.

2. 사회복지 논의 현황

계급정치와 밀접하게 관련된 사회복지가 이념과 정치의 마당에서 뒷전으로 밀렸다. 2000년대에 들어와서도 정치의 마당에는 경제성장과 지역개발이 중요하고 사회복지는 딴 나라의 일이었다. 시민단체나 학자들이 사회복지의 필요성을 이야기하고 있었을 뿐이다. 사회복지가 정치적 쟁점이 되지 못하므로 선심善心에 불과했고 보수언론들은 해보지도 않은 사회복지의 병폐病弊를 떠들어댔다. 그래서 '사회복지'를 조금 늘려보려는 김대중 정권에서는 '생산적生産的 복지'를 외쳤는데 이 말 속에는 사회복지가 '낭비적浪費的'이라는 비판을 피해 보려는 의도가 깔려 있었다.

그러나 한국 사회에서는 1960년대 이후 자본주의가 발전하면서 여러 가지 사회문제가 급증하였으므로 사회복지를 하지 않을 수 없었다. 특히

1990년대 말 'IMF' 경제 불황 이후 실업자와 빈민이 늘어났다. 보수 정당마저도 이에 대응하여야 했다. 사회복지가 확대되었다. 국민연금을 비롯한 사회보험의 적용 대상이 늘었다. 공공부조인 '생활보호법生活保護法'이 '국민기초생활보장법國民基礎生活保障法'으로 바뀌었으며 대상도 확대되고 지급 금액도 증가하였다. 그뿐만 아니라 자본주의의 진전에 따라 가족이 급속하게 축소되고 해체되었다. 노인들은 방치되고 아동의 출산은 급감하였다. 2008년에 노인장기요양보험이 도입되고, 아동 양육의 국가 지원이 늘어났다. 사회복지의 확대가 보수 정권이 들어서면서 잠시 주춤하였으나 촛불 운동 이후 새로운 정부가 노인과 아동의 사회부양 및 의료보험을 비롯한 사회복지의 향상을 추구하고 있다. 물론 서구의 사회복지에 비교하면 한국의 사회복지는 아직 보잘 것이 없다.

사회복지의 필요성이 커짐에 따라 사회복지가 정치의 마당에서도 관심의 대상이 되기 시작했다. 심지어 2011년 보수 정당의 서울시장이 초등학생과 중학생에게 무상급식을 하자는 야당의 주장에 반대하면서 직위를 걸고 주민투표를 시행하였다가 지지를 받지 못하고 물러났다. 이 사건은 국민의 사회복지 욕구가 커졌고 사회복지가 정치적이고 이념적인 쟁점으로 부상하였음을 잘 보여준다. 심지어 사회복지보다는 경제성장을 외치는 보수 정치인들도 득표 전략으로 사회복지를 주장하고 있다. 극보수 박근혜 대통령 후보마저도 노인 기초연금과 아동 보육의 지원 확대를 공약했다. 정치의 마당에서도 이제 사회복지를 이야기할 수 있는 객관적 조건이 형성되었다.

그러나 어느 정당도 사회복지를 깊이 연구하고 열심히 추진하지는 않는다. 표를 구걸하는 선심 쓰기로 접근할 뿐이다. 이 점은 진보정당도 마찬가지다. 사회복지를 외칠 뿐 연구하고 계획하지 않는다. 소선거구제에서 살아남으려면 국회의원이나 정당이나 사회복지를 천착할 여력도 의사도 없다. 비단 사회복지만이 아니라 모든 정책을 표를 얻어내려는 임기응변으로 다룬다. 그래서 한국의 사회복지는 설계도 없이 지은 집과 같다. 화장실이 부족하면 부엌에 화장실을 달아낸다. 이 문제가 급하면 이 제도를 잠깐 만들었다가 그만두고 다른 제도를 새로 만든다. 다문화가족이 문제가 되면 모든 부처가 나서서 '프로젝트'를 발주하고 돈을 뿌리다가 미혼모가 문제로 뜨면 다문화가족은 까마득하게 잊어버린다. 다문화가족과 미혼모를 가족과 아동 양육의 문제로는 보지 않는다. 언론에서 제기하는 문제를 그때만 '범정부凡政府'와 정당들이 대처하는 척 호들갑을 떤다. 한국에서는 사회복지를 논의할 객관적 여건與件은 조성造成되었으나 주체적 관심은 미미하다.

한편 사회복지가 확대되는 동안 한때 한국의 복지국가를 어떤 유형으로 규정할 것인가를 놓고 사회복지학계에서 논의가 분분紛紛했다.(김연명 편, 2002) 참으로 반가운 일이었다. 복지국가가 논의의 대상이 될 수 있을 정도로 발전하였다는 점도 나쁘지는 않았지만 그보다는 학문적 식민지植民地가 되어버린 한국 학계에서 '우리 문제를 우리가' 논의했다는 점이 좋았다. 물론 유럽의 복지국가 유형을 분류分類하려고 만들어낸 에스핑 안데르센(Esping-Andersen, 1990; 2007)과 같은 학자들의 복지국가 이론을 한국에 적용適用하려는 시도가 너무 성급性急했다. 이것은 마치 골목 아이들의 축구를 독일식 축구냐 브라질식 축구냐를 놓고 논쟁하는 것과도 같았기 때문이다. 그런데도 우리 문제에 대한 자생적自生的 논의였다는 점에서 격찬激讚해야 함이 마땅하다. 그러나 참으로 아쉽다. 교육부를 비롯한 정부가 논문 개수와 같은 터무니없는 지표로 연구자들을 닦달하고 있어서 이런 논의마저 까마득한 옛이야기 거리가 되어가고 있다. 사회복지 논문은 폭증하는데 사회복지 논의는 거의 사라졌다.

그러나 봄은 온다.

4장

필요와 욕구[1]

이사하여 사는 재미

봄 가을엔 날들이 고우니 언덕에 올라 새 시를 읊고
문 앞 지나면 서로 불러서 있는 술 내놓고 따라 권한다.
농사는 따로 떨어져 하더라도 한가하여 문득 생각이 날 땐
주섬 옷 걸치고 이내 찾아가 웃음꽃 이약꽃 싫은 줄 모르니
이보다 좋은 삶이 어디 있을까? 이곳을 홀연히 떠나지 않으리.
먹입거리 반드시 필요하지만 힘써 일하면 못 얻을 리 없네.

移居

春秋多佳日 登高賦新詩
過門更相呼 有酒斟酌之
農務各自歸 閒暇輒相思
相思則披衣 言笑無厭時
此理將不勝 無爲忽去茲
衣食當須紀 力耕不吾欺

(도연명陶淵明, 1994 : 574)

---

1. 이 장은 욕구 문제에 관한 기존 연구들(박승희, 2000가; 2000나)을 개선한 것에 불과하
다.

1절 왜 필요와 욕망을 다루어야 하는가?

1장에서 지적한 바와 같이 사회복지가 사회의 차원에서 인간의 행복을 증진시키는 노력이라고 하지만 실제로는 불행의 제거除去인 경우가 많다. 인간의 몸은 여러 물질들이 절묘하고도 아슬아슬하게 조합되어 있는 것이므로 몸을 건강하게 유지하기가 무척이나 어렵다. 이를 위해 반드시 있어야 하는데도 부족한 것을 기본필요基本必要(basic needs)[2]라고 한다. 이 기본필요의 충족이 사회보장의 목표이고 사회보장이 사회복지의 출발이다.

그런데 이 기본필요가 정해져 있지 않다. 상황에 따라 다르다. 굶주림과 비만 시대의 기본필요는 다를 수밖에 없다. 어려운 시절 사치품이던 운동화가 지금은 기본필요의 대상이다. 기본필요의 영역이 생산력의 발전에 따라서 점점 넓어진다. 이 점에서 필요를 기본필요와 함께 논의하는 것이 바람직하다.

---

2. 흔히 needs를 한국의 사회복지학계에서는 욕구라고 하는데 욕구는 반드시 채워져야만 하는 '객관적' 결핍이 아니라 '주관적' 바람, 욕망을 뜻한다. 나는 이것을 소요所要라고 부르기도 했다. (박승희, 2012: 52)

이 필요가 욕구와 깊은 관련을 맺는다. 사람들이 무언가가 필요하면 그것을 갖기를 바라면서(욕欲) 구한다(구求). 필요가 위장에서 나왔든, 머리에서 나왔든(Marx, K., 1986: 86~87; 1987: 91~92; 2016: 43) 거의 욕구欲求로 이어진다. 그런가 하면 욕구는 자주 필요의 영역으로 침윤浸潤한다. 많은 개인들의 바람이 간절하면 그것이 필요로 인정되기 때문이다. 이런 경향은 더 많은 필요와 욕구를 충족하는 것을 신성神聖시하는 자본주의적 상품 사회에서는 더욱 뚜렷하게 나타난다. 이것은 탈상품화脫商品化의 원리를 따르는 사회복지의 영역에서도 다르지 않다. 다 아는 바와 같이 자본주의 사회에서 사회복지를 둘러싼 투쟁의 근저에는 사회복지의 비용 크기를 얼마로 할 것인가가 가장 중요한 문제로 자리 잡고 있다. 이것은 누가 얼마나 많은 소비를 하면서 얼마나 큰 필요나 욕구를 충족시킬 것인가의 문제이다. 따라서 지난 한 세기 이상 동안 지속된 사회복지 이념 논쟁은 필요와 욕구에 관한 논쟁으로 귀결되었다고 해도 지나치지 않는다. 사회복지의 발전 방향을 설정하고자 할 때는 이 필요와 욕구에 대한 이해를 공유하는 것이 좋다. 그럼에도 불구하고 이에 대한 연구나 논의가 깊이 있게 이루어지지 않고 있다.

특히 한국 사회에서는 필요와 욕구에 관한 성찰적 논의가 절실하다. 경제가 빠르게 성장하였는데도 오히려 삶이 불안한 사람들이 많아짐에 따라 사회복지를 확대할 수밖에 없는 상황에서 사회복지를 앞서 실행해온 나라들의 제도를 도입하는 데 급급汲汲하고 있다. 좌우조차 둘러보지 않는다. 이것은 마치 설계도도 없이 허겁지겁 집을 짓는 것과 다르지 않다. 그 결과 한국의 사회복지는 '사각지대'가 많은 가운데 중복 수혜와 낭비가 만연하여 '맞춤형 사회복지'[3]나 사례관리가 전문가와 관료의 입에 회자膾炙처럼 오르내리고 있을 정도이다.(박승희, 2012: 469-477) 이런 문제들을 화려한 말로서는 결코 해결할 수 없다. 지금이라도 기본에서부터 사회복지의 기틀을 제대로 잡아 나가야만 질 좋고 효율성 높은 사회복지 제도를 발전시킬 수가 있다. 그러려면 따라 하려는 다른 나라의 사회복지제도가 어떠한가를 알아내는 것을 넘어 그것들을 비판하는 자세로도 검토하지 않으면 안 된다. 이것이 쓸모없어 보이는 남의 산의 돌(他山之石)을 숫돌로 쓰는[4] 지혜이다. 이 작업은 기존 사회복지정책의 핵심 개념을 깊이 성찰하는 것으로부터 시작하여야 한다. 그 한 고리(일환—環)로서 기존 사회복지 쟁점의 근간을 이루어온 필요와 욕구의 문제를 숙고熟考해보고자 한다.

---

3. 이것은 말이 되지 않는다. 사회복지의 출발인 사회보장은 필요한 곳에 꼭 필요한 것만을 전달하는 것을 목표로 삼으므로 사회복지는 원래부터 맞춤형이란 의미를 포함하고 있다. 맞춤형 사회복지는 '아름다운 미인'과 같다.
4. 『시경詩經』의 시 '두루미 울면(鶴鳴)'에는 "쓸모없어 보이는 타산지석도 숫돌로 쓴다면 훌륭하지요(他山之石 可以爲錯)"(이기동, 2004: 434)라는 구절이 있다.

2절 필요와 욕구, 욕망이란 무엇인가?

필요란 무엇이고 어떻게 결정되며 욕구와 욕망과는 어떻게 관련되는가를 먼저 다루어보기로 하자.

1. 필요는 어떻게 결정되는가?

필요必要(needs)란 사람이 반드시 가져야 하는 것을 채우지 못한 부분이다. 이것은 개인이나 가족, 다른 집단들이 마땅히 가져야 할 것(소유목표所有目標)에서 이미 가진 것(소유所有)을 뺀 상태이다.[5] 예컨대 어떤 가족이 한달 동안 추위에 떨지 않으며 굶지 않고 살아가는 데 최소한 100만 원이 있어야 하고 그의 한 달 소득이 40만 원이라고 한다면 100만 원이 소유목표이고 40만 원은 소유이다. 소유목표인 100만 원에서 소유인 40만 원을 뺀 것, 곧 60만 원이 이 가족의 한 달 필요이다. 이 필요는 물질적 결핍하고만 연관되지는 않는다. 예컨대 사회복지학에서 널리 차용借用하고 있는 매

---

5. 이 책의 초본初本에서는 마땅히 가져야 할 것을 당유當有, 이미 가진 것을 기유旣有라고 했으나 하영휘 선생의 어색하다는 가르침을 받고 다시 고민하여 소유목표와 소유로 바꾸었다.

슬로우(Maslow, 1992)의 필요 이론에서 사랑의 필요는 한 개인이 '사랑받는 상태'라는 목표(소유목표)를 달성하려면 반드시 채워져야만 하는 사랑에서 결핍缺乏된 부분이다.

필요는 어떻게 결정되는가? 필요는 소유목표와 소유를 따라서 저절로 정해지므로 이에 답하려면 소유목표와 소유가 어떻게 정해지는가를 살펴보아야 한다.

먼저 소유목표가 어떻게 설정되는가부터 살펴보자. 소유목표는 사람이 정한 기준이고 그것은 사람들의 기대를 반영한 것이다. 이 기대는 각 개인들의 기대와 분리시켜 생각할 수 없다. 무엇보다도 사회복지가 사람들 개개인의 행복을 증진시켜주는 것이고, 그 행복을 위한 필요는 개개인의 필요일 수밖에 없기 때문이다. 그런데 개인의 기대도 오로지 개인적인 바람일 수만은 없다. 어떤 사람이 마당에서 붉은 꽃을 탐스럽게 피울 모란이 필요하다면 그 기대는 그 개인이 정한 것이다. 그러나 이 개인의 기대가 다른 사람의 영향을 전혀 받지 않고 형성되기는 어렵다. 그 사람이 붉은 모란 꽃을 좋아하게 된 것은 그의 선조가 고향 집 마당가에 심어놓은 모란이 해마다 붉게 꽃을 피웠기 때문일 수도 있다. 모든 개인은 다른 사람의 영향을 받으면서 삶을 지속하기 때문에 개인의 기대는 사회적인 기대와 분리되지 않는다. 라깡에 따르면 아기가 자기의 기본필요를 충족시켜주는 엄마에게 잘 보이려고 엄마의 욕망을 채워주려 하므로 자기가 생각하는 엄마의 욕망[6]을 자기 욕망으로 여긴다. 상장하면서는 기호(시니피앙)로 구성된 큰남(大他者)의 욕망을 자기 욕망으로 삼는다.(무까이 마사아끼, 2017)[7] 여기서

---

6. 아기는 엄마의 배변 요구 따위를 욕망으로 착각한다.
7. 실복회實腹會에서 김기덕 선생의 지도로 라깡을 공부했다. 실복회 학붕學朋들께 감사드린다.

큰남이란 사회적 기대가 마음으로 침윤하여 마음 안에 형성된 사회적 기대이다. 이 사회적 기대를 자기 것으로 믿는다. 개인의 기대는 '사회화社會化된' 것이다. 한편 이 개인들의 기대들이 모여서 크고 작은 사회의 기대를 이룬다. 많은 사회의 성원들이 붉은 모란꽃을 좋아하면 그 사회의 상징화가 모란이 될 수도 있다. 사회의 기대는 개인화個人化[8]되는 경향이 있다. 이런 사회의 기대는 다시 개인의 기대에 영향을 미친다.

따라서 필요의 소유목표는 사회화된 개인의 기대와 개인화된 사회의 기대가 상호작용相互作用하여 형성된다. 이 점은 한 사회의 노동력의 가치가 어떻게 결정되는가를 살펴보면 더 분명하게 이해할 수 있다. 노동력 상품의 가치도 일반 상품의 가치처럼 그것을 (재再)생산하는 데 드는 노동의 양에 따라서 결정된다. 노동력을 재생산하는 데 드는 노동의 양이란 노동자의 삶을 유지시키고 노동자의 자녀들을 양육 · 교육시킬 수 있는 재화財貨와 용역用役 등을 생산하는 데 드는 노동의 양이다.[9] 이것이 얼마인가가 어떻게 결정될까? 개인들은 자기가 속한 사회의 성원들이 그 재화와 용역들을 생산하는 능력(생산력)에 따라 각자의 기대를 형성하며 그 기대들이 모여 사회적 기대라는 일종의 문화[10]를 만들어내고 이 문화가 다시 개인의 기대에 영향을 미친다. 이런 장기적이고 역사적 과정을 거쳐서 노동력의 재생산에 필요한 재화와 용역들의 기대치가 형성된다. 따라서 노동력의 가치는 사회적이고 역사적이며 문화적으로 규정된다.(Marx, K., 1986, 184~185; 1987: 202~203; 2016: 225~226) 그런데 이 노동력의 가치는 특정

---

8. 흔히 사회적인 기대를 개인이 내면화하는 것을 개인의 '사회화社會化'라고 한다. 나는 이 개념에 대응하여 개인의 요구를 사회가 반영하는 것을 사회의 '개인화個人化'라고 불러보았다.
9. 결국 이런 재화와 용역의 가치가 곧 노동력의 가치이다.
10. 문화는 개인들이 상호작용을 통해서 만들어낸 결과이다.

사회의 보통 사람들이 기대하는 생활수준이라 할 수 있다. 여기서 우리는 필요의 소유목표가 사회적, 역사적, 문화적으로 결정되는 경향을 갖는다는 것을 알 수 있다.

사회복지정책에서는 필요의 소유목표가 어떻게 설정되는가? 사회복지는 국민들의 행복을 증진시키려고 주로 국민들의 필요를 충족시켜주는 것이므로 사회복지에서 '필요하다'는 동사의 주어가 개인이거나 가족과 같은 소집단이다. 만약 이들이 필요의 충족을 다 스스로 책임진다면 그 소유목표를 스스로 설정하는 것이 순리이다. 그러나 사회복지, 특히 사회보장을 위해서는 최저생계를 유지하는 데 반드시 요구되는 것, 곧 소유목표의 설정에 국가가 개입하지 않을 수 없다. 이 소유목표의 설정은 사회보장의 대상인 개인들의 삶의 질과 사회적인 부담을 결정하는 매우 중요한 요인이 된다. 설정된 소유목표의 종류와 양에 따라 필요의 종류와 양, 그리고 이를 충족할 재화 및 용역의 종류와 양이 달라진다. 만약 국가가 이 소유목표를 인색하게 설정하면 국민들은 죽음을 면치 못할 수도 있고 지나치게 후하게 설정하면 국가가 사회보장을 감당하기 어려울 수도 있다. 이것은 분배문제 分配問題와 직결直結되므로 소유목표에 대한 판단은 한 사회의 구성원들 간의 이해가 첨예尖銳하게 대립되는 정치 행위이다. 따라서 사회복지정책에서 소유목표를 설정할 때는 복지대상자의 기대를 사회가 완전히 무시할 수도, 모두 인정할 수도 없다. 예컨대 화상 환자의 성형 수술비의 지원을 국가가 거부하기도 어렵지만 '아름다워'지려 하는 성형수술의 비용을 함부로 부담해 줄 수도 없다. 따라서 사회복지에서 필요의 소유목표는 국가가 개인의 기대를 고려하여 결정한다고 볼 수 있다.

그렇다면 사회복지의 실천현장에서는 소유목표를 누가 어떻게 결정하는 것이 좋은가? 흔히 전문가의 역할을 강조하는 사람들은 전문가가 사회적 규범에 따라서 '객관적'으로 판정해야 한다고 주장한다. 이럴 때는 개인의 소유목표가 자신의 판단이나 바람과는 무관하게 개인 외부의 권력에 의해서 결정될 수 있는데, 이것은 인간의 행복을 위협하는 권력과 통제의 담론(이혁구, 1994: 342~365)에 따른 것일 수 있다. 또한 전문가가 사회적인 기준에 따라서만 소유목표를 결정할 경우에는 개인들의 다양한 필요를 제대로 파악하기 어렵다는 문제가 일어날 수 있다. 그래서 사회복지의 실천과정에서는 전문가의 기준보다는 고우顧友(client)의 바람(want)을 중시해야 한다(Compton & Galaway, 1984: 74~75)는 주장이 설득력을 얻기도 한다. 이런 주장 속에는 대부분의 사람들이 사회화社會化되어 있으므로 건강한 개인들은 사회적 기대를 크게 벗어나지 않은 범위 내에서 자기 소유목표를 스스로 판단할 수 있는 능력을 가지고 있다는 것이 전제되어 있다. 그러나 필요의 판단 주체를 개인으로 한정할 경우에도 사회복지의 실천 현장에서 문제가 발생하지 않는 것은 아니다. 극단적인 경우이겠지만 마약 중독자가 마약의 소유목표를 주장하여도 받아들여야 하고 정신 장애인의 소유목표를 오직 스스로 판단하게 해야 한다. 이 경우에는 대리인이 소유목표를 판단할 수밖에 없다. 따라서 사회복지의 실천현장에서 소유목표를 결정할 때에는 전문가주의를 따르든, 고우결정주의를 따르든 권도權道[11]를 적용하는 것이 바람직하다.

이제 소유가 어떻게 판정되는가를 살펴보자. 소유는 이미 정해져 있기

---

11. "순우곤淳于髡이 '남녀간에 주고받기를 친밀하게 하지 않는 것이 예禮입니까?'라고 묻자, 맹자는 '예이다'라고 대답했다. 다시 순우곤이 '제수弟嫂가 우물에 빠지면 손으로써 구원하여야 합니까?'라고 묻자, '제수가 물에 빠졌는데도 구원하지 않는다면 이는 승냥이이다. 남녀간에 주고받기를 친밀하게 하지 않는 것이 예이나, 제수가 물에 빠졌을 때 구원해 주는 것은 권도이다'라고 대답했다.(淳于髡曰 男女授受不親 禮與 孟子曰 禮也 曰 嫂溺則援之以手乎 曰 嫂溺不援 是豺狼也 男女授受不親禮也 嫂溺援之以手者 權也)"(『맹자孟子』: 이루장구상離婁章句上 17) 권도權道는 균형을 잡는 저울(권權)의 원리를 따른다. 두 가지 이상의 원칙이 충돌하는 상황에서 그 상황에 적합適合하게 판단함이다.

때문에 인간이 결정하는 것이 아닌 것처럼 보인다. 무엇을 얼마나 가져야 하는가라는 소유목표가 소망이라면 무엇을 얼마나 가지고 있는가라는 소유는 현실이기 때문이다. 그런데 우리가 필요를 판단하여 그것을 충족하려고 할 때는 소유가 얼마인가를 판정하는 것이 중요하다. 이 판정에 근거하여 필요를 충족할 재화와 용역을 준비하고 공급해야 하기 때문이다. 예컨대 소득이 얼마인가를 알아야만 얼마가 부족한지 알 수 있다. 만약 개인이나 가족과 같은 필요의 주체들이 그 충족을 모두 스스로 책임진다면 그 주체들이 소유를 판정하는 것이 바람직하다. 그러나 사회복지에서는 국가가 그 판정에 개입할 수밖에 없다. 그 판정에 따라 국가의 부담이 달라지기 때문이다. 예컨대 어떤 사람의 실제 월 소득이 얼마인가보다는 얼마로 인정되었느냐가 공공부조의 급여액을 정하는 근거가 된다. 한국에서는 전세금이나 집값을 소득에 반영하여 공공부조를 적게 지급한다. 스웨덴과 같은 나라에서는 상상하기조차 어렵다. 그런데 모든 판정이 다 그렇듯이 소유의 판정도 판단자의 식識(1장 주6)이 개입된 나름의 기준에 따라 다르게 이루어지므로 소유가 이미 정해져 있다고 하더라도 그 판정은 논란거리가 된다. 그러므로 사회복지에서 중요한 필요의 소유도 소유목표처럼 사회가 필요의 주체들이 기대하는 바를 반영하여 판정하기 마련이다.

　필요의 소유목표와 소유가 사회적이고 문화적이고 역사적으로 결정되므로 필요도 당연히 그렇게 된다. 그런데 사회복지의 필요 결정은 국가가 주도하지 않을 수 없다. 특히 사회보장과 관련된 필요의 충족은 국가가 최종적으로 책임을 져야 하기 때문이다. 이것은 국민의 최저 삶의 기준과 국가의 부담에 지대한 영향을 미치므로 민감한 정치 행위이다. 따라서 사회복지의 필요는 국가가 국민의 요구를 수렴하여 결정하게 된다.

2. 필요와 욕구, 욕망의 관계

필요는 반드시 채워져야 하는 결핍缺乏이라는 '객관적' 상황이다. 욕망은 이 결핍을 메우려는 바람이다. 이 결핍으로부터 욕망이 발생한다. 결핍이 없다면 욕망도 없다. 필요가 현실의 상태라면 욕망은 마음의 상태이다. 필요의 소유목표와 소유는 필요한 사람(필요 주체)이 스스로 판정하는 경우에도 판정의 결과가 다른 사람들이 수긍首肯할 수 있을 정도가 되지 않으면 안 된다. 그렇지 않다면 필요가 '객관적' 상황이라고 할 수는 없다. 심지어 필요는 필요한 사람을 대신해서 다른 사람이 판정할 수도 있다. 예컨대 정신 장애인의 필요는 후견인이나 전문가가 대신하여 판정하기도 한다. 필요는 욕망보다 남의 생각, 더 나아가 사회적인 규범이나 가치 등으로부터 더 많은 영향을 받아서 판정된다. 그러나 욕망은 욕망하는 사람(욕망의 주체)이 그 소유목표와 소유를 스스로 판정한다. 필요의 소유목표와 소유는 그 주체와 판정자가 다를 수 있지만 욕망의 경우는 동일하다. 그러므로 필요한 것이 반드시 욕망하는 것도 욕망하는 것이 필요한 것도 아니다. 우리는 자식이 '필요한 것은 하지 않고 꼭 필요하지 않는 것만 골라서 한다'는 부모의 불평을 많이 듣는다.

한편 한국 사회에서는 필요를 욕구로 부르기도 한다. 그러나 욕구欲求란 무언가를 바라면서 구하는 것으로서 일종의 욕망이며 필요와는 다르다. 필요가 '객관적' 상황이라면 욕구도 욕망처럼 마음의 상태이다. 그런데 욕구는 욕망보다는 좁은 의미로 쓰이는 경향이 있다. 욕망이 모든 바람이라면 욕구는 많은 '보통' 사람들로부터 수긍을 받을 만한 바람이다. 욕망이 '보통' 사람들이 보기에 터무니없는 바람까지도 포함한 반면, 욕구는 널리 통용되는 기대를 크게 벗어나지 않은 것만을 가리킨다. 나의 어머니가 깊은 치매에 드셨을 때 한 겨울인데도 "홍시도 수박도 많이 있는 월산(월출산 아래 친정 마을)"에 가자고 자주 말씀하셨다. 월산에 가고 싶은 것이 욕망일 수는 있지만 욕구일 수는 없다. 이처럼 욕구가 욕망보다 사회적 동의를 더 요구 받는다는 점에서 보면 필요에 더 가깝다고 할 수 있다. 그러나 필요함이 반드시 욕구함은 아니다. 욕구의 소유목표와 소유는 주체가 판단하지만 필요의 경우는 주체와는 다른 사람이 판단할[12] 때도 있기 때문이다. 어떤 사람이 운동이 필요하다고 전문가가 판정하였더라도 정녕 그는 운동을 욕구하지 않을 수도 있다.

이런 욕구 및 욕망이 사회복지에서는 필요와 어떻게 관련되는가? 이미 밝힌 것처럼 사회복지의 필요는 국가가 개인들의 기대를 반영하여 결정한다. 그러나 국가는 개개인의 욕망을 반드시 신뢰하지만은 않는다. 일종의 '건전' 욕망인 욕구도 마찬가지다. 국가가 보기에는 개인들은 필요하지 않은 것을 개인들이 욕망할 수 있고 필요한 것을 욕망하지 않을 수 있다. 예컨대 국가가 술을 살 수 없는 식품 구매권을 주려고 한다. 왜냐하면 술꾼은 필요하지 않은 술을 욕망하며 필요한 밥은 욕망하지 않을 수 있기 때문이다. 국가는 필요하지 않는 것을 욕망하면 자원이 낭비되고 필요한 것을 욕망하지 않으면 최저생계마저도 보장하지 못하는 위험이 발생한다고 믿는다. 따라서 최소 자원으로 최대 복지를 추구하는 국가는 개개인들의 욕망 (욕구)과는 별개로 필요를 '과학적인 방법'으로 '엄정嚴正하게' 규정하려 한다.

그러나 국가가 국민들의 욕구, 더 나아가 욕망을 무시하고 필요를 결정할 수는 없다. 국가가 국민이 욕구하지 않은 것을 필요한 것으로 판정하여

---

12. 물론 판단자가 필요의 주체인가 타인인가를 단순하게 구별하는 것이 문제가 없는 것은 아니다. 사람들은 자신의 생각 속에 '나'와 '남'이라는 개념을 가지고 있다. 이것은 실제의 나와 남이 아니라 스스로 추상화하여 간직하고 있는 개념이며, 현행 의식에만이 아니라 잠재의식(말라식이나 아뢰야식)에도 박혀 있다.

자원을 투입하더라도 크게 문제가 될 가능성은 적다. 예컨대 욕구하지 않는 혼수昏睡 환자를 국가가 치료해주더라도 무슨 문제가 있겠는가? 그러나 욕망하거나 욕구하는 것을 국가가 필요한 것으로 인정하지 않을 때는 저항이 따르곤 한다. 손전화가 퍼지기 시작할 때 손전화 사용료를 최저 생계비에 포함할 것인가를 둘러싸고 심의 과정에서 논쟁이 뜨거웠다. 정부 측에서는 반대했지만, 시민 대표들은 찬성하였다.(김미곤 박사의 가르침) 이제는 손전화 사용료가 최저 생계비에 포함되지 않을 수 없게 되었다. 손전화를 사용하고픈 것이 맨 처음에는 욕망에 지나지 않았겠지만 시간이 지나면서 욕구가 되고 더 나아가 일반 필요와 사회복지의 필요가 된다. 길게 보면 욕망, 특히 욕구는 한없이 사회복지의 필요 영역으로 스며들어 필요를 확대한다. 필요는 욕망과 욕구를 방어하다가 조금씩 무너지면서 확장된다. 따라서 필요를 욕망 및 욕구와 관련지어 이해하는 것이 바람직하다.

3절 기존 필요 및 욕구관의 문제

지금까지 우리는 주로 필요와 욕구가 무엇인가를 살펴보았다.. 이제는 사회복지 분야에서 이 필요와 욕구를 어떻게 보고 있는가를 검토하고 그 문제들을 지적하면서 대안도 탐구해보자.

1. 기존 필요 및 욕구관

사회복지학에서 주류를 이루고 있는 필요 및 욕구관欲求觀에서는 즐거움은 늘리고 괴로움은 줄이려는 공리주의公利主義(utilitarianism)의 원칙을 따른다. 공리公利는 다수(공公)의 이익(이利)이고 공리주의는 최다最多 사회 성원의 최대最大 이익을 추구하는 이념이다.(피세진, 2017) 여기서 이익이란 즐거움(희락喜樂, pleasure)[13]을 늘리고 괴로움(고통苦痛, pain)을 줄임이다. 공리주의를 주창主唱한 벤담(1748~1832)은 국가의 정책 따위가 시행될 때 국민들이 받게 되는 즐거움과 괴로움의 총량을 다음과 같은 기준으로 잴 수 있다고 제언한다. 첫째는 즐거움이나 괴로움의 강도, 둘째는 즐거움이나 괴로움의 지속기간, 셋째는 즐거움이나 괴로움이 닥칠 가능성, 넷째는

---

13. 흔히 pleasure를 쾌락快樂이라고 번역한다. 그런데 쾌락은 무절제하게 즐거움만을 추구하는 부정적인 의미를 많이 지니고 있으므로 여기서는 즐거움, 혹은 고통苦痛과 대비하여 희락喜樂으로 바꾸어 사용한다.

즐거움이나 괴로움을 겪을 시점이 가깝거나 먼 정도, 다섯째는 즐거움이나 괴로움이 반복되는 횟수, 여섯째는 즐거움이나 괴로움의 순도純度(즐거움이 괴로움과, 괴로움이 즐거움과 섞이지는 않은 정도), 일곱째는 즐거움이나 괴로움을 겪는 사람들의 수이다. 앞의 여섯 가지 기준에 따라 개인이 각자의 즐거움과 괴로움의 크기를 판정하고, 일곱째 기준에 따라서는 판정된 개인들의 즐거움과 괴로움을 합하여 국민들의 즐거움과 괴로움의 총량을 구한다. 그리고 국가 정책은 즐거움의 총량은 크게 하고 괴로움의 총량은 작게 해야 한다고 주장한다.(Bentham, 2010: 20~22; Bentham, 고정식 역, 2011: 68~71)

여기서는 즐거움은 좋고 괴로움은 나쁘다.[14] 그리고 좋은 것은 좋을 뿐이고 나쁜 것은 나쁠 뿐이다. 상황에 따라 좋음(선善)이 나쁨(악惡)이 되고 나쁨이 좋음이 될 수 있다는 점을 인정하지 않는다. 사람들이 좋음과 나쁨을 상호연관 속에서 이해하고 있다는 것을 알아채지 못한다. 옳고(시是) 그름(비非)도 마찬가지다. 이런 이분법으로 즐거움과 괴로움을 이해한다. 즐거움은 즐거움일 뿐이며 괴로움은 괴로움일 뿐이므로 즐거움이 괴로움에, 반대로 괴로움이 즐거움에 영향을 미친다는 점을 무시한다.

즐거움은 필요나 욕구가 충족될 때, 괴로움은 충족되지 않을 때에 생긴다. 그래서 즐거움의 늘림이 필요나 욕구의 충족이며 괴로움의 키움이 불충족의 확대이다. 그러므로 공리주의에 따른다면 필요나 욕구의 충족은 즐거움을 낳은 것으로서 좋고 불충족은 괴로움을 일으키는 것으로서 나쁘다. 그리고 충족은 충족일 뿐이고 불충족은 불충족일 뿐이므로 이 둘의 상호작용은 고려하지 않는다.

---

14. 이런 관점에서는 인간을 항상 즐거움을 최대로 늘리고 괴로움을 최소로 줄이는 존재로 본다.(Sallins, 1994: 397~399)

여기서는 즐거움을 낳은 필요나 욕구의 충족은 최대로 늘리고 불충족은 최소로 줄일수록 행복하다. 불충족을 줄이는 것이 잔에 물이 차지 않은 곳을 줄이는 것과 같아서 이것도 충족을 늘림이다. 결국 많은 필요나 욕구를 충족시키면 시킬수록 사람들이 더 행복하다.

그런데 더 많은 필요나 욕구의 충족이란 더 많은 소유목표를 달성하려고 소유를 늘리는 것을 뜻한다. 이것은 예컨대 보다 많은 명품을 갖고 싶은 바람을 실제로 많이 구입하여 소유하는 것이다. 따라서 충족을 많이 하면 할수록 행복하다는 것은 소유를 늘리면 늘릴수록 행복하다는 의미가 된다.

이런 생각들을 그대로 받아들인 사회복지학에서는 매슬로우Maslow의 필요(needs) 이론을 단계론段階論으로 이해하고 있다. 사회복지학 개론서에서는 매슬로우의 필요 이론을 소개하면서 생리적生理的인 '욕구(needs)'가 충족된 다음에 안전安全의 '욕구'가, 생리적 '욕구'와 안전의 '욕구'가 충족되었을 때 사랑을 받고자 하는 사랑의 '욕구'가, 이 사랑의 '욕구'가 충족되었을 때 남을 사랑함으로써 자기존중自己尊重과 타인의 존경을 얻고자 하는 존경尊敬의 '욕구'가, 이 네 '욕구'가 충족된 다음에 자아실현自我實現의 '욕구'가 생겨난다고 해설한다.(박용순, 2002: 25~26) 물론 매슬로우의 필요 이론을 이처럼 단순하고 기계적 단계론으로 해석하는 것은 너무 피상적이라는 지적도 있다. 왜냐하면 매슬로우는 이러한 단계론의 예외를 인정하고 있기 (Maslow, 1992) 때문이다. 뿐만 아니라 그가 주장하는 요점은 하위 단계의 필요들이 충족된 이후에야 새로운 필요가 시작된다는 것이 아니라 한 인간의 기운과 관심이 생존의 필요나 위험을 막는 것에 사로잡혀 있을 때에는 예술적이고 신비로운 것을 추구하는 데 활용할 기운과 관심이 그만큼 적을 수밖에 없다는 것이기 때문이다.(Canda & Furman, 2003: 355) 그럼에도 불구하고 매슬로우의 필요 이론이 단계론을 완전히 부정한다고 보기는 어렵다. 이 단계론은 소유의 확대를 통하여 더 나은 질의 필요를 충족시킬수록 더 행복하다는 전제를 따른다고 볼 수 있다. 따라서 매슬로우 이론을 수용하고 있는 사회복지의 필요관도 소유를 늘릴수록 더 행복하다는 것을 당연하게 여긴다고 볼 수 있다.

이런 관점에서는 즐거움을 낳는 필요나 욕구의 충족은 좋고 괴로움을 낳는 불충족은 나쁘므로 불충족의 증대를 뜻하는 욕구의 생성(확대)을 마땅히 피해야 한다고 생각한다. 따라서 필요나 욕구 충족에만 관심을 가질 뿐, 그 생성에는 관심조차 두지 않는다.

욕구의 생성에 관심을 두지 않는 것은 필요나 욕구는 자연스럽게 생성된다고 간주하기 때문이기도 하다. 필요나 욕구를 인간과 사회가 생성시킬 수 있다는 점은 적극적으로 생각하지 않는다. 예컨대 매슬로우의 필요 이론에서는 안전의 필요가 충족되면 사랑의 필요가 출현出現한다고 말한다. 이것은 인간이 필요를 생성生成하는 것이 아니라 필요가 자연스럽게 출현한다는 것을 당연하게 여기는 진술陳述이다. 이러한 사유 방식에서는 생계 유지를 위한 기본필요가 충족된 다음에는 개인과 사회가 자아실현의 필요 따위도 스스로 생성해 낼 수 있다는 점을 간과한다.

그렇다면 필요나 욕구의 생성에 관심을 두지 않는다는 것은 무슨 의미인가? 필요나 욕구의 생성(확대)이란 불충족 상태, 곧 소유목표와 소유의 간격을 키우는 것이다. 이 간격을 키워서 필요나 욕구를 생성시키려면 소유목표를 늘리거나 소유를 줄여야 한다(그림 4-1). 소유목표를 늘려서 불충족을 키우는 것, 곧 필요나 욕구를 생성하는 것은 물 잔을 더 큰 잔으로 바꾸어서 여유를 늘리는 것과, 소유를 줄여서 생성하는 것은 잔의 물을 퍼내어서 여유를 키우는 것과 같다. 그러므로 필요나 욕구의 생성에 관심을 갖지 않음은 소유목표의 확대나 소유의 축소 모두를 고려하지 않음이다.

소유목표의 확대에 관심을 갖지 않는 까닭은 무엇일까? 그것은 필요나 욕구가 자연스럽게 생성된다는 관점에서는 소유목표의 확대가 소유의 축

〈그림 4-1〉 필요, 욕구 생성(확대) 방식

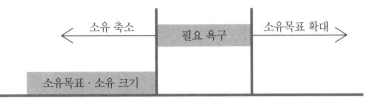

소와 함께 자연스럽게 이루어진다고 보기 때문이다. 자연스럽게 확대되는 소유목표의 확대에 관심을 가질 필요가 없다. 그리고 소유의 축소를 고려하지 않는 까닭은 무엇일까? 소유를 확대하여 필요나 욕구를 많이 충족시키는 것이 바람직하다는 관점에서는 모든 소유가 좋을 뿐만 아니라 자연스럽게 줄어든다고 믿기 때문이다.

　한편 충족에만 관심을 갖는다는 것은 무슨 의미인가? 원래 충족이란 소유목표와 소유의 간격을 없애는 것이다. 그러므로 충족시키려면 소유를 증가시키거나 소유목표를 감소시켜야 한다(그림 4-2). 소유를 늘려서 필요나 욕구를 충족시킴은 물 잔에 물을 더 부어서 잔을 채움과 같고, 소유목표를 줄여서 충족시킴은 잔을 작은 것으로 바꾸어서 채움과 같다. 그러므로 필요나 욕구의 충족은 소유의 확대나 소유목표의 축소 중에서 하나, 또는 둘 다로 이루어진다.

〈그림 4-2〉 필요, 욕구 충족 방식

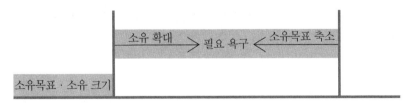

그런데 기존의 필요 욕구관에서는 오직 소유의 확대만이 중요하다. 자원은 항상 희소하다고 보기 때문이다. 이러한 가정을 암묵적으로 받아들이고 있는 사회보장론社會保障論에서도 소유를 확대시켜 충족된 필요의 양을 늘릴수록 바람직하다고 생각한다. 다만 자원의 희소성 때문에 기본필요를 충족하는 소유라도 만인萬人에게 보장해주어야 한다고 주장한다. 그리고 보다 많은 필요나 욕구를 충족할수록 행복하다는 관점에서 보면 소유목표의 축소는 필요나 욕구의 축소이므로 행복의 줄임이다. 어쩌면 죄악일지도 모른다. 따라서 소유의 확대만을 추구할 뿐 소유목표의 축소는 고려조차 하지 않는다.

이상에서 살펴본 기존의 필요관 및 욕구관의 특성을 요약하면 다음과 같다.

첫째, 즐거움과 괴로움, 그리고 필요 욕구의 충족과 불충족이 서로 분리되어 있을 뿐 상호작용하지 않는다고 믿는다.

둘째, 필요나 욕구를 많이 충족할수록 더 행복한데 충족의 방법은 소유의 늘림뿐이며 소유를 늘릴수록 더 행복하다고 여긴다.

셋째, 필요나 욕구의 생성은 고려하지 않는다. 소유목표가 자연적으로 생겨나므로 소유목표의 생성 노력은 무의미하다고 보며 소유의 축소는 결핍의 확대로서 고통의 늘림이므로 그에는 관심조차 두지 않는다.

넷째, 필요나 욕구를 충족하려고, 소유목표의 축소는 생각하지 않는다. 자원은 항상 부족하고 소유가 도달하는 소유목표가 많고 클수록 바람직하다고 여기므로 필요나 욕구의 충족 방식으로 소유의 확대만을 생각하고 소유목표의 축소는 눈여겨보지 않는다.

2. 즐거움과 괴로움을 분리할 수 있는가?

기존의 욕구관에서는 대체로 좋음(선善)과 나쁨(악惡), 옳음(시是)과 그름(비非), 즐거움과 괴로움, 필요의 충족과 불충족이 서로 무관하다고 생각한다. 과연 그런가?

1) 즐거움과 괴로움의 서로 낳기

아름다움과 미움과 같은 대립상對立象들이 더불어 생긴다는 것을 노자는 이렇게 설명한다.

> 천하의 모든 이가 *자기에게* 예쁜 것이
> 참으로 예쁘다고 알고 있지만
> 달리 보면 이것이 미울 뿐이다.
> 좋은 것이 좋다고 알고 있지만
> 달리 보면 이것이 좋지 않을 뿐이니
> 가짐(유有), 안가짐(무無)이 서로를 낳고
> 어려움과 쉬움이 서로를 이루며
> 깊과 짧음이 서로를 형성하고
> 높음과 낮음이 서로를 짓는다. (박승희, 2015: 108)
> 天下皆知美之爲美 斯惡已 皆知善之爲善 斯不善已
> 故有無相生 難易相成
> 長短相較 高下相傾 (『노자老子』: 2장)

우리가 어떤 것을 가진다는 것은 갖지 않는다는 생각을 전제하지 않고는 이야기할 수 없다. 그 반대도 마찬가지다. 가짐과 안 가짐이 서로를 낳는다. 어려움과 쉬움, 깊과 짧음, 높음과 낮음도 모두 이와 같다. 예컨대 책장冊欌이 높다고 하자. 이것이 성립되려면 이미 그보다 낮은 의자 같은 것들이 있어야 한다. 그 어떤 것도 더 낮은 것과 비교하지 않고서는 높다고 말할 수 없다. 삶과 죽음을 알아차리는 것도 마찬가지다. 죽음이 없다면 삶을, 삶이 없다면 죽음을 말할 수 없다. 우리는 서로 상반되는 것을 하나의 연관체계聯關體系 안에서 인식하고 있다.

삶과 죽음(생사生死)처럼 즐거움과 괴로움도 서로를 낳는다(고락상생苦樂相生).(정약용, 1996: 35) 오래전에 내가 전방에서 사병으로 근무할 때, 포대장砲隊長이 '군기를 잡으려고' 나를 포함한 포대원布帶員들에게 진눈깨비가 내리는 겨울밤에 고쟁이(팬티) 바람으로 연병장에서 양손을 벌리고 서 있게 했다. 고통스러워하는 우리들에게 "손만 내려도 좋겠지? 손을 내리고 나면 런닝셔츠(윗속옷)만 입으면 행복하겠다고 생각할 것이다. 내무반에 들어가면, 그곳이 천국이겠지? 그러면 외박 나가고 싶고, 외박하고 나면, 휴가 가고 싶겠지?"라고 말했다.[15] 즐거움(락樂)을 상정함이 없이 괴로움(고苦)을 말할 수 없고 괴로움을 전제함이 없이 즐거움을 생각할 수 없다. 물론 즐거움과 괴로움을 서로를 낳음(고락상생苦樂相生)은 서로 물리적 조건과 결과가 된다는 의미는 아니다.[16] 여기서 말하고자 하는 바는 즐거움과 괴로움이 분리되어서는 그 개념 자체가 성립될 수 없다는 점이다. 괴로움은 즐거움을, 즐거움은 괴로움을 알아차리게 하는 조건이다. 우리가 즐거

---

15. 기억이 확실치 않지만, 포대장은 최종진 대위였다. 이 일이 있었던 시기는 1977년 초 겨울인 것 같고 장소는 철원 금학산 아래 6사단 포병 27대대 2포대 연병장이다. 좋은 경험을 하게 해준 최종진 포대장님께 감사드린다.

움과 괴로움을 느끼는 과정은 결코 일방적이 아니라 양방적兩方的이며, 절대적이 아니라 상대적이고, 모순적인 상황을 동시에 고려하기 때문에 변증법辨證法적이라고도 할 수 있다. 즐거움과 괴로움은 분리되어 있는 것이 아니라 지속적으로 상호작용하는 한 몸의 다른 면이다.

즐거움과 괴로움이 서로를 낳는 것처럼 즐거움을 일으키는 필요나 욕구의 충족과 괴로움을 초래하는 불충족도 서로를 낳는다. 배부름이 없다면 배고픔을, 배고픔이 없다면 배부름을 모른다. 우리가 충족을 모르면 불충족도 모른다. 예컨대 겨울 산행山行 약속을 하였는데 비가 내린다고 나오지 않은 사람들이 있다. 나온 사람들끼리 산행을 하다보면 산위에는 눈이 내려서 말로 표현할 수 없는 절경을 볼 때가 있다. 그럴 때면 안 온 사람들은 후회할 거라고 누군가 말하곤 한다. 그러나 그 경계境界를 보지 못한 사람은 후회도 못한다. 설경을 본 사람만이 보지 못함의 나쁨을 알므로 봄의 좋음을 알아차린다. 그러나 보지 않은 사람은 봄의 좋음을 모르므로 보지 않음의 나쁨도 알지 못한다. 충족이 불충족의 전제이고 불충족이 충족의 전제이다. 불충족이 없다면 충족이 없고 충족이 없다면 불충족이 없다. 필요나 욕구의 충족과 불충족도 마치 동전의 앞뒤와 같다.

---

16. 길게 보면 괴로움이 즐거움의 조건이 되고 즐거움이 괴로움의 조건이 되기도 한다. 이것은 마치 전쟁이 호황의 조건이 되고 호황이 불황의 원인이 되기도 한다. 노자는 이런 말을 한다. "그 정치 어벙하면 그 백성 똘망똘망, 그 정치 깐깐하면 그 백성 어리버리. 잘못됨(禍)이 잘됨(福)의 의지처依支處라면, 잘됨은 잘못됨의 은신처이다. 其政悶悶 其民淳淳 其政察察 其民缺缺 禍兮福之所倚 福兮禍之所伏)(『노자老子』: 58장)

2) 즐거움과 괴로움의 서로 키우기

즐거움과 괴로움은 서로 낳는 것만이 아니라 대비對比로 서로를 키운다. 죽음을 생각하면 생존 자체가 감격感激스럽고 삶을 생각하면 죽음이 더욱 슬프다. 우리는 가짐과 안 가짐의 대비 속에서 가짐과 안 가짐을 감격으로 인식하곤 한다.(김상봉, 1998: 8) 이런 원리를 따라 즐거움은 괴로움과, 괴로움은 즐거움과 대립하면서 커진다.

이것은 부자가 가난한 사람보다 더 고통스러운 삶을 살기도 한다는 점으로도 이해할 수 있다. 가난을 경험하지 않은 부자는 가난한 삶을 실감하지 못한다. 실제로는 가난한 사람들과 깊은 인연 속에서 살아가지만 가난을 동감하지 못하므로 자신의 부유함도 느끼지 못한다. 자신이 매우 많은 욕구를 이미 충족하였으면서도 충족을 알지 못한다. 충족을 모르므로 즐거움을 느끼지 못하고 더 큰 욕구가 생성되면 오히려 고통스러워한다. 그리고 불충족한 삶으로 바뀌면 심한 고통을 겪는다. 이들에게는 조그만 불편이 큰 괴로움이다. 가득 찬 상태는 더 이상 채워지기보다는 비워질 가능성만이 있으므로 즐거움보다는 고통이 뒤따를 가능성이 크다. 반면 가난한 사람도 생계를 위협받지 않은 상태에서 부유한 삶을 모른다면 불충족과 고통을 크게 느끼지 않는다.[17) 가난한 사람이 더 가난한 사람을 보면 오히려 충족과 즐거움을 얻는다. 조금만 충족되어도 즐거움을 느낀다. 이런 점에서는 가난한 사람이 부자보다 즐거울 가능성이 크다. 그래서 '젊은 시절 고생은 사서도 한다'고 이야기한다.

이처럼 불충족 · 충족과 고락苦樂은 대비對比되어 의미를 강화시키는데

---

17. 그래서 비교할 수 없으면 누추陋醜하더라도 자기 옷을 아름답게 여긴다. (『노자老子』: 80장)

이런 대비가 일차원적으로만 이루어지지는 않는다. 배부름의 즐거움과 배고픔의 괴로움은 같은 차원에서 대비된다. 이와는 달리 다차원적多次元的 대비가 있을 수 있다. 예를 들면 서예가는 일정한 경지境地에 이르려고 열심히 연습을 한다. 그에게 그 경지는 소유목표이고 현재의 실력은 소유이다. 그는 이 소유목표와 소유의 차이, 곧 욕구의 불충족 때문에 고통을 겪는다. 이 고통은 경지에 오를 그날의 기쁨과도 대비된다. 그렇지만 그는 지금의 실력을 과거와 비교하면서 즐거움을 느낀다. 그런데 이 즐거움이 오늘에 이르기까지 연습하고 노력한 과정의 괴로움과 대비하면 더 커진다. 그동안 연습의 괴로움을 겪었다. 그리고 경제적인 고통을 겪었을 수도 있다. 이런 고통들이 있었으므로 오늘의 실력에 더 감격할 수 있다. 이런 고통들이 없었다면 과거의 부족한 실력이 오늘의 실력으로 상승한 것에서만 즐거움을 느낀다. 서로 다른 욕구를 둘러싼 불충족 · 충족과 괴로움 · 즐거움이 서로 대비를 이루면서 즐거움(보람)을 키운다. 불충족 · 충족과 고락苦樂이 여러 차원으로도 대비되어 증감된다.

이런 다차원적인 대비는 한 개인 내부에서만 이루어지지 않는다. 타인의 괴로움이나 타인의 즐거움이, 나의 괴로움이나 즐거움을 증감시키는 준거準據가 되기도 한다. 백낙천의 경우를 보자. 백낙천白樂天은 67세에 한직閑職에 있으면서 쓴 취음선생醉吟先生傳[18]에서 다음과 같이 노래했다. "내가 이 세상에 태어나 재능과 품행은 옛 사람보다 훨씬 못하지만, 검루黔婁보다 부유하고, 안연顏淵보다 장수하며, 백이伯夷보다 배부르고, 영계기榮啓期보다 즐거우며, 위숙보衛叔寶보다 건강하니 심히 다행스럽고도 다행스럽다. 이 밖에 무엇을 더 얻으려 하리오?" 여기서 말하는 검루는 은사隱士로 추앙推仰 받았지만 죽어서도 옷이 시신을 다 덮지 못했을 정도로 가난했

_____

18. 술에 취해 시를 읊은 선생의 이야기이라는 뜻이다.

고, 안연은 학문을 좋아함(호학好學)과 덕행德行으로 칭송받으며 공자의 사랑을 받았지만 30세에 요절夭折했으며, 백이는 은나라 백성으로서 주나라 곡식을 먹는 것을 부끄럽게 생각하고 아우 숙제와 함께 수양산에 숨어버린 은자隱者로 명성이 높지만 나물을 캐먹다 끝내 굶어 죽었고, 영계기는 사람이자 남자로 태어나서 90까지 산 것이 즐거운 일이라고 말했으며, 위숙보는 천하의 미남자였지만 몸이 약해 26세에 죽었다.(김경동 · 이의강, 2003 : 1~2) 만약 백낙천이 "내가 이 세상에 태어나 재능과 품행이 옛 사람보다 훨씬 나음에도 불구하고, 검루보다 추앙받지 못하고, 안연보다 많은 사람들의 칭송과 공자와 같은 큰 선생의 사랑도 받지 못하며, 백이보다 명성도 얻지 못하고, 영계기보다 오래 살 것 같지 않으며, 위숙보보다 못생겼으니, 심히 불행하고 불행하다. 더 많은 것을 얻기 위해서 분투하리라"라고 말했다면, 어떠했을까?

그런데 이런 대비는 괴로움과 즐거움 사이에, 그리고 필요나 욕구의 불충족과 충족 사이에만 이루어지는 것이 아니다. 괴로움과 괴로움, 즐거움과 즐거움, 불충족과 불충족, 충족과 충족 사이에도 일어난다. 예컨대 어떤 고통을 겪는 사람이 자기보다 더 고통스러운 사람을 보면서 덜 고통스럽게 생각할 수도 있고, 이미 호화스럽게 사는 사람이 더 호화스럽게 사는 사람을 보면 즐겁지 않다고 여길 수도 있다. 이런 동류同類 대비對比는 고통과 즐거움을 증가시키는 것이 아니라 감소시키는 것이라고 할 수 있다.

3) 괴로움도 선善이 되고 즐거움도 악惡이 됨

기존의 필요 및 욕구관에서 즐거움은 선이고 괴로움은 악이며, 충족은 좋고 불충족은 나쁘다고 생각한다. 따라서 즐거움을 늘려준다는 필요 및 욕구의 충족만을 추구할 뿐, 괴로움을 초래한다는 불충족의 확대, 곧 생성에는 관심조차 두지 않는다.

그러나 즐거움과 괴로움이 대비되어 증감된다는 점을 인정한다면 공리주의자들이 생각하는 것처럼 괴로움과 불충족이 항상 나쁜 것으로서 제거의 대상이고 즐거움과 충족이 항상 좋은 것으로서 추구의 대상일 수만 없다. 괴로움은 즐거움의 생성 및 증감 조건이므로 항상 나쁘지만 않고 좋기도 하며 제거만이 아니라 추구나 관리管理의 대상이기도 한다. 반대로 즐거움은 괴로움의 생성 및 증감 조건이므로 항상 좋지만 않고 나쁘기도 하며 추구追求만 아니라 억제抑制의 대상이기도 한다. 그래서 공자는 "즐거워하면서도 음란하지 않으며 슬퍼하면서도 상심하지 않는다(樂而不淫 哀而不傷)"(『논어論語』, 팔일장구八佾章句 21 ; 정약용 저, 이지형 역주, 2010, 1권: 369)는 『시경詩經』 구절을 좋아하였을 것이다. 따라서 우리는 즐거움을 키워주고 괴로움을 줄여주는 욕구 및 필요의 충족만이 아니라 즐거움을 줄여주고 괴로움을 키워주는 불충족의 확대인 생성에도 관심을 갖는 것이 바람직하다.

3. 소유를 확대할수록 행복한가?

기존의 욕구 및 필요의 관점에서는 소유를 증대시킬수록 행복하다고 전제한다. 자원의 희소성 때문에 기본필요의 충족이라는 한계를 설정하여야 한다고 주장한다. 이에 따르면 자원이 희소하지 않다면 소유를 확대하여 더 많은 필요나 욕구를 충족하는 것이 바람직하다. 여기서 자원 희소성은 극복의 대상일 뿐이다. 그렇다면 소유의 양, 특히 물질의 양을 증가시키기만 하면 과연 항상 더 행복해지는가?

행복이란 1장에서 논의한 것처럼 즐거움이 많이 지속함이다. 행복의 증가란 즐거움의 양이 많아짐이다. 여기에는 즐거움 강도의 커짐, 그리고 보다 좋은 즐거움의 생성이 포함된다. 따라서 우리가 소유를 증가시킬수록 더 행복한가를 살펴보려면 소유를 확대할수록 동일한 즐거움이 많아지거나, 그 즐거움의 강도가 세지거나, 보다 좋은 새로운 즐거움이 생기는가를 따져보아야 한다.

1) 소유가 커질수록 즐거움이 늘어나는가?

즐거움이란 불충족된 필요나 욕구가 충족되는 과정에서 생겨나므로 소유를 늘릴수록 즐거움이 증가하는가를 알아보려면 소유의 증가에 따라 늘 필요나 욕구의 충족감이 커지는가를 살펴보아야 한다.

기본필요가 충족되지 않은 상태에서는 소유를 확대시킬수록 소유가 기본필요의 충족선充足線에 가까워지므로 충족감과 즐거움이 증가한다고 볼 수 있다. 예컨대 굶주린 상태에서는 조금이라도 덜 배고플수록 충족감은 더 커진다.

그러나 기본필요가 충족되고 나면 상황은 달라진다. 예컨대 굶주림을 벗어난 사람들이 많이 먹을수록 더 행복하다고 할 수 있겠는가? 굶주리던 흥보가 박을 타서 나온 쌀로 밥을 지어 실컷 먹는 대목을 보자.

“흥보가 좋아라고, 흥보가 좋아라고, 밥을 먹는다. 흥보가 좋아라고 밥을 먹는다. 흥보가 좋아라고 밥을 먹는다. 똘똘 뭉쳐 갖고 던져 놓고 받아먹고, 던져 놓고 받아먹고, 던져 놓고 받아먹고(장단이 매우 빠름), 던져 놓고 받아먹고, 던져 놓고 받아먹고, 던져 놓고 받아먹고(점점 느려짐), 똘똘 뭉쳐 갖고 던져 놓고 받아먹고, 던져 놓고 받아먹고, 던져 놓고 받아먹고, 던져 놓고 받아먹고(매우 느림), 어찌 밥을 먹어 놓았던지, 밥이 목구멍까지 차가지고 정신이 없고, 눈이 뒤집어 까지고 흥보가 죽게 되구나. 흥보 마누라 밥을 먹다 가만히 보니 자기 영감이 죽게 되는디, 흥보 마누라 놀래 가지고 아이고, 영감! 밥 먹다 죽다니 이런 일이 어디가 있소?"(박동진, 「흥보가」 중에서)

주릴 때는 많이 먹을수록 즐겁지만 배가 차고 나면 많이 먹을수록 고통스러울 수밖에 없다는 점을 해학으로 묘사하고 있다. 배가 부르면 더 먹을 수도 없고 더 먹는다고 더 만족스럽지도 않다. 기본필요가 충족되고 나면 기본필요와 관련된 소유를 확대한다고 즐거움이 증가하지 않는다.

　따라서 기본필요가 충족된 다음에는 그 이외의 다른 소유목표를 갖지 않는다면 부족함을 알 수 없다. 예컨대 깊은 대숲의 뱁새가 둥지를 짓는데 '불과일지不過一枝(한 가지면 족함)'하고 큰 강가의 수달은 물을 마시는데 '불과만복不過滿腹(배를 채우는 물이면 족함)'(『장자莊子』: 소요유逍遙遊)이므로 그들에게 그 이상의 가지와 물은 아무리 많아도 필요가 없다. 이 놈들은 다른 바람이 없을 것이므로 부족함을 모를 것이다. 사람들도 기본필요가 항상 충족되고 기본필요의 충족 이외의 소유목표를 갖지 않는다면 필요나 욕구의 불충족을 알 수 없다. 따라서 충족도 알 수가 없다. 영원히 사는 세상에는 장례식만 없는 것이 아니다. 백 살을 살아도 백수 잔치가 없다. '죽는다'가 없으니 '산다'도 없다. 기본필요가 충족된 상태에서 기본필요 충족 이외 다른 소유목표가 없다면 소유를 확대한다고 즐거움이 늘어나지 않는다.

　그런데 기본필요가 충족된 상태에서 다른 소유목표가 계속 증가된다면 어떨까? 소유를 아무리 키운다 하더라도 소유목표가 더욱 커지면 필요나 욕구를 충족시킬 수 없다. 소유목표가 소유 이상으로 무한히 확대된다면 결핍과 불만 또한 그렇다. 특히 고통의 감소를 외치면서도 끝없는 불만과 욕구의 불충족을 시장 수요의 원천源泉으로 창출해낼 수밖에 없는 자본주의 사회에서 많은 사람들은 불만에 찬 삶을 살아간다. 우리는 값비싼 물건들을 사다가 온 집안을 채우고도 늘 부족하지 않을까 염려하는 '진정한 자본주의적인 인간'들을 보곤 한다.

기본필요가 충족되지 않은 때에는 소유의 증가가 즐거움을 증가시킨다. 그러나 일단 충족된 다음에는 기본필요 충족 이외의 다른 소유목표가 없다면 사람들은 소유가 커지더라도 충족을 알 수가 없다. 그리고 새로운 소유목표들이 소유보다 빠르게 증가하면 소유가 커지더라도 불충족의 고통을 겪는다. 소유의 확대가 반드시 즐거움을 증가시키지 않는다.

2) 소유가 커질수록 즐거움의 강도가 커지는가?

기본필요가 충족되지 않은 절박한 상황에서는 소유가 증가할수록 즐거움이 강해질 수도 있다. 그러나 소유의 양만이 충족감의 강도強度를 결정하지 않는다. 기본필요의 충족하는 선까지 같은 양의 소유를 확대하더라도 그 과정에 따라서 충족감은 다를 수 있다. 왜냐하면 지적한 바와 같이 충족감은 고락苦樂이 대비되는 정도에 따라 달라진다. 예컨대 고난을 이겨내면서 소유를 확보한 경우에 고락의 대비 폭이 크므로 충족감이 크다. 따라서 한 인간이 기본필요를 충족하려고 힘겨운 투쟁을 계속하다가 드디어 안정적인 충족의 상황을 만들어 냈을 때에는 일종의 정상체험頂上體驗(peak experience)(Canda & Furman, 2003: 361)의 단계에 도달하기도 한다. 충족감의 강도는 소유의 크기에 달려 있지 않다.

기본필요가 항상 충족된 다음에는 어떠한가? 만약 충족감의 강도가 소유의 크기에 달려 있다면 부자일수록 자아실현의 행복을 맛볼 가능성이 크다. 그러나 부의 크기와는 자아실현은 큰 관련이 없다. 오히려 죽기를 겨우 면한 사람이 고행 수도로 얼알스런[19] 고원高原(spiritual plateau)(Canda & Furman, 2003: 359)에 머물기도 한다. 사람들은 욕구를 계속 채워서 고통을 피해간 것이 아니라 고통을 수용하거나 감내했으므로, 정상체험을 경험한 경우도 많다. 기본필요가 충족된 다음에도 소유의 크기가 행복의 크기를 결정한다고 말할 수는 없다.

3) 소유가 커질수록 더 좋은 즐거움이 생기는가?

즐거움은 필요와 욕구의 충족에서 나오므로 필요와 욕구의 종류가 즐거움의 질을 결정한다고 할 수 있다. 사회복지학에서는 매슬로우(Maslow, 1992)의 이론을 따라서 생존의 필요, 안전의 필요, 사랑의 필요, 자기 존중의 필요, 자아실현의 필요가 소유를 확대할수록 순서대로 출현한다고 가정한다. 과연 소유를 확대하면 필요의 질적인 변화가 단계적으로 일어나는가?

생존의 필요가 충족되어야 안전의 필요를 비롯한 다른 필요가 생겨난다는 점은 누구도 부정하기 어렵다. 굶주린 사람에게 '자아실현'은 배부른 사

---

19. 얼알은 Canda & Furman가 쓴 책을 『종교사회복지실천론: 사회복지실천에서 얼알의 다양성』으로 우리말로 옮기면서 내가 만들었다. 이것은 얼(정신)의 알(란卵)이다. 흔히 영성靈性이라고 애매하게 번역하는 spirituality을 뜻한다.(Canda & Furman, 2003)

람들이 멋모르고 떠드는 헛소리일 뿐이다. 따라서 정신적인 행복을 추구하는 사회복지론에서도, 기본필요의 물질적 충족이 반드시 먼저 이루어져야 한다고 강조할 수밖에 없다. 얼알스런(spritual) 사회복지의 실천을 강조하는 학자들도 기본필요나 안전의 필요가 충족되지 않은 상태에서는 물질적인 지원이 가장 얼알스런 사회복지실천이라고 강조한다.[20] 기본필요의 충족이 이루어지 않은 상태에서는 생존 이외의 다른 즐거움을 생각하기도 어렵고 생각하는 것도 무의미하다. 생존의 절박함 때문에 사람들은 소유목표를 누가 판단하든 그것을 기본필요의 영역 안으로 한정할 수밖에 없다.

그러나 기본필요가 충족된 다음에는 안전의 필요만이 온다고 말할 수는 없다. 생존의 필요가 실현된 다음에는 곧바로 자아실현의 필요가 출현할 수도 있다. 소유목표, 곧 필요의 선택 영역이 급격하게 넓어질 수 있기 때문이다. 물론 기본필요를 충족하기만 하면 모든 사람들이 그럴 수 있는 것은 아니다. 예컨대 물신주의가 지배적인 자본주의 사회에서 사람들은 기본필요의 충족이 확보되었더라도 물질(화폐, 상품)에 집착하여 자유롭지 못한 경우가 많다. 그러나 분명한 것은 기본필요의 충족이 확보되지 않은 상태와는 달리 기본필요의 충족이 확보된 상태에서는 한 개인이 소

---

20. 노숙인인 고우顧友(client)가 자신의 목표는 추운 겨울 날씨를 피해 쉴 곳을 찾는 것이라고 말한다면 바로 그것이 도움의 출발점이다. '지금 이 순간' 고우가 처한 곳에서 시작하는 것이 고우와 안정적이고 심오深娛한 연계連繫를 맺으면서 성찰省察할 수 있는 기회를 만들어낼 뿐만 아니라 고우들의 얼알스런 잠재력을 성숙시켜준다.(Canda & Furman, 2003)

21. "망양(罔兩)영의 테두리)이 비치미(景영)에게 물었다. '좀 전에는 당신이 걷더니 지금은 멈춰 있고, 좀 전에는 앉아 있더니 지금은 일어섰구려. 왜 지조가 없는가?' 비치미가 대답했다. '나는 기대는 것이 있어서 그러는 놈이네. 내가 기대는 것도 기대는 것이 있어서 그러는 놈일까? 나는 뱀 비늘이나 매미 날개에 기대는가? 왜 그런지를 어찌 알고 왜 그렇지 않은지를 어찌 알겠나?' (罔兩問景曰 曩子行 今子止 曩子坐 今子起 何其無特操與 景曰 吾有待而然者耶 吾所待 又有待而然者邪 吾待蛇蚹蜩翼邪 惡識所以然 惡識所以不然)"(『장자莊子』: 제물론齊物論)

유목표를 조정하여 필요를 생성하고 충족할 수도 있으므로 행복의 양量과 질質을 선택할 수도 있다는 점이다. 오염되지 않은 강가의 수달은 마음대로 먹고 마실 수 있으므로 남(나를 제외한 만물)과 하나 되어 즐기기(여물동락與物同樂)를 추구하려는 필요나 욕구를 가질 수도 있다. 기본필요가 충족되면 필요나 욕구가 단계적으로 생성되기보다는 마음껏 필요나 욕구를 골라서 누릴 수 있는 광야曠野가 펼쳐진다. 인간의 필요나 욕구가 '자연적 필연의 영역(Reich der Naturnotwendigkeit)'을 넘어서면 '자유의 영역(Reich der Freiheit)'(Marx, K., 1988: 828)으로 들어간다. 여기서는 모든 것이 인간의 마음에 달려 있다(일체유심론一切唯心論). 더 좋은 질의 욕구도 마찬가지다. 물론 그 마음도 만물에 기대어 있다.[21]

따라서 필요나 욕구, 곧 즐거움의 질 변화도 소유 확대에 따라서만 이루어진다고 보기는 곤란하다.

4. 필요 욕구의 생성

기존의 필요나 욕구관에서는 충족만을 추구할 뿐, 생성은 관심조차 기울이지 않는다. 그러나 필요나 욕구의 생성도 행복한 삶을 구성하는 필요조건이다. 이 점을 먼저 지적하면서 필요 생성의 두 요소인 소유목표의 확대와 소유의 축소의 바람직한 방향 등을 다루고자 한다.

1) 왜 필요 욕구 생성이 중요한가?

필요나 욕구의 생성이 없다면 충족이 없다. 사람은 필요나 욕구의 생성과 괴로움을 생각하지 않고서는 충족과 즐거움을 인지할 수 없다. 그 반대도 마찬가지다.

그러므로 필요나 욕구의 생성은 양이나 질로 충족에 지대한 영향을 미친다. 무엇이 얼마나 결핍되어 있는가가 무엇을 채울 것인가를 결정한다. 고통의 양과 질에 따라서 그 고통의 해소인 즐거움의 양과 질(종류)이 달라진다. 먼저 양의 측면에서 보자. 필요나 욕구 생성에 따른 아픔이 클수록 충족의 즐거움이 크다. 그리움이 미미微微하면 만남의 기쁨이 작지만 그리움이 간절하면 만남의 기쁨이 그만큼 크다. 죽음의 위기를 겪고 나면 삶이 경이驚異로움을 깨달을 수도 있다.(Canda & Furman, 2003 : 354~358) 그리고 어떤 종류의 필요나 욕구가 생성되고 그에 따라 어떤 괴로움을 겪었는가에 따라 충족과 기쁨의 종류가 달라진다. 목마름의 고통에는 마심의 즐거움이, 배고픔의 고통에는 먹음의 즐거움이 따른다.

필요나 욕구의 생성은 충족과 함께 우리들의 삶의 세계를 구성하는 중요한 요소라고 할 수 있다. 우리의 일상생활 의식세계는 어떤 고통을 겪고 그것을 해소하거나 혹은 해소하지 못하는가를 중심으로 엮어진다. 이러한 고통의 생성과 해소라는 일련의 과정이 마치 희비喜悲가 얽힌 영화를 구성하는 장면들과 같다. 예컨대 수도승은 수행의 고통과 깨달음의 즐거움으로, 마약의 중독자는 마약 결핍의 고통과 마약 투여投與 후의 즐거움으로 삶의 세계를 만들어간다. 이런 맥락에서 장애인들의 '자존 능력을 최대로 활용하기'(大態由紀子, 1998 : 34)는 재활의 목적을 접어두더라도 매우 현명한 접근이라고 할 수 있다. 필요나 욕구의 생성도 충족만큼이나 중요하다.

2) 소유목표의 생성

필요나 욕구의 생성은 소유목표의 생성이나 소유의 축소로 이루어진다. 먼저 소유목표의 생성의 중요성과 생성 원리, 생성의 바람직한 방향을 살펴보기로 하자.

(1) 소유목표 생성의 중요성

필요와 욕구 생성의 한 축이 소유목표의 생성이다. 이것도 양이나 질로 우리의 삶에 지대한 영향을 미친다.

만약 소유목표가 크다면 그것을 도달시켜야 할 소유도 크고 소유를 얻으려는 인간의 노력도 커야 한다. 소유목표가 작으면, 그와는 반대다.

그리고 우리가 어떤 소유목표를 생성하는가에 따라서 우리의 삶 자체가 달라진다. 장자에는 이런 우화가 있다. 장자가 양나라의 재상으로 있는 옛 친구인 혜자를 만나려고 양나라에 갔다. 혜자는 자기 자리를 장자가 차지하려고 왔다는 다른 사람의 말을 듣고 두려워했다. 그래서 장자는 혜자를 만나 이런 이야기를 했다.

> "남쪽에 사는 원추(봉황)라는 새를 그대는 알겠지? 무릇 원추는 남녘 바다를 출발해 북녘 바다로 날아가면서 오동나무가 아니면 쉬지 않고 몸에 좋은 열매가 아니면 먹지 않으며 단 샘물이 아니면 마시지 않는다네. 그런데 솔개가 썩은 쥐를 얻었을 때, 원추가 지나가는 것을 쳐다보고 놀라서 소리쳤지.(南方有鳥 其名鵷鶵 子知之乎 夫鵷鶵發於南海 而飛於北海 非梧桐不止 非鍊實不食 非醴泉不飮 於

是鴟得腐鼠 鷂鶵過之 仰而視之曰 嚇)"(『장자莊子』: 추수秋水)

이 이야기 속에서 솔개는 썩은 쥐를, 원추는 몸에 좋은 열매와 단 샘물을 소유목표로 삼는다. 혜자는 권력을, 장자는 노닒을 소유목표로 여긴다. 무엇을 소유목표로 삼는가에 삶의 세계가 달라진다.

(2) 소유목표의 생성 원리

기존의 필요관에서는 필요나 욕구의 소유목표를 충족하려고만 할 뿐, 생성을 고려하지 않는다. 그것이 스스로 그렇게(자연自然)만 이루어진다고 믿고 있기 때문일 것이다. 그것이 반드시 그런가?

> 현자라고 받들어 모시지 않는 것이
> 백성을 경쟁하지 않게 하는 길이고
> 얻기 어려운 재물을 중시하지 않는 것이
> 백성을 도둑이 되지 않게 하는 길이며
> 탐낼 만한 물건을 드러내지 않는 것이
> 백성을 심란心亂하지 않게 하는 길이다.
> 그러므로 성인의 정치에서는
> 그 마음은 비워 주고 그 배는 채워 주며
> 그 뜻은 여리게 하고 그 뼈는 세게 한다.
> 항상 이름(名) 따위를 모르게 하고
> 항상 싫음(欲)을 안 갖게 하며
> 무릇 식자識者가 일벌이지 않게 한다.(박승희, 2015: 44)
> 不尙賢使民不爭 不貴難得之貨使民不爲盜 不見可欲使民心不亂

是以聖人之治 虛其心 實其腹 弱其志 強其骨

常使民無知無欲 使夫智者不敢爲也(『노자老子』: 3장)

지도자들이 이러 저러한 사람에게 현자라는 이름을 붙여서 떠받들면 사람들이 서로 현자가 되려는 싫음(욕欲)을 갖게 된다. 구하기 어렵거나 탐낼 만한 물건들에다 화려한 이름을 붙이면서 귀히 여기면 사람들이 서로 그것을 가지려는 싫음으로 마음이 어지러워진다. 예컨대 반짝거리는 돌에 구슬로서 귀하다는 의미를 담은 옥玉이라는 이름을 달지 않았다면 그 돌을 가지려는 싫음도 생기지 않는다. 이름 붙이기가 싫음의 근원이다. 싫음은 지식인(지자智者)이 이름을 만들어서 부추긴 것이다. 이 싫음은 인간이 조작해낸 것이므로 인간의 자연 본성에서 나오는 바람(욕망)과는 다르다. 예컨대 배가 고프면 먹기를 바라는 것이 여기에 속한다. 이것을 순수한 바람, 곧 맨바람이라 할 수 있다. 노자가 말하는 싫음은 바람에서 맨바람을 뺀 것이다. 노자는 백성의 마음에서 싫음을 퍼내 주어서 마음을 비우고 뜻을 여리게 하며 맨바람을 채워서 백성이 건강하게 살게 함을 바람직하게 생각한다. 그래서 좋은 정치라면 항상 싫음을 일으키는 이름(명名)을 백성이 모르게 하여 항상 싫음(욕欲)을 안 갖게 하며 무릇 식자識者가 이름을 만들어서 백성의 싫음을 불러일으키는 짓을 하지 않게 한다.

이런 싫음의 생성이란 소유목표의 설정이라고 할 수 있다. 따라서 싫음의 소유목표는 인간이, 맨바람의 소유목표는 자연이 만든다. 특히 인간의 생존에 필수적인 바람들은 인간 자체의 자연적인 특성으로부터 생긴다. 여기서 우리는 필요나 욕구의 소유목표가 자연적으로도 생기기도 하지만, 인위적으로 조작되기도 한다는 것을 알 수 있다.

소유목표가 조작당하는 생생한 예를 들어보자. 당나라 말기에 구사량仇士良이란 환관宦官(내시)은 20여 년간 여섯 황제를 대신하여 권력을 전횡하였다. 심지어 두 명의 황제, 네 명의 재상과 천여 명의 후궁을 제멋대로 죽이면서까지 부귀를 누렸다. 그가 병을 얻어 자리를 넘겨주면서 후배들에게 전한 비법은 이렇다. '황제를 한 순간도 한가롭게 해서는 안 된다. 황제가 언제든지 사냥과 가무, 여자, 술과 음식을 즐길 수 있도록 준비하고 또 준비해야 한다. 황제를 사치와 오락에만 빠져 있도록 해야만 학자들을 만나지도 책을 읽지도 않게 되어 바보가 된다. 그러면 너희들이 황제의 명령을 마음대로 조작하여 권세를 오래도록 누릴 수가 있다.'(쩌우지멍 지음, 2006: 152) 황제의 소유목표는 한없이 충족되었지만 그의 삶은 위태롭기 그지없었다. 그런데 그의 소유목표는 충족될 뿐만 아니라 한없이 조작되었다.

이것이 비단 황제에게만 해당되는 것일까? 자본주의 사회에서 사는 우리는 필요나 욕구의 소유목표를 조작당하는 것은 아닐까? 소비자는 왕이라고 한다. 상품이 팔리지 않으면 생산에 들인 노력이나 돈이 물거품이 된다. 상품의 판매는 판매자가 아니라 소비자에게 달려 있으므로 판매자는 소비자의 싫음을 조작해내기도 한다. 소비자들은 알면서 또는 모르면서 왕이 되고 황제가 되어 자기의 소유목표를 조작당하게 마련이다. 환관은 권력을 누리기 위해서 황제의 소유목표를, 상품의 판매자는 돈을 벌기 위해서 소비자의 소유목표를 조작한다. 소비자도 우롱당하는 황제처럼 소유목표를 스스로 만들지 않게 하는 것이 자본주의의 신성한 법칙이다. 우리 주변을 보면 과거에는 필요하지 않았던 것이 필요하게 되는 경우가 얼마나 많은가? 우리의 소유목표를 자극하는 신상품이 끊임없이 생겨나면서 우리의 결핍을 키운다. 신상품은 필요의 소유목표를 충족하기만 하는 것이 아니라 만들어내기도 한다. 예컨대 단 얼음과자(아이스크림)를 계속 먹으면

---

22. 나는 미국에서 '최고급' 얼음과자를 먹었을 때 담석증의 고통이 심해졌다. 달게 하는 특수 조미료 때문일 것이다.

그것이 단 줄 모른다. 그래서 미국에서는 얼음과자를 점점 더 달게 만들어서 사람들이 얼음과자에 의존하게 만든다.[22] 이처럼 개인의 소유목표가 자신도 모르는 사이에 사회적인 조작으로 확대된다. 이것을 우리는 리외離畏적 소유목표의 생성이라고 할 수 있다.

한편 소유목표를 주체가 스스로 만들어내기도 한다. 이것은 소유목표의 주체적인 확대로서 필요 및 욕구, 고통의 성찰적인 생산이다. 특히 기본필요가 충족된 다음의 주체적 소유목표 확대는 삶의 목표처럼 스스로 설정한다. 예컨대 유학자들은 자신의 욕망을 스스로 관리하고자 한다. 이것은 나쁜 소유목표는 버리고 좋은 소유목표는 배양하고자 한다.[23]

물론 이런 주체적인 소유목표가 사회와 단절되어 이루어지는 것은 아니다. 예컨대 심산 김창숙 선생은 일제시대와 독재시대의 압제로부터 인간을 해방人間解放시키는 것을 인생의 과제(소유목표)로 삼았다. 이를 달성하려고 노력하면서 고문을 당하고 자식들을 잃고 빈곤하게 살아야 하는 고통을 겪었다. 이런 물리적 고통만이 아니라 해방을 선생의 소유목표로 설정하는 순간부터 현실(소유)과 소유목표의 격차 때문에 마음의 고통도 심하게 느꼈다. 이러한 유형의 소유목표 확대는 분명히 사회적인 영향 아래에서 이루

---

23. 퇴계退溪는 사단四端은 이理가 순수하게 발현된 것이라 언제나 선하고 칠정七情은 기氣가 이와 함께 작용하여 발현된 것이므로 선善하기도 하고 악惡하기도 하다(이황 기대승, 2003: 354)고 했다. 이와는 달리 고봉高峰은 사단과 칠정이 공히 이기理氣 작용의 결과인데, 칠정이 절도에 맞은 것은 사단으로서 하늘이 준 본래의 모습이고 절도에 맞지 않게 발현되는 것은 기가 부여하는 사물에 대한 욕망이 작용하여 성性의 본연으로 돌아가지 못한 것이다(이황 기대승, 2003: 369)고 한다. 그러나 두 사람은 모두 나쁜 칠정은 기의 잘못된 작용에서 비롯된다고 보고 있다. 이러한 퇴계와 고봉의 주장에 따르면 기는 조정·관리할 수 있고 기가 부여하는 사물에 대한 욕망은 다른 하고품으로 대치할 수도 있다. 그렇지 않다면 수기修己와 위기지학爲己之學은 아무런 의미가 없다. 그러므로 퇴계와 고봉도 기가 부여하는 욕망(소유목표)은 인위적으로 생산하거나 확대할 수 있다는 점을 인정한다고 할 수 있다.

어진다. 이 점에서는 리외적 형성도 마찬가지다. 리외도 대부분 사람들의 상호작용으로 이루어지기 때문이다. 뿐만 아니라 리외도 외형으로는 '주체'의 참여가 없이는 일어나기 어렵다. 비유하자면 속는 사람이 속지 않으면 속일 수 없는 것과 같다. 따라서 소유목표의 주체적 형성을 리외적인 경우와 겉으로 구별하기는 쉽지 않다. 그러나 속아서 하는 것과 스스로 하는 것은 다르다. 주체적 소유목표 생성은 주체가 외부의 영향에 휩쓸리지 않고 성찰하면서 소유목표를 형성하는 것이므로 리외적인 소유목표 형성과는 개념적으로는 구별된다.

그런데 소유목표의 주체적 확대가 용이容易하지만은 않다. 소유목표의 생성과 확대가 대부분 학습과 노력을 통해서 이루어지기 때문이다. 심지어 담배와 술의 맛을 알고 그에 대한 소유목표를 갖기 위해서도 학습이 필요하다. 아무리 판소리가 매혹적이라고 하더라도 그것을 즐기려면 소양을 길러야 한다. 이에 관한 노자의 재미있는 시가 있다.

> 억지로 말하자면 스스로 그러하다.
> 그러므로 회오리바람 아침 내내 불지 않고
> 소나기는 종일토록 내리지 않는다.
> 누가 이것을 지속시킬까?
> 하늘이 그러할까, 땅이 그러할까?
> 하늘땅도 오래도록 할 수 없거늘
> 어찌 사람 따위가 그럴 수 있겠는가?
> 그래서 길꾼(도자道者)은 길 닦기에 힘쓰므로
> 언제나 마땅히 길(도道)과 어울리고
> 덕꾼(덕자德者)은 마땅히 덕과 어울리며
> 흠꾼(실자失者)은 마땅히 흠(과실過失)과 어울린다.

길과 어울리니 길도 그를 좋아하고,

덕과 어울리니 덕도 그를 좋아하며

흠과 어울리니 흠도 그를 좋아한다.

길을 믿지 않으면 길도 믿지 않는다. (박승희, 2015: 160)

希言自然

故飄風不終朝 驟雨不終日

孰爲此者 天地 天地尙不能久 而況於人乎

故從事於道者 道者同於道 德者同於德 失者同於失

同於道者 道亦樂得之 同於德者 德亦樂得之 同於失者 失亦樂得之

信不足焉 有不信焉(『노자老子』: 23장)

　자연의 질서에서 보면 사람의 소유목표도 스스로 그렇게 절로 이루어진
다. 인간이 주체적으로 노력하면 저절로 소유목표가 생긴다. 소유목표도
습관(홍성민, 2014)이다. 예컨대 담배를 힘써 피우는 사람을 담배꾼이라 하
는데 담배꾼은 담배와 어울린다. 마찬가지로 술꾼은 술과, 길꾼(도자道者)
은 길과, 덕德꾼은 덕과, 흠꾼(실자失者)은 흠과 어울린다. 담배꾼은 담배
가, 술꾼은 술이, 길꾼은 길이, 덕꾼은 덕이, 흠꾼은 흠이 좋아하며 따른
다. 담배, 술, 길, 덕, 흠을 믿지 않으면 그것도 믿어주지 않는다. 담배를
힘써 피우다 보면 담배의 소유목표가 저절로 생긴다. 술을 힘써 마시다 보
면 술의 소유목표가, 길을 힘써 따르다 보면 길의 소유목표가, 덕을 힘써
닦다 보면 덕의 소유목표가, 흠을 힘써 저지르다 보면 흠의 소유목표가 저
절로 생긴다. (박승희, 2015: 162)

(3) 소유목표 생성의 바람직한 방향

소유목표의 확대나 생성은 자연적으로 이루어지기도 하고 인위적으로 확대되기도 한다. 기본필요가 충족되지 않은 상태에서는 주로 소유목표가 자연적으로 생성된다. 그러나 그 이상에서는 소유목표의 확대가 인위적으로도 이루어진다. 자연적으로 발생하는 것은 우리가 어찌할 수 있는 것이 아니므로 기본필요가 충족된 이후의 소유목표를 인위적으로 확대할 때 어떻게 하는 것이 바람직한가만을 논의하고자 한다. 소유목표의 인위적 확대는 이미 지적한 바와 같이 리외離畏적으로나, 또는 주체적으로 이루어진다.

소유목표의 인위적 확대가 행복을 증진할 수도, 불행을 낳을 수도 있다. 사람들은 흔히 소유목표를 채워가는 과정에서 기쁨을 느끼므로 소유목표가 행복 증진에 기여할 가능성은 크다. 그러나 언제나 그렇지는 않다. 각종 중독과 관련된 소유목표들은 오히려 불행을 낳는다. 그리고 도달到達할 수 없는 소유목표도 불행의 원인이다. 소유목표가 허황하면 그 욕구는 채울 수 없고, 채울 수 없으면 실망이 지속된다. 거의 불가능한 '대박'에 인생을 걸고 안달하는 것도 여기에 해당된다.

어떤 소유목표에 우리가 도달하기 위해 노력하는 과정에서 고통을 당하며 그 고통을 해소하면서 행복한 삶을 엮어간다. 예컨대 흔히 사람들은 가족의 생계유지라는 소유목표를 채우려고 노동한다. 이 경우 노동 그 자체가 목적은 아니다. 그러나 사람들은 노동에서 고통을 느끼고 해소하면서 일상을 지루하지 않게 지을 수 있다. 이것은 의도되지 않는 것일 수 있다. 이런 점에서 가족의 생계유지라는 소유목표의 설정이 행복의 증진에 기여한다고 할 수 있다. 그런데 모든 소유목표가 이런 성질을 가지고 있는 것은 아니다. 바구니에 감 떨어지기만을 기다리는 것과 같은 소유목표도 있기 때문이다. 이 점에서도 소유목표가 행복을 증진시킬 수도 그렇지 않을 수도 있다.

이처럼 소유목표가 행복에 기여하는가, 불행을 낳는가를 고려하여 소유목표를 확대할 것은 확대하고 확대하지 말아야 할 것은 말아야 한다. 이런 점에서도 소유목표를 선택하여 확대할 필요가 있다.

그러나 소유목표의 바람직한 선택을 고려하지 않는 채 소유의 확대로만 필요나 욕구 충족만을 추구하면 그 충족의 결과가 오히려 심각한 문제를 야기할 수도 있다. 나쁜 소유목표에 도달하려는 노력은 오히려 불행을 가중加重하기도 한다. 반대로 좋은 소유목표는 욕구의 충족을 가능하게 할 뿐만 아니라 그 결과도 좋을 가능성이 크다. 그러므로 소유목표의 선택은 인생을 재미있게 꾸리는 데 중요한 요소이다. 소유목표(결국 필요와 욕구)의 선택은 매우 중요한 삶의 과제이다. 이 점을 놓친 충족 일방적 사회복지는 불만과 불행만을 키울 수 있다. 막아야 할 소유목표 확대와 권장勸獎해야 할 소유목표 확대를 분간하지 않은 채 소유의 확대만을 추구하는 사회복지는 결국 불만의 기제에 동조할 수 있는 가능성이 매우 크다.

이상에서 논의한 인위적 소유목표의 확대의 범주들을 표로 정리하면 다음과 같다.

〈표 4-1〉 인위적으로 생성한 소유목표의 분류

구분	행복에 기여함	불행을 낳음
주체적 생성	㉮	㉯
리외적 생성	㉰	㉱

따라서 우리는 행복에 기여하는 소유목표는 확대하는 것이 바람직하다고 할 수 있다. 그렇더라도 리외적으로 생성된 소유목표(㉰)도 확대하는 것

이 바람직한가? 결과적으로 그것이 좋은 결과를 가져온다 하더라도 그것을 권장하기는 어렵다. 물론 이에 대해서는 별도別途의 윤리적 논의가 더 필요하다. 아무튼 행복의 증진에 기여하는 소유목표는 주체적으로 확대할 (범주㉮) 필요가 있다.

반면 불행을 낳는 소유목표(㉯㉰)는 피하는 것이 바람직하다. 그런데 불행을 낳는 소유목표를 주체적으로 확대하는 경우(㉯)는 현실에서는 흔치는 않지만 없는 것은 아니다. 자주 문제가 되는 것은 리외적인 방식으로 소유목표가 생성되고 확대되는 경우(㉰)이다. 실제로 자본주의 사회에서는 시장기제에 따라 불행을 낳는 소유목표가 확대되는(필요나 욕구가 생성되는) 경향이 많다. 리외적인 소유목표 확대의 문제점을 알아차리고 적극적으로 대응對應할 필요가 있다.

3) 소유 축소

소유의 축소는 소유목표의 확대와 함께 필요나 욕구 생성의 기본 원리이다. 이것은 인간이 어떤 목표에 도달하는 데 필요한 현재의 조건을 악화시키는 것으로서 고통을 생산하는 것이기도 하다. 기존의 필요 및 욕구관에서는 소유의 확대만을 추구할 뿐 소유의 축소에 대해서는 고려하지 않는다. 특히 소유를 일부러 축소하는 것은 죄악으로 여기는 경향도 있다. 그러나 소유의 축소도 필요나 욕구 생성의 일환이고 그 생성이 충족의 전제이므로 궁구해 보는 것이 바람직하다.

(1) 소유 축소의 중요성

소유의 축소는 행복을 증진시키는 데 어떻게 기여하는가?

첫째, 소유의 축소는 욕구의 생성 과정으로서 욕구 충족의 전제조건이기도 하다. 소유의 축소는 그릇에 무언가를 채우려고 먼저 비우는 것과 같다. 우리는 소유를 축소하여 필요나 욕구를 채울 수 있는 여건을 만들 수 있다. 배부름에 만족하려면 먼저 배가 고파야 한다. 지속적인 배부름은 그자체가 고통일 뿐이다. 소유의 축소와 그로 인한 고통이 심할수록 더 용이하게 채울 수 있을 뿐만 아니라 더 큰 만족을 느낄 수 있다. 운동 후의 물맞이(shower)가 매우 즐거운 것은 바로 이 때문이다. 이 점에서 소유의 축소는 행복의 증진에 기여한다.

둘째, 소유의 축소는 소유목표의 축소를 위한 준거準據를 마련해줌으로써 필요 및 욕구의 충족을 용이하게 해준다. 만족을 달성하려면 소유목표의 축소가 불가피한 경우가 많은데 소유의 축소가 소유목표를 줄이는 좋은 방법이다. 만약 소유가 일시적으로 확대되었다가 다시 감소되면, 확대되었던 소유가 줄어든 소유의 비교 준거로 작용하여 소유목표가 확대된다. 이렇게 되면 아래가 아니라 위를 보고 산다. 이 경우에는 소유목표가 소유보다 더 크므로 필요나 욕구가 불충족된다. 그러나 소유가 일시적으로 축소되었다가 다시 증가하면, 작았던 소유가 회복된 소유의 비교 준거로 작용하여 소유목표가 된다. 티벳에서는 수개월간 오체투지五體投地를 하며 순례巡禮를 하는 사람들이 있다. 순례를 마치고 그 고통이 사라진 다음에도 그 고통의 기억은 허망한 소유목표를 줄여주는 준거가 된다. 이 경우에는 위가 아니라 아래를 보고 산다. 소유목표가 소유보다 더 작게 설정되어 필요나 욕구가 쉽게 충족된다. 이것은 결국 만족과 불만족이 소유의 축소와 확대 경험을 따라서 상대적으로 결정된다는 말이다. '상대적인 박탈감剝奪

感'[24]이라는 말도 이런 맥락에서 성립된다. 여기서 우리는 소유목표의 축소가 현재의 소유를 그보다 적은 소유와 비교함을 통해서 이루어진다는 것을 알 수 있다. 물론 이러한 비교가 앞에서 이미 밝힌 것처럼 직접적일 수도 있고 간접적일 수도 있다. 아무튼 소유의 축소는 준거를 낮추어 준다는 의미에서 행복의 증진에 기여한다.

모든 소유의 축소가 이 점에서 행복의 증진에 기여할 수 있다. 그것이 자연적으로 이루어지든 인위적으로 이루어지든 이것을 그 소유목표의 축소를 위한 준거로 활용할 수 있다. 리외나 강압으로 이루어진 경우라도 마찬가지다. 심지어 그 축소가 회복 불가능한 경우조차도 소유목표의 축소라는 점에서만 보면 바람직하다고 볼 수 있다. 물론 이것은 소유 축소에 따른 고통을 치유治癒하고 재발再發을 막으려고 노력하지 말아야 한다는 것을 의미하지 않는다. 마땅히 그렇게 해야 한다. 여기서 말하고자 하는 바는 모든 소유의 고통은 행복 증진을 위한 자원으로 활용할 수 있다는 점이다. 이미 겪은 고통으로 현재의 삶을 의미 있게 구성할 수 있다. 똥은 버려야 하지만 퇴비로 쓸 수 있다. 예컨대 일제 강압과 독재, 분단 등의 아픔도 오늘의 삶을 감사하게 받아들이고 재발 대비對備를 위한 경각심을 일깨워 주는 역사적인 자산일 수 있다. "우환에서 살고 안락에서 죽을(生於憂患 死於安樂)"(『맹자孟子』: 고자장구告子章句下 15) 수 있다. 그리고 예수의 고통과 죽음 그 자체가 좋을 수는 없지만, 다른 한편에서는 구원救援과 부활復活의 전제이다. 그러나 충족 일방적인 접근에서는 이러한 고통의 재활용을 보지 못한다.

---

24. 머튼(Merton)은 군인들의 근무 만족 연구에서 진급의 기회가 많은 본부에 근무하는 사람들이 오히려 그런 기회가 적은 전방에 근무하는 사람들보다 불만이 더 많다는 것을 발견했다. 본부의 군인들은 주변의 진급자들을 준거 집단으로 삼으므로, 다같이 진급을 못하는 전방 군인들보다 '상대적인 박탈감'이 컸기 때문이라고 주장했다.(Merton, 1968: 281)

이것은 일종의 자원 낭비이다. 필요나 욕구의 충족만을 추구하는 사회복지 정책은 불만과 고통의 상태를 준거로 활용하여 소유목표를 축소하려는 생각을 하지 않으므로 불만의 기제에 효과적으로 대응하기 힘들다.

(2) 소유 축소의 원리

소유의 축소도 자연적인 현상일 뿐만 아니라 인위적인 현상이다. 예컨대 우리가 밥을 먹고 시간이 지나면 자연스럽게 배가 고파온다. 소유의 축소가 자연스럽게 일어난다. 그러나 우리는 일부러 밥을 굶을 수도 있다. 이것은 소유의 인위적 축소이다. 이 경우 밥을 굶는 것은 인위적이지만 밥을 굶어서 배가 고픈 것은 자연적이므로 인위적인 것과 자연적인 것이 결합되어 있다고 볼 수 있다.

소유의 인위적 축소도 욕구 당사자의 주체적인 판단이 중요하게 작용하는 경우와 그와는 무관하게 이루어지는 경우가 있다. 예컨대 수도자의 고행이나 무소유 노력은 주체적 결정으로 이루어진다. 그러나 자본주의 사회에서는 소비를 미덕으로 떠받들므로 사람들은 자기도 모른 사이에 쓸 만한 것도 버리곤 한다. 이것은 리외적인 소유의 축소이다. 그런가 하면 고문은 욕구 당사자의 의사와는 무관하게 이루어진다. 이러한 측면에서도 필요 및 욕구의 인위적 생성을 주체적인 것과 리외적이거나 강압적인 것으로 나누어볼 수 있다.

(3) 소유 축소의 바람직한 방향

자연적 소유 축소는 인간이 관리하기 어려우므로 여기서는 인위적인 소유 축소의 관리 방향을 논의하고자 한다. 인위적인 축소에는 주체적이거나 리외적이거나 강압적인 것이 있다.

기존의 필요나 욕구관에서는 소유를 늘리고자 하므로 소유 자체의 좋고 나쁨은 따지지 않는다. 그런데 소유도 좋거나 나쁘기도 하다. 좋으면 늘리고 나쁘면 줄여야 한다. 배고픈 사람에게는 먹을 것이 좋다. 소유를 확대해야 한다. 그러나 어떤 사람은 온갖 쓰레기를 주워 집안에 가득 모아놓고 애지중지愛之重之하며 잠자리마저 없어서 고생하기도 한다. 이런 소유는 줄이는 것이 좋다.

그런가 하면 이로운 소유가 축소된 다음에 회복 가능한 경우와 회복 불가능한 경우가 있다. 예컨대 운동은 편안함의 소유를 줄여서 고통을 생산하는 것인데 이 고통은 쉬면 회복이 되고 그 과정에서 다시 편안함이나 즐거움을 느낀다. 반면 자살이든 타살이든 죽고 나면 생명을 되돌릴 수가 없다.

이런 점들을 고려하여 인위적으로 축소한 소유를 분류하여 표로 정리하면 다음과 같다.

〈표 4-2〉 인위적으로 축소한 소유의 종류

구분	해로운 소유의 축소	이로운 소유의 축소	
		회복 가능	회복 불가능
주체적 축소	㉮	㉯	㉰
리외 · 강압적 축소	㉱	㉲	㉳

위 표에서 보는 바와 같이, 해로운 소유도 주체적으로, 또는 리외와 강압으로 축소할 수가 있다. 해로운 소유를 주체적으로 축소하는 것(㉮)이야 문제될 것이 없지만 아무리 그 해로움이 심하다고 하더라도 리외나 강압으

로 축소하는 것(⑩)은 문제가 될 수 있다. 아무리 해로운 쓰레기라도 애지중지하는 주인의 뜻을 무시하고 강제로 치우는 것은 무리이다. 물론 마약을 많이 소유하고 있는 경우는 주인의 의사와 무관하게 강제로 치우는 것이 법으로는 가능하다. 그렇더라도 해로운 소유를 주인 스스로 축소하지 않고 남이 대신할 때에는 신중할 필요가 있다.

이로운 소유라도 축소하는 것이 바람직한 경우가 많다. 소유의 축소가 회복되는 과정에서 기쁨이 생기므로 회복 가능한 소유는 행복을 증진시킨다. 위 표에서 보면 범주⑭⑯가 여기에 해당된다. 우리는 행복한 삶을 구성하려면 이러한 회복 가능한 소유 축소를 만들어낼 필요가 있다. 이것이 충족 가능한 욕구를 생성하는 것이다. 그러나 이 중에서 소유의 리외·강압적인 축소(⑯)는 막는 것이 좋다. 비록 회복 가능한 경우로서 결과적으로 행복을 증진시키는 데 기여한다 하더라도 쉽게 허용해서는 안 된다. 다만 회복 가능한 소유를 주체적으로 축소하는 경우(⑭)는 문제가 되지 않는다.

그러나 이로운 소유를 축소하여 회복할 수 없는 경우(⑰⑱)는 소유의 축소가 행복의 조건이 될 수 없고 그 자체로는 고통만을 지속시킨다. 물론 이 고통도 소유목표를 줄이는 자원으로는 재활용할 수는 있다. 그렇더라도 이런 소유의 축소는 피하는 것이 바람직하다. 특히 리외·강압적 경우(⑱)는 막는 것이 마땅하다. 이것은 사회적인 사건이므로 개인이 막기가 쉽지 않을 수도 있다. 이와는 달리 주체적인 경우(⑰)는 피하느냐 마느냐가 선택의 문제이므로 피하기가 용이하다.

5. 필요 욕구의 충족

필요의 충족 방법으로는 소유의 확대와 소유목표의 축소가 있다. 그런데 기존의 필요관에서는 소유 확대만을 추구한다. 이것이 문제가 많다는 점은 이미 지적하였다. 여기서는 소유목표 축소의 중요성과 바람직한 방향 따위를 다루고자 한다.

1) 소유목표 축소의 중요성

소유목표의 축소가 왜 중요한가를 자원의 희소성, 그리고 자본주의 사회의 소유목표 확대 문제와 연관시켜 다루고자 한다.

(1) 자원의 희소성 문제와 소유목표 축소

기존의 필요 및 욕구관에서 소유목표는 많이 확대할수록 좋다고 믿으며 그것을 충족할 자원(곧 소유)은 희소하므로 소유의 확대만을 추구한다.

그렇다면 과연 자원은 희소한가? 인간의 존립 자체가 절묘한 물질들이 모여서 균형을 이루고 있는 것인 한, 그 조건을 갖추는 데 필요한 재화와 용역을 의미하는 자원을 확보하기란 쉽지 않다. 이 점에서 자원은 희소하다. 이것은 비단 인간만이 아니라 모든 생물들에게도 마찬가지다. 지금 이 순간에도 인간을 포함한 모든 생물들은 '희소한' 자원을 확보하려고 최선을 다한다.[25] 그래서 우리는 고단한 노동을 하면서 삶을 꾸려 가지만 그 때문에 삶이 누릴 만한 재미와 가치를 지닌다.

그런데 이 희소함이 절대적이 아니라 상대적이다. 인간은 늘 죽어가고 있지만 죽지 않고 영원히 살려는 사람에게는 삶의 연장을 위해 필요한 자원이 아무리 많아도 영원히 희소할 수밖에 없다. 그리고 아무런 불편이나 고통 없이 살려는 사람들에게는 불편과 고통을 없애는 데 필요한 자원이 언제나 부족하게 마련이다. 예컨대 비만한 사람이 운동의 고통을 감내하지 않고 살을 빼는 데 들어가는 비용은 얼마나 될까? 그러나 우리가 천수天壽를 누리더라도 죽지 않을 수는 없다는 사실을 인정하고 조금 불편하더라도 그것을 받아들인다면, 자원은 얼마든지 넉넉할 수 있다. 따라서 자원은 희소하다는 관점에서 보면 한 번도 남은 적이 없었고 남는다는 관점에서 보면 영원히 부족함이 없을 것이다.[26] 지금 세계의 한 쪽에선 사람들이 굶고 다른 쪽에서는 너무 많이 먹어서 비만에 시달리고 있다. 인류가 생산한 식량은 모두가 먹고도 남을 만큼 많다. 우리에게 자원은 결코 희소하다고만 할 수 없다.

여기서 우리가 자원의 희소와 남음이 자원 자체만이 아니라 필요나 욕구의 소유목표에도 달려 있다는 것을 알 수 있다. 따라서 자원을 아무리 확대하더라도 소유목표가 더욱 확대되면 필요나 욕구를 채울 수는 없고 다 채웠다 하더라도 새로운 소유목표가 증가한다면 자원이 희소할 수밖에 없다. 반면 자원이 아무리 작다 하더라도 소유목표가 소유보다 작으면 인간이 만

---

25. 이것이 만물의 환경 적응이다. 인간의 대표적인 적응 방식은 노동이다.
26. 소동파蘇東坡는 달 밝은 밤 적벽강에 쪽배를 띄워놓고 벗과 더불어 술을 마셨다. 그 벗이 퉁소 연주를 마치고, 인생의 덧없음이 슬프다고 하자, 동파는 이렇게 답했다. "그대도 이 강물과 저 달을 아는가? 흐르는 것은 이와 같되, 한 번도 흘러가지 않은 적이 없었고 찼다 기우는 것은 저와 같되, 끝내 사라지거나 더 커짐이 없을 것이다. 무릇 변한다는 관점에서 보면 하늘과 땅이 한순간도 가만히 있을 수 없었고 변하지 않는다는 관점에서 보면 물物(나 아닌 모든 것)과 나 모두에게 끝남이 없을 것이다.(客亦知夫水與月乎 逝者如斯 而未嘗往也 盈虛者如彼 而卒莫消長也 蓋將自其變者而觀之 則天地曾不能以一瞬 自其不變者而觀之 則物與我皆無盡)"(소식蘇軾, 전적벽부前赤壁賦)

족할 수 있다.

필요나 욕구는 소유가 소유목표보다 적은 상태(소유〈소유목표)에서 생겨나는데 소유목표의 영역은 필요나 욕구에 대한 판단자의 인식이 가능한 영역까지 확대될 수 있는 반면, 소유의 영역은 인식에 의해서 간단하게 확대되지 않으며 실제적으로 충족되어야 하므로 현실적인 제약을 받는다. 노자의 폐쇄적閉鎖的 이상사회理想社會[27)]가 아닌 한, 소유목표는 소유보다 훨씬 빠르게 증가한다. 교통과 정보통신기술이 발전한 현대 자본주의 사회에서는 사람들의 이동을 막을 수도 없고 남의 음식, 옷, 집과 풍속이 자기 것보다 좋다는 과장된 정보들이 손바닥과 마음으로 흘러드는 것을 금지할 수도 없다. 그래서 사람들은 자기 머리의 색은 물론 자기 몸마저도 추하게 여긴다. 머리에 물을 들이고 얼굴과 몸을 수술로 개조한다. 자본주의 사회에서는 필요나 욕구 자극의 물질적 제한성이 약해지면서 소유목표가 증폭增幅되므로 필요나 욕구의 종류와 크기는 한없이 확대될 수밖에 없다.(Applbaum et al, 1998: 323~324) 필요나 욕구의 상한을 한없이 자극하는 이런 사회에서 충족은 무지개 쫓기에 지나지 않는다. '색즉시공色卽是空'의 난해難解한 의미를 실감나게 이해시켜줄 수 있을 정도로 색을 조작하여 감각에 전달하는 기술이 급속하게 발전하는 상태에서는 아무리 충족을 하여도 새로운 소유목표가 무한히 확장될 수 있다. 한없는 불만 속에서 대상

---

27. "나라를 작게 하고 백성을 적게 하면, 장정 열 백 몫의 일을 해내는 기계가 있다 해도 안 쓰게 되고, 백성이 죽음을 중히 여기며 멀리까지 왔다갔다 안 하게 되니 배와 수레가 있어도 탈 일이 없고 무기가 있어도 쓸 일이 없게 되며, 사람들이 (복잡한 문자를 마다하고) 세 끼 신호법을 복원하여 쓰게 된다. 자기 음식을 달게, 자기 의복을 고이, 자기 거처를 편히, 자기 풍속을 즐겁게 여기므로 마주 보는 나라와 나라 사이에 닭 울음과 개 소리가 들릴지라도 늙어서 죽을 때까지 오가지 않게 된다.(박승희, 2015: 390)(小國寡民 使有什佰之器而不用 使民重死而不遠徙 雖有舟輿 無所乘之 雖有甲兵 無所陳之 使人復結繩而用之 甘其食 美其服 安其居 樂其俗 隣國相望 鷄犬之聲相聞 民至老死不相往來)"(『노자老子』: 80장)

의 그림자를 안달을 부리며 쫓는 이런 상황에서는, 욕구를 채울 수 없다.

그럼에도 불구하고 희소성을 전제로 자원을 더 많이 제공하거나 확보하는 것을 사회복지정책의 방향으로 설정한다면 자원은 영원히 희소할 수밖에 없다. 특히 사람들은 돈만 있으면 모든 것을 살 수 있다는 생각을 갖기 쉽고 지속적인 궁핍의식을 암암리暗暗裡에 강요당하는 자본주의적 시장제도에서 희소성은 '영원한 진리'인데, 자원의 공급만을 추구하려는 사회복지정책은 그 희소성의 진리를 따르는 것에 지나지 않는다. 그것은 만족할 수 없는 풍요에 대한 갈증渴症민을 자극하여 물신을 더욱 숭배하게 만든다.

소유목표가 크면 소유할 자원은 희소할 수밖에 없다. 증대되는 소유목표를 축소하지 않고서는 필요나 욕구를 충족시키지 못한다. 구매중독자購買中毒者가 소유목표를 축소시키지 않고 어떻게 욕구를 충족시킬 수 있겠는가? 소유보다 소유목표가 훨씬 빠르게 확대되는 자본주의 세상에서는 소유목표 축소가 필요나 욕구 충족의 필수 조건이다. 자원(소유)이 희소한 것만이 아니라 소유목표가 큰 것도 문제이고, 소유를 늘리는 것만이 아니라 소유목표를 줄이는 것도 중요하다.

(2) 화폐 집착과 소유목표 축소의 중요성

자본주의 사회에서는 소유목표가 빠르게 확대되는 경향을 보인다. 무엇보다도 화폐에 관한 소유목표의 확대는 화폐에 대한 집착으로 이어져 자유로운 삶을 방해한다.

우리는 2장에서 다룬 바와 같이 상품 사회의 사람들은 화폐에 집착하는 경향이 있다. 화폐는 인간의 필요와 욕구를 충족시키는 중요한 수단이다. 그러므로 화폐가 기본필요를 충족하기 어려울 정도로 결핍된 상태에서는 그것에 집착하지 않을 수 없다. 물론 인간은 생존이 절박한 상황에서도 의 지적意志的인 노력으로 집착으로부터 벗어날 가능성이 전혀 없는 것은 아니다. 그러나 그것은 어디까지나 순간의 위안慰安[28]일 뿐이다(표 4-3, ⓝⓓ ⓡ).

그렇다면 화폐에 대한 집착이 왜 문제가 되는가?

화폐 집착은 삶을 매우 긴장감 있게 구성해주는 재료일 수도 있다. 집착은 그 대상을 얻으려는 노력으로 연결되기 때문이다. 만약 우리가 생존에 필요한 화폐를 얻으려고 애를 써서, 그것을 얻어내는 과정을 반복한다면 우리의 삶이 불행하다고 말할 수는 없다. 그것은 본인에게는 물론 타인에게도 감동을 준다. 그런가 하면 생계비가 넉넉지 못한 사람들이 타인의 도움을 받는다면 그들은 감동한다. 여기서 왜 가난한 사람들이 오히려 더 인간적이고 덜 유물론적일 수도 있는가를 이해할 수 있다.

그러나 이것은 그래도 어느 정도 여유가 있을 때의 이야기이다. 생존 자원이 부족하여 하루하루의 삶이 절박한 상태에서는 사람들이 화폐(물질)에 대한 지나친 집착을 보이게 되며, 삶의 다른 측면들이 생활세계生活世界에서 무시되고 만다. 인간의 행복한 삶을 구성하는 요소가 다양함에도 오로지 하나에만 매몰埋沒되어버린다. 그 순간 인간은 심한 고통을 당한다. 자기 생존에 필요한 화폐(물질)을 얻으려고 담을 넘거나 타인을 죽이기도 한다. 먹거리에 긴요한 돈에 눈을 판 사람은 길가에 핀 어여쁜 들꽃을 보지 못한다. 이러한 집착은 불행의 근원이다.

그런데 이런 화폐 집착은 생계가 위협받는 상황에서만 나타나는 것이 아니다. 생존의 위협이 사라진 상태에서도 그대로 유지되기도 한다.

그 이유는 무엇보다도 생존의 필요(기본필요)를 채우기가 쉽지 않기 때

---

28. 이러한 순간의 위안이 소중하지 않다는 것은 아니다. 인생 자체가 '순간'이라 할 수 있는데 이 순간순간이 얼마나 소중한가? 시간의 장단을 따진다는 것이 '부질없는' 것일 수도 있다.

문이다. 기본필요가 충족되지 않은 삶은 늘 있어왔다. 특히 생산성이 낮거나, 전쟁과 재난이 발생한 사회에서는 기본 필요의 충족이 매우 어렵다. 기본필요가 비교적 잘 충족된 사람들도 질병과 죽음이 있는 한 항상 기본 필요의 불충족 위기에 빠질 가능성이 있다. 그러므로 사람들은 생존 수단인 화폐 소유의 확대를 행복의 증진으로 여기곤 한다. 예컨대 굶주림의 위기가 상존하던 오랜 세월 동안 사람들은 밥을 하늘로 삼았다(以食爲天). 그래서 민중의 배가 주리면 주릴수록 달마 석상石象의 배는 더 나왔다. 실제로 달마가 비만했었느냐, 그러면서도 건강했었느냐는 중요하지 않다. 배가 부른 것은 주린 민중의 간절한 소망이다. 그런데 비만이 문제가 되는 이 시대에도 절에 가면 배 나온 달마가 환한 웃음으로 사람을 반긴다. 달마의 비만은 여전히 사람들에게 행복의 상징이다. 이것은 무엇보다도 마음의 바닥에 아로새겨진 주림의 공포 때문이다. 사람들이 어떤 것을 생생하게 체험한 것일수록 마음에 깊이 각인시켜 그것을 보편의 진리로 받아들인다. 주림 공포의 체험 지식은 비만의 시대에도 여전히 '경험으로 입증된 진리'로 통용된다. 화폐 부족으로 생존을 위협받던 시기에 화폐 소유를 증대시킬수록 행복하다는 것을 '진리'로 체득하면 기본필요가 충족된 다음에도 그 '진리'는 쉽게 동요되지 않는다. 이런 '잘못된 일반화'[29] 때문에 사람들이 화폐 궁핍을 벗어나서도 여전히 화폐에 집착하기도 한다.

한편 소유를 확대할수록 행복하다는 생각을 하게 되는 다른 이유는 상품의 논리에 의해서 조장助長되는 소비주의 때문이다. 이미 2장에서 지적한

---

29. 이런 잘못된 일반화는 반대의 경우에도 가능하다. 만약 우리가 행복은 오로지 마음먹기에 달려 있다고 한다면, 이것은 기본필요가 충족된 다음의 상황을 기본필요가 충족되지 않은 상황까지 확대하여 적용한 것이다. 조금 지나친 이야기이겠지만 원효의 해골 물에 독극물이 들어 있었더라면 원효는 죽었을 것이다. 기본필요가 충족되지 않은 상태에서는 결코 일체유심조—切唯心造일 수 없다.

것처럼 상품사회에서는 많이 소비할수록 행복하다는 생각을 은연隱然중에 강요받는다. 상품물신주의가 지배하는 사회에서는 사람들이 상품의 소비 또는 구매량을 행복의 척도로 오해誤解하곤 한다. 많은 소비가 언제나 행복을 보장하지 않음에도 사람들이 물신주의 환상을 따라 그렇게 믿는다. 사람들은 결코 채울 수 없는 필요나 욕구를 좇아 화폐에 집착한다.

이런 집착은 경쟁을 통해서 더욱 커지기도 한다. 확대되는 소유목표에 도달하려는 경쟁이 가속되면 사람들은 사활死活을 건 싸움을 하게 된다. 기본필요를 충족시키고도 충분히 남는 화폐를 갖고 있으면서도 경쟁에서 이기려고 화폐에 더욱 집착한다. 그래서 화폐 집착은 가난한 사람만이 아니라 부자에게도 나타난다. 돈을 구하려고 초조하기는 빈자나 부자나 마찬가지다. 빈자는 푼돈에 집착하고 부자는 큰돈에 집착한다. 자본가가 돈에 얼마나 집착하는가? 부자들의 집착하는 삶도 리외되어 있어서 풍요 속에서도 불안하다. 이처럼 물신주의物神主義가 지배하는 현대 자본주의 사회에서 기본필요의 충족이 확보된 사람들도 그렇지 못한 사람들과 마찬가지로 몸을 화폐의 노예로 삼는 삶을 살아가는 경향이 있다(표 4-3의 ㉯).

그런데 기본필요가 충족된 다음의 화폐 집착은 그 전과는 성격이 다르다. 기본필요가 충족되지 않은 상태에서는 화폐와 물질에 매임이 물리적 토대를 갖지만 충족된 다음에는 매임이 환상에 근거한다. 우리가 아무리 많은 돈을 가지고 있다고 하더라도 우리가 생명을 건강하게 유지하는 데 필요한 것보다 많은 돈은 숫자에 불과하다. 실제로 그 화폐는 헛것으로서 일종의 공화空華[30]이다. 그런데도 화폐를 신처럼 섬기며(물질주의物質主義) 화폐에 집착한다. 화폐 믿음이 돈독할수록 그 권능이 너무나 생생하여 그

---

30. 눈병에 걸린 어떤 사람이 어느 날 하늘에 아름답게 피어 있는 꽃을 보았다. 그러나 눈병이 낫자 그 꽃은 볼 수 없게 되었다. 이것을 공화空華라 부른다.(은정희, 1990: 105)

것이 우리의 건강과 행복을 보장해주는 것처럼 보인다. 기본필요가 충족된 다음의 화폐 집착도 충족되지 않을 때의 경우처럼 우리를 괴롭게 하기는 마찬가지다. 가상화폐 가격의 오르내림에 매인 사람은 컴퓨터의 화면을 벗어나기가 어렵다. 환영에 대한 집착도 고통을 낳는다.

물론 화폐 이외의 것에 집착하는 삶(표 4-3의 ㉺)도 마찬가지다. 이러한 집착으로부터도 벗어나지 않으면 행복한 삶을 누리기 어렵다.

그렇다면 모든 집착으로부터 완전히 벗어나면 고통 없는 삶, 행복한 삶을 누릴 수 있을까? 우리가 모든 집착으로부터 벗어나면 지극하게 한가閑暇할 것이다. 이런 삶이 오히려 고통스러울 수도 있다. 사람은 매임과 번잡煩雜이 전혀 없을 때 괜스레 수심을 찾고 한恨을 구하기(無故尋愁覓恨)[31] 때문이다.(南懷瑾, 1999: 61) 따라서 아무런 집착도 없는 삶도 불행한 삶이기 쉽다. 생존의 위협으로부터 벗어났다 하더라도 집착이 전혀 없는 삶(표 4-3의 ㉺)은 불행할 수 있다. 돈이 있어도 해야 하거나 하고자 하는 일이 없는 삶은 무료하며 이런 삶은 다른 물질이나 환영에 중독되는 것으로 귀결歸結되기 쉽다.[32]

그러므로 행복하려면 집착으로부터 벗어나면서도 일부러 집착하여야 한다. 집착이 놀이에 불과함을 알고 집착하면서 놀아야 한다. 헛꽃을 헛꽃으

---

31. 『홍루몽』의 한 구절이다.
32. 그래서 맹자는 항산(恒産, 안정적 生業)이 있어야 항심(恒心, 平常心)을 유지할 수 있다고 했다. 보통 사람은 생업이 없으면 마음 둘 곳이 없어서 방탕함에 빠진다. 그러나 선비는 학문과 수신에 집착할 수 있으므로 항심을 유지할 수 있다는 것이다. "항산이 없음에도 항심을 가질 수 있는 사람은 선비뿐이다. 백성들은 항산이 없으면 항심을 가질 수 없고, 항심이 없다면 방벽放辟하고 사치奢侈하지 않을 수 없다. 백성들이 죄의 함정에 빠지는 지경에 이른 뒤에야 이들을 벌한다면 이것은 백성을 그물질함이다.(無恒産而有恒心者 惟士爲能 若民則無恒産 因無恒心 苟無恒心 放辟邪侈 無不爲已 及陷於罪然後 從而刑之 是罔民也)"(『맹자孟子』, 양혜왕장구梁惠王章句上 7)

로 알고 헛꽃에 스스로 매여 보면 어떨까? 헛꽃을 즐기는(완상공화玩賞空華)
삶도 좋을 듯하다. 도연명陶淵明의 시를 보자.

이사하여 사는 재미

봄 가을엔 날들이 고우니 언덕에 올라 새 시를 옮고
문 앞 지나면 서로 불러서 있는 술 내놓고 따라 권한다.
농사는 따로 떨어져 하더라도 한가하여 문득 생각이 날 땐
주섬 옷 걸치고 이내 찾아가 웃음꽃 이약꽃 싫은 줄 모르니
이보다 좋은 삶이 어디 있을까? 이곳을 홀연히 떠나지 않으리.
먹입거리 반드시 필요하지만 힘써 일하면 못 얻을 리 없네.

移居
春秋多佳日 登高賦新詩
過門更相呼 有酒斟酌之
農務各自歸 閒暇輒相思
相思則披衣 言笑無厭時
此理將不勝 無爲忽去茲
衣食當須紀 力耕不吾欺
(도연명陶淵明, 1994: 574)

시인은 시, 이웃, 술, 담소, 입고 먹을거리에 적절하게 애착하며 삶을 즐
긴다. 이것들이 항상 충족되지 않는다. 말마다 날이 좋지 않고 술이 언제
나 있지 않으며 이웃을 마음대로 만날 수 없고 노동의 힘겨움을 피할 수 없
다. 삶에 잔잔한 긴장이 있지만 그렇다고 긴장을 풀 수 없는 것도 아니다.

필요와 욕구가 생성되고 해소되면서 삶이 잔잔하면서도 아름지게 펼쳐진다. 이것이 〈표 4-3〉 안의 범주範疇⑨에 해당되며, 기본필요가 충족되지 않은 상태의 두 주요 문제들인 생계위협과 물질집착의 문제들, 기본필요가 충족된 다음의 환상적 매임과 무료를 완전하게 극복해낸 삶이다.

〈표 4-3〉 기본필요 충족여부와 집착상태별 삶 유형

구분	의식 상태			
	화폐 집착	다른 집착	의도된 집착	절대 무집착
기본필요 불충족	㉮ 필연의 집착	㉯ 순간만 가능	㉰ 순간만 가능	㉱ 순간만 가능
기본필요 충족	㉲ 리외된 삶	㉳ 리외된 삶	㉴ 자유로운 삶	㉵ 무료한 삶

이 표를 보면서 소유의 증대가 화폐 집착의 문제를 해결하지 않는다는 점을 다시 정리해보자. 소유를 증대시키더라도 사람들의 상태가 기본필요가 불충족되어 화폐 집착이 심한 경우인 ㉮범주에서 적절한 집착을 보이는 경우인 ㉴범주로 자연스럽게 이동하지 않는다. 왜냐하면 기본욕구가 충족되지 않은 상태에서 나타나는 화폐 매임의 문제가 소유를 확대한다고 해서 해소되지 않기 때문이다. 자본주의 사회에서는 소유를 확대시켜 기본필요를 충족시키면 기본필요가 충족되지 않은 상태의 화폐 집착(㉮)은 오히려 더욱 심한 화폐 집착의 상태(㉲)로 이동할 가능성이 크다.

그럼에도 소유를 확대할수록 행복하다는 명제에 따라 기본필요가 충족된 다음에도 계속 소유만을 확대하는 데만 골몰汨沒한다면 화폐 집착의 문제를 해결할 수 없다. 소유를 확대해줌이 심한 화폐 집착의 상태(㉲)를 직접 지향하지 않는다 할지라도 그렇게 귀결될 가능성이 매우 크다. 왜냐하면 물질 소비를 늘려줄수록 소비수준과 화폐소유의 기대를 더 빠르게 증가시킬 것이기 때문이다. 따라서 소유만을 확대시키는 접근은 화폐 매임이나 물신주의를 강화하는 데 힘을 보태거나, 최소한 그런 것들에 동조同調하고 있다고 할 수 있다.

화폐 집착의 문제는 소유의 확대만으로는 결코 해소되지 않는다. 화폐의 소유목표를 줄이면서 새로운 소유목표를 만들어내지 않는다면 풍요로움 속의 불행을 벗어나기 어렵다.

2) 소유목표 축소의 원리

소유목표가 사람이 바라는 목표이므로 자연적으로 축소되기는 어려울 것처럼 보인다. 그러나 그렇지만은 않다. 사람이 죽으면 그 전의 소유목표가 아무런 의미가 없어진다. 살아서 가지고 있던 돈과 권력의 욕망도 죽으면 몸과 함께 사라진다. 늙거나 병이 들어도 소유목표가 줄어든다. 젊었을 때의 대단한 술 욕심도 늙어서 병이 들면 줄어든다.

소유목표의 축소는 주로 인위적으로 일어난다. 소유목표는 리외로 축소될 수 있다. 세뇌洗腦로 남의 소유목표를 축소하기도 한다. 남의 소유목표를 다른 데로 관심을 돌리게 하는 방식으로도 줄일 수도 있다. 예컨대 독재자들이 사람들의 민주화 열망을 전쟁 위험이나 운동 경기로 관심을 돌려서 누그러뜨리기도 한다. 소유목표는 강압으로도 축소된다. 어떤 사람은 다른 사람을 폭행하거나 감금하여 절망적 상황으로 몰아넣고 기존의 소유목표를 체념하게 한다. 예컨대 인신매매범은 납치하거나 사들인 사람이 탈출을 포기하고 감금 현실에 적응하게 만들기도 한다.

그런가 하면 소유목표를 욕구 당사자가 주체적으로 축소하기도 한다.

예컨대 스스로 무소유無所有를 지향한다.

소유목표의 주체적 축소와 관련되는 것 중에는 소유목표의 생성을 억제하는 것이 있다. 특히 노자는 헛된 소유목표의 증가를 막는 것이 중요하다고 생각한다.

> 동네의 통로를 막고 문을 닫으면
> 평생토록 수고롭지 않을 수 있으나,
> 통로를 열어서 일을 늘리면
> 평생토록 고달픔을 면치 못한다.(박승희, 2015: 273)
> 塞其兌 閉其門 終身不勤
> 開其兌 濟其事 終身不救(『노자老子』: 52장)

공동체 외부로 통하는 길을 막고 문을 닫아서 정보 유입을 차단하면, 사람들이 허망한 소유목표를 갖지 않게 되어 평생토록 자기들의 삶에 만족하며 살 수 있는데, 이런 세상에 사는 사람들은 "자기 음식을 달게, 자기 의복을 곱게, 자기 거처를 편하게, 자기 풍속을 즐겁게 여긴다.(甘其食 美其服 安其居 樂其俗)"(『노자老子』: 80장) 그러나 바깥으로 통하는 길을 열면 사람들의 소유목표가 확대되어 사람들이 번거로운 삶을 추구하므로 죽을 때까지 고달픔을 면치 못한다. 이런 노자의 주장 속에서는 개인과 집단이 주체적으로 소유목표의 확대를 막으려면 싶음(욕欲)을 조장하는 이름(명名)이 마음으로 스며들지 않게 하여야 한다는 뜻이 함유되어 있다.

3) 소유목표 축소의 바람직한 방향

소유목표의 확대를 다루면서 이미 밝힌 것처럼 소유목표 중에는 행복의 증진에 기여하는 것도 있고 그렇지 않은 것도 있다. 구매 중독의 소유목표는 불행을 낳지만, 노년에 취미로 악기를 잘 연주하려는 소유목표는 행복을 키운다. 마땅히 좋은 소유목표는 놓아두고 나쁜 소유목표는 줄이는 것이 좋다.

좋은 소유목표든 나쁜 소유목표든 자연적으로 줄어드는 것이야 우리가 관심을 가진다고 크게 나아지지 않는다. 그러나 소유목표를 인위적으로 줄일 때는 나쁜 것만 줄일 뿐, 좋은 것은 그대로 두는 것이 바람직하다. 그리고 나쁜 것이라도 리외나 강제로 줄이는 것은 아무리 그 결과가 큰 행복을 가져다준다 하더라도 삼가야 한다.

집단이든 개인이든 나쁜 소유목표를 주체적으로 줄이는 것은 바람직하다. 그런데 소유목표의 축소가 생각 바꾸기처럼 쉽게 이루어지는 것이 아니다. 특히 기본필요 이하로 축소시킨다는 것은 더욱 그렇다. 욕심을 버리기가 어찌 쉬운 일인가? 그렇다면 술, 담배, 마약을 끊는다는 것이 왜 문제가 되겠는가? 사람들이 중력의 법칙을 생각하지 않는다고, 익사의 위험으로부터 벗어날 수는 없다.[33] 생각을 버리느냐 마느냐는 사람 자신의 일이지만 물에 빠져서 죽느냐 사느냐는 사람의 일만이 아니므로 결코 쉽지 않

---

33. 맑스는 독일 관념철학자들을 다음과 같이 비판한다. "어떤 정직한 친구가 사람들이 중력의 관념에 사로잡혀 있으므로 물에 빠져 죽으며", 그래서 중력의 관념을 머릿속에서 지워버리면 익사의 위협에서 벗어날 수 있다고 믿는다. 이것은 물에 사람이 가라앉는다는 사실을 알고 있었던 익사자가 많다는 수많은 통계가 증명해주므로, 그 친구는 중력 환상에 대항하여 한 평생 싸운다. 이와 같은 사람들이 관념철학자이며, 생각만 바꾸면 세상이 변한다고 생각한다.(Marx, k. & Engels, F., 1983: 13)

다. 그러나 소유목표의 인위적 축소는 사람의 일이므로 어렵지만 결코 불가능하지는 않다.

그렇다면 어떻게 줄일까? 소유목표를 억누르는 것은 바람직하지 않다. 억누르면 억누를수록 소유목표가 더 커질 수도 있다. 떠난 임을 잊어야 하는 줄은 다 안다. 그러나 잊으려 하면 더욱 생각이 난다. '도대체 왜 이러는지'(나훈아 노랫말)도 모른다. 특히 자본주의적 상품사회에는 소유목표의 억누름이 더욱 어렵다. 소유목표의 확대는 욕망과 수요, 나아가 시장의 확장이므로 소유목표를 축소하기보다는 확대하려는 시도가 쉴 없이 지속된다. 이것은 주로 상품에 이름을 붙여서 주입하는 광고 따위로 이루어진다. 흔히 '브랜드 가치'를 떠들어댄다. 이것은 상품에 이름을 붙여 조작해낸 환상이다.[34] 품질(사용가치)과 가치가 같더라도 가짜와 진짜의 값(교환가치)의 차이가 얼마나 큰가? 이런 명품의 소유목표는 이름(상징象徵) 조작으로부터 벗어나지 않고는 축소할 수 없다. 이름을 버리지 않고 소유목표를 축소하려고만 하면 더욱 커지게 마련이다. 명품이란 생각 자체를 버리지 않고서는 명품의 유혹도, 그것을 소유하려는 욕망의 억제도 부질없는 짓이다. 싶음(욕欲)이 이름(명名)에서 비롯되는 한 이름에서 벗어나지 않고서는 싶음을 억제할 수 없다.

소유목표를 축소하는 다른 방법은 소유의 축소이다. 이미 소유 축소의 중요성을 살펴보면서 지적했던 바와 같이 소유의 축소는 소유목표의 축소를 위한 준거準據를 마련해준다. 흔히 병으로 죽음을 고비를 넘긴 사람은 허황된 소유목표를 버리고 가진 것에 만족할 줄 안다. 다른 예로 판소리 「농부가」의 한 소절을 보자.

---

34. 따라서 이 '가치'의 소비는 환상 혹은 상징의 소비이다.

황소 같은 우리 마누라 이불을 펴고 저 불을 꺼라.－－－

쇠스랑 같은 이내 손목으로 쇠불알 같은 젖퉁이를

왕십리 크내기 미나리 주무르듯 주물럭주물럭 주물러 볼거나.

　예쁠 것도 없는 아내, 새로울 것도 없는 잠자리의 묘사가 흥겹다.[35] 자칫 음담패설淫談悖說로 빠질 것 같으면서도 오히려 건강한 삶의 이야기로 다가 오는 이유는 무엇일까? 황소, 쇠스랑, 미나리 강이 떠올리는 노동의 고단 함이 유한계급의 변태로 가는 생각의 길을 막기 때문이 아닐까? 여기서 우리는 고단함의 증가라는 소유의 축소가 목표소유를 줄이는 데 힘을 보탠다는 것을 알아차릴 수 있다.

---

35. 이것이 덴마크 사람들을 행복하게 해준다는 휘게Hygge(마이크 비킹, 2016; 1장 주2)가 아닐까?

4절 새로운 필요 욕구관과 사회복지

　기존의 사회복지가 따르고 있는 필요 및 욕구관에서는 즐거움과 충족을 늘리고 괴로움과 불충족은 줄이려 한다. 즐거움과 괴로움, 그리고 충족과 불충족의 상호작용을 고려하지 않는다. 필요나 욕구를 충족하려고 소유를 늘리려 할 뿐, 소유목표의 축소는 무시한다. 필요나 욕구의 생성, 곧 소유목표 확대와 소유의 축소에는 관심조차 두지 않는다.

　그런데 즐거움과 괴로움은 분리되지 않는다. 서로 낳고 키워준다. 괴로움이 선이 될 수도, 즐거움이 악이 될 수도 있다. 기본필요가 충족되면 소유가 확대할수록 반드시 행복이 증진되지 않는다. 필요와 욕구 생성도 충족과 마찬가지로 행복을 위한 필수조건이고, 우리들의 삶의 세계를 구성하는 중요한 요소이므로 좋은 소유목표의 생성과 소유의 축소도 고려하는 것이 바람직하다. 소유 축소는 괴로움의 증대일 수 있지만, 소유목표의 축소를 위한 준거準據를 마련해줌으로써 필요 및 욕구의 충족을 용이하게 해준다. 그리고 한없이 증가하는 목표소유를 줄이지 않으면 필요와 욕구를 채울 수 없다.

이런 필요 욕구관이 자본주의 사회의 사회복지에 어떠한 의의를 갖는가?

2장에서 논의한 바와 같이 자본주의 사회에서는 사람들이 시장에 의존해서 필요와 욕구를 충족시킨다. 시장의 불완전함 때문에 기본필요마저 충족하지 못하기도 한다. 그러나 화신주의가 커지면서 욕망은 끝없이 확대된다. 사람들은 늘 결핍을 느끼며 더 많은 필요와 욕구의 충족을 '진정한' 삶의 과제로 삼기 쉽다. 소유를 아무리 키우더라도 결핍감이 쉽게 해소되지 않는다. 예컨대 소위 '벤처'로 큰돈을 번 미국의 중산층들도 더 큰 부를 누리지 못하여 정신 질환을 많이 겪는다. 뿐만 아니라 인간관계가 물상화物象化되고 일과 휴식이 분리된다. 분업으로 일상이 단순해진다. 사람들이 군중 속에서도 외롭고 무료하다. 미국의 하층민들을 국가가 던져주는 음식물로 배를 채우고 텔레비전과 컴퓨터와 같은 전자기기의 화면을 보고 무료한 시간을 때우면서 '찌찌놀음'(tititainment)'[36]의 '생활세계(Lebenswelt, life world)'를 엮어간다.[37]

이런 문제들을 기존의 필요 및 욕구관에 바탕을 둔 사회복지로 해결할 수 있을까?

기본필요를 충족시켜 생존의 위협에서 벗어나게 할 수는 있다.

그러나 결핍감을 줄이기는 어렵다. 소유목표를 줄여야 결핍감에서 벗어나기 쉬운데 더 큰 소유목표의 달성을 지향하기 때문이다. 소유목표를 줄

---

36. 이것은 entertainment와 엄마 젖을 뜻하는 tits라는 속어의 합성어로서 기막힌 오락물과 적당한 먹을거리의 절묘한 결합을 통하여 경쟁에서 좌절한 수많은 사람들을 기분 나쁘지 않게 만드는 것을 뜻한다.(Martin & Schumann, 1999: 27)

37. 물론 사회보장이 제대로 되지 않은 우리 사회의 현실에서는 소득보장만도 감지덕지感之德之이다. 뿐만 아니라 필요 욕구의 생산 및 충족 체계인 가족공동체가 아직은 미약하게나마 남아 있으므로 소득만 보장되면 주요한 문제들이 해결될 수도 있다. 그러나 한국에서도 공동체가 빠르게 무너지고 있고 일상세계가 많이 황폐해졌으므로 소득보장의 한계는 분명하다.

이는 방법에는 소유의 감소도 있다. 이 관점에서는 소유의 감소는 고통의 증가이고 고통은 악이므로 감히 소유의 감소를 생각하기조차 어렵다.

외로움과 무료함은 잘 해소할 수 있는가? 외로움과 무료함은 필요 욕구 충족만이 아니라 생성의 문제이며, 소유가 작음만이 아니라 소유목표가 큼의 문제이다. 기존의 필요 및 욕구관을 따르는 사회복지로는 소유의 확대만을 추구하므로 외로움과 무료함의 문제를 쉽게 해결할 수 없다. 예컨대 편하고 즐거운 여가활동 기회와 같은 소유를 많이 제공하고자 한다. 그런데 즐거움은 괴로움이 없으면 알아차리지 못하므로 편하고 즐거운 놀이도 곧 지루해진다. 특히 소유를 줄여주면서 필요와 욕구를 만들어내는 고통은 삶을 긴장감 있게 구성하여 외로움과 무료함을 해소하는 좋은 방편이다. 그러나 고통을 나쁘다고만 여기므로 고통을 수반隨伴하는 노동이나 인간관계 따위의 활용을 주저한다. 이것은 외로움과 무료함에 대처하는 데 긴요한 자원의 낭비浪費이다. 그러므로 외로움과 무료함을 해소하기 어렵다.

그렇다면 새로운 필요 및 욕구관은 이런 문제들을 해결하는 데 얼마나 유용한가?

기본필요의 충족은 소유를 확대하여야만 충족된다. 여기서도 소유의 확대를 무시하지 않으므로 생계 위기에 대처할 수 있다.

결핍감은 잘 해소할 수 있는가? 특히 욕구가 급증하는 자본주의 사회에서는 소유목표를 줄이지 않으면 결핍감을 해소할 수 없다. 이 필요 및 욕구관에서는 소유목표의 축소도 의미 있게 받아들인다. 고통을 동반하는 소유 축소를 소유목표 줄이기의 방편으로 동원하는 것을 주저하지 않는다. 예컨대 노인들에게 고단한 놀이나, 힘든 봉사활동도 과감히 시도할 수 있다. 따라서 결핍감 해소에 다양하게 대응할 수 있다.

외로움과 무료함은 필요 욕구의 생성이 없이는 해소하기 어렵다. 사람은 가짐(유有)과 갖지 않음(무無)처럼 충족의 즐거움과 불충족의 괴로움도 대비하여 알아차리면서 삶을 재미있게 구성한다. 예컨대 현대 한국 농촌의 많은 노인은 자식들과 떨어져서 살아가므로 외롭고 무료할 수 있다. 그러나 힘든 농사를 지으면서 외로움과 무료함을 잊는다. 뿐만 아니라 이웃과 이야기와 점심을 나누면서 외로움과 무료함을 달랜다. 물론 이웃과 다투기도 하면서 언짢을 때도 있게 마련이지만 다시 화해하면서 살아간다. 노동과 이웃 교류로 삶의 장단을 꾸며간다. 이들에게 노동의 고통과 이웃 사이의 불편이 삶을 긴장감 있게 꾸며 가는 좋은 자원이다. 농촌의 노인들은 노동의 고통과 이웃 사이의 불편에서 벗어난 도시의 노인들보다 외로움과 무료함을 덜 느낀다.(박승희, 2000) 고통과 불편도 외로움과 무료함을 풀어가는 자원일 수 있다. 새로운 관점에서는 고통과 불편마저도 외로움과 무료함을 풀어가는 데 유익한 자원으로 활용할 수 있다.

5장

가족복지정책의 방향

고급 요리, 두부 오이 생강과 나물이고
귀한 모임, 영감 할멈 자식과 손자이다
大烹豆腐瓜薑菜
高會夫妻兒女孫

　이것이 촌 늙은이 제일 낙이다. 최고 낙은 허리에 말(斗)만한 황금인黃金
印 차고 한 길(3m) 밥상에서 수백 여인 시중을 받는 것이지만 이런 맛을 누
릴 사람 몇이나 될까? 고농古農을 위해서 쓰다. 일흔한 살에 과천에서(此爲
村夫子第一樂 上樂 雖腰間斗大黃金印 食前方丈 侍妾數百 能享有此味者 幾人 爲古農書
七十一果)(추사秋史 김정희金正喜, 간송미술관 소장 대련, 하영휘 교수의 가르침
을 받아 번역하였음)

1절 무엇을 말할까?

　지난 반세기 동안 한국의 가족家族은 급변했다. 대가족大家族(large family)[1]은 줄고 소가족小家族이 늘어났다.[2] 이혼離婚도 급증하였다.[3] 그런가 하면 가족의 부양능력이 현저히 약해졌다. 약자를 부양하는 우리이자 아이를 낳아 기르는 둥지였던 가족이 부양과 출산·양육을 힘겨워 한다. 그래서일까? 노인 자살은 증가하였고[4] 출산율은 종족 유지 본성本性에도

---

1. 나는 핵가족核家族(nuclear family)과 확대가족擴大家族(extended family)의 개념을 못마땅하게 생각한다. 핵이란 가장 기초적인 단위, 확대란 작은 것이 커진다는 의미이다. 따라서 핵가족과 확대가족은 핵가족이 이미 일반화된 역사적 상황에서 그것을 기준으로 볼 때만 성립되는 대응어對應語이다. 이 개념들은 핵가족중심주의를 반영하고 있다. 그러나 역사에서 보면 가족은 확대된 것이 아니라 축소되었으므로 확대가족은 대가족擴大家族(large family)으로, 핵가족은 축소가족縮小家族, 혹은 소가족小家族으로 부르는 것이 타당하다.

2. 2인 이상 혈연가구 중에서 3세대 이상 가구가 차지하는 비율이 1970년 23.2%에서 2015년 7.6%로 줄었다. 3세대 이상 가구에서 사는 사람의 비율도 1970년 30.4%에서 2015년에 10.2%로 줄었다.(국가통계포털, 2018년 8월 자료로 계산)

3. 결혼 건수 대비 이혼 건수의 비율은 1990년 11.4%, 2000년 36.0%, 2010년 35.8%, 2017년 40.1%이다.(국가통계포털, 2018년 8월 자료로 계산)

어긋날 만큼[5] 감소하였다. 먹고 살기가 어려워졌기 때문만은 결코 아니다. '보릿고개'가 까마득한 옛이야기가 되었다. 1970년대까지도 영양 부족이 사람들의 애달픔이었으나 지금은 비만이 우환이다. 이런 가족 변화가 왜 일어나는가? 가족은 인간관계다. 이미 2장에서 지적한 바와 같이 인간관계의 변화는 자본주의의 발달과 깊은 관련이 있다. 따라서 가족 급변의 원인과 기제를 한국 사회의 자본주의적인 발달과정과 연관 지어 정리해보자. 그리고 이런 변화가 어떤 문제를 어떻게 일으키는가도 살펴보자.

이 가족 변화에 어떻게 대응해야 하는가? 이 변화를 촉진하거나, 거부하고 과거로 돌아가는 방안을 생각할 수 있다. 각각의 방안은 가능하며 가능하다면 어떤 문제들이 있고 그 문제들은 해결할 수 있는가? 이러저러한 문제들을 논의하면서 바람직한 대안을 생각해보기로 하자. 그리고 이 논의 결과에 기대어 기존의 가족사회복지정책의 주요 관점들도 검토해보자.

---

4. 65세 이상 노인의 10만 명당 자살자 수는 1983년 14.1명에서, 2016년 53.3명으로 늘었다. 전체 사망률은 1983년 8.7명, 2016년 25.6명이다.(국가통계포탈, 2018년 8월 사망원인통계) 노인 자살의 증가율(3.8배)이 전체 자살 증가율(2.9배)보다 높다.
5. 합계출산율이 1970년 4.53에서 2016년 1.17로 줄어들었다(국가통계포탈, 20018년 8월). 합계출산율은 15세부터 49세까지 나이별 여성들이 해당 연도에 나은 아이의 수를 나이별 여성 수로 나눈 값들을 모두 더한 것이다. 예컨대 1970년 합계출산율은 그 당시 15세 여성의 출산율(15세 여성들이 나은 아이의 수/ 15세 여성의 수)부터 49세 여성의 출산율까지를 더한 것이다. 합계출산율이 2.0정도는 되어야 인구가 줄지 않는다고 볼 수 있다.

2절 가족사회복지란 무엇인가?

　최근의 가족변화에 대응하는 방향을 탐색探索하고 기존의 가족사회복지를 점검하려면 가족사회복지가 무엇인가를 먼저 분명하게 정리할 필요가 있다.

1. 가족이 무엇인가?

　먼저 가족이 무엇인가를 이야기해 보자. 흔히 가족을 '혼인, 혈연, 입양과 그 이외의 필요에 따라 인간관계를 맺고 연대의식을 가지며, 공동생활을 영위하고 고유한 가풍을 유지하면서, 인간의 기본 인성을 형성하는 데 중요한 근원적 집단'으로 정의한다. 여러 현실 가족의 특성들을 나열羅列하여 기술記述하는, 이런 식의 정의는 쉽고 편리하기는 하지만 가족의 기본 속성을 분명하게 드러내 주지는 못한다. 따라서 가족의 가장 기본적인 속성을 찾아보고 가족이 발생하는 중요한 계기를 중심으로 가족을 정의해보자.

　가족의 가장 기본적인 속성은 무엇인가? 그것이 없어서는 가족이 될 수 없게 하는 요소이다. 흔히 지적하는 여러 가족 속성들은 대부분 없어도 가족이 성립된다. 예컨대 혈연이 없더라도 혼인만으로, 그리고 혼인이 없더라도 혈연만으로 가족이 이루어진다. 기본 인성의 형성도 필수적이지는 않다. 기본 인성이 형성된 사람들끼리 결혼하여 가족을 이루기도 한다. 가풍도 가족이 이루어진 다음에 그 결과로 생기지, 가풍이 있고서 가족이 성립되지 않는다. 그런데 공동생계가 없다면 가족이 성립될 수 없다. 공동생계란 단순한 동거와는 다르다. 한 방을 같이 쓰는 하숙생들을 가족이라고 할 수는 없다. 생계를 같이 함이란 동거하면서 공동 경제를 꾸리는 것이다. 물론 동거를 할 수 없는 가족이 있다. 특히 현대 사회에서 가족은 공동의 경제를 꾸리고 살면서도 많은 날들을 서로 떨어져 살기도 한다. 예컨대 '기러기 아빠'의 가족이 여기에 해당한다. 그러나 이런 가족도 가능하면 함께 살려 하므로 별거를 지향하는 것은 아니다. 그런가 하면 공동생계를 꾸리고 싶어도 그럴 수 없는 상황에 놓인 가족도 있다. 한국전쟁으로 부모와 자식이 어쩔 수 없이 남과 북으로 헤어져 살기도 한다. 이들은 비록 따로 생계를 꾸릴 수밖에 없지만 함께 하기를 간절히 바라므로 이 가족은 이산離散만 되었을 뿐 해체解體되었다고는 볼 수 없다. 그러나 가족원들이 따로 살고자 하고 경제를 분리하고자 한다면, 이미 그 가족은 해체되었다고 보아야 한다. 그러므로 공동의 생계를 꾸리는, 또는 그러하기를 간절하게 바라는 인간관계가 가족을 이루는 필수조건이라고 볼 수 있다.

공동생계를 꾸리는 인간관계는 상품 관계와 비교하여 보면 이해타산利害打算적이기보다는 정의情誼적이며, 단편斷片적이기보다는 총체總體적이고, 단기短期적이기보다는 장기長期적이다. 온정주의적인 인간관계[6]도 상품 관계보다는 더 정의적이고 총체적이며 장기적이다. 이 온정주의 관계보다도 공동생계를 꾸리는 관계가 더욱 그렇다. 이런 인간관계가 가족의 필수 요건이다.

그렇다면 이런 인간관계에 바탕을 둔 가족은 어떤 계기로 발생하는가?

---

6. 3장의 주 31, 32를 참조하기 바란다.

요즈음은 흔히 결혼으로 가족을 이룬다. 결혼이 가족을 구성하는 중요한 계기이다. 결혼이란 남녀가 공동생계를 약속하고, 그것을 사회가 인정함이다. 남녀가 결혼을 하고 아이를 낳아 기르므로 결혼은 대부분 혈연을 생산하는 기초가 된다. 결혼 관계는 이런 혈연의 생산을 통해서 더욱 견고해짐이 일반적이다. 부부의 양자 관계는 아이를 매개로 보강된다.

따라서 결혼이 혈연보다 가족을 이루는 원초적 계기라고 여기기 쉽다. 그러나 인류의 역사를 보면 그렇지 않다. 태초에 남녀가 성관계를 맺고 아이를 낳아 기르고 함께 생활을 꾸려가는 과정에서 가족이 만들어졌다.[7] 여기서는 결혼보다는 혈연이 공동생계의 기원을 이룬다. 혈연이란 출산과 양육으로 맺은 인간관계이다.[8] 이것이 없었다면 모든 사람의 삶은 유한하므로 인류는 이미 멸종滅種되었을 것이다. 출산과 양육을 하려면 공동생계를 꾸릴 수밖에 없었다. 이것이 가족의 발생 기원이다.

혈연은 가족을 형성할 뿐만 아니라 확대 발전시키는 중요한 토대이기도 하다. 여남女男이 종족 번성繁盛의 본능本能에 따라 아이를 낳고 양육하면 그 아이는 자라서 자기를 길러준 늙은 부모를 부양하기도 한다. 이런 부모-자식 관계, 특히 모-자 관계인 일촌一寸관계가 가장 기초적인 혈연이다. 이 일촌 관계가 연결되어 조손祖孫과 형제兄弟의 이촌二寸, 삼촌, 사촌의 관계를 이루고 가족의 크기를 키운다. 그리고 일촌의 혈연관계가 남녀

---

7. 이에 대해서는 엥겔스(Engels, F., 1985)를 참조할 수 있다.
8. 혈연이란 생물학적 관계만을 의미한다. 그러나 가족 형성과 관련지어 볼 때 사회적 측면을 배제한 단순한 혈연은 중요하지 않다. 예컨대 모계제에서 부자 관계는 미미하다. 반면 부계제 사회에서는 입양으로 맺은 부자 관계라도 견고하다. 일반적으로 출산으로만 맺은 관계보다는 양육으로만 맺은 관계가 가족 형성에서 더 중요한 의미를 지닌다. 낳은 정보다는 기른 정이 강하기 때문이다. 혈연이란 출산을 계기로 매어진 인연이 양육을 통해서 강화된 것이라고 할 수 있다. 그리고 양육만을 통해서 이루어진 인간관계는 혈연과 유사한 관계라고 보아야 한다. 이 점에서 보면 혈통이란 환상을 포함하고 있다.

의 비혈연 관계를 강화한다. 이를테면 무촌無寸의 부부관계가 자식을 매개로 견고해지기도 한다.

뿐만 아니라 혈연은 결혼보다도 더 보편적이고 기초적인 가족 구성의 계기이다. 가족은 결혼과 무관하게 이루어지고 유지될 수 있다. 결혼은 일부일처제一夫一妻制든, 일부다처제一夫多妻制든, 일처다부제[9]든 일정한 남녀가 오랫동안 상호작용을 지속함을 뜻한다. 이런 결혼을 하지 않은 상태에서도 남녀가 성교를 맺고, 여성은 임신姙娠 출산出産하고 아이를 양육養育하면서 가족을 형성할 수 있다. 강간強姦에 따른 예외적 출산과 양육이 아니면서도 결혼과 무관한 혈연 가족의 역사는 결코 좁지도 짧지도 않다. 혈연만으로 이루어진 대표적인 가족제도가 모계제母系制이다. 이것은 한국을 포함한 동아시아의 고대 사회에서는 일반적이었고 100여 년 전까지도 중국의 윈난雲南 지역에서 지배적이었다.[10] 모계제母系制에서는 가족이 혈연만을 중심으로 이루어졌다. 가통家統이 어머니에서 딸로 이어지고 여성들은 자기가 태어난 가족을 떠나지 않고 살면서 가족 밖의 여러 남성과 성관계를 맺는다. 남성들도 외할머니에서 어머니, 여동생, 질녀로 이어지는, 자기가 태어난 가족에서 생활하면서 가족 밖의 여러 여성과 성관계를 맺고 자신의 자식에 대한 어떠한 권리나 책임도 갖지 않는다. 이런 가족제도에서는 결혼이 가족을 구성하는 필수 계기가 되지 않는다. 이처럼 결혼이 없이 혈연만으로 이루어진 가족도 한 사회의 보편적 제도로서 자리 잡을 수

9. 티벳 문화권에서는 이러한 3가지 결혼제도가 공존한다.(헬레니 노르베레-호지, 2001: 62-64)
10. 김영하 교수는 2003년 윈난을 여행하면서 모계제 사회를 관찰하였는데, 이것이 고대사의 사료를 이해하는 데 큰 도움이 되었다고 이야기하였다. 나는 2007년 윈난의 로구호瀘沽湖 주변을 답사하면서 모계제 대가족이 살았던 큰 집을 할머니가 초로初老의 아들과 함께 지키고 있는 모습을 보았다.

있다.

그러나 혈연과 무관하게 결혼만으로 이루어진 가족이 한 사회의 보편적인 제도로서 오랫동안 존속하기는 어렵다. 역사적으로 보면 아이를 갖지 않는 결혼생활을 유지할 확률은 크지 않았고, 더군다나 그런 결혼생활을 추구하는 경우는 거의 없었다. 물론 최근에는 생활환경의 변화로 남성과 여성의 임신姙娠 능력이 줄어들고 철 늦은 결혼이 많아짐에 따라 아이를 갖지 못하는 부부도 늘어나고, 가족 밖의 노동시장에 잘 적응하려고 출산을 기피忌避하는 부부도 많다. 하지만 이런 부부들도 아이 없는 결혼생활을 추구하는 것은 아니며 그런 결혼생활이 지배적이라고 보기는 어렵다. 그리고 아이가 없이 결혼만으로 이루어진 가족도 혈연으로부터 완전하게 단절되어 유지維持되기는 쉽지 않다. 그런 부부도 혈연이 없이는 이 세상에서 태어날 수가 없었고 혈연이나 이와 유사한 인연이 없이 성장할 수도 없었다. 여기서 혈연이 결혼보다 가족을 구성하는 더 보편적이고 본질적인 계기임을 알 수 있다. 낳고 기르면서 맺어진 혈연관계는 일종의 사회적인 계약인 결혼보다 더 자연스럽고 견고堅固할 수밖에 없다.

이제까지 살펴본 것처럼 혈연과 결혼은 가족의 필수 조건인 생계공동체를 구성하는 중요 계기이다. 그러므로 원형적 가족은 혈연血緣이나 결혼으로 맺어진 생계 공동체共同體라고 할 수 있다.(Gough, 1992: 24) 혈연 및 결혼으로 이루어지는 인간관계와 공동생계共同生計가 가족을 구성하는 핵심 요건이다. 물론 이 두 요소를 다 갖추지 않은 예외例外 가족은 얼마든지 있다. 미혼未婚의 여성이 아이를 입양하여 공동의 생계를 꾸리기도 하고, 전쟁으로 모자母子가 헤어져 살기도 한다. 그러나 사람들은 대부분 이 두 요소를 충족充足시키는 방식으로 가족을 구성構成하며, 그렇지 않을 때도 이런 가족을 모방하여 가족을 형성 유지한다. 그러므로 이 두 요소를 다 갖춘 가족을 가장 보편적이고 이념형理念型적인 가족이라고 부를 수 있다. 이

것은 이런 가족이 정상正常 가족이고, 다른 가족은 비정상 가족이라는 말은
결코 아니다.

이 원형 가족에 의지하여 가족 일반을 다음과 같이 정의할 수 있다. 가족
이란 혈연이나 결혼, 혹은 이에 준하는 인연, 예컨대 입양入養으로 인간관
계를 맺고 공동의 경제를 꾸리거나 이를 추구하는 집단集團이다. 이러한 정
의는 현존하는 여러 가족을 거의 다 포괄한다고 할 수 있다. 그러나 이것이
경계境界상에 놓인 집단의 가족 여부를 명확하게 판가름해주지는 않는다.
예컨대 자식들이 노부모와 따로 살면서 생활비를 보조해주고 불편할 때 병
원에도 모시고 간다면 이 자식과 부모는 한 가족인가, 아닌가? 혈연으로
맺어졌다는 점에서 의심의 여지가 없이 가족이다. 그러나 공동의 생계를
꾸린다고 할 수 있는가? 아니면 공동의 생계를 추구하는 것이라고 볼 수 있
는가? 이에 답하려면 논의論議가 더 필요하며, 그 논의 결과에 따라서 한
가족인가, 아닌가가 결정난다. 다른 예를 들어보자. 동성애자同性愛者들이
공동의 생계를 견고하게 꾸린다고 한다면 이 집단이 가족인가, 아닌가? 이
것이 공동생계를 꾸린다는 점에서만 보면 가족임에는 틀림이 없다. 그렇다
면 이런 인간관계를 결혼에 준하는 관계로 볼 수 있는가? 이에 답하려면 논
의가 더 이루어져야 한다.

2. 가족사회복지의 개념

가족사회복지란 가족을 대상으로 한 사회복지이다. 이것을 줄여서 흔히
가족복지라고 부른다. 이때의 가족복지는 가족원에게 가족이 하는 복지가
아니라 가족에게 사회가 하는 복지이다.

우리가 1장에서 정의한 바와 같이 사회복지는 사회문제에·대한 사회적인 대응이라고 할 수 있다. 그렇다면 가족사회복지는 가족과 관련된 사회문제에 대한 사회적 대응이다. 가족과 관련된 사회문제란 가족이 그 구성원의 행복을 저해沮害하거나 지켜주지 못하는 상황이다.

우리는 가족과 관련된 사회문제를 두 가지 관점에서 살펴볼 수 있다. 하나는 가족 전체의 관점이고 다른 하나는 가족원의 관점이다. 가족 전체의 관점에서 보자면, 가족과 관련된 사회문제란 가족 자체가 문제가 있어서 구성원들의 불행을 막기에 부족한 상태이다. 예컨대 부모가 아동을 학대虐待하는 경우가 여기에 속한다. 이와는 달리 가족 구성원의 관점에서 보면, 가족과 관련된 사회문제란 가족 자체는 문제가 없으나 가족원이 문제가 있어서 그 가족이 그 가족원을 충분히 보호保護해주지 못하는 상태이다. 예컨대 가족이 해체된 것도 아니고 가족의 부양능력이 일반 가족과 비교해 약한 것도 아닌데도 가족 중에 장애아동이 있어서 가족 전체가 심한 부양 부담을 지고 있는 경우이다.

이 문제를 해결하는 대응책에도 두 가지가 있다. 하나는 가족에, 다른 하나는 구성원 개개인에게 초점을 맞추는 것이다.

앞의 것은 가족의 문제를 해결하려고 가족의 연대나 역량을 강화하거나 보완해 주는 것이다. 사회가 가족의 정상화를 지원함으로써 '가족 안의 개인들'의 복지를 향상시키는 조치調治이다. 예를 들면, 아동 양육이 힘겨운 맞벌이 부부 가족에게 국가가 육아휴직급여를 주고 어린이집을 지어 보육을 지원해 주는 것이나 아동을 학대하는 가족을 사회가 그렇지 않은 가족으로 변화시켜서 아동이 행복하게 자랄 수 있게 하는 것이다. 이것은 가족을 대상으로 한다는 점에서 '가족을 위한 사회복지'이며 개인의 행복을, 가족을 정상화시켜서 증진한다는 점에서 '가족을 통한 사회복지'이다.[11] 바로 이것이 가족사회복지, 줄이면 가족복지이다.

한편 구성원 개개인에게 초점을 맞추는 대응책은 가족으로부터 보호받지 못한 구성원 개인을 사회가 직접 보호하는 것이다. 예컨대 부모에게 학대받는 아동이나 가족이 부양하는 장애인을 가족에서 분리하여 시설에서 보호하는 것이 여기에 해당된다. 이것은 아동을 학대하는 부모를 치유治癒하거나 장애인의 가족을 지원함과는 다르다. 물론 실천현장에서 아동이나 장애인 개인의 지원이냐, 가족 지원이냐를 구별하기란 쉽지 않다. 예를 들면 국가가 장애인을 보살펴 주면 그 가족의 부담이 덜어진다. 그러나 대응의 초점을 개인에 두는가, 가족에 두는가는 매우 다르다. 개인에 초점을 맞춘 대응에서는 '가족 속의 개인'이 아니라 '가족에서 분리된 개인'을 지원한다. 이것이 사회복지임은 틀림이 없지만 가족사회복지, 곧 가족복지라고 보기는 곤란하다.

가족사회복지란 사회가 가족 자체의 연대와 부양 역량을 강화 보완해 줌으로써 가족이 가족 구성원의 행복을 지켜주기 어려운 상황을 개선改善하는 조치이다.

---

11. 여성단체연합 사무총장 남윤인순은 "가족을 통한 가족유지가 아니라 가족을 위한 가족정책이 필요한 상황"이라고 주장하였다.(한겨레신문, 2003년 12월 12일: 19면) 이 말은 가족이 하는 복지보다는 가족을 위한 사회복지를 강조하고, 모든 책임을 가족에 맡기려는 정책 기조基調를 비판하고 있다는 점에서 훌륭하다. 그러나 '가족을 통한 복지'를 '가족을 위한 복지'와 배타적인 관계로 파악하면서 전자를 배격하고 후자만을 지향하며, 가족을 매우 수동적인 집단으로 이해하고 있다는 점이 문제이다. 가족은 도움을 받아야만 하는 수동적인 집단이 아니다. 다른 집단이 대신할 수 없는 고유한 역량을 가지고 있으므로, 구성원에게 책임을 질 수 있고 마땅히 책임을 져야 한다. 이런 책임을 사회복지가 면제해주기보다는, 질 수 있도록 도와주어야 한다. 이 것은 가족의 역량을 중히 여기는 것이므로, 강점의 관점과도 통한다. '가족을 위한 복지'를 하여야 하지만, '가족을 통한 복지'를 하지 않을 까닭도 없다.

3절 가족의 변화

한국 사회가 급속한 자본주의적 산업화의 길을 걸었다. 불과 40년 전만 하더라도 한국 사회를 대표하던 농촌 중심 자본주의전資本主義前 사회는 그 흔적만 남아 있다. 물론 정확하게 언제부터 우리 사회가 자본주의 사회였는가는 논란거리가 되지만, 1960년대 이후 자본주의적 경제 발전이 급속히 이루어져서 최근에는 자본주의가 만연漫然한 사회가 되었다고 할 수 있다. 이것이 한국 사회의 모든 영역을 근본까지 뒤흔드는 '거대한 변혁變革'을 일으켰다.(Polanyi, 1991) 가족이라고 예외일 수 없다. 가족의 변화를 자본주의의 발전과 연관시켜 살펴보기로 하자.

1. 자본주의적 시장과 인간관계

자본주의의 어떤 면들이 가족의 변화에 영향을 미쳤고, 미치고 있는가? 이미 앞에서 밝힌 것처럼 가족은 집단이므로 가족의 핵심은 가족 내의 인간관계이다. 따라서 자본주의가 어떻게 가족의 변화에 영향을 미치는가를 살펴보려면 인간관계에 지대한 영향을 미치는 자본주의 주요 특성들을 다시 짧게 언급하여야 한다.

자본주의의 뿌리이자 줄기인 시장은, 일반 상품시장이든 노동시장이든, 물신주의를 만들어내고 인간관계를 물상화物象化(Verdinglichung)하며 개인주의를 강화함으로써 가족 밖의 공동체는 물론, 가족마저도 파괴하는 경향을 보인다.

그러나 이 물상화와 개인주의가 기존의 공동체와 가족 속에 사는 사람들을 급격하게 공간과 시간으로 갈라놓지는 않는다.(그림 5-1) 이산離散의 물리적 계기를 이루는 것은 시장 중에서도 노동시장이다. 일반 상품시장에서는 상품이 그 소유자와 물리적으로 분리分離될 수 있지만 노동시장에서는 상품이 그 소유자와 분리되지 않는다. 일반시장에서는 상품만 이동移動하지만 노동시장에서는 상품을 소지所持한 사람 자체까지 이동한다. 그래서 노동시장의 거래는 기존의 사람 관계를 시간과 공간으로 갈라놓을 가능성이 매우 크다. 우리는 외국인 노동자들이 정든 가족과 헤어져 만리타국萬里他國에서 일하는 것을 보면 노동시장이 어떻게 기존의 인간관계를 가르는가를 알 수 있다. 사람과 분리하여 노동력만 팔 수 있다면 누가 정든 사람, 정든 고향을 떠나랴? 지리적으로 먼 거리의 분리가 아니라 하더라도 노동시장은 시공간時空間에서 일과 나머지 삶을 분리한다. 그래서 모자母子 사이이라도 직장이 다르면 일터의 생활세계를 공유할 수 없다. 이것은 함께 일하고 함께 생활하던 근대전近代前 농촌 사회의 부자관계와는 많이 다르다. 일과 나머지 삶(앞으로 '삶'으로 줄여서 씀)을 분리하는 노동시장이 사람의 관계를 엷게 만든다.

자본주의적인 시장은, 일반시장이든 노동시장이든, 모든 공동체적인 인간관계를 해소시키는 경향을 갖는다. 가족 밖의 공동체는 말할 것도 없고 가족이라는 공동체도 이러한 경향으로부터 벗어날 수 없다.

〈그림 5-1〉 시장이 공동체에 미치는 영향

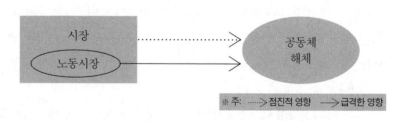

자본주의 발전과 함께 가족은 다른 공동체들과 마찬가지로 축소되고 해소解消되는 경향을 보인다. 장기간에 걸쳐 자본주의 사회를 발전시켜 온 서구에서는 가족 밖의 이웃이나 친족 공동체가 장기적으로 약해지면서 가족 밖의 공동체로부터 분리되고, 대가족이 소가족으로 축소된 다음, 최근에는 이러한 소가족이 개인으로 분리되어 해소되는 단계적段階的 변화를 거쳐왔다. 이런 경향이 자본주의가 발전된 나라들에서 거의 예외 없이 관찰觀察된다. 한국에서도 지난 40여 년간의 급속한 자본주의 성장 과정에서 가족 밖의 공동체적인 연대가 약해짐에 따라서 가족이 고립孤立되고, 그 규모가 줄어들며,[12] 줄어든 가족마저 해소되는 경향을 보인다. 한국 사회는 매우 급속하게 자본주의 체제를 받아들여 발전시켜 왔으므로 이런 단계들이 중첩重疊되어 서구처럼 분명하게 구별되지는 않는다. 그러나 이런 단계적인 변화 경향을 따르지 않은 것은 결코 아니다. 한국 사회의 가족의 변화를 고립孤立, 축소縮小와 해소로 나누어 살펴보기로 하자.

2. 가족의 고립과 축소

자본주의가 발전하면 앞에서 지적한 시장 논리의 확산에 따라 가족 밖의 이웃 및 친족 공동체가 먼저 해소된다. 특히 노동시장에 참여(취업就業)하거나 노동시장에 참여할 준비(교육)를 하려고 사람들은 자주 이주한다. 잦은 이주는 이웃 공동체를 해소시키고 새로 형성하는 것도 방해한다. 한국

---

12. 평균 가구원수가 1970년에 5.2명, 2000년에는 3.2명, 2016년 2.6명이다.(국가통계포탈자료에 기댐)

의 자본주의가 성장하는 과정에서 대부분의 사람들이 이주하였다. 1970년에 총인구의 12.9%, 2000년에 19.6%, 2010년에 17.1%가 이동한다.(국가통계포탈 자료에 기댐) 5년 이동률을 추정하면, 1970-4년 64.5%, 2000-4년 98.0%, 2010-4년 85.7%이다. 2회 이상 이동한 사람이 포함되어 있기 때문에 5년간 이동한 사람의 비율은 이보다는 낮을 것이다. 농촌의 노인들을 제외하고는 이사를 하지 않고 10년 이상을 한 곳에서 산 사람은 거의 없을 것이다. '이삿짐센터'가 성업盛業하고 2424의 전화번호가 고가高價로 매매賣買되는 것을 보아도 우리 사회에서 대다수의 사람들이 이사를 자주 하고 있다는 것을 쉽게 알 수 있다. 이사의 주요 목적은 삶터에서 일터에 쉽게 접근하려는 것이다. 물론 주택사정도 이사를 강요한다. 나는 결혼 생활 15년 동안 직장문제와 주택문제로 5번을 이사했다. 이 다섯 번 중에는 두 번의 외국 장기 체류와 2번의 근거리 이사는 포함되지 않는다. 이것은 나의 아버지가 대대로 조상들이 살던 집터에서 태어나 80세가 넘도록 이사하지 않고 살다가 그곳에 묻힌 것과는 판이判異하다. 한 곳에 뿌리를 박지 못하는 이러한 뜬풀(부초浮草) 같은 삶에서는 이웃이 형성되기 어려우며, 사람들은 이웃으로부터 고립된 삶을 살아간다. 그래서 사람들은 나날이 부딪히는 헤아릴 수 없이 수많은 사람들 속에서 외롭다. 이런 공동체의 해소가 가족을 가족 밖의 공동체로부터 고립시키는 과정을 잘 보여준다.

이러한 가족의 고립화가 진행된 다음, 혹은 진행되면서, 대가족이 소가족으로 축소되는 경향을 보인다. 그러면 대가족이 어떻게 소가족으로 축소되는가를 살펴보자.

자본주의전 사회에서는 대가족大家族이 일반적이었다. 물론 이러한 주장에 대한 설득력 있는 반론도 있다. 근대전近代前 사회에서도 3세대 대가족의 비율比率이 높지 않았다는 것이다.(Skolnick and Skolnick, 1992: 42) 이런 견해를 이어받아 조선시대에도 대가족이 보편적이지 않았다고 주장하기도 한다. 그러나 이것은 절반만 옳다. 여기서 제시하는 통계 수치는 틀리지 않겠지만, 모든 것을 말하지는 않는다. 조선시대를 포함한 근대전 사회에서도 대가족을 구성할 수 있는 확률確率은 작았다. 사람들이 오래 살기가 쉽지 않았고, 여러 명의 자식들이 성장하면 분봉分蜂하듯 분가分家하는 것이 자연의 섭리攝理이다. 부모가 일찍 죽거나 분가하면 3대 이상이 함께 사는 대가족을 어떻게 이룰 수 있겠는가? 중요한 것은 노부모老父母가 있는데도 모든 자식들이 그 부모와 따로 가족을 구성하였는가, 그렇지 않았는가이다. 나는 1950년대부터 1960년대까지 영산강 변에 있는 80여 호의 작은 마을 태평정太平亭에서 어린 시절을 보냈다. 그때 그곳에서 똑딱선에 몸을 싣고 자본주의 노동시장을 찾아서 자식들이 모두 도시로 떠난 한두 집을 제외하고는, 노부모가 모든 자식들과 딴 살림을 차리고 사는 경우를 보지 못했다. '우리 집'에서는 증조할머니, 할머니, 아버지, 어머니, 그리고 아홉 형제들이 함께 살았다. 이것은 라다크의 근대전 사회에서도 마찬가지다.[13] 몽골의 유목민遊牧民을 보아도 그렇다.[14] 이것은 노부모가 엄연히 살아 있는데도 모든 자식들이 노부모와 따로 사는 것이 일반적인 상황과는 전혀 다르다. 근대전 사회에서 대가족이 일반적이었다는 말은 3대 이상의

13. "그가 결혼하면서 재산을 물려받았다. 그의 부모는 보통의 관습대로 큰 집에서 나가 옆에 있는 작은 오두막으로 옮겼다. 그래서 젊은 나이에 앙축은 가장이 되고 그 집안의 정치적인 대표자가 되었다. 그의 할머니와 아저씨 한 사람이 큰 집에 남아 있고 그의 부모는 할아버지와 둘 다 승려인 그 두 누이와 함께 산다. 오두막에 딸린 별도의 밭이 있고 그것을 그들이 경작하고 자기들의 부엌에서 음식을 만든다. 계속 협력하고 가족들은 많은 시간을 함께 보내지만, 두 가계는 상당한 정도로 서로 독립성을 유지維持한다".(헬레나 노르베레-호지, 2001: 65-66)
14. 나는 2003년 8월 몽골을 여행하면서 유목민의 삶을 견학하였다. 몽골의 전통에서는 노부모는 막내아들과 사는 것이 원칙이라고 한다.
15. 물론 생산력이 매우 낮고 노인 공경문화가 발전되지 않은 근대전 사회에서는 노인을 살해하여 대가족의 조건 자체를 파괴하기도 하였다. 그러나 이러한 사회에서도 소가족을 지향했다고 볼 수는 없다.

대가족을 구성할 수 있는 사람이 있는 한, 대가족을 이루고 사는 것이 일반적이었다는 뜻이다. [15)]

한국 사회에서는 1960년대 이전까지도 대부분의 사람이 대를 이어서 같은 곳에서 농사를 지으면서 살았다. 부계제父系 사회였으므로 남성들은 아버지와 같은 땅에서 태어나 같은 일을 하고, 같이 살다가, 같은 땅에 묻혔다. 여성들도 일단 출가를 하면 죽음이 만남을 가르지 않은 한, 대부분 가족들과 함께 살았다. 근대전 사회에서는 대가족이 자연스러웠다.

자본주의가 본격화되면서 대가족제도에 물리적 충격을 가한 것도 일반 상품시장보다도, 가족을 시공간적으로 분리시키는 노동시장이었다. 한국 사회에서도 자본주의가 발전함에 따라 자본주의적 분업화分業化가 일반화一般化되었다. 무수한 직업들이 생겼고 노동시장이 다원화多元化되었다. 가족원家族員들이 여러 노동시장에 참여하면서 가족원끼리 대부분 직업이 달라졌다. 가족원들이 지리적으로 분리된 공간에서 일할 수밖에 없는 상황이 많아졌다. 이제 전통적인 농업사회와는 달리 대를 이어 같은 장소에서 같은 직업을 가지고 생활하기가 어렵게 되었다. 그래서 젊은 자식들은 하나둘 부모와 고향을 떠났다. 앵두나무 우물가의 동네처녀들도 오래 전에 밤봇짐을 쌌다. [16)] 이러한 분리는 도농都農 사이만이 아니라 도시 내에서도, 노동시장에 참여해서만이 아니라 노동시장에 참여할 준비(교육)를 하는 과정에서도 이뤄어졌다. [17)] 가족원들 간의 이러한 공간적인 분리로 가족의 분

---

16. "앵두나무 우물가에 동네처녀 바람났네. 물동이 호미자루 나도 몰래 내던지고, 말만 듣던 서울로 누구를 찾아 금순이도 이뿐이도 밤 봇짐을 쌌다네." 나 어릴 적에 들은 이 유행가는 노동시장이 어떻게 전통사회에 작용하였는가를 잘 보여주고 있다.
17. 박완서의 자전소설自傳小說 『그 많던 싱아는 누가 다 먹었을까』(1992)를 보면 교육이 어떻게 가족을 축소시키는가를 실감나게 이해할 수 있다. 개성 시골 마을 대가족의 맏며느리였던 박완서의 어머니는 시부모의 반대를 무릅쓰고 박완서를 공부시키려고 박완서의 댕기머리를 싹둑 잘라버리고 서울로 데리고 나간다.

절分節이 빨라지고 규모規模가 줄어들었다.

지리적으로 가까이 산다 하더라도 일터와 살림터가 시공간적으로 분리되자 가족원들이 사회 심리적으로도 단절되어 갔다. 생산과 소비消費, 노동과 휴식休息이 분리된 사회에서는 가족공동체가 소비 및 휴식의 공동체로만 위축萎縮될 수밖에 없다. 생산을 위한 공동전선共同戰線의 구축構築에 따른 내부 단결이 어려워지며, 함께 노동하는 과정이 사라짐에 따라 가족원들의 접촉接觸 마당이 축소되고 정서情緖적 유대紐帶가 약해질 가능성이 커진다. 유대가 약해질수록 외로운 사람들은 가느다란 친밀성이라도 확인하려 든다. 그래서 혹자或者는 지금이 '친밀성의 시대'라고 오해誤解한다.

가족원들끼리 직업이 다르면 생계 수단의 확보가 가족 밖에서 개별적으로 이루어진다. 그래서 벌이가 가능한 가족원이 가족으로부터 독립한다 하더라도 당장 생존에 위협을 당하지는 않는다. 이것은 가족에 대한 개인들의 물질 의존성依存性이 약해짐을 뜻한다. 뿐만 아니라 가족원 사이에도 물질적인 이해관계를 따질 가능성이 커진다. 농업사회에서 생존수단을 확보하는 데 가족원이 기여寄與한 정도는 개인별로 환산되지 않고 총계로 나타나지만, 상품사회에서는 가족원이 다른 직업에 종사하므로 개개인이 생존수단의 확보에 기여한 정도가 돈으로 명확히 드러난다. 가족에서도 계량화의 신비와 마술이 나타난다. 가족 밖에 팽배한 물신주의(Fetischismus)가 이러한 경향과 결합하여 가족 안의 인간관계마저 물상화(Verdinglichung)시키는 방향으로 작용한다. 물론 가족관계에서는 다른 사회적인 관계에 비해 물상화의 정도가 매우 약하게 나타나고 있지만 이러한 경향을 거부하기는 어렵다.

이처럼 지리적으로 분리되어 가족을 나누는 노동시장과 가족원들 사이의 연대를 약화시키는 일반 상품시장의 힘은 대가족의 가장 약한 고리를 갈랐다. 우리는 가족의 인간관계가 혈연血緣과 혼인婚姻을 계기로 이루어진다는 점을 지적하였다. 대가족이란 이런 인간관계가 연결된 고리들의 묶음이라고 할 수 있다. 이 고리 중에서 가장 약한 고리가 혼인과 혈연이 '용접鎔接'된 부분이다. 한국의 가부장제 전통에서는 부자관계(혈연)와 부부관계(혼인)가 포개진(부모—자=남편—아내) 곳이다. 바로 여기서 자본주의가 전통적 인간관계를 해체시킴에 따라 분열의 징조로 시부모와 며느리의 갈등이 표출되었다. 젊은 남자는 부자관계와 부부관계 중에서 하나를 선택할 수밖에 없었다. 번민煩悶하다가 부부관계에 투항했다. 이렇게 전통 가족의 세대 관계가 약화弱化와 악화惡化를 거치면서 가족이 부부와 어린 자식만의 결속체로만 쪼그라들었다. 이 과정에서 친정부모와 딸의 사이가 상대적으로 긴밀해졌지만 새로운 세대 결합으로까지 발전하지는 못했다.

한편 그동안 급속하게 추진된 한국 사회의 산업화과정 속에서 형성된 '과잉過剩 근대화近代化' 의식과 자기 문화에 대한 열등의식劣等意識도 소가족화를 당연한 것으로 받아들이게 하거나 세련됨으로 미화시킴으로써 가족의 축소에 기여하였다.

그런데 노동시장은 단순히 가족을 나누어서 축소시켰을 뿐만 아니라 가족 내의 분업구조까지 변화시켰다. 전통사회에서는 가사 노동과 생산 노동이 분리되어 있지 않았다. 가사 노동이든 생산 노동이든, 남성과 여성의 일은 생물학적 특성과 관습慣習에 따라 구분되었다. 힘든 일은 남자가, 세심한 일은 여자가 하였다. 나무하기는 남성, 밥짓기는 여성, 쟁기질은 남성, 밭매기는 여성, 멍석짜기는 남성, 길쌈은 여성이 하였다. 집안일과 바깥일의 명확한 구별도 없었다. 남성도 여성도 물을 길렀다. 여자는 머리로 여서, 남자는 물지게로 져서 날랐다. 그런데 자본주의가 진행되면서 남성이 먼저 노동시장으로 나아가고, 일터와 삶터가 분리됨에 따라 집밖에서 하는 생산노동은 남성이, 집안일은 여성이 하는 경향이 나타났다. 이것이 '밥벌이 아빠와 주부 엄마'가 주축이 된 '표준가족標準家族(standard family)'을 출현시킨 계기가 되었다.

3. '표준가족'의 해소

'표준가족'에서 남편은 노동시장에 참여하고 여성은 노동시장으로부터 분리되어 살림(가사노동家事勞動)을 한다. 남성은 상품을, 여성은 가족의 필요를 직접 충족할 비상품非商品을 생산한다. 남성의 노동은 화폐로 계산되지만, 여성의 가사노동은 아무런 교환가치로도 쳐주지 않는다. 가사노동은 국민총생산(GNP)에도 포함되지 않는다. 살림 노동이 사람을 살리는 일임에도 무가치無價値하고 비생산적인 것으로 취급된다. 이런 가치제국주의價値帝國主義[18]의 토대 위에서 남녀 불평등구조가 뿌리를 내린다.[19] 그리고 남성 노동은 노동력과 화폐의 교환이라는 상품관계를, 여성의 가사노동은 자본주의전의 공동체적 인간관계를 기반으로 이루어진다. 상품관계(노사관계)는 단기적이고 단편적이며 이해타산적이지만, 공동체적 관계(부부관계)는 장기적이고 복합적이며 정의情誼적이다. 남성에게는 노동시장의 업적주의業積主義, 여성에게는 가족관계의 성별귀속주의性別歸屬主義에 따라 일이 배분된다.[20]

이런 표준가족도 자본주의 시장 논리가 확대되면 변할 수밖에 없다. 어떻게 변하는가?

---

18. 이처럼 상품을 생산하는 노동만을 중히 여기는 것은 '가치제국주의'에 해당한다고 할 수 있다. '가치제국주의'란 상품의 가치, 그리고 그것의 표현인 화폐가 다른 삶의 영역을 지배하는 경향을 말한다.
19. 이러한 불평등을 해소하는 방식에는 두 가지가 있다. 하나는 상품생산노동은 소중하고 가사노동은 천하다는 가치제국주의를 인정하면서 남성과 여성에게 두 가지 노동을 균일하게 배분하는 것이다. 이렇게 하려면 권리 투쟁과 강압이 전제되어야 한다. 다른 하나는 가사노동의 의미 규정을 달리 하는 것이다. 의미 규정을 새롭게 하지 않으면, 남성이든 여성이든 죽임이 아닌 살림을 누가 기꺼이 담당할 것인가?
20. 울리히 벡(Beck, 1986: 174; 1997: 178)이 이러한 인간관계, 특히 남녀의 성별에 따라 역할이 규정된 부부관계를 신분제의 잔재라고 말한다.

1) 보편시장의 성립과 표준가족의 기반 동요

자본주의가 발달할수록, 인간관계의 물상화와 개인주의를 초래하는 시장의 원리가 자본주의전의 요소가 잔존하는 가족에까지 침투浸透한다. 그 적용이 유보되었던 시장의 원리가 표준가족 안에서도 관철된다. 대가족 안팎의 공동체를 파괴하였던 개인화의 물결이 표준가족의 문 앞에서 멈추지 않는다.(Beck, 1986: 175; 1997: 178)

그런데 표준가족을 분리시키는 물리적 충격을 주는 것도 역시 노동시장이다. 노동시장에 주부主婦가 참여하면 부부婦夫가 시공간으로 더 분리된다.

그러면 여성이 어떠한 사회적 기제를 따라서 노동시장에 참여하는가? 자본주의 사회에서 자본資本을 축적하려면 상품 시장이 확대되고, 저렴한 노동력이 충분히 공급되어야 한다. 상품 시장을 외부로 확대하기가 어려워지면, 상품 판매자들은 사회 내부의 후미진 구석까지도 상품을 침투시킨다. 예컨대 즉석식품卽席食品과 자동화된 가사 도구를 집안으로 밀어넣는다. 그동안 가사노동으로 생산되던 비상품의 재화와 용역을 상품으로, 결국 가사노동을 상품생산노동으로 대체한다. 이제 자본주의 초기에 상품생산노동에서 배제되었던 주부가 소비노동인 가사노동으로부터도 많이 벗어난다. 역사적으로 보면 귀족이 아닌 사람으로서 노동으로부터 이렇게 많이 해방된 여성들은 거의 없었다. 최근의 전업주부를, 전통적 농촌사회에서 밭을 매고 길쌈을 하던, 그리고 초기 자본주의 사회에서 손빨래를 하고 연탄불로 밥을 짓던 아낙과 비교해 보라.

그러나 이것이 과도기過渡期에 지나지 않는다. 자본은 생산을 자동화하면서 비싼 남성노동력 대신에 값싼 여성노동력을 구매하고자 한다. 실제로는 귀함에도 '천한' 가사노동에 예속되었던 주부들이 평등의 기치旗幟를 따라 '자발적으로' 노동시장에 들어오면서 남성과 여성은 노동시장에서 경쟁자가 된다. 시장의 상품이 가족 안으로 밀려들고, 가족의 주부가 노동시장으로 밀려나옴으로써 가족 안팎이 시장 영역으로 통합된다. 시장의 보편주의, 혹은 보편시장(Universal Market)이 확립된다.(Braverman, 1974: 271 ; 이한주 · 강남훈 역, 1987: 233) 가족의 성城이 무너졌다. 여성들이 감옥監獄에서는 해방되었으나 더 이상 성벽의 보호는 받을 수 없다. 성벽은 나가는 자만이 아니라 들어오는 자도 막기 때문이다. 옥獄을 나온 사람이 스스로 밥을 구하려면 노동하지 않으면 안 된다. 여성들도 상품을 생산하므로 가치 있는 노동자가 되지만 '노동으로부터 해방'도 종말을 고한다.[21]

이런 과정을 거쳐 부부가 각각 다른 노동시장에 참여하게 되면 시공간적으로 흩어질 가능성은 커진다. 아이들도 노동시장에 참여하려고 준비하면서 부모와 떨어질 수 있다. 그래서 '주말 부부', '기러기 아빠'가 생긴다. 이런 시공간 분리가 적지 않게 이혼離婚으로도 이어진다. 눈 밖이 마음 밖이기(Out of sight, out of mind) 때문일까? 세대를 갈랐던 노동시장은 이제 남녀를 가르기도 한다.

여성이 노동시장에 참여하면 '표준가족'의 분업체계에 기반을 둔 상호의존相互依存이 약해진다. 표준가족에서는 가사노동만을 하는 여성이 돈을 벌어오는 남성에게, 돈을 벌어오는 남성이 살림을 하는 여성에게 의존한다. 남성과 여성의 일이 배타적排他的으로 분리되어 있으므로 서로 의존할 수밖에 없다.

그런데 여성이 노동시장에 참여하면 여성은 돈을 번다는 점에서 남성과 동등해지며, 남성에게 경제적으로 의존하는 정도가 현저하게 약해진다.

---

21. 이것은 사필귀정事必歸正이다. 여성이 노동을 하지 않는다는 것은 바람직하지도 않고 그럴 수도 없다. 이것은 역사가 입증한다. 자본주의 때문에 잠시 깨졌던 원칙이 자본주의 때문에 복원되고 있다.

여자는 남자가 없어도 큰 어려움이 없이 생활할 수 있다. 반대로 남성이 소비생활을 여성에게 의존하는 정도는 어떻게 되는가? 세탁기, 냉장고, 청소기와 같은 가사기계家事機械와 즉석식품卽席食品과 같은 완성된 소비제가 늘어남에 따라 가사노동이 줄어든다. 그런가 하면 노동시장에 참여하는 여성이 예전처럼 많은 가사노동을 할 수 없다. 남성이 여성에게 살림을 기댈 필요도 줄어들고, 그러기도 어려워진다. 남자는 여자가 없어도 큰 불편이 없이 의식주衣食住를 꾸릴 수 있다. 남녀 간의 차이에 바탕을 둔 상호의존이 약해지고, 남녀 간의 동등성 증가에 따라 자립 능력이 강해진다.[22] 남녀 관계도 다르면 붙고, 같으면 상호相互 반발反撥하는 음양陰陽의 이치理致를 벗어나지 않는다. 결혼의 절박함도, 이혼의 두려움도 줄어든다. 그러므로 표준가족이 해체되기는 쉽고, 성립되기는 어려워진다.

2) 이혼과 불혼[23]

표준가족의 기반이 약해지면서, 표준가족이 해소解消되는 경향을 보인다. 이것은 기존의 표준가족이 쉽게 해체되면서도 새로 형성되지는 않기 때문이다. 그러므로 가족의 해소란 이혼離婚과 불혼不婚의 증가이다.

---

22. 물론 남녀의 물질적인 상호의존성 약화는 사회적 생산성 증가의 토대 위에서 가능하다. 생산력의 발전으로 여성들은 밖에 나가 조금만 벌어도 주림은 면할 수 있다. 이것은 먹을 것이 없어서 많은 여성이 온갖 수모를 겪던 1950년대 이전의 상황과는 판이判異 하다. 그리고 남성이 여성에게 가사家事를 의존하는 정도도 생산력의 비약적인 발전에 따라서 약해졌다고 볼 수 있다.
23. 불혼不婚(결혼하지 않음)은 미혼未婚(아직 결혼하지 않음)과는 다르다. 불혼의 주체는 과거에도 결혼할 생각을 하지 않았고 앞으로도 않을 것이다. 요즈음 항간에 '미혼'에 저항하여 '비혼非婚(결혼 아님)'이란 말을 쓰는 사람이 제법 있다. 그 표현이 많이 어색하다.

이혼의 증가부터 이야기해보자. 이혼이 증가하는 가장 중요한 요인은 앞에서 지적한, 인간관계의 물상화와 남녀의 상호의존성 약화와 같은 표준가족의 토대 동요이다.

또 다른 요인으로 남녀의 역할 갈등 증대를 지적할 수 있다. 역할 갈등은 표준가족 안의 남녀 분업체계가 흔들리면서 빈번頻繁해진다. 자본주의 전 사회에서는 가족 내의 남녀 분업은 주로 생물학적인 특성에 따라 이루어졌고 그 분업의 배타성은 크지 않았다. 자본주의 초기에 표준가족이 일반화되면서 집안일과 바깥일이 명확하게 양분兩分되어 남녀에게 배타적으로 할당되었다.[24) 이 분업체계에서는 불평등이 있을 수 있지만 불만도 갈등도 적은 편이었다. 어차피 너 할 일과 나 할 일은 정해져 있었고 불만을 표시한다고 분업체계가 변화될 가능성도 적었다. 선택이 불가능하니 운명에 순응하였다. 이 분업이 여성의 노동시장 진출에 따라 무너지고 남녀의 동등성이 커지면서 일의 경계는 흐려졌다. 비록 많은 가사노동이 상품으로 대체代替되었다고 하나 살림이 있는 한 가사노동이 다 없어질 수는 없다. 노동시장에 참여하는 여성은 기존의 관습에 따라 가사노동을 전담全擔하기

24. 최근 명절의 음식 장만과 관련된 여성들의 불만도 이런 분업구조에서 기인한다. 자본주의전 사회에서는 음식의 마련도 자급자족했으므로 남성들도 명절 음식을 장만하는 데 할 일이 많았다. 돼지를 잡고 물을 긷고 장작長斫을 팼다. 그러나 자본주의 상품 사회의 초기에 모든 집안일은 여성이 하고 남성은 밖에서 돈만 벌어오는 분업체계가 형성되었다. 전통사회의 남성들의 집안일은 상품으로 대체된 반면, 여성들의 집안일은 상품으로 대체된 부분도 적지 않지만 그대로 남아 있는 부분도 많았다. 명절에는 해야 할 가사노동이 급증함에도 집안에서 자기 일을 상실해버린 '남자들은 화투만 치고 여자들은 부엌에서 일만 한다'. 관습의 토대는 변했으나 관습은 변하지 않았다. 여성들의 불만은 이러한 관습의 변화과정이리라.

25. 이런 맥락에서 가사노동은 더욱 '비생산적인' 것으로 여기게 된다. 그러나 가사노동이 없는 삶을 생각해 보자. 아이도 공장에서 생산하고 아이들을 돈 주고 기르며 집안 청소도 밥도 빨래도 돈 주고 남에게 시킨다면 우리는 편안할 것이다. 그러나 행복할까? 그러려면 더 많은 돈을 벌려고 발버둥쳐야 되지 않을까?

도 어렵지만 남성은 새로운 부담을 지지 않으려 한다.[25] 임신姙娠과 모유母乳 먹이기만을 제외한 모든 가사노동은 협상과 거래의 대상이 된다. 운명은 선택이 되고 선택은 번민과 불만을 낳는다. 포기抛棄는 없고 권리를 위한 투쟁의지鬪爭意志만이 충천衝天한다. 표준가족 안에서 가사노동의 배분配分을 놓고 역할 다툼이 커질 수 있다. 이것도 물신주의의 토대 위에서 남녀 갈등葛藤을 키우는 중요 원인이다.

그런데 가족 내 남녀 갈등이 한국 사회에서는 세대 갈등과 중첩되어 나타난다. 자본주의 근대화 '역사歷史의 단축短縮'으로, 시장의 세대 가르기와 남녀 가르기가 뒤섞여 나타나기 때문이다. 한국 전통 사회에서는 가부장제적인 대가족이 일반적이었으므로 남녀 갈등은 주로 며느리와 시부모 간의 갈등과 연결된다. 그래서 며느리에게는 '시금치도 싫다'는 말이 나온다.

이런 갈등을 근본적으로 소멸하는 길은 갈등하는 인간관계 자체의 청산淸算이다. 이것이 편리便利만을 추구하는 자본주의적 소비주의消費主義의 관점에서는 매우 설득력 있는 대안이다. 갈등은 불편이기 때문이다. 인간관계에서는 심각한 갈등이 아니더라도 불편이 있게 마련이다. 관계를 유지하려면 상대를 배려配慮해야 하는 불편이 따른다. 그래서 '편리교便利敎'가 지배적인 사회에서는 인간관계가 불편을 일으키는 악습惡習이고, 그 청산이 악습의 타파打破라고 여기기 쉽다. 가족이 공동체로부터 독립하고, 소가족으로 분할되며, 이혼으로 해체되면 더 이상 갈등도 없고 상대를 배려할 필요도 없으므로 불편으로부터 해방된다. '편리교'에서는 이혼이 가족관계의 불편으로부터 남녀를 해방시킨다고 여길 수도 있다.[26]

지금까지 시장 논리가 어떻게 이혼을 조장助長하는가를 지적하여 왔다.

---

26. 삶에는 고통이 따르지만 그것이 있어서 지루치 않으니 죽음보다 낫고, 만남에는 불편이 일지만 그것이 있어서 쓸쓸치 않으니 이별보다 좋을 수도 있다.

이것이 이혼을 증가시키는 구조적인 요인이라고 할 수 있다. 그러나 이혼을 조장하는 것은 시장만이 아니다. 흔히 '성격차이', 가정폭력, 불륜, 경제적 문제 등을 이혼의 원인으로 든다. 어쩌면 이것들이 이혼의 직접적인 계기들로서 중요하다고 할 수 있다. 그런데 장마에는 담뱃불이 산불로 커지지 않는다. 이것들은 담뱃불에 지나지 않는다. 예컨대 시장 논리에 의해서 공동체적 인간관계가 파괴된 상태에서는 '성격차이'가 갈등과 이혼의 불로 타오른다.

한편 이혼의 또 다른 근본 원인으로는 고립된 일부일처 소가족제도의 취약성을 지적할 수도 있다. 공동체 속에서는 부부는 직접 관계만이 아니라 이웃 및 친척과 간접관계도 맺는다. 간접관계가 양자관계를 감싸고 있다. 그러므로 결혼과 이혼을 개인이 마음대로 결정하기가 어려웠다. 예컨대 1960년대에도 내 고향에서는 자식이 연애결혼을 하겠다고 하면 집안(문중 門中)의 망신으로 여겼다. 이혼은 생각조차 할 수 없었다. 가족 밖 공동체가 약해졌더라도, 대가족제도에서는 이혼이 개인만의 문제가 아니므로 잘 일어나지도 않았다. 이와는 달리 일부일처제의 소가족은 '공동체에 심어져' 있지 않고 '뿌리가 드러나 있'으므로 취약脆弱하다. 부부관계의 가느다란 줄이 다른 인간관계로 보완되지 않는다. 뿐만 아니라 소가족의 부부 갈등은 조정되기가 쉽지 않다. 예를 들면 결혼에만 중매仲媒가 필요한 것이 아니다. 모든 양자 관계에는 거간居間이 필요한 경우가 무수히 많다. 공동체사회에서는 갈등이 생기면 주변周邊의 사람이 판결判決과 조정調定을 한다. 심지어 어린아이도 판결자判決者와 조정자로 나선다.(헬레나 노르베레-호지, 1991: 53) 부부관계에서도 매개자가 늘 필요한데, 이것이 제거된 소가족은 매우 깨지기 쉬운 가족이라고 할 수 있다.

표준가족의 갈등과 이혼도 해소라는 긴 여정에서 보면 과도기에 지나지 않는다. 표준가족 자체가 성립되지 않으면 갈등과 이혼이 아무런 문제가 되지 않기 때문이다. 만남이 없으면 헤어짐도 없다. 가족 해소의 거대한 흐름은 불혼이다.

보편시장이 확대되면 인간관계의 물상화와 개인주의화가 여남女男의 관계에서도 알게 모르게 확대되어 간다. 애정 관계가 상품을 사고파는 이해타산利害打算적 상품관계를 닮아갈 가능성이 커진다.[27] 요즈음 결혼 중매 시장에서 재력, 학력, 키, 미모, 부모의 재력까지 점수로 환산하여 남녀를 소개해 준다. 그런데 상품관계에서는 다른 모든 측면의 인간관계를 배제排擠시킨 '순수한 거래'만이 중요하다. 남녀도 '순수한 거래'로 만난다. 이것은 "그 관계에 머무르는 것이 쌍방 간에 만족을 주는 한에서만 유지된다".(이혁구, 1999: 229) 단기적인 교환관계이다. 남녀는 서로 죽을 때까지 위해 주고 단기적 이해타산을 초월하는 '지고至高의 사랑', 즉 '낭만적 사랑' 대신에, 당장 행복이 보장되지 않으면 관계를 청산淸算하고 다른 상대를 찾아 흘러가는 '합류合流적인 사랑(confluent love)'을 추구한다.(이혁구, 1999: 229; Giddens, 1995) 사람들은 결혼보다는 동거를 택할 것이다. 서구에서는 적잖은 동거 여남女男이 서로 좋으면 관계를 유지하다가도 내키지 않으면 언제든지 헤어진다. 그래서 생계비를 깔끔하게 나누어서 부담하고 나머지는 각자가 알아서 쓴다. 같이 살면서도 헤어질 준비를 철저하게 한다. 이런 추세라면 표준가족의 기반인 일부일처제一夫一妻制가 사라지고 '일시적一時的 일녀일남제一女一男制'가 결혼제도의 '빛바랜 사진'으로 남을 것이다.

한국에서는 이런 자본주의 보편성 이외에도 결혼을 어렵게 하는 특수한 사정이 있다. 첫째, 집값이 너무 높아서 젊은 연인이 둥지를 틀기가 어렵다. 둘째, 육아 및 교육비 부담이 크다. 2018년 영어로 가르치는 서울 변두

---

27. 그래서 신자유주의자들은 부부관계를 상거래관계처럼 이해하려고 한다(Foucault, 2014: 340).

리 유치원비는 월 150만 원이다. 많은 청춘들이 결혼을 두려워한다. 결혼의 절박함은 적고 두려움은 크니 굳이 결혼하려 들지 않는다. 한국에서는 표준가족의 해소가 빠르게 진행될 수밖에 없다. 이런 경향을 1인가구의 증가 추세로 짐작할 수 있다. 혼자 사는 사람이 1975년 전체 인구의 0.84%, 1995년 3.79%, 2015년 11.00%이다.(2018년 9월 국가통계포탈 자료로 계산)

3) 가족 변화를 어떻게 볼까?

지금까지 살펴본 바와 같이 자본주의 발전과 더불어 부부의 역할은 말할 것도 없고 결혼과 이혼도 선택 사항이 되었다. 가족의 개인 구속력이 약해졌다. 남녀가 가족생활과 비非가족생활만이 아니라 제3의 생활을 선택하기도 한다.(Beck, 1986: 189; 1997: 192) 모든 만남이 다 그렇듯이 남녀 만남에도 불편과 갈등이 따를 수 있다. 그러나 혼자 살면 외롭다. 불편하면 헤어지고, 외로워지면 쉽게 만날 수도 있게 된 남녀는 만남과 헤어짐 사이를 서성이면서 결혼, 이혼, 재혼, 동거, 미혼, 불혼과 같은 여러 삶의 유형 조합을 선택한다. 이에 따라 전통적 표준가족, 이혼 홀어미 가족, 이혼 홀아비 가족,[28] 계모繼母 계부繼父 가족, 미혼모未婚母 가족, 일인一人 '비가족非家族',[29] 동성애同姓愛 가족[30]과 같은 다양한 가족과 비가족의 형태들이 출현한다.

그렇다면 이것을 흔히 이야기하는 '가족의 다양성(김연숙, 2003)'으로 볼 수 있는가? 그렇게 보이므로 그렇게 볼 수도 있다. 그러나 다양성은 가족 해체의 겉모습일 뿐이다. 본모습은 가족이 축소되고 해소되는 마지막 단계의 혼란함이다. 빛이 흩어지면 찬란燦爛해진다. 가족이 해체되므로 다양해지지만, 다양해지므로 해체되지는 않는다.

그리고 가족의 변화, 그 과정에서 나타나는 가족 갈등이나 이혼을 개인
의 문제로 이해하곤 한다. 이것은 자본주의의 다른 문제들과는 달리 매우
사적私的인 것으로 보이기 때문이다. 예컨대 노사문제는 계급적인 갈등으
로서 공적公的인 영역에서 분출되는 것과는 달리, 가족의 갈등은 주로 침실
과 부엌에서 사사로이 이루어진다.(Beck, 1986: 176; 1997: 180) 그러나 이
제까지 논의한 바와 같이 가족의 고립화, 축소와 해소가 사회경제적인 변
화에 기인한다. 남녀의 갈등과 이혼도 사회구조적인 문제이다. 많은 연구
자들이 이런 구조적인 차원은 보지 않고, 개개인의 태도 변화를 설문지로
측정하여 가족의 변화 요인과 추세를 설명한다. 이런 정보를 토대로 삼아
주로 가족 상담으로만 '건전 가정을 육성'하려고도 한다. 어설픈 대응책일
수밖에 없다.

---

28. 홀어미나 홀아비를 합하면 홀부모이다. 홀부모를 예전에는 편부모偏父母라고 했
다. 이 말이 비하의 뜻으로 쓰인다고 혁명적 발상으로 '한부모'로 바꾸어 부르기도
한다. '편부모'란 말은 아무 죄가 없다. 바꾸어야 할 것은 이름이 아니라 현실이다.
그런데 '한부모'란 말이 많이 어색하다. 원래 부도 모도 모두 하나이지 둘이 아니다.
부모가 하나라니 무슨 뜻인가? '한'이 크다, 혹은 완전하다는 뜻으로 쓰인다고 한다.
크고 완전하다면 왜 '한부모'란 이름을 붙여 불완전을 연상케 하는가?
29. 어떤 사람은 가족의 다양성을 강조하면서 '일인가족一人家族'이라는 말을 쓴다.
일인 가구家口는 있지만 일인 가족은 없다. 가족은 집단인데 혼자는 집단이 아니기
때문이다. '일인가족'과 '일인집단'은 형용모순形容矛盾이다.
30. 물론 한 살림을 차린 동성애자의 집단이 가족인가는 논란의 대상이 될 수 있다.

4. 부양능력의 약화

가족의 고립화孤立化와 축소, 해소가 가족의 역량이나 기능機能, 개인들의 삶의 양식에 다양한 영향을 미치게 마련이다. 초기 자본주의 시대까지는 가족이 가족원을 생산하고 양육하며 부양하는 역할을 주로 담당하였다. 가족원의 기본필요 충족을 가족이 책임져 왔다. 그런데 최근에는 사회적 생산력이 증대하였는데도 가족이 출산과 양육, 부양을 감당하기가 어렵다고 아우성을 친다. 이것은 무엇보다도 가족의 부양능력扶養能力이 약해졌기 때문이다. 가족의 부양능력의 약화弱化에 가족의 변화가 어떻게 작용하였을까?

가족의 변화에 따라 가족 안팎의 공동체가 가지고 있는 환난상휼患難相恤(어려움을 서로 구원해 줌)과 상부상조相扶相助, 자정自淨 체계가 위축된다.

첫째 가족의 고립화, 축소와 해소가 개인이나 가족이 위기를 당했을 때 서로 구제救濟해주는 환난상휼 체계를 위축萎縮시킨다. 개별 가족들이 그 밖의 공동체로부터 분리되면 대가족이든 소가족이든 위기를 당하고도 도움을 받기 어렵다. 그리고 대가족이 소가족으로 축소되면 가족 내의 환난상휼의 체계마저 약해진다. 예컨대 대가족에서 아동의 부모가 사망하면 조부모가 양육할 수 있지만, 소가족에서는 아동이 생계 위기에 놓인다. 더욱이 축소된 가족이 개인으로 해체되어 버리면, 환난상휼 체계가 없어진다. 최근에 혼자 사는 노인이 자기 집에서 죽은 지 6개월 만에 발견되었다. 그런가 하면 청소년이 어머니의 시신屍身을 수개월간 집에 두고 생활하기도 했다. 이런 일은 이웃 및 친족 공동체와 대가족이 건재健在했던 전통사회에서는 발생할 수 없었다. 공동체적 연대가 살아 있던 1980년대 초반까지만 하더라도, 사람들은 이런 일이 '선진국先進國'에서 발생한다는 보도를 접하면서 이것을 어처구니없는 '야만野蠻'으로 이해했다. 이제 우리도 '선진화된

야만 시대'에 도달하였다.

둘째, 가족의 고립화, 축소와 해소로 가족의 안팎 상부상조 체제가 동요한다. 상부상조는 부양의 단순협업單純協業[31]으로 이루어진다. 가족이 고립되면 이웃이나 친족 사이 부양 협업이 어려워진다. 예컨대 이웃과 사이가 좋으면, 치매 노인을 보살피는 딸이 시장에 갈 때 옆집에 잠깐 부탁할수 있다. 그러나 가족이 이웃으로부터 고립된 상태에서는 그럴 수가 없다. 가족의 축소도 부양의 단순협업을 어렵게 만든다. 가족 단위가 큰 상태에서는 아이를 돌보는 일 따위를 여러 사람이 자연스럽게 돌아가면서 담당한다.[32] 누구라도 아이를 전업專業으로 보살필 필요가 없다. 설령 아이들이 여럿이라 하더라도 집안에는 돌볼 수 있는 사람도 여럿이므로 한 사람이 아이보기에 얽매이지 않아도 된다. 그러나 대가족이 소가족으로 축소되면 부양 협업이 불가능하다. 아이 부양을 각자가 전담하지 않을 수 없다. 부양자는 노동에 묶여 있지 않으면 안 된다. 부양이 쉽다고 하더라도 매이면 고통스럽다. 예컨대 전업 주부라도 혼자서 아이를 돌보면 아이가 잠든 사이에도 집을 비울 수 없다. 아이 엄마는 하루 종일 '감옥살이'를 한다. 노동력은 낭비되고, 부양이 고역이다. 문제는 힘든 노동이 아니라 고립 노동이다.

이런 부양의 어려움은 '표준가족'이 '맞벌이 가족'으로만 변해도, 더 심각해진다. 일터와 삶터가 분리되어 있으므로, 부부가 모두 일터에서 생산노

---

31. 협업은 여러 사람이 협동하여 하나의 일을 하는 것을 말한다. 협업에는 각자에게 배타적인 일이 부여되지 않은 단순협업과 각자에게 배타적인 일이 부여된 분업적 협업이 있다. 예컨대 무거운 돌을 여러 명이 공동으로 힘을 써서 나르는 것은 단순협업이고, 일관조립을 하는 자동차 공장에서 각 노동자가 자기가 맡은 부분 작업만 하는 것은 분업적인 협업이다.(Marx, K., 1986: 356; 2016: 458)
32. 전통적인 라다크 사회에서는 아기 엄마가 밭일을 할 때도 아기를 데리고 갔다. 그러나 아기를 혼자서만 돌보지 않았다. 누군가가 항상 옆에서 안고 입 맞춰 주었다. 남자도 여자도 똑같이 아기를 예뻐했다. 이웃집의 십대 소년도 조금도 어색함이 없이 아기를 얼리거나 자장가를 부르며 흔들어 재웠다.(헬레나 노르베레-호지, 1991: 70)

동을 하면 삶터에서는 부양을 담당할 노동력이 없어진다. 모부母父 노릇(가정)과 일(직장)이 충돌하는 '스스로 그렇지 못함(부자연不自然)'이 나타난다. 동물의 세계에서도 출산과 부화孵化의 언저리 기간을 제외하면, 일하지 않고 새끼만 돌보는 암컷은 찾아보기 어렵다. 맞벌이 가족에서는 피부양자彼扶養者가 방치放置되기 쉽다.[33] 지하실에 사는 가난한 어머니가 아이들을 방에 두고 방문을 잠근 채, 일을 나간 사이 불이 나서 아이들이 타서 죽는 사례가 근대화된 한국 사회의 가족 부양능력을 잘 보여주고 있다. 더욱이 '표준가족'이 이혼 등으로 해체되면 부양능력은 더 약해진다. 이혼한 여성이 혼자서 아이들을 기르기는, 외부의 도움이 없다면 거의 불가능하다.

셋째, 가족의 고립화, 축소와 해체에 따라 공동체적 자정自淨체계가 쪼그라든다. 조선시대 관리를 지냈던 신현申絢(1764-1827)이 자기 형에게 보낸 편지에서, 중대한 해현례解見禮(며느리가 시집와서 처음 드리는 인사 예식)를 밖(이웃)에서 살펴보는 자가 없지 않으니, 이 예식을 기다렸다 치르고 갈 수밖에 없다는 말을 한다.[34] 이웃 관계가 튼실할 때는 외부의 눈이 각자의 마음에 들어와 큰남(대타자大他者)[35]를 이루었다. 한국 전쟁 중에 뱃속의 자식을 남기고 북쪽으로 간 남편을, 금강산에서 면회한 할머니가 이미 노

---

33. 흔히 여성의 취업률 증가를 가족의 부양 기능을 약화시킨 가장 중요한 요인으로 본다.(보건복지부, 1999) 그러나 이것은 두 가지 점에서 무리가 있는 진술이다. 첫째는 고립된 소규모 가족에서는 여성이 노동시장에 참여하지 않더라도 부양 노동 자체가 어렵다는 점을 간과하고 있다. 물론 여성이 취업하면 부양 기능이 더욱 약해진다. 둘째는 여성들이 전업주부로만 사는 표준가족이 매우 오래된 것으로 전제하고 있다. 표준가족은 근대화 과정에서 일부 계층에 나타난 지극히 예외적이고 과도기적인 가족 형태에 지나지 않는다. 전통 사회에서, 그리고 자영업을 하는 도시의 가족들에서도 여성들은 가사 노동만 하지 않았다. 여성들이 집 밖에서 노동하는 것이 결코 최근의 일이 아니다.
34. 이 편지를 2018년 2학기 하영휘 교수의 성균대학교 대학원 '초서연구' 강의에서 읽었다.

인이 되어버린 아들에게 '애비 없는 호로 자식'이란 말 듣지 않게 하려고 엄하게 키웠던 것이 미안하다고 말하는 모습이 텔레비전에 방영되었다. 이 할머니에게도 이웃의 눈이 가슴에 들어와 있었다. 이웃 공동체가 허물어지면 남의 눈이 사라진다. 그래서 예컨대 가내 폭력이 발생하여도 외부로 드러나기도, 안에서도 자제되기도 어렵다. 이렇게 공동체적 자정체계가 약해진다. 그런데 대가족이 소가족으로 축소되면 이 자정체계는 더욱 약해진다. 예를 들면 대가족에서 계모繼母가 아이를 때리면, 할머니나 할아버지가 가만 두지 않는다. 그러나 소가족에서는 계모의 폭행을 제어할 사람이 없다. 최근 소가족에서 아동이 가내 폭력으로 사망하는 사건들이 심심찮게 발생한다. 더군다나 가족에 속하지 않은 고립된 사람, 1인가구원들의 문제 행위에는 가족 안팎 공동체의 관찰과 통제統制가 거의 미치지 않는다.

이처럼 환난상휼, 상부상조, 자정의 체계가 쪼그라들어 가족의 부양 능력이 약해지면, 누가 부양 부담을 질 것인가를 둘러싼 갈등이 커져서 가족해체가 촉진된다. 가족이 해체되면 부양 부담이 더 커진다. 사람들이 약자의 부양을 꺼린다. 노인들이 방치되고 출산이 기피된다. 노인 방치는 다음 장으로 미루고 여기서는 출산기피出産忌避[36]만을 다루고자 한다.

출산기피는 양육기피의 겉모습이다. 아무리 아동 양육의 부담이 클지라도, 아이를 낳고 난 다음에는 양육을 기피하기가 쉽지 않다. 아이는 안쓰러움의 독재자이기(Beck, 1986: 193; 1997: 197) 때문이다. 사람들은 양육 부담을 예상하면 출산을 기피한다. 이것이 최근 문제가 되고 있는 출산율

---

35. 큰남은 라깡이 만든 개념이다. 큰남은 사람이 스스로 매우 중요하게 여기는 마음속에 잠겨 있는 남이다. 이것은 어머니와 아버지, 그리고 언어의 기표記標(씨그니피앙)들이 마음으로 들어와 추상화되어 잠재의식(무의식無意識)으로 쌓여 있는 정보이다.(무까이 마사아끼向井雅名, 2017: 30-33)
36. 2005년 무렵에 묶은 정관을 푸는 수술에도 의료보험을 적용해 주겠다는 정부의 발표가 있었다. 묶으면 예비군 훈련을 면제해줄 때가 언제이던고?

저하의 주요 원인이다. 특히 한국에서는 아이들의 양육비와 교육비 부담이 매우 크므로 출산율이 더욱 급감急減하였다.[37)]

물론 출산기피와 출산율 감소가 양육 부담 때문만은 아니다. 모든 현상이 다 그렇듯이 이것도 여러 가지 원인들이 얼기설기 뒤엉켜서 일어난다. 이를테면 성교의 즐거움을 출산과 분리시킬 수 있게 해준 피임 및 낙태 기술의 발달,[38)] 산아제한産兒制限 정책, 다출산多出産을 야만시한 '과잉 근대화' 의식과 같은 여러 요인들이 출산율을 떨어뜨리는 데 영향을 미친다.

그런데 출산율의 하락에 매우 중요한 영향을 미치는 것 중의 하나가 가족의 축소이다. 이것은 가족의 부양 능력을 약해지게 함으로써 출산율을 떨어뜨리는 데 힘을 보태지만, 그 자체가 곧 출산율 저하의 주요 요인이다. 가족의 축소는 결국 세대 간 연대를 잘라낸다. 이제까지는 가족이 세대 사이의 부양과 피부양被扶養을 연결하는 고리였다. 성인이 아이들을 낳아 기르면, 그 아이는 자라서 노부모를 부양하고 제사까지 지내면서 자기 아이들을 낳아 길렀다. 이런 순환이 잘 이루어지는 대가족제에서는 아이를 낳아 기르는 것이 곧 노후의 준비였다. 그러나 소가족제에서는 이런 순환이 이루어지지 않는다. 현재의 성인이 스스로 자신의 노부모를 방치하면서 자기 자식들이 성장하여 노후를 챙겨 주리라는 기대를 하지 않는다. 아이들이 자신의 미래와는 무관한 현재의 애완愛玩 대상[39)]일 뿐이다. 출산과 양육의 미래 보상은 사라지고 현재 부담만 남는다. 해도 그만 안 해도 그만

---

37. 한국에서 출산율을 떨어뜨리는 매우 중요한 요인은 결혼을 체념케 하는 높은 주택 가격이다. 이 문제를 해소하지 않고서 출산율을 높이려는 노력은 사막에서 쌀농사를 지으려는 것과 같다.
38. 남녀 사랑은 출산과 분리되지 않는 것이 자연적인 이치다. 개인에게 사랑은 매우 주체적인 것처럼 보이지만, 자연의 섭리攝理로 보면 종속種屬 번성繁盛의 명命을 따르는 것에 지나지 않는다. 영리怜悧한 인간은 사랑과 출산의 고리를 잘라버렸다.
39. 이것은 6장의 첫머리에서 다룬다.

인 출산의 부담을 애써 지려 하지 않는다.

더 나아가 표준가족이 해소되면 출산이 더욱 줄어든다. 가족은 아이를 가장 필요로 하면서, 아이를 가장 잘 낳아 기르는 둥지인데, 가족이 없으면 아이를 낳을 필요도 없고 낳아 기를 수도 없기 때문이다. 물론 아이를 원해서 낳아 기르는 독신녀獨身女가 조금씩 늘어나고 있다. 앞으로는 그런 독신남獨身男이 늘어날지 모른다. 그러나 홀로 아이를 기르기가 쉽지 않으므로, 독신이 기르는 아이 수가 많을 수는 없다.

가족의 축소와 해소는 양육부담을 가중시킴으로써 간접적으로, 그리고 출산과 양육의 필요를 감소시킴으로써 직접적으로 출산율을 떨어뜨리게 한다.

5. 한국 사회 가족 변화의 상태

서구에서는 여러 백 년 동안 자본주의가 성장하였으므로 가족의 변화가 서서히 일어났다. 가족의 공동체로부터 분리와 축소가 느릿느릿 이루어졌고, '표준가족'이 정착되어 오랫동안 지속되다가 해소되는 경향을 보였다. 이것이 사회복지정책에도 반영되었다. 근대전에는 가족 밖 공동체와 대가족제가 살아 있어서 변변한 사회복지정책이 없었다. 근대 이후 가족이 '빵벌이'(breadwinner) 남편과 주부인 아내가 주축이 되는 '표준가족(standard' family)'으로 축소되자, 표준가족을 중심으로 사회복지 정책이 오랫동안 입안되고 추진되었다. 최근에 여성의 노동시장 진출이 늘어나면서 아동 양육 지원과 같은 부양의 사회화 정책이 추가되었다. 표준가족이 해소되는 경향을 보이므로, 가족이 무엇인가와 함께 어떤 가족을 지원의 대상으로 삼아야 하는가와 같은 문제들이 가족사회복지정책의 주요 쟁점으로 떠오르고 있다.(Kautto, 1999 : 63 ; Stacey, 1996) 이런 사회정책의 흐름에서도 가족 변화의 단계들을 알아차릴 수가 있다.

그러나 한국 사회에서는 이런 단계들의 구분이 뚜렷하지 않다. 왜냐하면 소위 '역사 단축短縮'이 가족의 변화에서도 나타나기 때문이다. 물론 이런 단계들을 전혀 구분할 수 없는 것은 아니다. 예컨대 1970년대에는 소가족화가 급증하였지만, '표준가족'의 해체 현상의 하나인 이혼이 흔치는 않았다. 1990년대 중반 이후부터 이혼이 급증한다. 그러나 단계의 시기 구분이 쉽지 않다. 2015년에도 전체 가구의 7.6%가 3세대 이상 가구원인[40] 것에서도 알 수 있는 것처럼 대가족의 전통이 남아 있다. 그런가 하면, 대가족이 축소되어 '표준가족'으로 정착되기도 전에, 표준가족이 해소되는 경향을 보인다. 지금 한국 사회의 가족 문제는 전통적인 가족제도의 파괴라는 초기 근대적인 요소와 함께, 가족의 해소라는 후기근대(late modern)[41]의 '첨단尖端적' 요소를 지니고 있다. 한국 사회에는 근대전과 초기근대, 후기근대의 가족 특성들이 혼재混在한다.

한편 한국 사회에서는 소가족이나 독신獨身들 사이에서도, 아직은 친족親族 연대가 강한 편이다. 예컨대 많은 노인들은 자식들로부터 경제적인 지원을 받는다. 부모에게 생활비를 지원해주는 사람들도 주변에서 많이 본다. 친족 간의 소득所得 이전移轉이 빈민貧民에게는 중요한 소득원이다.(손병돈, 2000) 1998년 'IMF 경제위기' 때에 나를 포함한 많은 사람들이 친족 간 빚 보증으로 고통을 당했던 것을 보면, 친족親族·친지親知 사이의 비공

---

40. 전체 가구 중의 3세대 가구 비율이 1970년 23.2%, 2015년 7.6%이다(국가통계포탈 2018년 8월 자료로 계산).
41. 개념의 측면에서 보면 이것은 탈근대(post modern)와는 다르다. 후기근대는 근대 안에, 탈근대는 근대 밖에 있다. 그러나 지칭하는 바는 같을 수 있다.

식적인 연대가 최근까지도 견고하게 작동하였다고 할 수 있다.[42] 한 쪽에
선 친족 공동체 의식이 상당히 파괴되는 양상을 보이지만, 그렇다고 사라지
지는 않았다. 심지어 지금도 경제적 고통을 당하는 형제에게 몇 천만 원을
주었다는 이야기를 듣는다. 특히 중년 이상의 세대들에게는 친족 공동체
의식이 적잖이 살아 있다. 여기서 현재 한국 사회에서는 소가족과 독신가구
의 외형外形이 서구의 것과 유사類似하지만 그 내용이 아직은 사뭇 다름을
알 수 있다. 서구에서는 근대전의 가족 관계가 소멸되었다. 친족 간의 경제
고통의 분담을 이상하게 여길 것이다. 그러나 한국 사회에는 근대전과 초기
근대의 가족의식이 소가족 및 독신가구들 사이에도 아직은 남아 있다.

이에 따라 한국의 가족에 관한 최근의 쟁점들도 서구와는 다른 점이 많
다. 서구 사회에서는 바람직한 가족이 부부 중심의 소가족이냐, 아니면 대
가족이냐는 아예 논의의 대상조차 될 수 없게 된 지가 이미 오래되었고, 현
재는 소가족 자체를 유지시키는 것이 가능한가의 여부가 중요한 쟁점이 되
고 있다. 한국에서는 지금 세대多世帶 간 가족관계를 어떻게 유지할 것인
가, 예컨대 고부 갈등을 어떻게 해결할 것인가가 여전히 중요한 쟁점이 된
다. 그런가 하면 불과 얼마 전까지는 이혼이, 지금은 가족의 해소로 초래
된 소출산小出産이 사회문제로 부각되고 있다. 한국에서 가족 위기는 소가
족의 위기뿐만이 아니라 대가족의 위기까지 의미한다.

만약 가족의 소멸과 해체가 바람직하다면 한국은 지금 '후진' 사회다. 그
러나 바람직하지 않다면 아직도 조금은 '멋진' 사회다. 한국의 가족사회복
지정책에서는 대가족의 해소 문제까지 고려할 필요는 없을까?

---

42. 자본주의적 근대가 자기만을 '공식公式'으로 보고, 자본주의와 근대의 전을 '비공
식非公式'이라는 낙인을 찍었으면서도, 실제로는 그 '비공식적' 연대를 자본주의적
성장의 밑거름으로도 삼았다. 한국의 자본주의가 조선의 문화를 먹고 성장했다.

4절 가족 변화의 대응 방향

이러한 가족의 변화에 어떻게 대응해야 할까? 이런 변화가 현재의 방향 대로 지속되게 해야 할까, 과거로 되돌아가게 해야 할까? 아니면 제3의 방향을 선택해야 할까?

1. 현재의 가족 변화를 지속시켜야 할까?

현재의 가족 변화를 지속시키는 것이 바람직한가? 가족의 해소를 추구하여야 하는가? 가족을 보존할 필요는 없는가? 모든 사람이 항상 가족에 속해 있어야만 행복한 것은 아니므로, 가족의 해소가 바람직하지 않다고 쉽게 단정할 수는 없다. 예를 들면 어느 용감한 여성가정학자의 주장처럼 행복을 위해서라면 이혼을 해야 한다. 이혼하지 않고 죽기보다는, 이혼하고 사는 것이 훨씬 낫다.[43] 그렇다면 이혼을 막을 필요가 없는가, 혹은 오히려 장려獎勵해야 하는가? 과연果然 가족의 축소와 해소를 촉진促進해야 할까? 이런 질문에 답할 수 있도록, 가족의 해소가 어떤 문제를 일으키는가

---

43. 물론 사는 게 죽는 것보다 낫다고 단정하는 것도 무리다. 여희麗姬가 궁궐로 납치拉致되어 왕과 동침同寢을 하고 맛있는 음식을 먹고 나서 납치당할 때 울고불고 하였던 것을 후회했던 것처럼, 우리도 죽고 나서 살려고 발버둥쳤던 것을 후회할지는 아무도 모르는 일이기(『장자莊子』: 제물론齊物論) 때문이다.

를 먼저 살펴보기로 하자.

현재의 가족 변화를 지속시키려면, 시장의 원리를 보다 철저히 관철貫徹시켜서 인간관계의 물상화와 개인화를 더 심해지게 하면 된다. 이렇게 하여 가족이 공동체로부터 분리되고 축소되며 해소되면 어떻게 될까? 상상像想 실험을 해보자.

그렇게 되면 가족 자체는 물론, 결혼과 이혼도 그 의미를 상실할 것이다. 남녀 간에 만남과 헤어짐에 아무런 걸림도 없을 것이다. 미워하면서 만나야 하는 고통(원증회고怨憎會苦)도, 사랑하면서 헤어져야 하는 고통(애별리고愛別離苦)도 사라질 것이다. 만인萬人이 '해탈解脫'할 것이다. 인간은 가족의 모든 속박과 책임으로부터 벗어나 시장 앞에서 자유와 평등을 노래(구가謳歌)할 것이다. 남자나 여자나 최소한 가정 문제 때문에 노동시장에서 자기 경력을 발전시켜나가는 데 어떠한 방해도 받지 않을 것이다. 그런데 시장의 존립 근거가 경제적 속박束縛과 불평등이므로, 비록 그 해방과 자유가 시장으로부터 해방과 자유가 아니고 그 평등이 경제적 평등은 아닐지라도 가족의 해소는 해방과 평등을 함축한다.[44] 가족이 해소되면 사람들은 가족으로부터 해방과 시장 참여의 평등을 누리기는 누릴 것이다.

그렇다면 이런 해방과 자유와 평등이 행복을 보장해 주는가? 이것이 찻잔 속의 뱃놀이는 아닌가? 이 뱃놀이에도 "환락이 지극한데 슬픈 정도 많

---

44. 가족으로부터 해방과 노동시장 참여에 대한 평등은 다른 한편에서 가족으로부터 고립이며 시장에 대한 예속이기도 하다. 이런 맥락에서 시장 참여에 대한 여성주의자들의 주장은 시장예속과 고립 따위와 같은, 스스로 원치 않는 결과를 낳기도 한다.(Beck, 1986: 200; 1997: 204)

45. 한무제漢武帝가 뱃놀이를 하며 추풍사秋風辭를 지었다. "누대 배를 띄워놓고 분하汾河를 건너갈 제, 큰 물줄기를 가로 질러 흰 물결이 이는구나. 피리 북이 울고 뱃노래가 터져나와, 환락이 지극한데 슬픈 정도 많을 씨고.(泛樓船兮濟汾河 橫中流兮揚素波 簫鼓鳴兮發棹歌 歡樂極兮哀情多)"(한무제漢武帝, 1994: 77)

을(歡樂極兮哀情多)"[45] 것인가?

가족이 해소되면 가족의 부양부담이 당장 심각한 문제로 떠오른다. 부양부담이 커지면 노약자는 방치되고, 출산은 기피된다. 그런데 가족의 해소와 시장의 발전과 동전의 양면兩面이므로, 가족이 해소되더라도 시장의 상품관계로만 사는 개인들이 노약자의 부양과 출산을 성공적으로 대신할 수 있다면, 이 점에서는 가족은 보존할 필요가 없다고 보아도 된다.

그러면 '시장[46]'이 노약자 부양과 출산을 대신할 수 있는가? 노약자들의 부양을 시장 속의 개인들이 어느 정도는 대신할 수도 있다. 노약자들이 돈이 있으면 시장에서 부양자를 고용雇傭할 것이다. 이때 부양자와 피부양자는 이해를 따지는 상품관계를 맺는다. 이런 이해타산의 관계 속에서만 사는 노약자가 행복할까? 이것은 다음 장에서 다루기로 하자. 그러나 돈이 없는 노약자들은 어떻게 살아갈까? 자본주의 사회에서는 승자勝者와 패자敗者가 있고, 늙으면 패자가 되기 쉬우므로 생계 자금이 부족한 노약자들이 많다. 이미 가족이 해소되었으므로 그들에게는 돈을 대줄 가족이 없다. 따라서 노약자 부양을 '시장이 대신한다'는 것은 분명한 한계가 있다.

그건 그렇고, 출산을 시장 속의 개인들이 대신할 수 있는가? 사람을 생산하는 '공장'을 지으면 된다. 그리고 태어난 아이는 돈을 주고 양육을 맡기면 된다. 그런데 누가 아이들을 낳게 해서 길러주는 데 돈을 지불할 것인가? 아이를 낳아 기르는 부담과 즐거움을 몸으로 느끼지 않으면 아이에게 애정을 갖기 어렵고 애정이 없으면 돈을 지불하지 않으려 할 것이다. 뿐만 아니라 가족 관계가 해소되었으므로, 오래도록 교류할 수도 없는데 누가 아이를 낳아 기르는 경제적인 부담을 지려 하겠는가? 물론 외로움 때문

---

46. 시장은 사람으로 구성된 조직이 아니라 물건을 사고 파는 제도이다. 어떤 것도 시장이 할 수는 없다. 시장에 참여하는 개인들이 할 뿐이다.

에 아이를 기르려는 사람들이 돈을 지불하고 양육을 위탁委託할 수는 있다. 그러나 그런 사람의 수도, 그런 사람이 위탁하는 아이의 수도 많지는 않을 것이다. 따라서 아이의 출산을 시장에 참여하는 개인들이 모두 대신하기는 어렵다.

이렇게 노약자 부양과 아동의 출산 및 양육을 시장 속의 개인들에게 맡겨서 해결한다는 것은 한계가 있다. 이런 상황에서 노약자들을 방치하지 않고 사회 성원을 충원하려면, 사회의 대표이자 '민주주의' 사회의 마지막 어리광바지인 국가가 세금을 거두어서 부양과 출산 및 양육을 사업자와 노동자에게 돈을 주고 맡겨야 한다. 과학기술이 발전하는데 이것이 왜 불가능하겠는가? 부양과 출산 및 양육에서도 분업 및 전문화의 원칙이 작용하므로 생산성이 향상向上될 것이다. 그러나 사회 전체적으로 보면 엄청난 노동력의 낭비가 발생한다. 예컨대 노인의 외로움은 누군가가 함께 있어주는 것만으로도 소멸되므로 생활 자체가 부양이다. 이와는 달리 국가 부양제도에서는 외로움을 달래주려면 전문가가 돈을 받고 같이 있어주는 노동을 해야만 한다. 그래서 부양비용이 증가한다. 아무튼 부양 자체가 불가능한 것은 아니므로 이 점만 고려한다면 가족은 필요치 않다. 오히려 결혼보다는 이혼을 장려하여도 문제가 없을 것이다. 네 가족과 내 가족이 없는 평등사회가 도래한다고 볼 수도 있다. 이 평등사회에서 대부분의 사람들은 세금을 조금 더 낸 대신에 출산과 양육의 고통으로부터 해방되고 일부 사람들은 출산과 양육의 전문가로서 아마도 '케어러(carer)'와 같은 화려한 외래어로 직위 이름을 달고 돈을 받으면서 일할 것이다. 고용도 창출된다. (증머리 장단) 좋다!

그런데 이런 사회의 모습은 어떠한가? 인간관계가 철저하게 물상화된다. 비정非情하다. 개인들이 고립된다. 이런 부모-자식의 관계와, 양육 사업소의 양육자-피양육자의 관계를 비교해 보라. 앞것은 장기적이고 지속적이지만 뒷것은 단기적이다. 앞에서는 부모이므로, 뒤에서는 임금을 받으므로 부양한다. 전자는 다정한 관계이고 후자는 이해타산의 이치理致에 합당한, 합리合理적 관계이다. 추사秋史는 가족이 함께 밥을 먹는 것이 최고의 즐거움이라고 하였다.

　　고급 요리, 두부 오이 생강과 나물이고
　　귀한 모임, 영감 할멈 자식과 손자이다.
　　大烹豆腐瓜薑菜　高會夫妻兒女孫(김정희金正喜)

이런 즐거움을 부양 사업소에서 누릴 수 있을까?

　그런데 사람들은 친밀한 인간관계를 유지하지 않으면 외로움을 느낀다. 사람들은 가족에서처럼 매우 친밀親密한 관계(진한 친밀성)도, 이웃 사이와 친구 사이와 같은 조금 덜 친밀한 관계(옅은 친밀성)도 필요하다. 이런 관계 속에서 자기 정체성을 확인하고, 욕구를 생성하고 충족하며, 일상세계를 지어 간다. 그래서 가족이 공동체로부터 고립되어 있는 소가족 사회에서도 사람들은 무척 외로움을 탄다. 예컨대 남편과 정상적인 결혼생활을 하면서도 집안 일만 하는 전업주부는 진한 친밀성은 있지만 옅은 친밀성은 없으므로 외로움을 느낀다.[47] 하물며 가족이 완전히 해소되어 이런 다정多情한

---

47. "라다크 전통사회에서 살 때는 전혀 외로움을 몰랐고, 조금 수줍어하기는 했어도 생기에 차 있었던 한 부인이 도시로 나와 전업 주부가 된 뒤로 외로움을 느끼면서 생기를 잃어버렸다. 그녀는 자신이 '왜 그렇게 불행한지 모르겠다'고 했다. 그녀는 바랄 만한 것을 모두 다 가지고 있는 것처럼 보였다. 남편은 의사라는 직업을 갖고 있고 아이들은 레(도시 이름)의 제일 좋은 학교에 다니며 집은 현대적이고 깨끗하고 안락하다. 그러나 개발과정을 통하여 그녀는 소가족 속에 갇혔고 더 큰 공동체로부터 유리되었으며 의미 있는 일을 빼앗겨버렸다. 개발을 통해 그녀는 아이들에게서도 떨어져버렸다." (헬레나 노르베레-호지, 1991:70)

인간관계가 없고 합리적인 인간관계만 있는 세상에서는 사람들은 더욱 심한 고독감을 느낄 것이다. 그래서 이런 사회는 우울한 사회이고 우울한 사회에서는 전문적인 정신건강상담가精神健康相談家가 많이 필요할 것이다. 정신상담가들마저도 정신 상담을 받아야 할 것이기 때문이다.

이처럼 고독한 사회의 남녀 간의 만남은 어떠할까? 남녀는 혼자 살면 외로우므로 만날 것이다. 그러나 만남 자체에는 항상 부담이 따른다. 더욱이 시장 사회에서는 이미 지적한 것처럼 이러한 불편이 제거의 대상이므로, 그리고 남녀의 갈등이 증폭되므로 남녀는 결별할 것이다. 결별하고 시간이 지나면 외로울 것이다. 사람들은 이 외로움을 해소하려고 독신 동호회와 같은 각종 모임을 만들 것이다. 그러나 함께 사는 삶이 결여된 상태에서는 모임에서 돌아온 뒤의 공허함을 견디기 어려우므로 다시 새 사람을 찾아 만날 것이다. 그래서 만남과 헤어짐, 동거同居와 독거獨居를 반복하는 사람들이 늘어날 것이다.

이 과정에서 아이가 생기면 아이에게 애착할 수 있겠지만, 양육의 부담은 크고 아이가 새로운 남녀의 만남에도 장애가 되므로 아이를 키워도 괴롭고 버려도 괴로울 것이다. 아이와 양육부담 덜기 사이에서 남녀는 번민煩悶할 것이다. 그런데 만남과 이별의 순환과정에서 부모 중의 한쪽은 아이들을 버릴 수밖에 없고 그래서 아이와 진한 친밀성을 형성할 수가 없다. 아이도 어른들과 친밀성을 형성하기 어렵기는 마찬가지다. 친부親父 혹은 친모親母가 아무리 아이를 애정을 가지고 키워간다 하더라도, 모나 부의 만남, 헤어짐, 그리고 새로운 만남이 지속되는 과정에서 아이도, 친부 친모와 의부義父 의모義母와 헤어지고 만나고 헤어져야 한다. 결국 사람들은 자유와 평등의 꽃이 만발한 별천지別天地에서, 그러나 고독의 감옥에서 살아간다.

이런 세상에서 살아가는 한 인간의 생애生涯를 살펴보자. 아이가 태어나서 시설이나 홀 부모 밑에서 자라거나 거리의 청소년이 될 것이다. 자라서는 상대를 만났다가 헤어지고, 다시 새로운 상대를 만나는 과정에서 아이들을 낳기도 하며 그 아이와 이별하거나 키울 것이다. 자기 부모는 보살필 필요가 없다. 그래서 자기가 늙어도 자식이 보살펴줄 것을 기대하지 않는다. 늙으면 비용을 자기가 부담하든 국가의 신세를 지든 시설에서 최후를 마칠 것이다. 죽어도 울어줄 사람이 없고 시체는 매우 합리적이고 위생적으로 치워질 것이다. 그러나 그가 젊어서 그랬듯이 이런 그 늙음과 죽음을 젊은이는 아무도 유심히 보지 않을 것이다. 젊은 사람은 젊음의 축복을 알지 못하고 산 사람은 삶의 기적을 체험하지 못한다. 인생에서 고락상생苦樂相生의 원칙이 파괴되어 버린다.

물론 병아리가 부화장孵化場에서 깨어나듯 출산장出產場에서 태어나고 양계장養鷄場에서 커가듯 시설에서 자라서 홀로 살다가 죽어가는 사람들은 더욱 고독할 것이다.

이런 데도 가족은 과연 보존할 필요가 없는가? 가족은 오직 봉건적인 것이므로 청산淸算만의 대상인가? 이미 살펴본 바와 같이 가족은 인간이 고독하게 살기 어렵다는 자연 본성 때문에 필요하므로 봉건적이지만은 않다. 그리고 '행복을 위해서는' 기꺼이 이혼을 해도 무방한가? 더 나아가 이혼을 장려해야 할까? 독신의 삶을 '첨단尖端'과 '개성個性'으로 찬양讚揚해야 할까?

그런데 우리가 현재의 가족 변화 추세를 진행시키는 것은 어렵지 않다. 시장의 원칙과 남녀 사이 시장 기회의 평등을 강조하고 실천하면 된다. 그러나 그렇게 하면 노약자는 버려지고 아이는 태어나지 않는다. 이 문제는 사회복지로 해결할 수밖에 없다. 사람들은 세금만 내면 국가가 그 돈으로 노동자를 직간접直間接으로 고용하여 노약자를 부양하고 아이들을 생산한다. 사람들은 돈만 내면 되니까 참 편리한 세상이다. 그러나 이것이 가족의 해소를 막기는커녕 용인하고 조장한다. 부양과 출산에서도 인간관계가 물상화되기 때문이다. 그렇다면 외로움의 문제는 어떻게 해결할까? 우리는 결코 가족을 포기할 수 없다.

2. 과거의 가족제도로 되돌아가야 할까?

우리가 가족을 포기할 수 없고 그래서 최근의 가족 변화가 문제라면 과거의 가족제도로 돌아가는 것도 대안으로 생각해 볼 수 있다. 가부장 대가족 제도가 굳건한 반세기 전으로만 돌아간다 하더라도 현재의 문제들은 대부분 사라질 것이다. 약자의 부양 문제나 이혼 등도 크게 문제가 되지 않을 것이다. 그러나 그렇게 되면 남녀 불평등이 특히 심각해질 것이다. 『혼불』(최명희, 1996)의 효원과 강실이, 진주 낭군의 본댁[48]과 같은 한恨 많은 여성들이 늘어날 것이다. 그래서 되돌아갈 바에야 그런 문제는 고쳐서 기분 좋게 돌아가는 것을 상상해보자. 남녀가 평등한 대가족으로 돌아간다고 하자. 그래도 여성들이 서운하다면 가부장제家父長制 대신에 여성 중심의 가족제도로 돌아가기로 하자. 남성이 씨만 뿌려 주고 자기가 태어난 집에서

---

48. "울도 담도 없는 집에서 시집살이 삼 년 만에, 시어머니 하시는 말씀 얘야 아가 며늘아가, 진주 낭군 오실 터이니 진주 남강 빨래 가라. 진주 남강 빨래 가니 산도 좋고 물도 좋아, 우당퉁탕 빨래하는데 난데없는 말굽소리. 고개 들어 힐끗 보니 하늘 같은 갓을 쓰고 구름 같은 말을 타고서 못 본 듯이 지나더라. 흰 빨래는 희게 빨고 검은 빨래 검게 빨아, 집이라고 돌아와 보니 사랑방이 소요하다. 시어머니 하시는 말씀, 얘야 아가 며늘아가, 진주 낭군 오시었으니 사랑방에 내려가라. 사랑방에 내려가니 온갖 가지 안주에다 기생첩을 옆에 끼고서 권주가를 부르더라. 이것을 본 며늘아기, 건너방에 건너와서, 아홉 가지 약을 먹고서 목을 매어 죽었더라.(진주 난봉가)"

사는 고대 사회의 모계제母系制로 되돌아가든지, 아니면 남성들이 장가를 들어 처가에 귀속되어 한평생 살게 하는 가모장제家母長制로 되돌아가자.[49] 이런 사회에서는 여아선호女兒選好 사상이 뿌리 깊게 자리 잡을 것이다.

어떤 과거의 가족제도로 돌아가든, 과거의 가족제도로 돌아가려면 자본주의적인 시장경제제도를 포기하고 자급자족自給自足적인 자연경제로 되돌아가야 한다. 이것은 자급자족적이고 자연친화적인 사회, 아름다운 인간의 본래의 모습으로 돌아감이리라. 천하의 근본을 어미로 삼음이다.[50] 이미 지적한 바와 같이 자본주의 시장 경제의 발전이 가족의 고립화, 축소와 해소를 야기하였으므로 자연경제로 돌아가면 가족과 관련된 많은 문제들이 해소될 것이다. 그런데 과거가족으로 돌아가려면 자본주의 분업에 기초하여 발전되어온 소비생활까지도 대부분 포기하여야 한다. 이것은 쉽지 않다. 물론 자본주의적 시장경제 제도를 전면적으로 다 포기하지 않고 시장 원리를 국가가 제한할 수도 있다. 그러나 자본주의적인 시장 제도가 근본까지 부정하지 않고, 제한하는 소극적 조치로는 가족제도를 과거로 되돌릴 수 없다. 심지어 사회주의적인 계획경제를 실시하더라도, 분업적인 생산 방식 자체까지 포기하지 않는다면, 자연경제체제에 기반을 둔 대가족제도를 되살리기는 쉽지 않다.

그러므로 현재의 경제체계를 그대로 두고 가족제도만을 과거로 되돌리자는 시도試圖는 처음부터 문제에 직면直面할 수밖에 없다. 대가족이 아니라 소가족으로만 되돌리려 해도 당장 문제에 부딪힌다. 노동시장에서 어떤

---

49. 나는 이런 가족이 더 자연스럽다고 생각한다. 한 마을의 중심이 우물이듯이 한 가정의 중심은 어머니라고 생각하기 때문이다. 불사不死 곡신谷神이 만물을 기른다.(『노자老子』: 6장)
50. "천하에는 근본이 있나니, 그것을 어미로 삼는다.(天下有始 以爲天下母)"(『노자老子』: 52장)

문제가 있는지 살펴보자.

여성도, 남성도 가정만을 지키려 하지 않을 것이다. 표준가족으로까지만 되돌아가는 것을 생각해보자. 먼저 여성을 집안에만 묶어두고 노동시장에서는 내쫓아야 한다. 그러려면 모성보조금을 지급하거나 살림의 의미를 찬양하는 것과 같은 은밀한 방식만이 아니라 남녀 임금 차이를 키우고 교육과 취업을 여성에게만 제한하는 것과 같은 공개적인 방식도 동원하여야 한다. 이러한 표준가족의 원리에서는 남녀의 역할이 태어날 때부터 정해진다. 이것은 신분제이다. 소위 업적주의라고 하는 자본주의적인 역할 배분 원칙에 위배된다. 근대성의 원리를 남성에게만 적용하고 여성에게는 유보시켜야만 한다.(Beck, 1986: 198; 1997: 201) 여성들이 이러한 불평등 원리에 동의할 리 없다. 반대로 남성을 집안에 묶어두고 노동시장에서 내모는 것도 똑같이 문제가 된다. 제3의 방법으로 남자와 여자 중의 한 명을 가정에 반드시 머물게 하는 것도 생각해볼 수 있으나 이것 또한 쉽지 않다. 이 경우 남녀 갈등은 더욱 커질 것이다. 소가족으로 되돌아가는 것도 이러한데, 하물며 대가족으로 되돌아가려 한다면 어떻겠는가? 대가족을 세우려면 가족의 일부만 노동시장에 참여하게 하거나, 아니면 자영업自營業만을 강요하여야 한다.

현재의 자본주의적인 시장제도를 그대로 둔 상태에서는 가족의 노동시장 참여를 강제로 막을 수 없기 때문에 과거의 가족제도로 돌아가기는 매우 어렵다. 이 대안을 추구하는 경우에는 남녀의 갈등만을 더 부추긴다.

3. 가족 연대 강화를 지향하는 사회제도의 모색

현재의 가족 변화 추세趨勢를 지속시킨다면 가족은 거의 소멸될 것이며, 사람들은 고독하게 살아갈 수밖에 없을 것이다. 따라서 우리가 고독의 아픔을 추구하려 하지 않는다면, 그리고 "살다 살다 못 살겠으면, 산고곡심山高谷深 무인처無人處에, 목탁소리 벗을 삼고, 수석樹石으로 울을 삼아, 한평생을 살아가려"51)하지 않는다면, 가족을 포기하기보다는 유지하고 더 나아가 튼실케 함이 바람직하다. 그러나 가족 해소의 조건인 자본주의적 시장제도를 완전히 거부하고 자연경제의 본향本鄕으로 회귀回歸하지 않는 한, 전통적 가족제도를 되살리기는 거의 불가능하다. 전통 가족으로 돌아가고자 한다면 자본주의 경제를 포기하고 자급자족적 경제로 되돌아가야 하고, 자본주의 경제를 추구하고자 한다면 전통 가족, 더 나아가 가족 자체까지도 포기하여야 한다. 그러나 가족도, 자본주의 제도도 쉽게 포기하기 어렵다. 그래서 현재의 가족 변화를 용인할 수도, 과거의 가족제도로 돌아갈 수도 없다. 오도 가도 못하는 상황에서 다른 대안을 생각해보지 않을 수 없다.

이런 모순적인 바람들을 충족시키려면 자연경제체제에 기반을 둔 전통 가족을 자본주의 경제 체제와 부정합이 더 적은 가족으로 변화시키고, 자본주의 경제 체제를 가족 친화적 방식으로 제한하는 것도 생각해볼 수 있다. 이것은 가족과 자본주의의 상호 변화, 혹은 타협을 추구함이다. 가족을 해체시키는 자본주의의 원리를 극단적으로 관철시킴도, 전통적인 가족으로 회귀하려고 자본주의 원리를 포기함도 아니다. 자본주의와 가족의 부정합을 줄이려는, 가운데 길이다.

---

51. 흥타령 가사를 취사선택하여 조합調合 하였다.

1) 새로운 가족 모형 찾기

전통 가족을 어떻게 변용시킬 것인가? 이에 답하려면 전통 가족의 어떤 면을 지키고 어떤 면을 버릴 것인지를 생각해보아야 한다. 우리가 전통 가족을 소중히 여기는 까닭은 가족의 공동체적 인간관계 속에서 원초적인 안정감을 느끼면서 생활세계를 건강하게 구성할 수 있기 때문이다. 따라서 지켜야 할 것은 전통 가족 그 자체가 아니라, 그 안에 살아 있는 가족의 공동체적 인간관계이다. 그렇다면 전통 가족 형식을 그대로 고수固守하려고 노력하기보다는 변화된 조건에서 공동체적 인간관계를 유지하려는 방안을 찾아야 한다. 우리에게 중요한 과제는 변화된 사회에서 부부와 부모, 형제 사이의 공동체적인 연대를 보존하고 강화함이다. 이것은 가족의 해체보다는 통합을, 가족의 축소보다는 확대를, 가족의 고립보다는 연대를 추구함을 뜻한다. 그러나 가족의 형식은 유연하게 생각할 필요가 있다. 새로운 사회 조건에 적합한 형태의 가족을 열린 마음으로 가꾸어가야 한다. 과거의 자연경제 체제에 어울리도록 이루어진 가족 안팎의 남녀 · 세대 사이의 인간관계를 고집固執하여서는 안 된다. 예컨대 여성이 밖에서 일을 하는 데도 자연경제체제의 관습에 따라 젊은 여성에게 부엌일을 전담하게 하는 것은 결코 바람직하지 않다. 물론 이것은 현재의 가족 변화에 투항하는 것, 예컨대 막연히 '현대 가족의 다양성을 인정하자'는 것과는 다르다.

우리는 이러한 새로운 가족 모형을 찾으려면 세대들 사이에, 그리고 남녀 사이에 가치 밝히기(value clarity)(Canda & Furman, 2003: 25~28)[52]와 포용包容적 토론을 할 필요가 있다. 이것은 계몽주의啓蒙主義에 바탕을 둔 교

---

52. 가치 밝히기란 자신의 가치가 무엇인가를 분명하게 정리하여 상대에게 밝히는 것이다. 상대의 가치를 서로 인정하고 상호 변화를 추구하려면 다름이 무엇인가를 아는 것이 중요하다.

육학적인 접근이나, 구조적이고 제도적인 문제 해결 방법과는 다르다. 문화 구성적인 접근이라고 할 수 있다.

2) 친가족적인 체제 변화 만들기

아무리 전통 가족을 현대 자본주의 사회와 부정합이 적은 가족으로 변화시켜 간다 하더라도 자본주의적 시장 원리는 가족을 포함한 모든 공동체를 해체시키는 경향이 강하므로 가족의 변화만으로는 가족과 자본주의 체제의 부정합을 줄이기는 어렵다. 더군다나 인간을 위해서 자본주의가 있지, 자본주의 제도를 위해서 인간이 있는 것이 아니다. 가족은 행복한 삶의 근간根幹이 된다. 그러므로 가족을 보호하고 가족을 강화하려면 자본주의적인 시장을 친가족적家族親和的으로 변화시킬 필요가 있다. 이것은 무자비한 개발로 멸종 위기에 놓인 생물을 보호하려고 개발을 억제하는 것과 같다. 그런데 시장이 인간관계를 물상화하며, 특히 노동시장이 사람들의 삶을 시공간으로 분리함으로써 가족 안팎 공동체를 해소시켜나가므로, 시장의 가족친화적 변화란 시장의 물상화와 노동시장의 생활 분할을 줄이는 것이라고 할 수 있다.

시장이 인간관계를 물상화하는 힘을 줄이려면 먼저 물상화와 개인주의에 대한 비판적인 시각을 공유하는 것이 중요하다. 물상화와 개인주의는 물신주의와 밀접한 관련이 있다. 물질만능주의物質萬能主義로 불리는 물신주의는 자본주의라는 물질적 토대 위에 세워진 가치관이다. 이런 토대를 확실하게 이해하지 않은 상태에서 '선각자先覺者'의 용기勇氣를 가지고 물질만능주의를 공격하면서 가족주의 등을 강조하는 사람들을 드물지 않게 본다. 그러나 물질주의의 물질적 토대를 이해하지 못한 사람이 아무리 물질만능주의와 개인주의를 격정激情으로 비판하더라도 자기 자신마저도 그 물질만능주의에 사로잡혀 있다는 것을 알지 못한다. 그는 자기만이 예외例外라고 생각한다. 이런 주장이 설득력을 갖기는 어렵다. 그러므로 우리는 시장이 물질주의와 개인주의의 토대이고 그것을 인정하는 한 물상화와 개인주의를 넘어서기가 쉽지 않다는 점 또한 인정하여야 한다. 그리고 물상화와 개인주의를 비판함이란 그 자체가 아니라 시장을 비판함이다. 개인주의 비판과 시장 찬양讚揚을 함께 할 수는 없다. 이러한 모순과 그 긴장을 염두에 두면서 물신物神과 자기 집착執着을 최소화하면서 공동체를 지향하려는 개인 · 집합적 노력이 필요하다. 여기서도 가치 밝히기와 포용을 전제한 토론이 필요하다.

이를 바탕으로 시장 바깥의 활동을 증진할 필요도 있다. 시장 바깥 활동의 예들로는 공동으로 텃밭을 가꾸어 나누어 먹기, 자원 봉사, 가족 혹은 이웃이 공동으로 된장이나 김치 담그기, 각종 기념행사를 귀찮더라도 시장의존이 적은 방식으로 치르기, 취미 공유共有하기 등이 있다. 이에 대한 사회적인 지원과 개인 · 집단적 노력이 필요하다.

노동시장이 사람들을 시공간적으로 분리시킴으로써 가족 내외의 공동체를 해체시키는 경향도 억제할 필요가 있다. 이런 조치들의 예로는 가족 구성원들의 근거리 일자리 배려, 임신 · 출산 · 보육 지원을 들 수 있다. 그런데 이와 같은 노력들을 노동시장 영역에만 한정시킬 수는 없다. 노동시장의 원리가 총체적으로 사회 구석구석에 작동하므로, 가족을 보호 강화하려는 시장 개입介入도 총체적일 수밖에 없다. 예를 들면 그동안 주택도 노동시장의 이동성을 고려한 소규모 주택을 주로 공급하였다. 이런 주택 모형에서는 세대 이웃 간 연대가 형성되기 어렵다.(Beck, 1986: 203; 1997: 206) 따라서 세대별, 이웃 간 사생활私生活을 보장하면서도 교류가 원활하게 이루어지도록 도움을 주는 주거 모형을 개발하고 그에 적합한 주택을 공급할 필요가 있다. 이것들은 노동시장 및 시장의 원리를 벗어나는 것으로서 탈상품화 과정이라고 볼 수도 있다.

3) 공동체 지향적 지원支援의 필요성

자급자족 경제에서는 일터와 삶터가 분리되어 있지 않았으므로 일하면서도 약자들을 돌보기가 쉬웠다. 그리고 이웃이나 친족 관계가 두터웠으므로 바쁠 때에는 이웃이나 친척이 노약자와 아이들을 자연스럽게 보살펴 줄 수 있었다. 그러므로 조선 이전의 전통적 국가는 가족의 부양에는 직접 개입할 필요가 없었다. 가족 안팎의 공동체를 보강하여 개인의 삶을 보호하는 정책을 선호選好하였으므로, 교화敎化로 가족 연대連帶를 강화하고자 하였다. 환과고독鰥寡孤獨과 같은 예외적인 경우에만 국가가 가족의 부양에 개입하였다. 이것이 유교儒敎의 통치 철학이기도 했다.(박승희, 1999) 이러한 국가 불개입不介入의 원칙이 최근까지도 유지되어 왔다. [53)

그러나 자본주의의 사회에서는 일터와 삶터가 분리되어 있으므로 일을 할 때는 노약자와 아이를 돌보기가 무척 어렵다. 이웃 및 친족 공동체도 무너졌으므로 가족 밖의 도움도 기대할 수 없다. 따라서 우리가 자본주의적인 분업사회를 수용하면서도 가족의 부양을 사회제도적으로 지원하지 않으면 부양 부담이 가족 갈등과 가족 해체를 가중시킬 수 있다. 가족연대를 보호하려면 가족의 부양을 사회가 이웃과 친족을 대신하여 도와야 한다. 이것을 가족 부양의 사회화라고 부른다.

---

53. 예컨대 국민기초생활보장제도에서는 실제로 부양하지 않은 자식을 둔 노인을 대상에서 제외하였다.

그런데 이런 조치가 항상 가족 안팎의 공동체를 강화시켜주는 것이 아니다. 오히려 사회적인 지원이 공동체를 해체시킬 수도 있다. 부양의 사회적 지원은 부양의 탈가족화脫家族化이다. 탈가족화가 되지 않은 상태에서는 가족 구성원들은 부양 노동으로 필요를 충족하면서 생성하고, 반대로 생성하면서 충족하는 복합적인 과정 속에서 인간관계를 엮어 나아간다. 부양이 탈가족화되면 그만큼 가족 간의 상호작용이 축소되어 연대가 약해질 수밖에 없다. 탈가족화가 극단적으로 진행된 경우를 상상해보자. 부양이 완전하게 탈가족화되면 부모가 자식을 키우지 않고 자식이 부모를 보살필 필요가 없다. 어떻게 부모자식 사이에 미운 정 고운 정이 쌓일 수 있겠는가? 이것은 가족관계 자체의 소멸消滅을 의미한다. 부양의 과도한 탈가족화가 구성원 간의 상호작용을 줄임으로써 가족을 해체시키도록 작용한다. 그러면 가족의 부양 능력이 약해지고 국가의 개입이 더 늘어나야 하는 악순환으로 이어진다. 그러나 가족의 부양 지원을 적게 하여도 가족이 축소되고 해체될 가능성이 커진다. 가족의 부양 능력이 취약해진 상태에서는 사회적인 지원이 절실切實하기 때문이다. 그러므로 가족의 부양을 일정한 한도 안에서 사회화시키는 것이 바람직하다. 가족이 담당할 수 있는 정도는 가족이 담당하게 하여야 한다. 국가의 가족 지원은 가족 부양을 대체代替하기보다는 보완補完하는 방식으로 이루어져야 한다. 약자의 부양을 사회가 모두 책임지면서 가족을 부양으로부터 완전히 해방시키기보다는, 가족이 약자 보호에 참여하도록 지원의 양을 조정하여야 한다.

지원의 양만이 아니라, 지원의 방식(질)도 고려하여야 한다. 가족 부양에 대한 사회적인 지원은 그것이 어떤 것이냐에 따라서 가족의 해소에 미치는 영향 정도가 달라지기 때문이다. 가족의 부양을 사회적으로 지원할 때 가족을 통해서 가족원을 지원하는 것이 아니라 가족원을 가족으로부터 분리하여 개별적으로 지원한다면 오히려 가족을 더 해체시킨다. 예컨대 노인들을 가족에서 분리시켜 시설에서 수용하는 방향으로 노인복지정책을 추진한다면 사회복지는 이미 취약해진 가족을 더욱 취약하게 만들 것이다. 이것은 부양자가 아니라 피부양자를, 그리고 가족이 아니라 개인을 지원함이다. 가족사회복지정책이 아니라 개인사회복지정책이다. 개인을 가족으로부터 분리하여 지원하는 것은 그렇지 않은 것보다 가족을 해체시킬 가능성이 더 크다.

가족 부양의 지원 과정이 가족 밖 공동체로부터 분리될수록 가족이 더 축소되고 해소된다. 예컨대 직장 어린이집에 아이들을 맡기는 것이 편리한 듯하지만 아이가 그 직장에 다니는 어머니나 아비지를 제외한 나른 사람과는 관계가 단절된다. 이와는 달리 지역 어린이집에 아이를 맡기면 할아버지, 할머니, 아버지, 어머니, 형제들, 이웃들이 모두 아이와 관계를 맺을 수 있다. 따라서 공동체적인 연대 강화를 지향한다면 직장보다는 지역 어린이집이 더 바람직하다. 그리고 지역 어린이의 근무자勤務者가 그 지역 사람이면 더 좋다.

부양 지원도 어떻게 하느냐에 따라 가족의 연대, 혹은 상호작용이 더 강해질 수도, 약해질 수도 있다. 따라서 가족에 대한 지원을 늘리는 것만이 능사能事가 아니다. 가족의 부양을 지원할 때는 항상 가족 안팎의 공동체 강화를 늘 염두念頭에 두고 지원의 양과 함께 방식을 조정함이 좋다.

5절 기존 가족복지정책의 문제점[54]

이제까지 가족 안팎의 공동체적 연대를 강화할 필요가 있음을 지적하였다. 이런 관점에서 기존의 가족사회복지의 주요한 흐름들을 비판적으로 살펴보기로 하자.

서구에서는 사회복지와 가족, 시장에 관한 확실한 자기 생각과 힘을 가지고 정책을 주도해 왔던 대표적 이념이 자유주의와 사회민주주의이다.(이진숙, 2002; 김종일, 2001) 그리고 봉건적 보수주의가 이 이념들보다는 힘이 약하지만, 나름대로 문화적인 차원에서 영향력을 행사하고 있다. 여성주의가 최근에 이런 계급적인 관점을 벗어나서 가족과 사회복지에 관해 확실한 자기주장을 펼치고 있다.

이런 사회복지론들이 시장, 사회복지와 가족을 어떻게 바라보며, 가족해소의 원인을 어떻게 이해하는가? 그리고 어떤 가족 모형을 지향하는가? 가족과 이웃 및 친족 공동체의 관계를 어떻게 생각하는가? 다음으로 이러

---

54. 이하는 박승희(2002)의 논문을 수정 · 보완하였다.

한 정책론들이 가족 위기 혹은 해체에 대응하여 어떤 정책들을 추구하는 가? 노동시장 및 시장 원리의 가족 친화적 제한과, 가족 부양의 사회적 지원을 어떻게 생각하는가? 사회적 지원을 추구한다면 지원 양과 질의 차원에서 공동체의 강화를 고려하는가?

1. 봉건적 가족주의

1) 시장, 사회복지, 가족을 어떻게 보는가?

3장에서 밝힌 것처럼 서양의 봉건주의자들은 기존의 사회질서의 유지를 선호하였다. 가족 질서도 예외가 아니다. 봉건사회에서는 대가족이 일반적이었고, 사람들이 가족 안에서 부양받고 부양하는 것을 당연하게 여겼다. 이를 바탕으로 이들은 가족의 인간관계와 약자 부양의 가족 책임을 강조하였다. 이것이 봉건주의자들의 가족주의家族主義[55]이다.

한국의 근대전 사회에서는 중앙집권 통치체제가 확고하였으므로, 지방 분권적 봉건제로 이루어진 서양과는 다르지만, 한국 전통사회에서도 나름의 근대전의 사회제도가 강고強固했던 것만은 분명하다. 이 제도가 일제의 지배와 한국전쟁 등으로 파괴된 이후에, 근대화가 제대로 시작되었으므로, 이것이 근대화 과정에 직접 미친 영향은 크지 않은 편이다. 그러나 문

---

55. 에스핑 안데르센Esping-Andersen(2004: 101)은 '가족주의'를 '탈가족화(de-familialization)'와 대비시켜 부양의 가족책임주의로 좁게 정의한다. 이것은 우리 사회에서 흔히 이야기하는 선가족先家族 후복지後福地의 원칙과 유사하다.

화적인 측면에서는 많은 영향을 미쳤고, 지금도 미치고 있다. 그 대표적인 현상이 근대전의 가족주의이다.

조선시대 이후에는 가부장제적인 가족주의가 매우 강했다. 이것은 주자학朱子學이 조선의 지배이념으로 자리 잡으면서 강해졌다.[56] 주자학이 가족적인 인간관계와 가족책임주의를 강조한다는 점에서 가톨릭의 가족주의(Esping-Andersen, 2004: 4장과 5장)와 유사한 면을 지닌다. 이 가족주의가 시장과 국가에 대한 견해를 명확하게 밝히고, 가족의 해체 원인을 논리적으로 분석하는 경우는 드물다. 다만 가부장제적 가족제도의 전통을 존중하고, 가족의 축소나 해체를 윤리적인 타락墮落으로 개탄慨嘆하면서, 그 원인으로 '물질만능주의'를 지적하곤 한다.

2) 추구하는 가족 모형과 사회복지 대안

근대전의 가족주의가 이상理想으로 삼고 있는 가족 모형은 전통적인 가족이다. 한국 사회에서는 친족 공동체와 연결된 남성 중심의 대가족이라고 할 수 있다. 따라서 이 가족주의가 최근의 가족 위기에 대한 비판적 전망일 수 있다. 그러나 이것이 '과거 가족으로 돌아가기'이므로, 실현 가능성과 남녀평등이라는 차원에서 보면 한계가 있다.

그런데 우리 사회에서는 이런 가족주의가 최근의 가족문제에 대한 구체

---

56. 이것은 주자학을 토착화시키는 데 크게 기여한 이이와 기대승이 당시當時보다 더 남성 중심적인 제사祭祀제도를 정착시키려고 많은 고민을 했다는 사실에서도 알 수 있다.(이황·기대승, 2003: 511-530)
57. 나는 기존의 호주제가 가지고 있는 문제점은 인정하나, 호주제를 폐지하는 것은 반대한다. 문제가 있으면 고치는 것부터 생각해보아야 한다. 대통령도 선거로 뽑듯이 호주도 선거로 뽑으면 어떨까?

적인 대안을 제시하지는 않는다. 다만 호주제 폐지론[57]과 가족 변혁론에 대하여 방어적인 반대논리를 전개하고 있을 뿐이다. 그러나 이것이 한국의 가족사회복지정책에 보이지 않게 영향력을 행사한 측면은 적지 않다. 전통사회에서는 가족 구성원에 대한 책임을 가족이 지는 것이 너무나 당연하게 여겨졌는데, 이러한 원칙이 가족이 심각한 위기에 처한 지금까지도 힘을 발휘하고 있다. 예컨대 국책 연구기관의 정책보고서에서는 가족원 간의 유대감이나 친족부양의 정신이 '전통적인 미풍양속'으로서 고양될 필요가 있다고 강조하기도 한다.(한국보건사회연구원, 2000: 28) 물론 최근 전통적 가족제도 자체가 흔들리고 있기 때문에 설득력을 잃어 가는 것은 틀림없지만, 이 가족주의의 핵심 사항 중의 하나인 가족원에 대한 가족책임주의는 한국 가족정책의 주요한 기조이다. 그 대표적인 사례가 약자 부양책임의 '선가족先家族 후복지後福祉' 원칙이다. 한국에서는 자본주의가 지배적임에도 가족이 가족 구성원의 생계 위협威脅을 책임져야 한다는 근대전의 사고가 국가 정책을 좌우하고 있다. 그래서 1990년대 초에 어느 공무원은 노인 문제에 관한 국제회의에서 한국에서는 '가족복지'(가족이 하는 복지)가 잘 되어 있어서 국가의 노인복지가 따로 필요하지 않다고까지 이야기하였다. 이제는 이런 주장을 더 이상 할 수 없게 되었지만 아직도 공공부조에서는 부양 능력이 있다고 추정되는 가족이 있는 사람은 아무리 생계가 곤란하여도 대상에서 제외된다. 이 '선가족 후복지'의 원칙은 부양의 '탈가족화'와 대비되는 서구의 '가족주의'(Esping-Andersen, 2004: 4장)의 주장과 일치한다.

이 점에서 근대전의 가족주의는, 뒤에서 다루게 될 자유주의와 견해를 같이 한다고 볼 수 있다. 자유주의도 가족의 부양에 대한 책임을 사회복지보다는 '시장'과 가족이 담당해야 된다고 보기 때문이다. 그런데 이 가족책임주의는 가족의 부양 능력이 현격하게 약화된 상황에서는 약자를 방치하게 만드는 간접적인 '살인殺人'이다.

근대전의 가족주의가 가족사회복지정책에는 관심을 두지 않으므로 그 정책 대안이 실제로 얼마나 공동체 지향적이고 가족 친화적인지를 논의하는 것은 무의미하다.

2. 자유주의적 가족복지관의 특성과 한계

1) 시장, 사회복지, 가족을 어떻게 보는가?

서구에서 자유주의자들이 국가와 가족의 문제에 가장 적극적으로 대응하였다. 이들은 국가의 시장 개입과 마찬가지로, 국가의 가족 개입도 최소화하는 것이 바람직하다고 여긴다.(이진숙, 2002: 360) 시장이 보이지 않는 손으로 사람들의 행복을 증진하듯이 가족도 자체의 고유한 역량으로 가족원의 문제를 잘 해결해 주므로, 사회복지가 오히려 개인과 가족의 책임감을 약화시키고 노동윤리를 훼손시킴으로써 가족을 파괴한다고 믿는다. 이들은 전통적으로 국가가 자조 단위인 가족을 늘 위협하여왔다고 본다. 국가와 시장처럼 국가와 가족도 대립對立 관계로 이해한다.(West, 1984: 418~419)

자유주의자들은 자본주의 초기에 나타는 표준가족의 명확한 성 역할 분리를 지속시키고자 한다. 남성은 밖에서 돈을 벌고 여성은 가족을 돌보아야 한다고 강조한다. 이러한 성별분업이 노동력의 재생산비용을 절감시켜서 임금의 상승 압박을 둔화시켜주므로 이들이 표준가족제도를 거부할 이유는 전혀 없었다. 그러나 이 견해도 보편시장의 확립으로 표준가족의 성별 분업구조가 흔들림에 따라 바뀔 수밖에 없다.

한국은 좌우 이념에 따라 분단되어 오른쪽에 속한 남한 사회에서는 자유주의의 영향력이 매우 크다. 많은 사람들은 사회복지보다는 가족과 시장이 우선이라고 생각하고 있다. 한국의 자유주의도 서구의 신자유주의와 크게 다르지 않다. 한국 사회에서도 증가하는 사회복지를 우려하는 자유주의자들의 목소리가 커지고 있다. 그러나 서구와는 달리 사회복지가 가족을 해체시킨다는 주장을 강하게 제기하지는 못한다. 신자유주의자들의 공격 대상인 사회복지가 빈약한 상태에서 노령화와 출산율 저하가 급속하게 진행되고 있기 때문이다.

이제까지 살펴본 것처럼 자유주의자들은 가족 파괴나 해체의 원인을 사회복지를 통한 국가의 개입에서 찾는다. 그렇다면 정말 사회복지가 가족을 파괴하는가? 이에 답하려면, 가족이 축소되고 파괴되는 주요 원인들이 어디에 있는가를 먼저 따져보아야 한다. 우리는 이미 자유주의자가 고수固守하고자 하는 시장원리가 가족 파괴의 주요 원인임을 지적하였다. 그동안의 사회복지는 서구의 역사에서 보건, 지금 우리의 현실에서 보건 시장의 가족 파괴로 생긴 문제를 해결하려는 사후 조치에 지나지 않았다. 따라서 사회복지가 가족을 파괴한다는 주장은 과장誇張된 면이 없지 않다.

물론 사회복지는 이미 밝힌 것처럼 여건과 종류에 따라서 가족과 그 부양 기능을 약화시킬 수도 있다. 이 점에서만 사회복지가 가족들의 책임감을 약화시켜 가족을 파괴한다는 자유주의적인 주장은 옳다. 그러나 국가가 약자를 부양하는 가족을 지원하는 방향으로 가족사회복지정책을 추진한다면 가족은 반드시 약화되지 않는다. 따라서 사회복지가 가족과 그것의 부양 기능을 파괴할 것이라는 주장은 절반만 옳다. 부양 기능을 파괴하는 사회복지는 가족을 파괴할 것이요, 부양 기능을 제고하는 사회복지는 가족의 해체를 방지하기도 할 것이기 때문이다.

2) 추구하는 가족 모형과 사회복지

자유주의는 시장에 주안점主眼點을 두므로 가족 자체에는 큰 관심을 갖지 않는다. 다만 국가의 시장 개입으로 여기는 사회복지를 달가워하지 않으므로 국가의 가족 지원은 반대하고 가족의 부양책임과 가족제도의 보호를 주장한다. 가족 책임과 가족제도의 보호를 지지한다는 점에서는 근대전의 가족주의와 유사하다. 그러나 근대전의 가족주의와는 달리 근대적 가족 유형인 표준가족에 더 호감好感을 갖는다. 여성은 가사노동, 남성은 '밥벌이'라는 가족 내 성 역할의 배분을 바람직하다고 여긴다. 그리고 말로는 여성들의 가사노동 중요성을 강조한다. 그러나 가사노동을 사회적 가치로서 인정하여 보상하려고 하지는 않는다.[58]

자유주의가 형식적으로 여성의 주부 역할을 강조하는 것과는 반대로, 자유주의 정책의 결과는 실제로 이것을 어렵게 하는 쪽으로 작용한다. 자유주의적 정책은 장기적으로 보면 남성의 임금을 가족의 재생산에 필요한 수준 이하로 떨어뜨려, 여성을 노동시장의 주변으로 나올 수밖에 없도록 만들기 때문이다. 여성들의 가족 밖의 취업이 늘어나면 여성의 주부 역할 옹호론擁護論이 흔들리게 마련이다. 이렇게 되면 주부主婦(가사전담 부인)만이 아니라 주부主夫(가사전담 남편)도 직업으로서 인정하여야 하기 때문이다.

한편 자유주의적 가족 위기 대응 방식은 가족을 내버려두는 것이다. 자유주의자들은 사회복지가 오히려 가족을 파괴한다고 본다. 이것은 함안가

---

58. 흔히 이러한 성별 분업구조에 반대하는 여성주의자들은 상품화되지 않은 가사노동 자체를 암묵적으로 천시하는 경향이 있다. 이것은 가치 제국주의에 동조하는 것이다. 상품화되지 않은 가사노동이 인간의 생활 세계에서 차지하는 의미는 도시의 녹지와도 같다. 따라서 우리가 문제로 삼아야 하는 것은 가사노동 자체가 아니라 그에 대한 평가절하이며, 가사노동의 폐지가 아니라 가사노동의 배분配分 및 그에 대한 보상이다.

짐(무위無爲)의 철학을 실천한 것처럼 보인다.[59] 이들은 가족은 국가의 개입만 없다면 스스로 완전하므로 가족을 보호할 목적으로 시장을 규제할 필요도, 가족을 지원할 필요도 없다고 생각한다. '무정책無政策의 정책', '하지 않음'을 추구한다.

자유주의자들은 이러한 무정책을 부담 없이 지지할 수 있었다. 그동안 시장 논리에만 눈길을 모으고 있어서 시장이 가족을 서서히 위축시키고 와해하는 현상을 볼 수 없었기 때문이다. 그러나 최근 들어 가족의 해소가 가속화되어 출산율 하락과 노령화의 문제가 심각해지자 더 이상 가족 문제를 외면하기 어려워졌다. 자유주의적인 정당들도 가족 지원 정책을 인정하지 않을 수 없게 되었다.(이진숙, 2003: 40) 하지만 자유주의자들이 가족 불개입不介入의 기조를 포기한 것은 결코 아니다. 어디까지나 시장뿐만 아니라 가족으로부터도 남은(잔여殘餘) 부분만을 마지못해 사회복지의 대상으로 삼을 뿐이다. 여전히 친가족적인 시장 규제와 국가의 가족 지원을 달가워하지 않는다.

그런데 시장과 마찬가지로 가족도 결코 완전하지 않으므로 친가족적인 시장 규제와 가족 지원을 거부하는 자유주의의 주장은 모순에 직면한다. 물론 시장원리에 기반을 둔 개인주의가 팽배하지 않은 상황에서는 동서양을 막론하고 가족은 '자율自律적인 완전한 공동체'였다고 할 수 있다. 하지만 시장의 원리가 여과濾過 없이 작동되면 가족이 위축될 수밖에 없으므로 자유주의가 자신의 시장주의 원칙을 고수하면 고수할수록 가족이 완전하다는 자유주의의 기본 가정假定은 현실과는 더욱 멀어질 수밖에 없다.

---

59. 함안가짐(무위無爲)은 사람이 자기가 가진 이름(명名)과 싫음(욕欲)에 따라서 하지 않음이고, 함가짐(유위有爲)은 이름과 싫음을 따라 함이다. 자유주의적 불개입은 자본주의적 시장을 강화하려는 거대한 함가짐에 봉사하는 '함안가짐'이므로 결국 함안가짐일 수 없다. 이것은 현상은 함안가짐이나 본질은 함가짐이다.

그리고 가족 지원을 줄이자는 주장도 가족의 부양 능력이 그들이 옹호擁護하는 시장 논리에 따라 현저히 약해지므로 설득력說得力이 없다. 물론 최근 서구 사회의 자유주의가 국가의 직접적인 약자 지원을 줄이고 가족의 부양을 늘리자는 주장은 그동안 서구의 국가들이 추구해온 시설 위주의 약자 보호에 대한 비판도 반영하고 있으므로 나름대로 의미가 있다. 관료제적 비효율성이나 부양 과정의 정서情緖 결핍의 면에서 시설보호는 문제가 적지 않기 때문이다. 뿐만 아니라 이 주장은 사회복지의 가족 해체 가능성을 염려하고 가족 연대를 강화하자는 의지도 담고 있다. 그러나 국가의 부담을 가족과 공동체에 떠넘기면서 사회복지 자체를 줄이려는 의도를 품안에 숨기고 있다는 점이 문제다. 이것은 정부의 사회복지비 지출과 조세를 줄여서 자본 축적을 용이하게 하고자 하는 자유주의적 기본 목표의 일환이다. 특히 초국적超國籍 자본을 끌어들이거나 잡아두기 위한 전략이기도 하다.(Martin & Schumann, 1999) 그런데 이런 가족 부양지원의 감소 요구는 시장과 가족에서 버려진 약자들을 다시 그 '시장'(실제로는 개인)과 가족에 맡기자는 것과 다르지 않다. 가족 지원을 줄이면 가족의 부양 부담이 가중되고 가족의 갈등과 파괴, 나아가 약자 방치放置가 조장될 것이다.

　더군다나 사회복지가 겨우 시작 단계에 있는 한국 사회에서 이런 주장들이 거의 설득력을 갖지 못한다. 서구에서는 사회복지가 권리로서 확보되어 있으므로 정부가 사회복지비를 줄이려고 해도 기존 수혜자들의 저항에 부딪혀서 약자들이 방치되는 상황까지 이르기는 어렵다. 그러나 이미 가족의 전통적 부양 기능은 현저히 약해졌고 사회복지는 출발단계를 면치 못하고 있는 한국에서는 국가의 지원 축소는 물론, 현상 유지도 약자를 버리게 하는 조치이다. 예컨대 한국의 자유주의자들은 근대전 가족주의 잔재인 '선가정 후복지' 주장을 가족사회복지정책의 기조로 당연시한다. 이미 가정이 힘을 잃었는데 부양책임을 가족에게 떠밀고 있으므로 약자는 버려지고 출산은 기피된다. 가족 지원의 반대는 살인 옹호론일 수 있다.

결국 자유주의자들은 가족책임과 가족제도의 보호를 강조하지만 그들의 정책이 실제로 가족의 보호에 기여한다고 볼 수는 없다. 이미 지적한 것처럼 시장의 원리가 가족을 파괴하는 방향으로 작용하므로 시장에 대한 어떠한 가족친화적인 규제도, 그리고 가족의 부양부담에 대한 어떠한 지원도 반대하는 자유주의적인 가족복지관은 그들이 강조하는 것과는 달리 실제로는 가족을 파괴하는 데 힘을 보탤 뿐이다. 따라서 말로는 가족을 보호保護하고 실제로는 파괴한다.

한편 자유주의적 사회복지정책에서는 가족 지원을 회피하므로 그 지원이 공동체 지향적이고 가족 친화적인가를 따지는 것은 의미가 없다.

3. 사회복지옹호론의 특성과 한계

1) 사회복지옹호론의 특성

서구에서는 오랫동안 사회민주주의 정파에서 사회복지의 확대를 강조하여 왔다. 이들은 모든 사람의 생계를 시장 적응력과는 무관하게 보장하고자 노력하였다. 그러나 가족 문제에는 큰 관심을 가지지 않았다. 특히 표준가족 남성의 생계벌이가 큰 문제가 없는 한, 가족이 사회문제의 대상으로 부각되지 않았으므로 소득 보장과 재분배에 정책 초점을 맞추었을 뿐이다. 한편 남녀평등을 지지하지 않은 것은 아니나 표준가족이 지배적인 상황을 '현실'로 인정하고 밥벌이와 주부라는 성별 분업에는 별다른 문제를

제기하지 않았다.(Espping-Andersen, 2004: 3장 이하)

　그러나 최근 들어 여성의 노동시장 참여가 증가함에 따라 사회민주주의
자들이 가족의 부양을 국가가 지원해야 한다고 주장한다. 예컨대 사회민
주주의 영향력이 강한 북구에서는 1960년대 이후 여성들의 노동시장 참
여를 돕고 가족의 부양 부담을 경감輕減시키는 일 가사의 병행 지원 정책
을 적극적으로 추진하였다. 이것이 생계의 탈상품화와 함께 이루어진 가족
원 부양의 탈가족화였다.(Espping-Andersen, 2004: 118-112) 사민주의자
들은 자유주의자들과는 달리 가족과 국가를 대칭적인 양극단에 있는 것으
로 파악하지 않으며, 기존의 배타적인 성별 분업 체계를 고집하지도 않는
다.(West, 1984: 418~419)

　여성주의자들은 대부분 표준가족의 전통적인 성별 분업 체계를 적극 반
대하며 새로운 성 역할 분담을 강조한다. 특히 표준가족을 '정상가족'으로
전제한 가운데 이루어지는 기존의 사회복지제도가 불평등한 성 역할의 배
분구조를 제도화시켰다고 비판하면서 여성들의 노동시장 참여와 여성이
담당해온 보살핌노동을 사회화할 것을 강조한다.(이옥희, 2004: 74) 이것은
최근의 사회민주주의자들과 친화성을 보인다.

　사회민주주의적인 정파의 영향력이 미미한 한국 사회에서는 사회복지학
자들이나 시민단체들이 사회복지의 확대와 국가의 가족 지원을 늘려야 한
다는 주장을 하고 있다. 이들이 사회민주주의자는 아니지만 사회복지에 관
한 한, 자유주의를 반대한다는 점에서 서구 사회민주주의 주장을 대신한다
고는 이야기할 수 있다.

　이들은 가족의 부양 능력이 감소하여 가족의 부양 부담이 커졌으므로 가
족의 부양을 국가가 지원해주지 않으면 안 된다고 주장한다. 이것은 가족
이 축소됨에 따라 노인부양을 '효孝'만으로는 감당하기에는 많은 한계가 있
고 표준가족의 해소 경향이 두드러지면서 아동과 청소년의 양육마저 어렵

게 된 상황을 반영하고 있다. 여성학자들은 기존의 가족 중심적인 복지에
서는 여성의 부담과 희생이 매우 크므로 국가의 지원으로 여성 부담을 줄
여야 하며, 이와 함께 기존의 가족 내 성 역할도 재조정되어야 한다고 주장
한다.(박영란, 1999) 일부 사회복지옹호론자들은 심지어 가족이 복지를 분
담해야 한다는 주장을 반동적이고 봉건적인 것으로 이해하기도 한다.[60] 이
러한 주장들이 2003년의 '건강가족육성법안'의 대안으로 제시된 '가족지원
기본법안'(김홍신 의원 대표발의, 2003. 8. 22)으로 정리된다. 비록 이 법안
이 통과되지는 못했지만, 가족의 부양 부담에 대한 사회적인 지원을 시도
하였다는 점에서 중요한 역사적 의미를 지닌다.

　서구의 사회민주주의자들은 시장이 가족을 해체한다는 것을 인정한다.
이것은 시장과 가족의 변화를 꾸준하게 주장해온 사회과학의 연구를 수용
하지 않을 수 없기 때문일 것이다. 그런가 하면 자유주의자들은 사회복지
가 가족을 파괴한다는 주장도 반박한다. 한국 사회에서는 사회복지의 확
대를 주장하는 사람들이 시장의 가족 해체 경향을 지적하는 연구나 주장
을 거의 하지 않은 편이다. 이것은 시장과 자본주의에 관한 정치경제학적
논의가 부족하기 때문일 것이다. 다만 사회복지가 가족을 파괴한다는 자
유주의적인 주장에 대해 그런 증거는 없다고 반박할(김미경, 2000; 김태성,
1997: 365) 뿐이다.

---

60. 필자는 실제로 어느 토론회에서 한 사회복지의 옹호론자가 이런 지적을 하는 것을
　　들었다.

2) 추구하는 가족 모형과 사회복지

사회민주주의자들은 가족사회복지정책을 매우 적극적으로 추진하여 왔다. 전통적으로 개인들의 필요 불충족과 같은 문제들을 사회문제로 인식하고 시장의 논리를 벗어나서라도 국가가 개인들의 삶을 보장하려고 하였다. 이런 기조를 따라서 가족의 해체나 축소로 야기된 가족의 부담이나 가족 구성원의 필요 불충족도 당연히 사회복지로 해결하고자 한다. 이들은 가족 부양노동의 사회화, 곧 탈가족화를 추구한다.

그러나 가족 자체의 복원이나 유지, 혹은 가족 연대의 강화에는 관심을 보이지 않았다. 자유주의자들이 전통적인 표준가족을 선호하면서 그것의 강화를 구두선口頭禪으로라도 주장한 것과는 달리 이들은 이상적인 가족 모형을 제시하지도, 가족 연대 강화를 말하지도 않는다. 소득 불평등과 재분배에만 관심을 두다가 최근에야 표준가족마저 해체되자 다양한 형태의 가족 지원을 강조하고 있을 뿐이다. 가족의 해소를 '가족의 다양성 증대'[61] 로 이해하여 당연하게 여기므로 그 자체를 막거나 새로운 가족 연대를 강화하려 하지 않는다. 근본 변혁을 추구하는 사회주의자들과 달리 시장 자체의 변혁보다는 시장이 야기한 문제를 생계의 탈상품화로 대처하고자 하였던 것처럼, 가족 자체의 강화보다는 가족 해소가 만들어낸 문제를 부양의 탈가족화로 대처하고자 한다. 예방적이라기보다는 사후事後적이고, 총체總體적 접근이라기보다는 대증요법對症療法인 정책을 추진한다. 불평등의 원인인 시장과 마찬가지로 가족의 부담 증대의 원인인 가족 해소도 현실로 인정한다. 따라서 가족의 해소를 용인하거나 방조傍助하고 있다는 지적을 받을 수 있다.

---

61. 가족의 다양성은 가족 해체의 다른 표현일 수 있다.

이들은 시장을 친가족적으로 규제하는 문제에도 아직은 관심이 적다. 가족의 해소에 관심을 갖지 않으므로 그것을 야기한 사회체제는 물론 그 체제의 개선에도 마음을 주지 않는다. 따라서 이들이 가족과 모순적인 시장 자체를 친가족적으로 규제하는 것까지 생각하기란 쉽지 않다. 실제로 그동안 서구 사회민주주의자들이 여러 가족정책들을 적극적으로 추진하면서도 부부夫婦의 근거리 취업을 지원하는 노동시장의 개입이나 공동체 친화적인 주택 구조의 개발보급과 같은 시장 규제적인 대안들(Beck, 1986: 202~203; 1997: 205~206)을 찾는 것에는 소극적이었다.

한국에서도 전통적인 가족제도가 해체되고 가족의 부양 기능이 약해졌으므로 국가의 가족 지원을 늘려야 한다는 주장이 지속적으로 이루어지고 있다. 2003년에 국회에 제의提議된 '가족지원기본법안'이 이를 잘 대변해주고 있다. 가족지원법안을 주도하는 학계와 시민단체들에서는 '정상가족'을 설정하고 현실적으로 존재하는 다양한 가족들을 '비정상'으로 규정하는 문제점을 지적하면서 가족의 다양성을 현실로서 인정할 것을 강조한다.(김인숙, 2003: 4~6) 근대전적인 가족주의를 비판하면서 성평등性平等 가족을 대안으로 제시한다. 따라서 한국의 사회복지옹호론에서도 가족부양의 사회적인 지원을 강조한다고 볼 수 있다. 그러나 서구의 사회민주주의와 마찬가지로 가족의 유지나 가족 연대의 강화에는 관심을 주지 않는다. 오히려 가족주의를 극복하여 사회적인 연대를 확보하자고 주장한다.(김인숙, 2003: 6) 가족주의를 극복의 대상으로 여기므로 가족의 강화란 생각조차 할 수 없다. 물론 이들이 모든 가족 자체의 폐지가 아니라, 배타적인 가족주의 혹은 약자 부양의 전일가족책임주의專一家族責任主意[62])를 극복하고자 한다. 그러나 가족주의를 강화하려 하지는 않는다. 지금 한국에서는 근대 사회의 최후 공동체인 가족마저도 축소되고 해소됨에 따라 많은 문제들이 일어나므로 오히려 좋은 가족주의를 강화할 필요도 있다. 가족주의가 없다면 가족이 성립할 수 있겠는가? 아무튼 사회복지옹호론자들이 가족주의를 '극복'의 대상으로 보는 한, 가족의 고립화, 축소와 해소를 크게 문제삼기 어렵고 그것의 지양止揚에도 무관심할 수밖에 없다. 뿐만 아니라 이들은 이상적인 가족 모형을 설정하지도 않는다. 단지 전통적인 가부장제적인 가족을 거부拒否하고 있을 뿐이다.

그리고 서구의 사회민주주의자들이나 여성주의자들처럼 가족친화적인 시장 규제 등에도 관심을 보이고 있지 않다.

3) 사회적 지원과 가족 공동체에 관한 견해

서구의 사회민주주의자들은 가족사회복지의 확대를 주장하였지만 해체되는 가족을 보호하는 데는 관심을 두지 않았다. 따라서 국가의 가족 지원이 양과 질의 측면에서 가족 안팎의 공동체를 강화할 것인가 약화시킬 것인가도 생각하지 않았다.

우리는 가족 안팎의 공동체 강화라는 관점에서 볼 때 사회의 가족 지원이 많다고 반드시 좋은 것이 아님을 지적하였다. 가족의 부양 능력이 현격하게 취약해진 상태에서 사회의 가족 지원은 가족의 갈등 완화에 기여할 것이지만 가족 부양의 사회적 대체는 가족의 연대를 약화시킬 수 있으므로 일정한 한도에서 지원하는 것이 바람직하다는 점도 지적하였다. 그러나 사

---

62. 배타적인 가족주의는 전일가족책임주의와 상통한다. 이것이 전통적인 가족주의라고 볼 수는 없다. 전통적인 가족주의에서는 친족이나 이웃과 가족의 상호 연대도 중요하게 여긴다. 예컨대 내 부모만을 부모로 여기지 않고, 내 자식만을 자식으로 대하지 않음(不獨親其親 不獨子其子)(『예기禮記』 : 예운편禮運篇)을 이상으로 삼는다. 배타적인 가족주의는 근대화 과정에서 가족의 고립화와 함께 생겨났다고 보아야 한다.

회민주주의자들은 이러한 측면을 간과하고 있다. 물론 탈가족화가 반가족 反家族을 함축하지 않는다고 지적하기도 하지만(Espping-Andersen, 2004 : 101) 탈가족화의 가족 해체 가능성은 고려하지 않는다. 이들은 탈가족화를 많이 하면 할수록 좋다는 것을 암묵적으로 가정하고 있다. 필요 및 욕구의 생성과 충족을 둘러싼 가족원 간의 상호작용을 고려해보면 탈가족화가 가족 연대를 약화시킬 가능성이 있다는 것을 쉽게 이해할 수 있는데도, '편리 敎便利敎'의 신앙을 벗어났다고 볼 수 없는 사회복지옹호론에서는 가족 부담으로부터 해방에 초점을 맞추므로 그 가능성을 보지 못한다. 그러므로 탈가족화의 바람직한 한계선을 고려하기기 어렵다. 사회복지옹호론은 사회복지의 가족 보완補完이 아니라 사회복지의 가족 대체代替를 추구할 위험성이 적지 않다.

사회민주주의자들은 탈가족화의 양적인 한계뿐만 아니라 탈가족화의 질적인 한계도 고려하지 않는다. 우리는 앞에서 국가가 약자를 가족 안팎의 공동체로부터 분리하여 부양하면 가족적인 연대가 파괴될 수 있다는 점을 지적하였다. 사회민주주의자들은 이와 같은 점을 생각하기 어렵다. 국가의 가족 지원 확대만을 추구하기 때문이다.

이상에서 살펴본 것처럼 사회민주주의자들은 사회의 가족 지원이 양과 질의 측면에서 가족의 연대를 약화시킬 수 있다는 점을 고려하지 않고 주로 사회적인 지원을 늘리는 것을 추진하여 왔다. 그 결과 서구의 사회민주주의자들이 추진한 사회복지가 가족 해체의 일차적인 원인이 아님에는 틀림없지만 이를 '추인追認하여' 가속하였음을 부정할 수는 없다. 백 보 양보하여 그것이 가족의 해체를 조장하지는 않았다 하더라도 예방 노력을 소홀疏忽히 하였다는 사실은 부인하기 어렵다.

우리 사회의 사회복지옹호론도 국가의 가족 지원 자체를 늘려야 한다고 강조하면서도 가족 보호에는 관심이 없다. 서구의 경우처럼 일단 가족의 위기나 해체를 주어진 자연 상태로 가정하고 사회적인 지원을 강조하고 있을 뿐이다. 예컨대 여성의 사회진출이 늘어나면서 증가된 가족의 아동보육 부담을 줄이려면 아동의 보육을 사회가 책임져야 한다(한겨레신문 특집 연재 기사, 2001년 11월)고 단순한 결론을 내린다. 여기서 가족의 육아 기능의 상실을 당연한 것으로 받아들이며 가족의 육아 기능의 회복이라는 문제는 논의 대상에서 제외한다. 이러한 발상은 노인의 무료함을 다룰 때도 마찬가지다. 노인들이 무료하기 때문에 사회가 노인들의 무료함을 해소하려면 여가 활동계획(프로그램)을 제공하는 데 앞장서야 한다고 주장하는 것을 쉽게 접한다. 여기서는 노인들의 무료함의 문제와 육아 문제를 동시에 줄일 수 있도록 노인들이 일부 육아를 책임지게 할 수 있는 사회적 지원 체계가 없을까를 따질 수 없다. 가족 기능의 대체만을 찾아다니니 가족 기능의 향상 방안이 보이지 않는다. 더군다나 한국의 사회복지옹호론자들이 서구의 사회복지의 외형만을 무비판적으로 모방하는 경향이 있으므로 가족의 해체를 추인할 가능성이 더 크다.

4) '건강가정기본법'에 대해서

'건강가정기본법'(2003년 12월 29일 제정制定)이 비록 선언적宣言的이긴 하나, 한국 사회의 가족 위기에 사회적으로 대응했다는 점에서 의의가 크다. 이 법은 한국 사회에서 필요하다고 여겨지는 가족사회복지정책들을 주섬주섬 나열하고 있다. 그 정책들은 가족원의 건강과 소득보장, 출산과 노약자 부양 지원, 직장과 가정의 양립을 돕는 사회적인 유급휴가제 등의 도입, 국가의 가정 폭력 개입, 가족을 유해 환경으로부터 보호, 가정친화적인 사회분위기 조성, 가족 상담과 교육 따위이다. 이 법이 주로 가족의 지원보다는 상담과 교육에 초점을 두고 있다는 점에서 입법 과정에서 많은 논란이 있었다. 실제로 법의 내용을 자세히 보면 상담 지원 정책이 더 구체적으로 규정되어 있다. 그러나 가족사회복지정책과 관련된 여러 주장들을 모아놓고 있어서 상담만을 강조하였다고 보기는 어렵다. 아무튼 이 법은 일정한 체계를 갖춘 것이라기보다는 다양한 주장의 조각들을 집합시켜 놓은 것에 불과하므로 이 법을 체계적으로 평가하기가 쉽지 않다. 그러나 앞에서 기존의 정책을 검토한 기준들에 따라서 간단하게나마 그 성격을 살펴보고자 한다.

이 법에는 왜 가족이 위기에 처했는가에 대한 진단은 있다. 이 법은 사회민주주의처럼 가족의 해소로 가중된 가족의 부양부담을 사회적으로 지원할 것을 강조하고 있다. 그러나 사회민주주의와 다른 점은 가족이 원활한 기능을 수행하도록 지원할 것을 규정하고 있다. 뿐만 아니라 가족 자체를 보호하는 데 도움을 주는 가족 상담과 교육의 필요성을 강조하고 있다.

이 법이 추구하는 가족의 모형이 무엇인가는 분명히 드러나 있지 않다. 그러나 직장과 가정의 양립, 가족 내의 민주적이고 양성평등兩性平等적인 가족관계를 추구하고 있는 것으로 보아서 봉건적인 가족 유형이라기보다는 자본주의사회 여건에 적합한 가족유형을 지향指向하고 있다고 볼 수 있다. 또한 가족 유지의 구체적 대안은 없을지라도 이혼예방과 '가사노동 가치의 사회적 인식 제고提高' 따위를 언급하고 있는 것에서 알 수 있듯이 가족의 유지를 추구하고 있다. 그러나 이 법이 가족의 고립화, 축소, 해체 경향을 지양하고 가족의 확대와 세대 통합을 지향하고 있다고는 말하기 어렵다. 이에 관한 단서端緒조차 담고 있지 않다.

한편 이 법은 자본주의시장에 대한 친가족적인 규제도 언급하지 않는다. 임신 · 출산 · 육아를 돕는 유급휴가제 등의 규정이 있을 뿐이다.

그리고 '건강가정'이라는 제목에서도 알 수 있는 것처럼 가족 기능을 국가가 대신하기보다는 보완하는 것을 지향하고 있다. 탈가족화의 양적인 측면을 분명하게 제시提示하지는 않고 있지만 고려하고 있다고 볼 수도 있다. 그러나 탈가족화의 질적인 측면을 철저하게 고려하고 있는 것 같지는 않다. 물론 가족의 유지에 대한 관심을 보이고 있기 때문에 가족 안팎의 공동체로부터 유리遊離된 가족 지원을 추구한다고 말하기 어렵다.

이 법의 가장 중요한 특징은 가족 연대를 유지 강화하려고 '건강가정사健康家庭師' 제도의 도입을 규정하고 있다. 이러한 심리적이고 교육적인 접근은 가족 문제의 해결에 필요한 분야分野이다. 이것은 가족 안팎의 공동체가 약화된 상황에서 가족 내의 갈등을 조정하고 변화된 사회에 적합한 가족 유형을 창출하는 데 보탬이 되는 개방적인 논의의 기회를 제공할 수 있다는 점에서 바람직하다. 그러나 가족친화적인 자본주의 시장의 규제나 공동체지향적인 가족 부양의 지원이 없다면 '건강가정사제도'는 비정규직을 조금 늘리는 효과밖에 없을 것이다. 가족의 축소와 해체는 가족과 체제의 부정합이라는 구조적인 차원에서 전개되는 문제이지 개인들의 단순한 도덕적이고 심리적인 문제가 아니기 때문이다. 비록 가족 간의 갈등이 안방과 거실에서 일어난다 하더라도 그 본질은 노사문제처럼 사회구조적인 문제인 것이다.(Beck, 1986: 176; 1997: 180) 물론 개인들의 심리적이고 도덕적인 상황들이 문제를 악화, 또는 약화시키기도 한다. 그러나 그것이 큰 사회적인 흐름을 좌우하지는 않는다.

4. 기존 정책론 검토 마무리

이제까지 자유주의와 사회복지옹호론을 중심으로 기존의 가족정책들을 살펴보았다.

자유주의적인 사회복지정책론에서는 사회복지가 오히려 가족을 해체하며, 가족이 가족의 복지를 책임지는 것이 사회가 책임지는 것보다 낫다고 본다. 이에 따르면 국가는 사회복지를 포기하고 가족에 개입하지 않는 것이 최선의 길이다. 국가가 개입하지 않는 한 시장제도 아래서도 가족은 늘 완전한 것이라고 전제하고 있기 때문이다. 물론 아직 사회복지가 시작단계에 있는 한국 사회에서는 사회복지가 가족의 문제를 야기한다는 자유주의적인 주장이 말 자체로서도 성립되지 않는다. 자유주의 관점에서는 가족의 보호란 '보호하지 않음으로써 보호하는 것'이다. 이러한 사회복지정책론이 시장제도의 발전에 따라 점점 심각해지는 가족문제에 대처하는 좋은 방법이 되기는 어렵다(표 5-1 참조).

반면 사회복지옹호론자들은 가족과 사회복지가 대립적이라고 보지 않는다. 사회민주주의자들은 시장이 가족을 파괴한다는 것을 기본 가정으로 삼고 있으나, 한국의 사회복지옹호자들은 이런 이론적理論的인 면에는 관심이 적은 편이다. 아무튼 이들은 가중되는 가족 문제를 해소하려면 사회복지를 확대해야 한다고 주장한다. 가족책임주의를 포함하는 가족주의에 반대하며, 부양의 탈가족화(사회화)를 추구한다. 그러나 가족의 중요성이나 가족의 보호에는 관심을 두지 않는다. 가족의 파괴를 일종의 '자연현상'으로 당연하게 받아들이고 있다. 따라서 사회의 가족 지원을 강조하면서도 그 지원이 가족의 연대 강화나 확대 및 통합을 지향해야 하다는 점을 염두에 두지 않는다(표 5-1 참조).

따라서 한국 사회에서는 서구의 경우와 마찬가지로 사회복지정책의 주요한 흐름들은 가족의 유지, 혹은 연대의 강화에는 관심이 적다고 할 수 있다. 단순화시켜 말하면 자유주의자는 가족의 완전함이, 사회복지옹호론자는 가족의 파괴됨이 '자연현상(自然現象)'이므로 보호할 필요가 없다고 본

〈표 5-1〉 가족 위기에 대한 두 사회복지론의 비교

구분	각 입장의 기본적 특성			가족해체의 원인	대처방식	가족의 보호
	가족-복지관계	가족-시장관계	가족책임			
자유주의	대립	조화	강조	사회복지, (한국, 비해당)	사회복지 포기	겉으론 강조, 실제론 무관심
사회복지 옹호론	무관심	모순	무관심	시장, (한국, 무관심)	사회복지 확대	무관심

다. 이런 견해가 지배적인 한, 가족 위기에 대응하는 사회복지정책은 주로 약화된 가족 기능을 보완해 주는 방식으로 전개展開될 가능성이 크다. 가족의 존립과 성장에 필요한 전체의 기능을 가정이 현재 보유하고 있는 기능과 가지고 있지 않은 기능으로 나눌 수 있으므로, Y(전체 필요기능)=A(보유기능) + B(결핍기능)이라는 식이 성립될 수 있다. 기존의 사회복지옹호론자들은 주로 결핍기능(B)을 키우고자 한다. 그 결과는 사회복지의 가족 대체이다. 그리고 어쩔 수 없이 사회복지의 확대에 동의하는 자유주의자들도 사회복지정책의 방향을 보유기능(A)을 키우는 데 두기는 어렵다. 심각해진 가족문제에 소극적으로 대응하고자 하므로 결핍기능을 채워주는 데 급급汲汲할 것이다. 물론 보유기능에 관심을 갖지 않은 것은 아니다. 예컨대 자유주의자들은 생활보호대상가족의 자활 능력 향상에 관심을 갖기도 한다. 그러나 자유주의 사회복지정책의 주요 목적이 가족 기능 확대가 아니라 사회복지 축소이므로 가족의 보유기능의 확대를 적극적으로 추진할 수는 없다. 결국 자유주의정책도 사회복지의 가족 대체의 길을 따르게 된다.

이처럼 한국에서는 가족의 보호나 가꾸기에는 관심이 전반적으로 부족하다. 물론 가족의 보호를 주장하는 흐름이 전혀 없는 것은 아니다. 일부 사회복지옹호론자들이 가족의 중요성과 보호를 주장하기는 하지만 그것은 사회복지의 확대를 주장하는 가운데 겨우 부차적으로 언급하고 있을 뿐이다. 그리고 미시적인 접근을 하는 사회복지실천(socal work)에서는 흔히 가족의 해체예방에 관심을 갖기도 한다. 예컨대 미국에서 1940년대 이후 가족치료 등에 대한 관심이 계속되어 왔던 것[63]처럼 한국에서도 가족의 해체를 막는 사회복지실천의 필요성이 제기되고 있다.(엄명용, 2000) 그러나 가족의 해체라는 거대한 흐름에 대처하여 가족을 보호하고 가꾸려는 거시 정책적 관심은 부족하기 그지없다.

---

63. 이것은 내가 2001년 미국 캔사스 대학(University of Kansas) 중앙도서관에서 가족사회복지일에 관한 미국의 오래된 학술지들을 살펴보면서 알 수 있었다.

6절 논의를 마치며

한국에서는 지난 반세기 동안 급속한 자본주의적 근대화 과정에서 가족 안팎의 공동체는 약화되었다. 가족은 고립, 축소와 해소의 길을 걸었다. 세대 간 남녀 간의 갈등과 분열로 고단孤單한 사람들이 늘어나고 있다. 가족의 부양 기능은 현저하게 약화되었고, 부양자는 힘겨워하며 약자들은 버려지고 출산은 기피된다.

대안은 무엇인가? 하나는 이러한 가족의 해체 과정을 '진보進步'로 보고 용감하게 촉진促進하면서 가족의 기능을 과감하게 시장과 사회복지로 대체함이다. 이를 추진하면 가족으로부터 자유와 해방을 얻을 수 있다. 하지만 '고독의 감옥', 깊은 해자(垓字)로 싸인 일인성一人城에 갇힌다. 따라서 우리는 가족을 쉽게 포기할 수 없다. 그러나 현재의 가족을 전근대적인 가족으로 다시 돌릴 수는 없다. 자본주의 체제와 과거가족의 부정합不整合이 너무 크기 때문이다. 오도 가도 못하는 상황에서 우리는 어떻게 해야 하는가? 자본주의 체제와 가족의 부정합을 줄이는 가운데 길을 가야 한다. 이것은 가족과 사회(혹은 국가)의 상호 변화, 그리고 그 양자의 복지 역할 재분배를 뜻한다.

무엇보다도 먼저 기존의 가족을 변화시켜야 한다. 새로운 생산양식生産
樣式과 생활양식生活樣式에 적합한 가족 유형, 남녀와 노소老少가 공경恭敬
과 사랑을 주고받으면서 인간다운 삶을 누릴 수 있는 가족 유형을 열린 마
음으로 발전시켜 나가야 한다. 폐쇄적 가족주의家族主義를 비판하지만 가족
주의를 부정하지 않아야 한다. 이러한 새로운 가족 모형 찾기에는 사회 총
체總體의 접근이 필요하며 특히 가족사회복지정책의 노력이 절실하다. 가
족의 변화의 구체적인 실천은 가족과 지역의 현장에서 이루어질 수밖에 없
고, 그 현장에 가장 자연스럽게 접근할 수 있는 정책 집행의 수단은 결국
사회복지실천이므로 이를 지원하는 정책이 입안되고 실천되어야 한다.

상호 변화를 추구하는 다른 방향의 노력은 사회를 가족친화적으로 변화
시켜나감이다. 한국 사회에서는 자본주의적 시장주의가 지배하는데, 이것
이 가족 안팎의 공동체에 지나치게 적대적인 영향을 미치므로 이를 완화시
켜 나갈 필요가 있다. 시장주의 완화는 탈상품화를 지향하는 사회복지정책
과 불가분不可分의 관계를 갖는다.

사회를 가족친화적으로 변화시키는 가장 적극적인 방안은 약화된 가족
을 사회가 지원함이다. 우리가 분업적인 생산방식의 효율성을 포기할 수
없는 한, 일정 한도 안에서는 약자 부양의 사회화는 필수적이다. 만약 현
재의 가족 상황에서 사회의 가족 지원이 없다면 약자는 버려지기 때문이
다. 이것은 살인殺人이다.

그런데 사회의 부양 지원은 가족 안팎의 공동체를 강화하는 방향으로 이
루어져야 한다. 이것은 가족의 고립보다는 가족 간 연대를, 가족의 축소보
다는 확대를, 가족의 해체보다는 통합을 지향하여야 한다. 이 점을 고려하
지 않는다면 사회의 가족 지원이 오히려 가족을 더욱 고립, 축소, 해소시
킬 수도 있다.

이를테면 사회적 지원의 양을 지나치게 확대한다면 가족은 더욱 해체될 것이다. 국가의 부양이란 사람들이 국가라는 기구를 통해서 약자를 부양함이다. 사람들은 국가에 세금을 내고 부양자는 국가에 직간접적으로 고용되어 돈을 받고 일한다. 이렇게 되면 모든 부양관계가 '합리적으로' 차가워지고 가족이 해체된다. 약자들이 사육飼育될 수 있다.[64] 따라서 사회적 지원의 양을 신중하게 결정할 필요가 있다. 국가가 가족을 지원하되, 현존의 가족 기능을 약화시킬 정도로 지원하여서는 안 된다.

사회적 지원의 질質, 곧 방식도 신중하게 고려하여야 한다. 사회적 지원을 개인을 대상으로 한다면 가족은 더욱 해체될 것이다. 국가가 피부양자를 직접 부양하기보다는 부양자를 부양해 주는 쪽에 더 많은 관심을 가져야 한다. 개별 가족원보다는 가족과 공동체를 지원하여야 한다. 가족과 공동체를 포기하면, 예컨대 아동의 문제는 아동의 문제로만 보이고 노인의 문제는 노인의 문제로만 보인다. 그러나 가족과 공동체를 유지하려 들면 아동과 노인의 문제가 서로 긴밀하게 연결됨을 알아채고 해결 방안도 연관 속에서 찾게 된다. 아동이 노인의 다정한 말동무가 되고 노인은 아동의 양육자가 될 수 있으므로 노인에게 아동을 보호하는 책임을 조금이라도 맡긴다면 아동의 양육 문제와 노인의 무료 문제를 동시에 줄일 수 있다. 이것이 총체總體스런 관점, 공동체스런 접근이다. 이런 관점과 접근이 절실切實하다. 가족사회복지정책의 바람직한 방향은 가족 안팎의 공동체의 대체가 아니라 새로운 상황에 적합한 공동체의 가꿈이다.

그런데 그동안 사회복지 정책은 가족의 강화에는 거의 관심을 두지 않았다. 자유주의자에게는 가족의 완전함이, 사회복지옹호론자에게는 가족의 파괴됨이 '자연현상(自然現象)'이다. 자유주의자들은 가족이 완전하므로 가

---

64. 이 점에 대해서는 6장을 참조하기 바란다.

족의 강화를 지원할 필요가 없다고 믿었고, 사민주의자들과 사회복지옹호론자들은 부양의 사회화, 곧 탈가족화를 주장할 뿐이었다. 어느 쪽이든 새로운 세상과 조화로운 가족을 만들어가는 일에는 관심을 두지 않는다. 뿐만 아니라 가족과 친화적인 자본주의를 만들어가는 데도 많이 노력하지 않았다. 그리고 자유주의자들은 가족의 지원 자체를 달가워하지 않았다. 사회복지옹호론자들은 사회의 가족 지원의 확대만을 추구할 뿐, 얼마큼 어떻게 지원해야 가족이 유지 강화될 수 있는지를 고민하지 않았다.

이런 상황에서는 가족의 해소를 어쩔 수 없는 자연의 법칙으로 인정하고 마치 불치不治의 병을 얻은 사람이 죽음을 기다리듯 초연超然히 지켜봐야 한다. 그러나 이것은 자연이 아니라 사람의 일이다. 새로운 가족 가꾸기를 시도해 보아야 한다. 물론 사람의 일이라고 다 되는 것이 아니다. 안 되는 것은 해도 안 된다. 가족 가꾸기가 가능한가? 가족을 해소시키는 경향이 강한 자본주의 사회에서 쉬울 리가 없다. 불가능하게 보일 수도 있다. 그런데 사회복지의 발전도 불가능해 보였다. 자본주의의 위력이 거센 사회에서는 시장 원리와 어긋난 사회복지를 실현하기가 쉽지 않았다. 그러나 사회복지를 꾸준히 키워 왔다. 가족과 가족사회복지도 지금의 사회복지처럼 가꾸어낼 수 있지 않을까?

6장

국가와 가족 안팎 공동체의 부양 협력

밥만 먹여주고 좋아하지 않으면 돼지를 사귐이요, 좋아만 하고 공경하지 않으면 짐승을 기름이다. 食而弗愛, 豕交之也. 愛而弗敬, 獸畜之也(『맹자孟子』: 진심장구盡心章句 上 37)

1절 무엇을 이야기할까?

    국가가 생긴 이후 최근까지 약자의 부양은 주로 가족과 이웃, 친족과 같은 공동체가 맡아왔다.

    그런데 자본주의가 발전함에 따라 가족 안팎 공동체가 약해지면서, 노인이나 아동과 같은 약자를 부양하기가 어려워졌다. 자본주의의 길을 빠르게 걸어온 한국에서는 먹을 것이 많아졌지만, 노인이 버려진다. 자살도, 고독사도 는다. 그런가 하면 아이는 한번 낳으면 키우기도 버리기도 어려우니 많은 젊은이가 결혼과 출산을 포기한다. 약자의 생존, 더 나아가 사회의 존립까지도 위태롭게 되었다.

    이제는 국가가 나서지 않으면 안 되게 되었다. '4차 산업 혁명'의 시대이므로 세금을 조금만 더 걷으면 모든 약자를 부양할 수는 있다. 가족 안팎 공동체를 대신해서 국가가 출산과 양육, 노인 보호, 장례식까지 '위생적이고 합리적으로' 감당하면 출산의 고통도, 부양의 힘겨움도, 이별의 아쉬움도 없어서 참 좋을 듯하다.

    그렇다면 가족 안팎 공동체는 포기해도 되는가? 공동체가 없다고 가정해보자. 사내는 사내, 계집은 계집, 그리고 노인은 노인, 아이는 아이대로 따로 산다. 모두가 환과고독鰥寡孤獨이다. 내가 사랑하고 존경해줄 사람도, 나를 그리 해줄 사람도 없다. 사내는 무료하고 계집은 고독하다. 노인은 쓸쓸하고 아이는 불안하다. 사내의 무료는 계집의 고독이고 계집의 고독은 사내의 무료이다. 노인의 쓸쓸함은 아이의 불안이고 아이의 불안은 노인의 쓸쓸함이다. 사람은 생계 자원만이 아니라 사랑과 존경도, 필요 욕구의 충족만이 아니라 생성도 긴요하다. 이런 문제들을 가족 안팎 공동체가 없이 국가만이 잘 해낼 수 있을까?

노인과 아동과 같은 약자가 생계를 위협당하지도, 외롭지도, 심심치도 않게 살아가려면 국가와 가족, 이웃 및 친족 공동체의 협력이 필요하다. 어떻게 협력해야 하는가? 이에 답하려면 이 세 주체들이 나름대로 약자를 부양하는 데 어떤 장점과 한계를 지니고 있는가를 따져보아야 한다. 각 한 쪽의 잘함과 못함을 찾아내서 잘함은 잘 하게 하고, 못함은 다른 두 쪽의 능력으로 보완하게 하는 것이 바람직하기 때문이다. 이런 국가와 가족, 이웃 및 친족의 바람직한 부양 협력을, 노인 부양을 중심으로 찾아나서 보자.

2절 현대 사회 노인문제의 조건과 특성

1. 노인문제의 조건

인류가 생긴 이래 물질적으로나 정신적으로나 진보된 사회에서만 노인이 사람으로 대접을 받았다. 생산력이 낮은 사회에서는 '고려장高麗葬'과 같은 노인 살해가 많았다. 사회의 구성원을 먹이고 입히고 재우는 데 필요한 자원이 충분하지 못하여, 종족의 유지마저 위협받는 절박切迫한 상황이 지속되면 생산 기여도가 낮고 부담만 주는 노인에게까지 자원을 배당配當할 수 없었다. 예컨대 험난한 길로 새로운 초지草地를 찾아다니며 살던 유목민遊牧民들은 스스로 움직일 수 없어서 이동을 방해하는 노인에게 약간의 먹을 것만을 남겨주고 길을 떠났다. 어떤 부족에서는 기력이 쇠진한 노인들을 복잡하고 긴 의식儀式을 마친 다음 사람들이 지켜보는 가운데 창이나 칼로 몸의 급소急所를 찔러 죽였다. 노인 자신도 이것을 숙명宿命으로 받아들였다. 추운 바닷가 어느 마을의 노인들은 자기가 집안에 짐이 된다고 생각하면 스스로 쪽배를 타고 나가 돌아오지 않았다. 그런데 이럴 힘마저 없는 노인이 죽으려고 물에 빠졌는데 몸이 잘 가라앉지 않자 그 노인을 사랑하는 딸이 "아버지, 머리를 담그세요. 그래야 가실 길이 훨씬 짧아질 거예요"라고 말했다.[1]

그러나 노인을 사회규범社會規範에 따라 살해하는 것은 그 사회의 생산력이 낮았기 때문만은 아니었다. 노인들을 먹이고 입히고 재울 만한 생산력을 가진 사회에서도 노인을 학대虐待하여 살해하기도 하였다. 예를 들면 장년壯年들이 어린아이들을 학대하면 아이가 자라서 노년이 된 앞 세대世代에 보복하기도 하였다. 이와는 달리 인간 존중의 문화가 성숙한 사회에서는 비록 생산력이 낮아서 다 함께 먹고 살리기가 버거울지라도 늙은이들을 어른으로 대접待接하였다.(Beauvoir, 1994: 54~116) 노인이 인간 대접을 받으려면 한 사회의 생산력이 일정 정도 이상으로 발전하고 노인을 존중尊重하는 문화가 갖추어져야 한다. 이런 사회는 하루아침에 이루어지지 않는다. 수많은 세월歲月 동안 성찰로 얻은 지혜가 대물림으로 쌓인 결과이다.

한국 사회에서는 1960년대 이전만 하더라도 노인 공경이 일반적 풍습이었다. 비록 먹을 것과 입을 것이 넉넉하지 않았지만 노인들은 공동체 속에서 물질적인 부양과 존경을 받았다. 물론 제국주의의 침탈, 봉건적 착취搾取와 전쟁으로 노인들이 고통을 겪었다. 그러나 노인만 그런 것이 아니었다. 젊은이도 비참하게 살거나 억울하게 죽었다. 이런 가운데에서도 노인은 젊은 사람들로부터 최대한의 보살핌을 받았다. 1980년대 초까지만 하더라도 버스에는 노약자 보호석이 없었지만 대부분의 젊은이가 '서 계시는' 노인에게 자리를 양보하였다. 이것을 '미풍양속美風良俗'으로 당연하게 여겼다. 따라서 노인부양만 놓고 보면 한국의 근대 직전 사회는 물질物質이나

---

1. 보부르아르Beauvoir는 여러 인류학의 보고서에서 가져온 이와 같은 사례를 『노년』이란 책에 많이 소개하고 있다.(Beauvoir, 1994: 54~116)

정신精神의 면에서 선진화된 사회였다.

그러나 지금은 많은 노인이 인간으로 대접을 받지 못한다. 자식들로부터 버려지는 노인이 늘어나고 있다. 그리고 노인이 죽은 지 여러 날 만에 발견되었다는 보도를 자주 접한다. 1980년대만 하더라도 사람들은 이런 것들은 있을 수 없는 일로 생각했었다. 물론 모든 노인이 이런 비참한 대접을 받고 있는 것은 아니다. 그러나 노인의 삶이 전반적으로 고달파졌다는 사실은 누구도 부정하기 어렵다. 어쩌면 한국 사회에서는 지금 노인살해의 풍속風俗이 부활復活하고 있는지도 모른다. 이 점에서 한국 사회는 '야만화野蠻化'의 길을 걷고 있다.

이처럼 노인이 인간다운 대접을 받을 수 없는 것은 무엇 때문인가? 한국 사회가 노인을 부양할 수 없을 만큼 가난해졌기 때문일까? 지난 반세기半世紀 동안 경제는 늘 성장해 왔으니 그렇게 말할 수는 없다. 그렇지 않다면 노인 인구의 증가에 따른 경제적인 부양 부담이 경제성장을 초과超過하였기 때문일까? 최근 노인인구의 비율이 급증하였고 앞으로도 더욱 급증할 것으로 보이므로[2] 그렇다고 말할 근거가 없지는 않다. 그러나 생산력이 노인 부양 부담보다 훨씬 빠르게 증가했다. 40년 전에만 해도 부족하던 쌀이 지금은 남아돈다. 경제력이 노인을 먹여 살리기에 넉넉하다. 따라서 노인 문제는 한국 사회의 생산력 부족이 아니라 노인 부양의 문화 혹은 사회제도의 탓이다. 물질생산의 쇠퇴衰頹가 아니라 더불어 사는 문화의 퇴행退行이 그 원인이다.

---

2. 우리나라 65세 이상 인구비율은 2003년 8.3%에서 2020년에는 15.6%로 증가할 것으로 예상된다. (국가통계포탈, 2018년 자료로 계산)

2. 현대 사회에서 노인문제는 어떻게 발생하는가?

요즈음 적잖은 50대 남자들이 실직을 하고 가족으로부터 버림받고는 외롭게 세상을 버린다. 일과 가족에서 벗어남이 노인문제의 시작이 아닐까?

1) 은퇴

자본주의 사회에서 나이가 들면 흔히 은퇴隱退를 하므로 그것을 매우 자연스러운 일로 받아들인다. 과연 그럴까? 자본주의전資本主義前의 사회에서도 병든 노인은 일에서 어쩔 도리 없이 물러났다. 그러나 노동력이 있는 노인을 일에서 완전히 물러나게 하는 인위적人爲的인 조치는 없었다. 은퇴가 자본주의 사회 이후에야 보편화되었다. 무엇 때문일까? 일반 상품과 마찬가지로 노동력勞動力도 조금이라도 흠(하자瑕疵)이 있으면 팔리지 않는다. 상처 난 사과를 먹을 수는 있지만 소비자들이 사려 하지 않는다. 노인 노동력도 쓸 수가 있지만 자본가들이 사려 하지 않는다. 노동력이 상품으로 취급되지 않으면 노인이 정년停年으로 실업失業을 당하지 않는다. 자본주의가 도입되지 않은 사회에서, 그리고 현대의 자영업에서는 정년이 없다. 농촌에서는 팔순의 할머니가 밭을 매고 개인택시 안에서는 칠순의 할아버지가 운전을 한다. 노동시장이 은퇴의 구조적 원인이다. 은퇴는 자연의 일이 아니라 사람의 일이다.

물론 은퇴가 오로지 자본주의적인 노동시장 때문만은 아니다. 흔히 많은 사람들이 지적하고 있는 것처럼 새로운 과학기술에 노인들이 적응하지 못하기 때문이기도 하다. 자본주의 사회가 아닌 사회에서도 기술의 변동은 노인들이 늘 해오던 일의 의미와 평판評判을 뒤흔들어 놓는다. 뿐만 아니라 이런 기술 이외에도 다른 여러 요인들이 노인들을 일에서 분리시키도록 작용한다. 그런데 자본주의 사회에서는 이런 요인들이 노동시장 논리와 함께 작동하여 노인들을 일에서 과감하게 축출逐出한다. 예컨대 자급자족 사회에서도 새로운 농업기술이 도입되면 노인의 생산 기여도가 축소되지만 노인이 일에서 급격하게 분리되지는 않는다. 이와는 달리 노동시장의 원리가 지배하는 곳에서는 새로운 기술에 적응하지 못하면 젊은이마저도 냉정하게 일에서 축출된다. 하물며 노인이야 어떻겠는가?

이 정년퇴직은 자본주의 사회에서 일과 삶(소비 및 휴식)이 시간으로나 공간으로나 명확하게 분리되는 흐름의 일부이다. 많은 사람들이 노동력을 판매하고, 남(자본가)이 원하는 시간과 장소에서 남이 원하는 일을 한다. 그래서 일하는 시간과 일하지 않는 시간이 분리된다. 근대전近代前 사회에서처럼 일하면서 놀고 놀면서 일하는 모습은 상상하기조차 어렵다. 하루는 일과 시간과 일과 후의 시간, 일 주일은 주중과 주말, 일 년은 근무시간勤務時間과 휴가기간休暇期間, 평생은 정년 전前과 후後로 분리된다.

정년이란 노인이 일의 고통으로부터 벗어나는 것이므로 반드시 문제가 되지는 않는다. 그런데 왜 문제가 되는가?

정년이 없던 근대전의 사회에서는 생산력이 낮았으므로 노인들도 자신과 공동체의 생존에 기여하려면 놀고만 있을 수는 없었다. 그래서 오히려 노인들의 과잉노동過剩勞動이 문제였다.

"5묘의 집 뜰에 뽕나무를 심으면 50세 된 사람이 비단옷을 입을 수 있고, 닭과 돼지, 개, 큰 돼지를 기르면서 새끼 치는 시기를 놓치지 않으면 70세 된 사람이 고기를 먹을 수 있으며, 백 묘의 밭에서 일할 때를 빼앗기지 않으면 80가족이 굶지 않을 수 있고, 상서庠序(학교)의 가르침을 신중하면서 효제孝悌의 의리를 펼쳐나

가면, 머리가 반백인 사람이 도로에서 짐을 지거나 이지 않을 것입니다.五畝之宅 樹之以桑 五十者可以衣帛矣 鷄豚狗彘之畜 無失其時 七十者可以食肉矣 百畝之田 勿奪其時 八十之家可以無飢矣 謹庠序之敎 申之以孝悌之義 頒白者不負戴於道路矣"(『맹자孟子』: 양혜왕장구梁惠王章句上 3, 7)

"이고 진 저 늙은이 짐 풀어 나를 주오. 나는 젊었거니 돌이라도 무거울까? 늙기도 설워라 커든 짐조차 지실까?"(정철, '이고 진 저 늙은이')

이렇게 일이 힘들지만 노인은 일을 하면서 가족 안팎의 공동체에 기여하고 존경과 사랑을 받으면서 보람도 느낄 수 있었다. 뿐만 아니라 건강을 유지하고 무료함을 잊었다.

그러나 현대 사회에서는 노인이 아무리 좋은 노동력을 지녔더라도 정년퇴직을 하면 일하기가 어렵다. 생계 위기를 당하거나 무료해지기 쉽다. 노동 기회의 상실이 행복한 삶에 긴요緊要한, 적절한 긴장감까지 앗아간다. 현대 사회에서는 과잉過剩이 아니라 과소過少의 노동이 문제이다.

2) 가족과 공동체의 약화

근대전 사회에서는 노인 부양은 심리적 차원이든 물리적 차원이든 가족 안팎의 공동체 안에서 이루어졌다. 이런 사회에서는 공동체 자체가 문제가 없는 한 노인들은 빈곤과 무료, 고독으로 괴로워하지 않았다. 그런데 자본주의적인 근대화 과정을 거치면서 노인들을 보살펴주던 가족 밖의 공동체들이 붕괴되고 가족이 축소 해소되었다.(이 책 5장) 그 결과 60세 이상의 노인들 가운데, 3세대 가족에서 사는 노인 비율이 1981년 69.1%에서 1997년 41.6%(김익기 외, 1997: 98)로 감소했다.

가족의 축소와 해소가 약자弱者의 부양을 위한 단순협업單純協業을 어렵게 만듦으로써 가족의 노인 부양 능력을 현격하게 약화시켰다. 예컨대 노약한 부모가 자식들로부터 '축구공처럼 차이며' 이 집 저 집을 전전轉轉하기도 한다. 2000년 무렵에 나의 강의를 듣는 한 학생이 제출한 보고서에서는 이런 내용이 있다. 치매癡呆에 걸린 할머니가 큰집, 작은집, 고모집을 돌아다니다가 제일 가난한 자기 집에 계신다. 학생의 아버지는 택시를 운전하고 어머니는 파출부로 일해 왔는데, 어머니가 일을 포기하고 할머니를 모신다. 어머니도 불만이 점점 쌓여간다. 이것이 어찌 한두 집만의 문제이겠는가? 가족의 부양 능력이 약해지면서 노인의 삶이 위태롭게 되었다.

3. 노인문제의 특성

흔히 현대 사회의 노인들이 경제고經濟苦, 병고病苦, 무료無聊, 고독孤獨이라는 4고四苦를 겪는다고들 말한다.(장인협·최성재, 2002: 27) 이 4고를 좀 더 깊이 들여다보자.

먼저 경제고란 생계자원이 부족하여 의식주衣食住를 건사할 수 없을 때의 어려움이다. 병고를 따져보자. 노인이 병에 드는 것은 자연自然, 스스로 그러함이다. 사람만이 아니라, 차도, 집도, 나무도, 꽃도 늙으면 병이 든다. 병이 들면 고통스럽다. 그러므로 노인의 병고 자체가 아니라 병에 걸리기 쉽거나 치료와 수발을 받을 수 없는 상황이 사회문제다. 이것은 결국 필요

자원의 부족에서 비롯되므로 병고도 경제고다. 따라서 경제고는 노인이 성할 때나 아플 때나 기본필요를 충족시킬 만한 재화와 용역이 부족하여 겪게 되는 문제이다.

고독은 인간관계의 단절斷絕에서 생기는 슬픔이다.

무료無聊[3]함은 자유시간이 너무 많아서 마음을 기댈 곳이 없을 때에 생긴다. 빈 시간이 많으면 괜스레 걱정거리를 찾는다. 물론 사람에 따라서는 무료함을 즐기기도 한다.[4] 그러나 대부분 수심으로 나날을 보내고 한숨으로 밤을 지샌다.

흔히 4고苦가 필요나 욕구가 불충족된 상태에서 비롯되고, 이것을 해소하려면 필요한 재화와 용역을 증대시켜야 한다고 주장한다. 예컨대 빈곤문제를 해결하려면 소득을 증대시켜주고 외로움과 무료함을 해소하려면 놀이(recreation)에 필요한 물적, 인적 자원을 제공해야 한다고 생각한다. 과연 4고가 필요나 욕구의 불충족에서만 생기는가? 그렇다면 노인들을 시설에 수용하여 효율적으로 부양해주고 놀이를 시켜주면 된다. 그러나 이런

---

3. 무료無聊란 기댈 곳(료聊)을 갖지 않음이다.
4. 조선시대 신위는 다음과 같이 무료함을 시로 즐겼다.
   낮잠의 꿈속에서 신선 경지에 노닐다가, "綠陰如水鶯聲滑 芳草和煙燕影消(물 같은 녹음에 꾀꼴 소리 미끄러지고 안개 사이 풀숲으로 제비 그림자 사라진다)"라는 시구詩句를 얻어, 깨어나서 앞뒤를 보태어 시 한 수를 완성했다.

   인생 어디인들 무료함이 없을까마는 가장 어찌 못할 때는 꿈속에서 노니네.
   신선이 키를 넘는 청옥장을 집고 내 손을 잡고서 단청 다리로 끌고가니
   물 같은 녹음에 꾀꼴 소리 미끄러지고 안개 낀 풀숲으로 제비 그림자 사라진다.
   꿈 깨어도 그 시구는 또렷이 남았는데 향 피우며 찻잔 드니 비만 소소 내리네.
   人生何處不無聊 最是難憑夢境遙 仙子過頭靑玉杖 拉余携手畫欄橋
   綠陰如水鶯聲滑 芳草和煙燕影消 短句分明留在記 香初茶半雨瀟瀟
5. 물론 이러한 주장에는 사회복지를 축소하려는 신자유주의적인 견해가 숨어 있다. 하지만 여기에는 시설 부양이 비용의 증가뿐만 아니라 삶의 질의 저하라는 문제들을 야기한다는 점에 대한 성찰적 자각도 들어 있다.

부양을 추구했던 서구에서는 많은 문제점이 있다는 것을 알아차리고 탈시설화와 가족의 중요성을 강조하고 있다.[5] 여기서 4고를 필요와 욕구 불충족으로만 이해하기에는 적잖은 문제가 있다는 것을 알 수 있다.

그런데 4장에서 필요와 욕구의 충족만을 추구하는 관점의 한계를 지적하면서 필요나 욕구의 생성도 고려하여야 한다는 점을 지적하였다. 필요와 욕구 생성과는 4고가 어떻게 관련되는가?

빈곤 문제는 기본필요가 충족되지 않은 상태라고 할 수 있다. 그러나 외로움의 문제는 단지 불충족의 문제만이 아니다. 고독이 한편에서는 접촉의 결핍缺乏이지만 다른 편에서는 인간관계 자체에서 발생하는 불편과 갈등이 제거된 상태이다. 이 불편과 갈등이 오히려 기쁨을 만드는 자원이다. 예컨대 가족 싸움의 끝에서는 뜨거운 눈물이 가슴을 적신다. 왜 그런가? 고통은 그것을 해소하고픔, 곧 욕구의 원천이고 고통의 해소는 기쁨을 자아내는 욕구의 충족이기 때문이다. 외로우면 인간관계의 고통과 그 해소 욕구가 생성되지 않고 욕구가 생성되지 않으므로 충족의 기쁨도 누리기가 어렵다. 고독은 욕구 불생성의 문제이기도 하다.

그리고 무료無聊란 마음을 기댈 거리(소일거리)를 갖지 않은 것이므로 필요와 욕구 불충족의 문제라고 할 수 있다. 그러나 불충족의 문제만이 아니다. 흔히 쉼의 즐거움이 그 자체에서 나온다고 여긴다. 그렇다면 쉬는 시간이 너무 많아서 쉬어도 즐겁지 않은 것은 무엇 때문인가? 오히려 노동과 놀이의 고됨이 선행되어야 쉼이 즐겁다.(박승희, 2000나: 1014) 쉼의 즐거움은 고됨에서 나온다. 무료하면 고됨이 없고, 고되지 않으면 쉬고픔이 없고, 쉬고프지 않으면 쉬는 시간이 즐겁지 않다. 쉬고픔이 욕구이다. 따라서 무료도 한편으로는 욕구 불생성의 문제이다.

한편 4고는 물리적 층위層位[6]의 문제만이 아니다. 빈곤은 주로 기본필요 충족에 필수적인 물질의 결핍이지만 고독은 인간관계의 단절에서 비롯된다. 그러므로 사회·심리적 층위의 문제이다. 무료도 마찬가지이다. 소일 거리는 주로 놀이와 노동인데 이것들은 주로 남과 더불어 하며, 혼자서 하더라도 마음이 끌려야 할 수 있다. 4고는 물질 결핍과 사회 심리적인 문제를 다 포함하고 있다.

그러므로 예로부터 물질적 부양만이 아니라 사회 심리적 부양도 중시하였다. 공자는 "요즈음의 효가 (물질적으로) 부양扶養할 수 있는 것만을 이르는데, 개나 말도 부양은 할 수 있다. 공경하지 않으면 개와 말과 무엇이 다르겠는가(今之孝者 是謂能養 至於犬馬 皆能有養 不敬 何以別乎)"("논어論語』: 위정爲政[7])라고 한다. 개가 주인을 지켜주고 말이 태워주므로 그것들도 물리적인 부양은 할 수 있다(정약용 저, 이지형 역주, 2010: 176)고 보면서, 사회 심리적 부양(경敬)의 중요성을 강조하고 있다. 맹자는 "밥만 먹여주고(食) 좋아하지(愛) 않으면 돼지를 사귀는 것이요, 사랑만 하고 공경恭敬하지(敬) 않으면 짐승을 기르는 것이다(食而弗愛, 豕交之也. 愛而弗敬, 獸畜之也)"("맹자孟子』: 진심장구상盡心章句上 37)라고 했다. 여기서 중요한 사회적 행위는 밥줌(사食), 좋아함(애愛), 공경함(경敬[7])이다. 그 행위들의 대상은 돼지, 짐승, 사람이다. 짐승은 소와 말을 가리키며(주자朱子, 『맹자집주孟子集註』), 사람은 생략되어 있다. 돼지는 잡아먹거나 팔려고 기르므로 밥은 주지만 좋아하거나 공경하지 않는다. 개나 말과 같은 짐승은 애완愛玩 동물이므로 밥을 주고 좋아는 하지만 공경하지는 않는다.[8] 사람을 제대로 대하려면 밥도 주고 좋아하며 공경도 해야 한다(표 6-1). 먹여줌은 물질적 부양을 의미한다. 이

---

6. 이것은 인간 생존에 기본이다. 건물의 바닥 층과 같다. 이 위에 사회 심리적 층위가 올라간다. 일 층이 없이 이 층이 있을 수 없다.
7. 경敬은 아랫사람이 윗사람을 떠받는 것만이 아니다. 어른이 아기를, 선생이 학생을 존중함도 포함한다.
8. 요즈음에는 개를 '반려伴侶'라 부르면서 공경하는 사람도 많다.

것은 노인들의 기본필요의 물리적 충족과 관련된다. 좋아함과 공경恭敬은 사회 심리적 부양을 의미한다. 이것은 상품거래와 같은 단기적인 이해타산의 관계에서는 성립될 수 없다.

〈표 6-1〉 돼지 짐승 사람과 사食 애愛 경敬의 관계

구분	사食(먹여줌)	애愛(좋아함)	경敬
돼지	O	—	—
짐승(개, 말)	O	O	—
사람(아기, 노인)	O	O	O

사회 심리적 부양은 필요나 욕구의 충족만이 아니라 생성의 측면에서도 중요하다. 이를테면 좋아함과 공경은 부양자가 피부양자에게 베푸는 것이지만, 피부양자가 부양자에게 무언가 보답하겠다는 마음가짐을 만들어내는 조건이기도 한다. 따라서 하고픔을 생성해냄으로써 노인들의 외로움과 무료함의 문제를 해결하는 데 크게 기여할 수 있다.

이제 노인들의 빈곤, 고독 및 무료가 어떻게 해결될 수 있는가를 살펴보자. 문제를 명료하게 드러내야 하므로 사회복지가 전혀 없다고 가정해보자. 노인에게 가난과 병고는 결국 필요를 충족할 재화와 용역의 결핍이다. 자본주의 사회에서는 이것이 돈의 결핍이다. 돈은 노인 자신이 가질 수 있다. 그런데 가족이나 이웃·친척 공동체(줄여서 이웃)도 노인에게 필요한 재화와 용역을 제공해 줄 수 있다. 따라서 경제고의 해결 주체는 노인 개인, 가족, 이웃이다.

외로움은 좋아함과 존경의 결핍이기도 하다. 이것은 가족, 이웃, 친척이 해결해 줄 수 있다.

그리고 무료는 마음을 기댈 만한 소일거리가 없어서 생긴다. 마음을 기대려면 적절한 집착과 긴장이 필요하고 긴장하려면 고통을 수반隨伴하는 어떤 몸짓, 마음짓이든 하지 않으면 안 된다. 심지어 고통이 없는 놀이는 소일거리가 될 수 없다.[9] 이런 소일거리는 주로 노동과 놀이이다. 이것들은 혼자서도 하지만 사회적인 관계 속에서도 한다. 그런가 하면 사회적 관계 속의 역할이 소일거리를 만들기도 한다. 예컨대 노인이 사랑을 받는 편안함에서만이 아니라 오히려 사랑을 베풀면서 보람을 느낀다. 베풂도 좋은 소일거리다. 그러므로 무료의 해결 주체는 노인 개인, 가족, 이웃이다.

이상에서 4고의 성격과 관련된 논의를 표로 정리하면 다음과 같다.

〈표 6-2〉 4고의 문제 성격과 해결

구분	문제		해결	
	성격	층위	방식	주체
빈곤	필요 불충족	물질적	재화, 용역 제공	개인, 가족, 이웃
고독	욕구 불충족, 욕구 불생성	사회 심리적	애愛 경敬	가족, 이웃
무료	욕구 불충족, 욕구 불생성	사회 심리적	과제(일, 놀이, 역할)제공	개인, 가족, 이웃

---

9. 놀이에서도 고통과 즐거움의 대립이 있어야만 즐거울 수 있다.(박승희, 1995)

3절 기존 노인복지정책 검토

노인의 4고 문제에 국가가 흔히 어떻게 대응하고 있는가? 국가가 수수방
관袖手傍觀하거나, 마지못해 소극적으로, 또는 적극적으로 대응하기도 한
다. 이 세 가지로 국가의 대응을 단순하게 구분하여 따지면서 강점과 한계
를 가늠해보기로 하자.

1. 방관과 소극 대응

자본주의전 사회에서는 노인들이 주로 가족에 의존하여 생계를 꾸려 왔
으므로, 국가가 노인 부양에 직접 나서지 않고, 가족이 잘 부양하도록 효
윤리를 강화하고자 하였다. 특히 전통 사회에서는 효孝를 가족만이 아니라
공동체의 윤리로도 권장하였다.[10] 다만 독노獨老[11]와 같은 예외적 경우에
만 물질적 부양에 직접 개입하였다. 이것은 유교적인 통치 철학이기도 했
다.(박승희, 1999: 147~148) 자본주의 초기에는 흔히 국가가 이런 불개입
의 관례를 따른다. 그렇지 않으면 마지못해 노인문제에 개입한다. 자유주
의자가 주도하는 사회에서는 더욱 그렇다. 한국에서도 1980년대부터 마지

---

10. 『예기禮記』, 예운편禮運篇의 대동大同에 관한 문단을 참조하라.
11. 가족 공동체가 살아 있던 전통사회에서는 홀아비(환鰥), 과부(과寡), 고아(고孤), 자
    식 없는 노인(독獨)을 사궁四窮이라 불렀다.(『맹자孟子』: 양혜왕장구하梁惠王章句下)
    여기서는 독獨을 독노獨老라고 부르겠다.

못해 사회복지를 도입하기 시작하여 소극적으로 시행하고 있다. 이런 국가 대응이 바람직한가, 아니면 심각한 문제가 있는가?

1) 국가의 노인 방치

국가가 노인문제를 팔짱 끼고 바라보기만 하면 노인은 시장에서 스스로 또는 가족이나 이웃에 의존하여 살아갈 수밖에 없다. 노인이 4고를 풀어갈 수 있는가?

먼저 노인 스스로 시장에서 빈곤의 문제를 해결할 수 있을 것인가부터 점검點檢해 보기로 하자. 노인이 경제력經濟力을 지니고 있다면 시장에서 생필품과 남의 품을 사서 생활할 수 있으므로 생계 문제를 해결할 수는 있다고 가정하자. 그런데 자본주의 시장은 많은 노인에게 소득을 허용하지 않는다. 많은 노인이 생계 위기에 내몰릴 수 있다.

그렇다면 가난한 노인이 가족과 친척, 이웃 공동체에 의존하여 살아갈 수 있는가? 가족에 의존하여 생계 문제를 해결할 수도 있다. 그러나 예나 지금이나 모든 사람들이 가족의 보호를 받을 수 있는 것은 아니다. 가족이 빈곤하여 돌볼 수 없거나 돌보려 하지 않거나 가족조차 없는 노인이 있기 때문이다. 더군다나 자본주의 사회에서는 가족과, 가족의 부양 능력이 점점 약해지므로 가족에만 기댈 수 없는 노인이 늘어난다. 이런 노인들이 이웃이나 친척에 의존하여 생활하기도 쉽지 않다.

시장은 노인을 배제하는 경향이 너무 강하고 가족 안팎 공동체는 부양할 능력과 의지가 너무 약하므로 모든 노인이 빈곤문제를 시장에서 스스로, 그리고 가족 안팎의 공동체에 의존해서 해결할 수는 없다. 따라서 국가가 노인문제에 개입하지 않으면 노인이 생계를 위협당할 수 있다. 국가의 방관傍觀으로는 노인들의 빈곤문제를 해소할 수 없다.

이런 국가의 방관 정책이 노인 고독이나 무료를 해결할 수 있는가? 이 질문은 지나치게 호화豪華스럽다. 최저생계마저 위협당하는 상황에서는 고독과 무료가 아무런 의미가 없다. 뿐만 아니라 물리적인 부양이 어려운 상황에서는 사회 심리적인 부양이, 기본필요마저 충족되지 않은 상태에서는 욕구의 생성이 말장난에 불과하다. 사람이 몹시 목마를 때 물을 주지 않으면 어떤 배려도 무의미하다. 따라서 국가가 노인문제에 개입하지 않으면 고독과 무위의 해결 여부를 거론할 필요조차 없다.

그렇더라도 고독과 무료를 노인이 시장에서 스스로, 가족 및 이웃에 의존해서 해결할 수 있는지는 따져보기로 하자.

만약 노인들에게 돈이 있다면 외로움과 무료함도 시장 속에서 어느 정도는 노인 스스로 해소할 수 있다. 물론 돈으로만 다 해소할 수는 없지만 화폐의 물신物神이 위세威勢를 떨치는 세상에서는 놉을 사서라도 외로움과 무료를 달랠 수도 있다. 그렇지만 모든 노인이 넉넉한 돈을 가지고 있지는 않다. 그런가 하면 노인이 노동 시장에 참여하여도 외로움과 무료함도 해결할 수 있다. 그러나 누구에게나 기회가 주어지지는 않는다. 노인이 어떤 시장에서든 스스로 외로움과 무료함을 다 해소할 수는 없다. 그렇다면 노인이 가족에 의존해서 고독과 무료를 해소할 수 있는가? 물론 그럴 만한 의지와 능력을 갖춘 가족이 있다면 가능하다. 그러나 누구나 그런 가족에 속할 수는 없다. 결국 국가의 방관으로는 많은 노인들의 고독과 무료의 문제를 해결할 수 없다.

국가가 노인문제에 전혀 개입하지 않으면, 노인의 물리적 생계 위기는 물론 고독과 무료와 같은 심리적 문제도 해결할 수 없다.

2) 소극 정책

국가가 수수방관만 하면, 많은 노인이 생계를 위협당한다. 그러므로 사회복지를 좋아하지 않는 국가는 노인 부양을 최대한 시장 속의 개인과 가족에게 맡기고 어쩔 수 없는 경우에만 끼어든다(개입介入). 이것이 자유주의자들이 '사랑하는' 잔여적인 사회복지이다. 한국 사회에서는 지금도 이런 정책기조政策基調가 유지되고 있다.

이런 소극적 사회복지정책으로 노인문제를 제대로 해소할 수 있는가? 이 정책에서는 생계가 곤란한 사람만 선별하여 지원하는 사회(공공公共)부조扶助를 선호한다. 사회부조에서는 가난하면서 부양가족이 없는 노인(독노獨老)들만을 대상으로 삼으므로 노인을 가난 여부與否와 부양가족 유무有無로 구별한다(표 6-3 참조). 이 네 가지 범주의 노인이 부양 문제를 얼마나 해결할 수 있는가를 따로따로 살펴본 다음 소극적 정책을 총평總評해보자.

〈표 6-3〉 부양가족 유지와 빈곤 여부에 따른 노인 분류

구분	가난함	가난하지 않음
부양가족 없음(독노獨老)	범주 1	범주 3
부양가족 있음	범주 2	범주 4

가난한 독노(범주範疇 1)의 경우를 살펴보자. 이들은 국가의 보호 대상이다. 문제를 단순하게 보려고, 일단 국가가 이 노인의 최저생계를 잘 보호해준다고 가정하자. 이들의 물리적 부양에는 문제가 없다. 그렇다면 고독, 무위, 심리적 부양 및 욕구 생성과 관련된 문제는 잘 해소될 수 있는가? 쉽지 않다. 이것이 사회복지의 한계이다. 이유는 뒤에서 다루기로 하자.

가난하면서 부양가족이 있는 노인(범주 2)은 시장에서 스스로 또는 가족에 의존해서 삶을 꾸려야 한다.

이들이 시장에서 스스로 문제를 해결할 수 없다. 시장에서 밀려난 사람들이기 때문이다.

그러면 가족의 부양을 받을 수 있는가? 가족이 효심과 넉넉한 돈을 가지고 있다면 큰 문제는 없다. 어느 할머니는 "내가 딸을 여섯이나 두었는데, 왜 양로원에 가느냐?"고 하셔서, 딸들이 3개월씩 돌아가면서 모신다. 자식을 9명이나 둔 나의 어머니는 치매를 5년쯤 앓다가 떠나셨다. 큰 누님 가족이 집에 모시고 병수발을 들었다. 아홉 형제가 형편에 따라 돈을 냈다. 월 200만 원을 모아 누님에게 드렸다. 그러나 집집마다 자식이 많고, 효녀들이 있는 것이 아니다.

자식이 효심이 있다 하더라도 경제적 여유가 없으면 문제가 생긴다. 가난한 효자는 늙은 부모를 모실 것이다. 2004년 8월 초 몹시 더운 날 경상남도의 좁은 아파트에서 약한 치매에 걸린 80대의 할아버지가 혼자 있다가 화장실에서 돌아가셨다. 함께 사는 아들과 며느리가 아이들을 데리고 하루 동안 피서避暑 간 사이에 벌어진 일이다. 이 효자, 효부[12]의 죄의식이 얼마나 클까? 가난한 가족이 효심만으로는 노부모의 삶을 지키기가 어렵다. 자식이 효심을 갖지 않으면, 어떻게 될까? 부유하든, 가난하든 노인들을 버릴 것이다. 나는 노인장기요양보험이 도입되기 전에 자신이 노모를 길거리에 버렸다는 이야기를 들었다. 어떤 사람은, 세 명의 자식들이 중풍 걸린 부모를 무의탁無依託 노인으로 처리할 수 있는 방안을 '카페'에 모여서 모의하는 것을 보았다고 한다. 실제로 병든 노부모들을 쇠창살과 철문으로 감금하는 '수련원修練院'에 저렴하게 맡기기도 한다.[13]

---

12. 좁은 아파트에서 노부모를 모시고 사는 자식 며느리라면, 분명히 효자 효부이다.

버려지거나 감금監禁된 노인들에게 고독과 무료에서 벗어남, 심리적 부양과 욕구 생성이 무슨 의미가 있겠는가?[14]

가난하지 않은 독노(범주 3)는 어떻게 살아갈까? 이들은 대부분 필요한 재화와 용역을 시장에서 사서 생활한다. 건강하면 생계에는 큰 어려움이 없다. 화폐물신주의가 지배하는 세상에서 돈을 가졌는데 생계 곤란을 겪을 리가 없다. 그러나 이웃과 친척공동체가 없고 일이 없다면 고독과 무료의 문제를 해결하기는 쉽지 않다. 돈만으로는 한계가 있다. 돈이 오히려 벽을 쌓는다. 이들은 예컨대 자식들과 별거別居하더라도 공동체에 속해 있고 자기 일이 있는 농촌의 노인들(박승희, 2000나: 1026)과는 다르다. 이웃이 없는 도시에서 홀로 사는 노인들은 생활비가 넉넉하다 하더라도 고독과 무료의 문제에 직면하기 쉽다.

특히 건강이 좋지 않은 노인들은 '실버타운'과 같은 유료양로시설有料養老施設에서 생활할 수도 있다. 이들은 기초 의료醫療와 수발까지도 받을 수 있으므로, 정신만 건강하다면 생계의 어려움을 겪을 가능성은 적다. 그렇다면 고독이나 무료의 문제를 잘 해소할 수 있을까? 특히 고급 '실버타운'에서는 놀이 시설이 잘 갖추어져 있고 놀이 계획計畵(프로그램)도 잘 공급되므로 노인들이 서로 의지하면서 외롭지 않고 무료하지 않게 생활할 수도 있다. 그러나 가족 안팎 공동체로부터 분리되어 있고 부양자와 피부양자의 관계가 물상화되어 있으므로 고독과 무료의 문제를 해소하는 데 분명한 한계가 있다. 이 문제는 연금으로 비용을 지급하고 시설에서 생활하는 노인의 경우와 같으므로 뒤에서 자세히 다루기로 하자.

---

13. 2004년 3월 16일 정신장애인과 치매노인들이 일부 종교단체에서 운영하는 외딴 '수련원'의 좁은 방에 감금되어 울부짖거나 넋을 놓고 있는 장면이 텔레비전에 보도되었다. 방의 창문에는 쇠창살이 쳐졌고, 철문鐵門에는 열쇠가 채워졌다.
14. 이런 노인들은 자식이 있어서 국가의 지원조차 받을 수가 없다. '자식이 원수다'.

그러나 이런 노인들이 시장마저 활용할 수 없을 정도로 건강이 나빠지면 문제가 심각해질 수 있다. 돈이 있어도 재화와 용역을 살 수가 없기 때문이다. 예컨대 홀로 사는 부자 노인이 치매에 걸렸다고 하자. 다른 사람의 도움이 없다면 '실버타운'에 들어갈 수도 없다. 흔히 사기꾼의 먹이가 된다. 돈 많은 남편과 사별하고 강남의 넓은 아파트에서 사는 할머니가 치매가 시작되자, 조카라고 찾아온 사람이 할머니의 도장을 훔쳐 재산을 홀랑 빼앗아갔다는 이야기를 들었다. 돈만으로 넘을 수 없는 고비가 명확하다. 따라서 독노는 돈이 많더라도 생계마저 보장받기가 쉽지 않다. 고독과 무료는 말해 무엇 하겠는가?

마지막으로 가난하지도 않고 부양가족도 있는 노인(범주 4)의 삶을 살펴보자.

건강하면서 가족들과 잘 어울려 산다면 아무런 문제가 없을 것이다. "고급 요리, 두부 오이 생강과 나물이고(大烹豆腐瓜薑菜), 귀한 모임, 영감 할멈 자식과 손자인데(高會夫妻兒女孫)"(김정희) 무엇이 문제이겠는가?

건강하지만 자식들과 떨어져서 살면 어떨까? 가족이 약해진 현실 속에서 많은 노인들이 이런 삶의 방식을 택한다. 이들은 돈 많은 독노(범주 3)와 크게 다르지 않다. 생계에는 문제가 없다. 그러나 고독과 무료의 문제는 있을 수 있다.

건강하지 못하여 자립 생활이 불가능한 노인들의 삶을 살펴보자. 이들은 우선 가족의 도움을 받으려 할 것이다. 가족이 부양할 의사와 노는 품(노동력)이 있으면 가족의 모심을 받을 것이다. 이것이 대가족을 이루고 사는 전통 사회에서는 자연스러웠다. 그러나 현대 자본주의 사회에서는 가족이 고립, 축소되었으므로 쉽지 않다. 예컨대 다들 출근하고 집에 남은 딸이 혼자서 수발을 들기는 힘에 부치게 마련이다. 그래서 도우미를 고용할 수밖에 없다.

가족이 노인과 함께 생활하면서 도우미를 고용하여 도움을 받기도 한다. 노인들의 생계 문제는 말할 것도 없고, 가족들과 접촉이 날마다 이루어지기 때문에 고독과 무료의 문제도 큰 어려움이 없이 해결될 수 있다. 그러나 이것도 한 가족이 계속 마음과 시간을 써야 하므로 쉽지 않다.

가족이 노인과 함께는 아니지만 가까이 살면서 도우미를 고용하여 보살피기도 한다. 예컨대 자식들이 중국 동포 60대 여성을 고용하여 노부모와 함께 살게 하고 가끔 들여다본다. 마음씨 고운 분을 만나면 노인의 생계에는 큰 문제가 없다. 고독과 무료도 어느 정도는 막을 수 있다. 물론 돌봄 노동력도 상품이므로 상품의 가치와 사용가치의 모순矛盾[15]을 완전히 떨쳐버릴 수는 없다. 예컨대 치매 노인을 방에 가두고 방치할 수도 있다. 가족이 노인을 수시로 살펴본다면 그럴 가능성은 줄어든다.

이런 부양도 자식들의 효심과 품 여유가 있어야만 할 수 있다. 그렇지 않으면 부양책임, 유산의 분배와 부양비용을 놓고 형제간에, 부부간에 감정의 상처를 내며 다투기도 한다. '장남이 죄인이다', '나는 억울하다', '아들은 뭐 하느냐', '딸들은 자식이 아니냐'와 같은 하소연과 원망怨望을 주고받는다. 소용돌이를 거쳐 유료 '간호의 집(nursing home)'을 선택한다. 예컨대 어떤 노인은 자식들과 사이가 틀어져서 '실버타운'에 들어가 도우미와 함께 산다. 유산을 받은 자식들이 '실버타운'의 보증금과 월 500여 만의 비용을 부담하고 가끔 들여다본다. 이런 노인은 생계를 위협당하지도 고독과 무료가 심각하지도 않다. 그러나 공경까지 받는 것은 아니다.

부모를 시설에 맡겼다는 외부 눈을 의식하는 자식들은 병원을 선택하기도 한다. 이것이 겉으로는 별문제가 없다. 그러나 심각한 인권침해人權侵害를 불러오기도 한다. 자식들의 무관심 속에서 이윤 논리로만 노인을 대할

---

15. 2장을 참조할 것.

수 있기 때문이다. 일본에서는 1990년을 전후하여 많은 자식이 부모들을 '위생적인' 병원에 입거入居시켰다. 이것은 부모의 제사차림이나 심지어 제사를 대행업체代行業體에 맡기는 것과 같다. 명분名分을 지키면서 물리적 부담負擔에서 벗어나고 위안慰安까지 얻는 묘수妙手이다. 그렇지만 많은 노인이 병자로서 '합리적인' 대우對偶를 받으며 고통스럽게 삶을 마감했다.[16] 친정어머니를 병원에 맡겼던 성악가 시무라 도시코 여사는 이렇게 증언證言했다.

> "거기(병원)서는 밤에 서성거리는 노인은 손발을 침상에 꽉 묶어 놓고 있었습니다. 어머니는 입원 1개월 만에 금방 의식이 몽롱한 채 누워만 있는 신세가 되었습니다. 나는 노래를 그만두고라도 어머니의 수발을 들 각오로 어머니를 퇴원시켰습니다. 그때 옆 침상의 노인이 전신의 힘을 다해 내 손을 잡고 '제발 나도 데리고 가줘요'라고 울면서 말했습니다. 집으로 돌아온 어머니는 1년 후에는 기저귀도 없어지고 서서 걸을 수 있게 되었습니다. 그렇지만 옆자리에 계시던 그 노인의 슬픈 목소리와 모습은 5년이 지난 지금도 떠나지 않습니다."(오쿠마 유키고, 1998: 38)

이 노인들은 인간이 아니라 물건이다. 이것이 흔한 사례는 아니지만, 사회가 노인 부양에 무관심하면 시장 논리에 따라서 발생할 수 있는 위협임에는 틀림이 없다. 자식이 노인을 병원에 모신 것이 아니라 버렸을 뿐이다. 국가가 노인의 부양에 소극적이면 부유한 노인마저도 비인간적 대우를

---

16. 이런 노인들 중에는 연금생활자들도 많을 것이다. 이들은 소득보장을 받는 사람들이므로 엄밀하게 말하자면 이 맥락의 사례로는 부적합하다. 그러나 돈으로 수발을 구매한다는 점에서는 유사하므로 논리의 전개에는 큰 무리가 없을 것이다.

받을 수 있다.

이제까지 살펴본 것처럼, 국가가 노인사회복지를 소극적으로 시행하는 경우, 가난하거나 가족이 없는 노인들은 말할 것도 없고, 가난하지 않고 가족도 있는 노인마저도 생계의 위협에 처할 수 있다. 그리고 가족이 있는 노인들의 고독과 무위, 심리적인 부양, 욕구 생성과 관련된 문제들마저도 제대로 해소되기를 기대할 수 없다. 따라서 소극적인 노인사회복지정책으로는 많은 노인들이 삶을 잘 마감하기(유소종有所終)가 어렵다.

3) 방관과 끼어듦 정책의 한계

자본주의 초기에는 국가가 주로 전통사회의 관례에 따라 노인 부양을 방관하거나, 자유주의자의 주장처럼 마지못해 끼어든다. 그동안 한국의 국가도 이와 같이 했다.

그러나 현실은 이미 자본주의전도, 초기도 아니다. 자본주의가 번성하여 가족은 고립, 축소, 해소의 길을 걸었고 부양 능력을 현저顯著하게 잃었다. 고독한 노인이 소수가 아니라 다수이다. 이것이 특수特殊가 아니라 보편普遍, 잠시暫時가 아니라 상시常時의 사태이다.

이런 변화를 알아차리지 못하고 늘 해오던 대로 시장원리를 신봉信奉하고 효孝를 당연시하면서 잔여殘餘의 복지만을 추구한다면 노인들이 삶을 위협받는다. 죽어가는 마당에 고독과 무료, 심리적 부양과 욕구의 생성 따위는 '호강에 초친' 투정일 뿐이다.

2300여 년 전에 맹자孟子와 양혜왕梁惠王이 이렇게 말했다.

"맹자가 '사람을 몽둥이와 칼로 죽이는 것이 차이가 있습니까?'

라고 묻자, 양혜왕이 '차이가 없습니다'라고 대답했다. 다시 맹자가 '칼과 정치로 죽이는 것이 차이가 있습니까?'라고 묻자 양혜왕이 '차이가 없습니다'라고 대답했다. 맹자가 '푸줏간에는 살찐 고기가, 마구간에는 살찐 말이 있는 데도, 백성에겐 주린 기색이, 들에는 굶어 죽은 시체가 있다면 이것은 짐승을 몰아서 사람을 먹게 한 것입니다'라고 말했다. (孟子對曰 殺人以挺與刃 有以異乎 曰 無以異也 以刃與政 有以異乎 曰 無以異也 曰 庖有肥肉 廐有肥馬 民有飢色 野有餓莩 此 率獸而食人也)"(『맹자孟子』: 양혜왕장구상梁惠王章句上 4)

"개와 돼지가 사람의 양식을 먹는 데도 단속할 줄을 모르며 길에 굶어 죽은 시체가 있는 데도 창고를 열 줄 모르고 사람이 죽으면 '내가 아니라 흉년 때문이다'라고 하니 이것은 사람을 찔러 죽이고서 '내가 아니라 병기가 죽였다'라고 말하는 것과 무엇이 다르겠습니까?(狗彘食人食而不知檢 塗有餓莩而不知發 人死 則曰 非我也 歲也 是何異於刺人而殺之曰 非我也 兵也)"(『맹자孟子』: 양혜왕장구상梁惠王章句上 3)

국가가 노인 부양에 힘쓰지 않아 노인을 죽인다. 이것이 몽둥이와 칼로 죽이는 것과 무엇이 다른가?

사회복지가 없는 효孝는 살인殺人이다.

2. 사회부양의 검토

국가의 수수방관과 소극적 대응으로는 노인의 삶이 보장되지 않는다. 그래서 사회민주주의자들은 '부양의 사회화'를 추구한다. 가족부양을 국가부양으로 대체하면 노인문제는 잘 해소될 수 있는가?

1) 사회부양의 특성

사회부양의 장단점을 논의하기에 앞서 부양의 사회화가 왜 이루어지고, 부양의 사회화는 기존의 가족에 어떤 영향을 미치며, 사회부양은 국가와 노인 사이에 어떤 관계를 바탕으로 이루어지는가를 살펴보자.

(1) 부양 사회화의 조건

가족이 굳건하게 살아 있었던 자본주의전資本主義前 사회에서는 노인이 가족의 일부였고, 가족을 매개媒介로 국가(사회)와 연계되었다.[17] 이것은 비단 노인만이 아니라, 모든 가족원에게 다 해당된다(그림 6-1). 노인의 어

---

17. 이것은 노인만이 아니라, 모든 가족원에게 다 해당된다.
18. 『경국대전經國大典』(법제처, 1981: 283)의 예전禮典 혜휼惠恤 조에는 "사족의 딸로서 30세에 가까워도 빈곤하여서 출가시키지 못하는 자에게는 예조에서 왕에게 계문啓聞(보고하여 명을 받음)하고 자재資財를 적당한 양만큼 지급支給한다(士族之女年近三十貧乏未嫁者本曹啓聞量給資財)"라는 항이 있다. 『목민심서牧民心書』(정약용, 1981가: 35) 애민육조愛民六條 진궁振窮 장에는 "나이가 많은 데도 결혼하지 못하는 사람은 관에서 마땅히 결혼하도록 도와야 한다(過歲不婚娶者 官宜成之)"라는 조항이 있다.

려움은 사회문제가 되기 전에 먼저 가족문제였다. 예컨대 노인이 병을 얻으면 치료와 수발은 가족이 감당해야 하는 일이었다. 물론 환과고독鰥寡孤獨이 늘 있었지만 예외적 가족 결함缺陷에서 생겼다. 그들의 문제를 해결하는 주요 방식은 그 결함의 해소나 보완이었다. 한국의 전통사회에서는 진궁振窮 정책의 일환一環으로 가족을 이루도록 돕거나[18] 친족이나 이웃이 가족의 역할을 대신하도록 권장하였다. 그러므로 부양의 사회화가 아니라 부양의 가족화가 추진되었다. 부양의 사회화는 쟁점이 될 수 없었다.

〈그림 6-1〉 전통사회의 노인 · 가족 · 국가의 관계

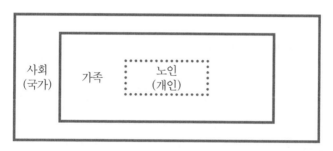

그런데 자본주의가 진행됨에 따라 가족이 약화 · 해소되면서 노인을 포함한 개인들이 더 이상의 가족의 일부가 되기 어렵게 되었다.[19] 특히 많은 노인이 가족으로부터 벗어났다. 이들은 국가(사회)와 직접 관계를 맺는다(그림 6-2). 자본주의전 사회에서 가족문제이기도 했던 노인의 개인문제가 가족이 아니라 곧바로 사회의 문제가 된다. 삶이 힘겨운 노인을 가족이 아니라 사회가 보살펴야 한다는 주장이 힘을 얻게 된다. 이제는 부양의 가족

---

19. 우리 사회에서 진행되었던 호주제戶主制 폐지론廢止論도 이러한 맥락에서 재조명해볼 필요가 있다.

〈그림 6-2〉 자본주의 사회의 노인·가족·국가의 관계

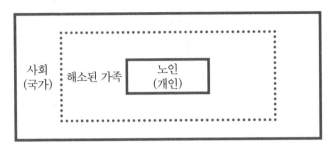

화가 아니라 부양의 사회화가 노인문제의 대응 방식으로 부각浮刻된다.

(2) 사회부양에서 국가와 노인 관계

가족의 노인 부양에서는 가족관계를 기반으로 부양이 이루어진다. 가족
관계는 상품관계와는 달리, 이해타산利害打算적이기보다는 정의情誼적이
며, 단편斷片적이기보다는 총체總體적이고, 단기短期적이기보다는 장기長期
적이다. 사회부양의 기반인 사회(국가)와 노인의 관계는 어떤가?

사회부양에서 국가와 노인의 관계는 상품관계처럼 이해타산적이지는 않
다. 사회부양이 탈상품화의 길을 따르기 때문이다. 그러나 정의적이지도
않다. 이것은 권리와 의무를 따지는 냉정한 관계이다. 권리와 의무를 따질
때는 냉정한 '객관客觀' 규칙이 지배한다. 예컨대 부양의 내용과 시간, 음식

---

20. 수치는 많은 속성들을 상상想像으로 잘라낸 것이다. 그래서 잘라낸(抽) 형상形象
(image), 곧 추상抽象이다. 사과 두 개가 있다고 하자. 자세히 따져보면 모양도 색깔
도 크기도 무게도 맛도 냄새도 감촉도 다르다. 그러나 이런 속성들을 무시하고 사과
라는 점으로 단순화시켜 각각 1로 처리하여 둘이라 불린다. 이것은 모든 속성을 갖
춘 실체, 구체具體가 아니라 추상이다.

물의 내용과 양, 공간의 면적, 공간의 온도 따위가 세세하게 정해져야 한다. 부양이 객관적으로 규정되어야 하고 그리 하려면 측정되어야 한다. 측정은 수치로 단순화, 곧 추상화[20]하는 작업이다. 그러므로 사회부양에서는 측정하기 어려운 심리적 부양은 무시하게 마련이다. 아낌과 존중을 잴 수 있는가? 잴 수 없으니 관심을 갖지 않는다. 이것은 연구자를 평가하면서 논문의 개수만을 세고 측정할 수 없는 논문의 질은 따져보지도 않는 것과 같다.

국가와 노인의 관계는 상품관계와는 달리 단편적이지 않다. 물건을 사고 팔 때는 그 물건만을 거래하는 관계이나 국가가 여러 차원으로 관계를 맺는다. 예컨대 국가는 연금을 주면서 수발과 의료를 제공하기도 한다. 국가와 노인의 관계는 가족관계와 마찬가지로 총체적이다. 그러나 가족관계와는 다르다. 가족부양에서 일정한 가족원이 노인에게 모든 것을 제공한다. 그러나 국가는 각각 다른 도움을 분업의 원리를 따라 다른 방식으로 준다. 연금을 주는 곳과 수발을 주는 곳이 각각 다르다. 사회부양의 시행 현장에서는 인간관계가 단편적이다. 노인은 가족과는 달리 국가를 통째로가 아니라 조각들로 만나므로, 구체具體(갖추어진 실체)가 아니라 추상으로 이해한다.

국가와 노인의 관계는 단기적이지도 않다. 상품의 거래가 끝나면 상품관계는 종결되지만 사회부양이 제공되었다고 하더라도 그 관계는 끝나지 않는다. 노인이 병원에서 국가의 지원으로 치료를 받고 병이 다 나았다고 하더라도 국가와 노인의 관계가 청산淸算되지 않는다. 이 점에서는 사회관계가 가족관계와 마찬가지로 장기적이다. 그러나 사회부양에서는 실질 부양자와 노인의 관계는 단기적이다. 예컨대 집에서 파견派遣 수발을 받는 노인과 수발을 들어주는 사람의 관계는 일정 시간의 수발이 이루어지면, 일단 종료終了된다. 사회부양에서 노인이 국가를 직접이 아니라 시시각각 변화하는 사람을 매개로 만난다. 이 점에서도 국가를 가족과는 달리 가까이 있는 구체가 아니라 멀리 있는 추상으로 이해한다.

사회부양의 인간관계가 가족관계와는 다르므로 사회의 부양 역량과 방식도 가족과는 다를 수밖에 없다. 따라서 국가가 가족 부양을 온전하게 대체할 수는 없다.[21] 국가부양의 국가와 노인 관계가 냉정하고 단편적이며 단기적이므로 사회 심리적 부양을 감당하기가 쉽지 않다. 국가는 생계生計에 필요한 재화와 용역을 제공하는 것만 잘할 수 있다. 예컨대 국가가 대형 시설에 노인을 수용하여 보살핀다면 생계 문제를 가족보다 더 효율적으로 해결할 수 있다. 그러나 노인에게는 밥만이 아니라 사랑과 존경도 필요한데, 국가가 이것까지 잘 해내기는 쉽지 않다.

이런 국가와 노인의 관계가 노인에게는 어떻게 작용하는가? 노인에게는 국가의 책임과 자기의 권리만이 생각의 화면으로 떠오르고 국가의 권리와 자기의 책임은 시야에서 사리진다. 노인이 가족에 속해 있을 때에는 가족으로부터 부양을 받으면서도 가족에게 크고 작은 기여를 할 수 있다. 노인은 손자를 돌볼 수도 있고 집안 청소도 할 수 있다. 심지어 죽으면서도 자식들에게 사랑의 마음을 전할 수 있다. 가족 속에서는 단지 부양만을 받는 수동적인 존재가 아니라 가족의 과제를 수행함으로써 삶의 보람과 품위를 유지해 나간다. 그러나 가족과는 달리 노인에게 국가는 너무 크고 먼 추상이다. 노인은 국가로부터 재화나 용역을 받을 수 있지만 국가에 기여할 바는 막연

---

21. 그러나 부양의 사회론자들은 가족부양(가족복지)과 사회부양(사회복지)이 배타적排他的 관계에 있고, 상호 대체가 가능하다고 전제한다. 이에 따르면, 필요한 부양의 총량總量이 일정하다면, 사회 부양이 늘면 가족부양이 그만큼 줄고, 가족부양이 늘면 사회부양이 그만큼 준다. 부양의 사회화가 전혀 이루어지지 않은 상태의 사회부양 지수指數(=사회부양의 양/부양의 총량)는 0이고, 부양의 사회화가 완벽하게 된 상태는 1이다.

漠然하다. 사회부양에서는 노인이 복지를 제공받는 수동적受動的인 존재가 된다. 노인이 복지를 해주는 국가에게 어떠한 적극적積極的인 보답이나 책임을 요구받지 않고 부담감이나 책임감을 느끼지도 않는다. 노인이 해방되었다. 그러나 노인도 과제를 부여받고 그 과제를 수행하는 과정에서 아름다운 생활세계를 구성해 나간다는 점에서 보면 많은 문제를 떠안게 된다.

2) 소득보장

사회부양의 방식에는 소득보장(현금제공)과 수발제공(현물제공[22])이 있다. 먼저 소득보장으로 노인문제를 어느 정도나 해결할 수 있는가를 살펴보자. 여기서는 국가가 수발을 해주지 않는다고 가정한다.

(1) 노인의 생계문제

노인이 기본필요를 충족할 수 있는 정도의 소득을 보장받으면 생계 위협에서 벗어날 수 있는가?

많은 노인이 생계의 물리적 위기에서는 벗어난다. 그러나 모든 노인이 그럴 수 있는 것은 아니다. 화폐 제공으로만 노인의 기본필요를 충족하려면 노인이 시장을 활용할 능력을 갖추고 있어야 한다. 그 능력은 주로 노인의 건강에 달려 있다. 예컨대 미국의 운전면허시험장에서는 노인이 시력검사視力檢查를 받고 면허가 취소되면 흔히 눈물을 흘린다. 땅이 넓어서 자가용으로 시장을 보지 못하면, 자립 능력을 잃기 때문이다.[23] 그러나 노인이

---

22. 사회보장에서 제공하는 현물에는 물품과 품(인적 서비스)이 있다.(박승희, 2012: 1장)

스스로 장을 보지 못하더라도 다른 사람의 품을 사서 살아갈 수는 있다. 흔히 일종의 하숙집인 '자립의 집(independent living center)'에 들어간다.[24] 정신만 건강하면 시설에 들어가서 생계에 필요한 품과 물품을 살 수 있으므로 생계를 위협당하지 않는다.

이마저 할 수 없는 노인은 어떻게 할 것인가? 만약 의식이 흐려지면 돈이 무슨 쓸 데가 있겠는가? 만약 국가가 돈만 주고 어떠한 개입도 하지 않는다면 이들은 죽음을 면치 못한다. 그래서 자립의 집에서도 살 수 없을 정도로 건강이 악화된 미국의 노인들은 주로 '도움의 집(Assisted Living center)'이나 '간호의 집(Nursing Home)'에서 생활하게 되고, 수발 과정을 국가가 감독한다.[25] 아무튼 소득보장만으로는 노인의 생계가 보장될 수 없다.

(2) 고독

소득보장으로 노인의 고독 문제를 어느 정도나 해결할 수 있는가?

노인이 가족과 함께 산다면 고독할 수 없다.

가족과 따로 사는 부부나 홀 늙은이(독노)에게만 고독이 문제가 된다. 독노는 보장된 소득으로 자기 집이나 시설施設에서 생활한다.

---

23. 이런 점에서만 본다면 자동차가 없이도 시장을 볼 수 있을 정도로 비좁은 땅에 사는 것이 축복일 수 있다.
24. 이것은 내가 2001년 미국에서 안식년을 보내면서 직접 보고 들은 것이다. 자립의 집에 대한 자세한 내용은 다음에 나오는 사례를 참조하기 바란다.
25. 나는 2001년에 미국의 캔사스 시(Kansas City)에 있는, 약 100여 명을 수용한 간호의 집을 방문하여 시설을 견학하며 이 시설에 대해 자세한 소개를 받고 미국의 노인 시설 전반에 관하여 많은 것을 배웠다. 이 시설은 한국 교포인 황성호가 운영하고 있었는데 그와 그의 부인, 직원들은 나를 친절하게 도와주고 가르쳐주었다. 위의 내용은 그때 들은 것이다. "황성호 선배님과 형수님, 직원 선생님들께, 진심으로 감사드립니다."

자기 집에서 생활하는 독노는 어떻게 고독을 해소할 수 있는가? 이웃 공동체가 살아 있는 곳에서는 이웃과 교류할 수 있다. 이웃 공동체가 약한 곳에서는 어떻게 할까? 건강한 노인은 국가에서 받은 돈으로 필요한 재화와 용역을 사는 과정에서 사람들을 만날 수도 있다. 그러나 이런 만남이 고독의 문제를 완전하게 해소해 줄 수 있을까? 시장의 인간관계는 물상화[26]되어 있으므로, 노인이 금전金錢 관계에 포위당해 있다. 정情을 교류하면서 삶을 누리기는 어렵다. 밥을 먹을 수 있지만 사랑과 공경恭敬까지 받을 수는 없다. 고립의 문제는 여기서 멈추지 않는다. 고립은 노인들에게 치명致命적이다. 아파트 단지의 '군중 속에서' 살던 노인이 '고독하게' 죽은 지 여러 날이 지나서 발견되기도 한다. 소득의 넉넉한 보장만으로는 자기 집에서 거주하는 독노가 고독을 해소하기에는 많은 어려움이 있다.

보장받은 소득으로 시설에서 생활하는 노인은 고독을 잘 해소할 수 있는가? 시설에서 중요한 인간관계 중에서 하나는 피부양노인被扶養老人과 수발인의 관계이고 다른 하나는 피부양노인들 사이의 관계이다.

피부양노인과 수발인의 관계부터 살펴보자. 노인은 국가로부터 소득을 보장받으며 국가와는 권리 의무의 관계를 맺는다. 그러나 국가는 소득을 보장하면 일단 수발은 관여하지 않는다. 노인은 수발시설과 상품관계를 맺고 시설에 고용된 수발인의 도움을 받는다. 노인은 소비자이고 수발인은 업체에 고용된 노동자이다. 노인과 수발인은 백화점에서 물건을 사고파는 사람들과 다르지 않다. 이 관계는 가족관계와는 달리 이해타산적이고 단편적이며 단기적이다. 시설의 피부양자와 수발인의 관계는 헤어졌다가도 다시 만날 것을 기대하는 모녀 관계와 같은 가족관계와는 달리 한번 헤어지면 청산된다. 물론 모든 사물이 다 그렇듯이 인간관계도 영원히 지속되지

---

26. 이에 대해서는 2장을 참조하기 바란다.

않는다. 만나면 언젠가 반드시 헤어진다(회자정리會者定離). 가족관계도 마찬가지다. 그러나 헤어질 때 다시 만날 것을 기약하는가, 그렇지 않는가는 많이 다르다. 시설의 부양관계가 소멸消滅될 때 노인이 가슴에 사무치는 눈물을 흘릴까? 죽으면서 수발인의 손을 잡고는 자식을 그리워하지는 않을까? 사랑이 깊을수록 이별이 아쉽다. 소득이 보장된 노인이 시설에서만 외로움 문제를 해소하기에는 뚜렷한 한계가 있다.

시설의 노인은 동료들과도 관계를 맺는다. 시설에서는 노인들이 서로 만나야만 한다. 싫어도 만나야 함(원증회고怨憎會苦)이 문제일 수 있지만 전혀 만나지 않는 것보다는 낫다. 그러나 만남은 단기적이고 단편적斷片的이다. 오랫동안 쌓인 여러 가지 사연事緣을 담고 있지도 공동체 속에서 얽히고설켜 있지도 않다. 이 만남에서는 노인이 깊은 감사感謝의 마음을 갖기가 어렵다. 외로움을 훌훌 털어낼 수는 없다.

이런 노인은 부모와 조부모, 이웃 어른으로서 역할을 상실한다. 주변에 헌신하면서 존경을 받기가 어렵다.[27] 이 점에서도 시설의 노인들이 고독문제를 완전하게 해소하기에는 어려움이 있다.

보장된 소득으로 시설에서 생활하는 노인에게 고독의 문제가 적지 않다는 것은 다음의 실제 사례를 보면 잘 이해할 수 있다. 나는 2001년 미국 중부의 한 '자립의 집(Independent Living, Drury Place)'에서 생활하는 85세의 할아버지를 그 아들, 그리고 안내인[28]과 함께 찾아가 뵈었다. 거동이 불편한 할아버지는 매달 1300달러의 연금을 받아서 숙식비 1200달러와 기타

---

27 이것은 아동이나 젊은이도 노인으로부터 사랑과 존경을 받을 수 없고, 노인을 사랑하고 존경할 수도 없다는 것을 의미한다. 그래서 노인의 문제가 노인만이 아니라 아동과 젊은이의 문제이기도 하다.
28 안내인은 당시 캔자스 대학의 박사과정에서 사회복지를 공부하던 김경미 교수이다. 나는 김경미 교수의 주선으로 이 노인을 방문訪問하였다. 김경미 교수께 다시 한 번 진정 어린 감사의 뜻을 전한다.

전화비, 전기비 등 100달러를 지불한다. 할아버지는 이곳에서 먼 다른 지역에서 할머니와 살다가 할머니가 별세하자 이곳으로 옮겼다. 아들과 딸 하나씩을 두었다. 딸은 멀리 살고 아들이 이곳 로렌스에 산다. 할아버지가 이 시설을 택한 것은 무엇보다도 아들이 가까이 살기 때문이었다. 시설의 정문에 들어서니 넓은 커다란 이층집 네 채가 보인다. 주차장도 넉넉하다. 각 노인들은 개인적으로 사용하는 거실과 부엌, 욕실, 침실이 움직이는 거리가 최소가 되도록 일직선一直線으로 연결되어 있고, 각 개인 공간들의 거실은 모두 식당이자 사랑방인 공동의 커다란 공간과 맞닿아 있다. 그 공간 오른 쪽에는 탁자가 놓여 있고, 왼 쪽에는 취사실이 있다. 이 사랑방의 한 구석에는 차가, 서랍에는 휴지도 가지런히 갖추어져 있다. 쓴 잔은 씻지 않고 제자리에 돌려놓으면 된다. 모든 것이 편리하고 깨끗하게 정리되어 있다. 시설 면에서는 나무랄 데가 없다. 우리 일행이 할아버지를 찾아갔을 때 그는 자기 조그만 거실에서 졸고 있었다. 우리를 보자 매우 반겼다. 얼굴빛이 매우 밝아졌다. 탁자 위에는 아들 며느리 손자의 사진과 목걸이, 비상 단추가 놓여 있다. 할아버지는 몸은 조금 뚱뚱하여 거동擧動이 불편하지만, 건강해 보이고, 기억력이 떨어져서 그런지 같은 말을 반복한다. 우리가 할아버지 개인 거실에서 사랑방으로 나오자 할아버지는 동료 할머니에게 농담을 건다. 한 쪽에서는 노인들이 바나나 따먹기 포커 놀이를 하면서 시간을 죽이고 있다. 부엌에서는 30대 여성이 저녁을 준비하느라 분주하다. 여성은 웃는 낯을 보인다. 그러나 조금은 사무적인 웃음이라는 느낌도 든다. 아들은 한 달에 한 번 정도 방문하고 일 년에 한두 번은 아들이 집에 데리고 가서 식사를 같이 한다. 할아버지가 아들의 방문과 아들 집에 가는 것을 고대한다는 것을 그 이야기 속에서 읽을 수 있다. 할아버지는 동료 노인들과 도와주는 사람들이 매우 친절하여 좋다고 반복해서 이야기한다. 아들이 가까이 살아서 좋다는 이야기도 여러 번 한다. 할아버지는 내가 거기 머무는 한 시간 동안 한 번 잡은 내 손을 놓지 않고 '나는 행복하다'는 말을 셀 수도 없이 한다. 이 할아버지의 최저생계는 보장되고도 남는다. 친구들과 대화도 나눌 수 있고 카드 놀이도 할 수 있으니 외롭지 않은 것 같다. 그러나 피부색도 다르고 말도 서툰 처음 본 젊은이의 손을 잡고 내내 놓지 않으려 하고, '나는 행복하다'는 것을 연발連發하며 자신의 행복을 강하게 긍정하는 것은 무엇을 뜻하는 것일까? 나는 발전된 나라, 미국의 편리한 시설 한 가운데에서, 저 태평양 건너 영산강가의 허름한 시골집의 증조할머니를 추억했다. 증조할머니는 나의 부모 형제들과 함께 살았다. 증조할머니는 밤마다 내가 차버린 이불을 덮어 주었고, 다른 식구들과 달리 보리가 섞이지 않은 쌀밥을 들었다. 사랑을 주고 존경도 받았지만 행복하다는 말을 한 번도 하지 않았다.

(3) 무료

소득을 보장받고 가족과 더불어 사는 노인은 무료하지 않다.

가족들과 분리되어 자기 집에서 사는 노인은 어떠한가?

자기 집에서 생활하는 건강한 노인들은 시장에서 물건을 구입한다. 이것이 무료를 해소해주고 욕구도 생성해준다. 그러나 시장의 물상화된 인간관계에서는 공동체적인 인간관계에서와는 달리 가족이나 이웃에게 베푸는 일을 찾기 어려우므로 노인이 무료를 해소하는 데 한계가 있다.

국가에서 지급한 소득으로 시설에서 생활하는 노인은 무료를 잘 해소할 수 있는가? 시설의 노인들에게도 적절한 역할과 과제를 부여해주는 인간관계가 무료함을 해소하는 데 중요하다. 노인과 수발인의 관계는 이런 문제를 잘 해소시켜줄 수 있는가? 수발인은 노인에게 놀이의 기회를 제공하고, 노인과 대화도 나눈다. 무료함이 많이 해소된다. 그런데 이 관계에서는 노인이 책임은 지지 않고 권리만 갖는다. 수발의 소비자일 뿐이므로 상대를 배려한 일을 하려 들지 않는다. 예컨대 가족 내에서는 노인이 손자를 돌보는 일을 할 수 있지만 시설의 노인은 이런 일을 하려고 하지도 않고 할 수도 없다. 수발인도 어머니를 보살피는 딸과는 달리 소비자인 왕에게 신하로서 함부로 어떤 일을 부탁할 수 없다. 노인이 노동으로부터는 해방되었으나 무료의 질곡桎梏을 찬다. 뿐만 아니라 이런 인간관계에서는 소유목표의 축소가 이루어지기 어려우므로 노인이 만족하기는 어렵고 불만을 갖기는 쉽다. 그리고 적절한 욕구가 생기지 않는다. 예컨대 딸과 함께 사는 노인은 딸을 도우려는 욕구도, 돕기를 마치고 쉬려는 욕구도 갖는다. 그러나 시설에 사는 노인이 이와 같은 욕구들을 가질 수 있겠는가? 시설의 수발인과 노인의 인간관계에서는 물리적인 부양, 그리고 소유의 확대를 통한 필요와 욕구의 충족이 용이容易하지만 사회적이고 심리적인 부양, 소유목표의 축소를 통한 욕구의 충족, 적절한 욕구의 생성은 어려우므로 무료를 벗어나기는 어렵다.

시설에서 노인들은 동료 노인들과 교류하면서 무료함을 해소할 수 있다. 노인은 동료들과 대화도 나누고 심심풀이 놀이도 할 수 있다. 이것은 노인에게 매우 소중한 자원이자 기회이다. 그러나 단기적이고 일회적인 동료관계에서 노인이 남의 부모와 조부모로서 혹은 어른으로서 숭고한 자기 역할을 맡고 아랫사람을 사랑하고 그래서 존경도 받을 수 있겠는가? 어른의 역할과 과제를 상실한 노인들이 나누는 대화와 함께 하는 놀이로는 시간을 죽일 수 있을 뿐, 심연深淵의 무료함을 해소하지는 못한다. 예컨대 나의 증조할머니는 돌아가시기 직전까지 철부지 증손자들이 장난감을 만들면서 쓰고는 아무데나 버려놓은 낫과 망치, 톱과 같은 연장들을 챙겼다. 그래서 우리는 그런 연장을 다시 쓰려고 찾다가 찾지 못하면 증조할머니께 묻곤 했다. 나의 증조할머니와 비교하면 시설에서 동료들과 바나나 내기로 소일하는 노인들은 많이 무료하다.

이제 소득보장의 논의를 마쳤으니 잠시 이야기를 갈무리해두자. 소득보장은 건강한 노인의 기본필요를 편리하고 효율적效率的으로 충족시켜준다. 특히 자기 집에서 생활하는 노인들에게는 자기의 생계 자원들을 스스로 선택할 수 있는 자유를 보장해주므로 고독과 무료를 많이 해소해준다. 시설의 노인들에게는 다른 사람들과 대화와 놀이를 할 수 있는 장소와 기회를 마련해준다. 그러나 이 부양 방식은 시장을 활용할 수 없는 노인들의 기본필요까지 충족시켜주지는 못한다. 뿐만 아니라 상품 시장의 논리를 따르고 있는 한 노인의 고독과 무료까지 잘 해소해주지는 못한다. 소득보장으로는 물리적 부양은 어느 정도 할 수 있으나 사랑과 공경까지 제공하기는 어렵다.

3) 수발보장

건강치 못한 노인이 아무리 많은 연금을 받는다 하더라도 누군가의 도움을 받지 않고서는 생계수단을 구입하지 못한다. 국가가 소득보장만으로는 시장을 활용할 수 없는 노인의 생계까지는 보장할 수 없다. 모든 노인의 생계를 보장하려면 수발을 비롯한 현물도 지급하여야만 한다. 현물 급여는 취약해진 노인의 현금 사용 능력을 보완해줄 뿐만 아니라 효율적이기도 하다. 의료는 사람의 사정에 따라서 목돈이 들어가기도 하므로 국가가 의료비를 미리 예측해서 주기보다는 무료로 치료해주는 것이 좋다. 그리고 노인들이 개별적으로 수발비와 생필품을 구입하여 살게 하기보다는 시설에서 많은 노인을 한꺼번에 보살피는 것이 '규모(規模)의 경제' 원리를 활용할 수 있다.(박승희, 2012: 1장)

현물급여 중에서도 병든 노인들의 일상에서 항상 필요한 것이 수발이므로 수발을 중심으로 사회부양의 이로움과 한계를 살펴보고자 한다. 여기서는 모든 노인이 넉넉한 소득을 보장받고 있다고 가정하자.

(1) 수발 전달과정의 인간관계 특성

수발의 전달과정에서 받는 이와 주는 이의 관계가 노인의 삶에 중요한 영향을 미친다. 수발보장이 노인의 문제를 얼마나 잘 해소할 수 있는가를 알아보려면, 이 관계의 특성을 먼저 따져보아야 한다.

이것은 국가가 수발을 제공하는 방식에 따라 차이가 날 수 있다. 대개 수발은 국가가 직접 혹은 간접으로 제공한다. 직접 제공에서는 국가가 수발기관을 직영直營하고, 간접 제공에서는 수발을 민간단체나 개인에게 위탁委託한다(탁영託營). 직영에서는 국가가, 탁영에서는 민간 기관이 수발노동자[29]를 고용하여 노인을 돌본다.

국가 직영 시설에서 노인과 수발인이 어떤 관계를 맺는가를 살펴보자(그림 6-3). 노인과 수발인은 수발만 주고받을 뿐, 일반 상품 소비자와 판매자처럼 돈을 주고받지는 않는다. 이 양자의 관계는 외형으로만 보면 상품관계와는 다르다. 그러나 이것은 겉모양(現像)일 뿐, 이 실체實體(본질本質)는 국가를 매개한 삼자 관계(노인—국가—수발인)이다(그림 6-3). 따라서 이 관계의 본질 속성을 이해하려면 노인과 국가, 수발인과 국가의 관계를 나누어서 따져보아야 한다.

국가와 노인의 관계를 먼저 살펴보자. 이것은 권리와 의무의 관계이다. 앞에서 지적한 바와 같이 상품관계처럼 이해타산적이지도, 가족관계처럼

---

29. 수발인은 노동력을 상품으로 팔므로 노동자이다. 자원봉사자는 도우미일 뿐 노동자는 아니다.

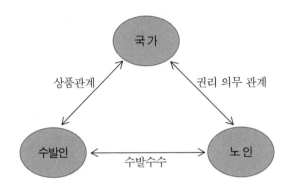

〈그림 6-3〉 직영 수발의 국가 · 수발인 · 노인의 관계

정의적이지도 않다. 국가와 노인의 관계 자체는 복합적이고 장기적이지만, 수발의 관계로만 보면 가족 관계와는 달리 단편적이고 단기적이다.

이 관계가 노인과 수발인의 관계의 성격을 결정하는 중요한 요소이다. 피부양노인의 입장에서 보면 수발인은 국가의 대리인代理人일 뿐이다. 이것은 마치 자동차 사고가 났을 때 운전자에게는 보험사保險社의 직원이 보험사의 대리인인 것과 같다. 노인은 국가로부터 수발을 받을 권리를 갖고 있으므로 국가에 고용된 수발인의 수발을 받는다. 따라서 노인과 수발인은 권리와 의무를 따지면서 단편적이고 일시적인 관계를 맺는다.

다음으로 수발인과 국가의 관계를 보자. 국가는 노동력의 구매자이고, 수발인은 판매자이다. 둘은 노동력을 사고\파는 상품관계를 맺는다. 국가는 수발인에게 품값을 지불하고, 수발인은 국가의 요구에 따라 수발 노동을 한다.

이 관계가 노인과 수발인의 관계에 어떻게 작용하는가? 수발인에게 노인은 국가의 고객일 뿐이다. 이것은 대형판매회사의 노동자에게 구매자가 회사의 고객인 것과 같다. 그런데 국가는 더 많은 돈을 벌고자 하는 자본과는 달리 공적인 일을 수행한다. 경쟁하는 자본이 아니라 절대적인 독점 조직이다. 노인의 필요나 욕구를 민첩敏捷하게 해결할 의지가 부족할 수도 있다. 이 수발인은 자본에 고용된 일반 노동자와는 다르다. 안일할 수는 있을지언정 자본의 돈벌이 목적에 따라 노인을 사물로 대하도록 내몰리지는 않는다. 그리고 감언이설甘言利說과 '극진한 친절'로 '만병통치萬病通治'의 약을 팔려는 사람처럼 결코 노인의 욕구를 조작할 것을 요구받지도 않는다. 그러나 국가와 상품관계를 맺고 있으므로 가치와 사용가치의 모순에서 벗어날 수는 없다. 수발인은 노동력을 판매하는 사람으로서 돈을 받으려고 노인을 돌본다. 돈이 목적이고 돌봄은 수단이다.

노인과 수발인의 관계는 국가를 매개로, 권리 의무의 관계와 상품관계로 이루어진다. 이것은 상품관계를 포함하고 있다. 권리와 의무의 관계도 공동체적인 관계와는 달리, 냉정하고, 단편적이며 일시적이다. 따라서 물상화된 인간관계의 틀을 벗어나지는 않는다.

국가가 수발을 위탁하는 경우 수발노동자와 피부양노인의 관계는 어떠한가? 위탁 기관은 비영리非營利 단체이거나 영리업체이다. 이 두 가지를 나누어서 살펴보기로 하자.

비영리기관에 위탁한 경우부터 살펴보자. 여기서 노인과 수발인은 수발을 주고받는 직접 관계만이 아니라 국가와 비영리 단체를 매개로 간접 관계(노인—국가—비영리기관—수발인)를 맺는다(그림 6-4). 간접 관계가 직접 관계를 규정한다.

국가와 노인은 권리와 의무의 관계이다. 노인에게 수발인은 국가의 대리인代理人이다. 따라서 노인과 수발인은 권리와 의무를 따지면서, 단편적이고 일시적인 관계를 맺게 된다.

국가와 수발기관은 상품관계이다. 국가는 돈을 지급하고 기관은 노인에게 수발을 제공한다. 국가는 기관이 계약에 따라 수발을 들고 있는지를 감독하고, 기관은 감독을 받는다. 수발인은 기관을 매개로 국가의 영향을 받

〈그림 6-4〉 탁영 수발의 국가 · 수발기간 · 수발인 · 노인의 관계

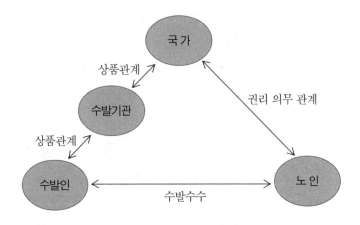

는다.

수발기관과 수발인도 상품관계이다. 수발인은 고용해준 기관의 요구를 받아들여 수발을 수행한다. 그러므로 국가로부터는 간접으로, 기관으로부터는 직접으로 영향을 받는다. 예컨대 기관을 종교 단체가 운영한다면 국가의 정책에 따라 노인들에게 개종을 강요할 수 없지만, 종교에서 강조하는 봉사정신에 따라 수발을 들 수도 있다. 그런데 수발기관이 영리를 추구하지 않으므로 수발인은 국가에 직접 고용된 사람처럼 기관의 돈벌이 목적에 따라 내몰리지는 않는다.[30] 그러나 노동력을 판매하는 한 가치와 사용가치의 모순[31]에서는 완전히 벗어날 수는 없다.

비영리 탁영기관의 노인과 수발인은 국가를 매개로, 권리 의무 관계와 두 개의 상품관계로 연결된다. 이들도 권리 의무 관계, 상품관계로 이루어진 직영의 경우와 마찬가지로 물상화된 인간관계의 틀을 벗어나지 않는다.

---

30. 물론 전두환 정권 아래서 부랑자들을 강제로 수용하여 수백 명을 죽인 '형제복지원'의 사건처럼 국가가 인권유린을 방조하는 경우도 있다.
31. 이 책의 2장에서 설명하였다.

이제 영리기관에 위탁한 경우를 살펴보자. 여기서도 노인과 수발인은 수발을 주고받는 직접 관계만이 아니라, 국가와 영리 단체를 매개로 간접 관계(노인—국가—영리기관—수발인)를 맺는다(그림 6-4).

국가와 노인은 권리와 의무의 관계이다. 국가와 수발기관은 상품관계이다.

수발기관과 수발인도 상품관계이다. 그런데 수발기관은 자본이다. 국가의 수주를 받는 건설회사와 다르지 않다. 수발인은 회사가 국가와 맺은 계약에 따라서 기관의 지시를 받아 '회사의 소비자'인 노인에게 수발을 제공한다. 그는 돈벌이가 목적인 자본에 고용되어 있으므로 이윤추구의 논리를 따를 수밖에 없다. 공공성公共性을 표방標榜하는 국가 정책으로부터 간접적인 영향을 받지만 업체의 영리 원칙을 거부하지는 못한다. 따라서 이윤추구의 논리에 내몰려서 노인을 사물事物로 대할 가능성이 적지 않다. 물론이 영리업체는 국가의 감독을 받을 수밖에 없으므로 그 가능성은 노인들이 개인적으로 수발을 사는 경우에 비교하면 작을 것이다.

영리 탁영기관의 노인과 수발인의 관계는 국가를 매개로, 권리 의무 관계와 두 개의 상품관계로 이루어진다. 수발인과 피부양자의 인간관계는 상품관계와 크게 다르지 않다.

이상에서 살펴본 것처럼 사회 수발에서는 수발인과 노인의 관계가 국가의 직영이든 탁영이든 국가와 개인의 권리 의무 관계와 수발인과 시설 및 국가의 상품관계로 구성된다. 이것은 기관과 수발인이 공익을 추구하는 국가의 감독을 받을 수밖에 없으므로 일반적 상품관계와는 조금은 다르다. 그러나 상품관계를 벗어나지 못하며 국가와 노인의 관계도 수발현장에서는 단편적이고 단기적이다. 그러므로 수발인과 노인은 백화점의 소비자와 점원처럼 관계를 맺는다. 이 인간관계는 가족과 이웃관계와는 달리 이해타산적이고 단편적이며 일시적이다.

(2) 사회수발의 노인문제 해결 가능성

사회수발이 노인의 문제들을 얼마나 해소해주는가?

먼저 물질적 생계 위기부터 살펴보자. 수발을 비롯한 현물 부양은 노인들의 생계의 물리적 위기를 막는 데 매우 효과적이다. 국가가 간접으로든 직접으로든 집에서든 시설에서든 노인들에게 소득과 함께 수발과 의료를 충분히 공급한다면 노인들이 주리거나 춥거나 치료를 받지 못하지는 않을 것이다. 국가는 사회 수발로서 노인을 물질적 부양을 할 수 있다.

물론 사회수발도 노인의 물리적 최저 생계를 보장하는 데 적잖은 한계를 지닌다. 수발인과 노인이 상품관계를 맺고 있으므로 가치와 사용가치의 모순이 쉽게 사라지지 않기 때문이다. 상품 사회에서 늘 불량식품처럼 불량 수발이 있게 마련이다. 심지어 시설의 관리 감독이 잘 되고 있는 스웨덴에서도 수발인의 노인 인권 침해가 문제가 되기도 한다. 그러나 이 문제는 국가가 규제하여 많이 해소할 수 있다. 국가가 수발인과 시설에 돈을 주고 수발을 맡기는 한, 감사監査를 하지 않을 수 없다. 예컨대 미국의 캔사스 시에서는 국가가 간호의 집에 한 노인의 하루 수발비로 약 100달러를 지불하고 일 년에 한 번 일 주일 동안 철저하게 시설 운영을 감사한다.[32] 따라서 사회의 현물 급여 제도를 제대로만 운영한다면 노인들의 생계가 보장될 수 있다.

그런데 한국에서는 시설 감독이 잘 이루어지지 않고 있다. 이것은 국가가 감독하기 어려운 수발의 전달체제를 운영하고 있기 때문이다. 예컨대 스웨덴에서 노인이 지역의 수발 전담 부서에 수발을 신청하면 그 부서가

---

32. 이것을 나는 2001년에 미국 캔사스 시(Kansas City)의 간호의 집을 방문하여 황성호 원장으로부터 자세히 들었다.

나서서 시설을 골라주고 시설과 수발 계약을 맺는다. 국가가 수발의 주체로서 시설의 개인별 수발과정을 점검한다.(박승희, 2012: 6장) 그러나 한국에서는 시설에 수발비용을 지급하고 시설이 알아서 노인에게 수발을 들게 하거나 노인에게 수발 자격(등급)만을 부여하고 개인과 시설이 스스로 수발을 사고팔게 한다. 어떤 경우이든 수발의 주체는 국가가 아니라 시설이다. 국가의 시설 감독이 잘 이루질 수 없다. 한국에서는 노인, 장애인, 유치원과 어린이집에서 인권 침해가 자주 일어날 수밖에 없다. 개인이 인권 침해를 당하고도 마땅히 하소연할 곳도 없다. 이런 일이 언론에 보도되고 '도가니' 영화가 상영되면 다들 분노하다가 잠잠해진다. 한국식 수발 전달체제로는 노인의 인간다운 삶을 보장할 수 없다.

다음으로 사회 수발로 노인의 고독과 무료의 문제를 어느 정도나 해결할 수 있는가 알아보자. 재가在家보다 시설施設 수발의 경우를 먼저 살펴보자.

노인이 자기 집에서 사회 수발을 받는 경우, 가족 안팎의 공동체가 살아 있다면 노인들이 고독과 무료의 문제를 별 문제 없이 해소할 수 있다. 그러나 공동체가 소멸된 상태에서는 노인이 고독과 무료를 주로 수발인에게 의존해서 해소해야 한다. 수발인과 노인이 상품관계에서 크게 벗어나지 않으므로 노인이 사랑과 존경을 주고받기가 어렵다. 그러므로 외로움과 무료의 문제를 해소하기에는 뚜렷한 한계가 있다.

시설에서 생활하는 노인은 주로 고독과 무료를 수발인과 동료 노인과 교류하면서 해결해야 한다. 수발을 스스로 구매하여 시설에서 살아가는 노인이 시설 안의 인간관계로는 깊은 사랑과 공경을 주고받기가 쉽지 않으므로 고독과 무료를 근본적으로 해소하지 못한다는 점을 이미 지적하였다. 시설에서 사회수발을 받는 노인의 인간관계도 이와 크게 다르지 않다. 이 노인들도 고독과 무료의 문제를 근본적으로 해소하지 못한다. 시설의 사회수발로는 노인의 심리적 부양까지 잘 해내기가 어렵다.

결국 사회 수발을 비롯한 현물 보장으로도 노인을 먹여줄(사食, 물질적 부양) 수는 있지만, 아끼고 사랑과 공경을 주고받게 하기(애경愛敬, 심리적 부양)는 어려우므로 고독과 무료를 해소할 수는 없다.

4) 부양의 사회화 논의 갈무리

이제까지 살펴본 바와 같이 사회의 소득보장은 건강한 노인의 기본필요를 어려움 없이 충족해주고 수발보장은 건강하지 못한 노인의 최저생계까지 보장하여준다. 따라서 이 두 방식을 결합한 사회부양으로는 노인의 물질 생계 위기를 벗어나게 할 수 있다. 이것이 효율적이냐 그렇지 않느냐 하는 문제를 떠나서 노인을 물질적으로 부양할 수 있는 방법임에는 분명하다. 그러나 상품거래의 인간관계를 벗어날 수 없으므로 노인의 고독과 무료까지는 잘 해소해주지는 못한다(표 6-4). 먹여줄 수는 있으나 사랑과 존경까지 해주기는 어려우므로, 노인을 돼지나 개로 다루기 쉽다.[33]

이제까지 논의한 사회부양의 한계를 한마디로 갈음하면 다음과 같다: 효孝 없는 사회복지는 사육飼育이다.[34]

---

33. 개별화가 심해진 자본주의 사회에서는 개가 이미 방안으로 들어왔다. 많은 사람들이 개를 사람보다 중히 여긴다. 인간관계가 동물관계로 대체對替되고 있다.
34. 효孝는 아무리 강조해도 지나침이 없다. 언젠가 '한나라당'이 '효도특별법'을 만들려고 했다. 이것도 나름대로 의미가 있다. 그러나 많은 사람이 "법으로 효자를 만들려 한다"고 비판했다.(한겨레신문, 2004년 8월 12일 17면) 이런 비판에는 적지 않은 문제가 있다. 비판의 초점이 '사회복지 없는 효'를 지나서 '효 없는 사회복지'에까지 미칠 위험이 있기 때문이다.

〈표 6-4〉 노인문제의 사회적 대응책 비교

구분			노인 문제			부양 차원		욕구 충족·생성	
			빈곤	고독	무료	물질적 부양	심리적 부양	충족	생성
무정책			해결 불가	문제 조차 안 됨	문제 조차 안 됨	불가	문제 조차 안 됨	어려움	문제 조차 안 됨
잔여적 정책			해결 불가	문제 조차 안 됨	문제 조차 안 됨	불가	문제 조차 안 됨	어려움	문제 조차 안 됨
보편적 정책	소득보장		일정 부문만 해결	해결 하기 곤란	해결 하기 곤란	일정 부문만 가능	해결 하기 곤란	어느 정도 가능	어려움
	현물보장	국가 직영	해결 가능	상당한 한계 지님	상당한 한계 지님	가능	상당한 한계 지님	가능	어려움
		국가탁영 비영리	해결 가능	상당한 한계 지님	상당한 한계 지님	가능	상당한 한계 지님	가능	어려움
		국가탁영 영리	해결 가능	많은 한계 지님	많은 한계 지님	가능	많은 한계 지님	가능	어려움

4절 가족과 사회의 한계 넘기

자본주의가 전개됨에 따라 가족 자체와 가족의 부양 능력이 약해졌다. 국가가 노인문제를 팔짱만 끼고 쳐다보거나 마지못해 응하자 많은 노인의 삶이 위태危殆롭게 되었다. '선각자'들이 가족부양을 버리고 사회부양으로 대체하자고 한다. 이런 생각의 바닥에서는 가족부양과 사회부양이 가짐(유有)과 안 가짐(무無), 고움과 미움처럼 대립한다. 하나를 버리고 다른 하나만을 고른다. 그러나 하나만으로는 노인을 죽이거나 사육한다. 대안은 무엇일까? 멋진 꿈을 꾸어보자.

1. 가족과 국가의 부양 협력

가장 쉽게 생각할 수 있는 대안은 가족과 국가가 이녁(자기)의 장점은 살리고 약점은 저녁(상대)의 장점으로 보완함이다.

1) 협력의 필요함

부양자에 따라서 노인의 삶이 달라진다. 노인이 행복한 삶을 꿈꾸려면 누가 노인의 부양을 맡아야 하는가를 따져보아야 한다. 누가 맡아야 하는가? 첫째는 노인 자신이다. 그러나 늙고 병들면 스스로 건사하기가 어렵다. 이것은 동물의 세계에서도 마찬가지다. 둘째는 가족이다. 노인이 스스로 살아가지 못하면, 가족이 노인과 가장 가까이 생활하므로 돌보지 않을 수 없다. 셋째는 가족 밖의 친족이나 이웃과 같은 공동체이다. 가족이 노인을 보살피지 않으면 노인과 가족 다음으로 가까운 친족이나 이웃도 부양해야 한다. 넷째는 사회의 대표인 국가이다. 가족 안팎 공동체가 보살피지 않으면 국가가 맡아야 한다. 이 원칙은 국가가 성립된 이래 계속되어왔다. 예컨대 조선시대의 사회에서도 먼저는 노인 자신이, 다음으로는 가족이, 그 다음으로는 친족이나 이웃이, 마지막으로는 국가가 돌보는 것을 원칙으로 삼았다. 『목민심서(牧民心書)』(정약용, 1981: 34, 愛民 六條, 振窮; 고전번역원전자방)를 보자.

> "수령이 사궁四窮을 선정할 때는 세 가지를 보아야 하는데, 첫째는 나이, 둘째는 친척, 셋째는 재산이다. 60살이 되지 않아 자기 힘으로 먹을 수 있는 사람과 이미 10세가 되어서 스스로 먹을 것을 구할 수 있는 사람까지 돌보아줄 필요는 없다. 비록 육친(六親: 부·모·형·제·처·자식)은 없더라도 시공緦功(3개월과 5개월 동안 상복喪服을 입음)의 친척 가운데 집안 형편이 다소 넉넉하여 거두어줄 수 있는 사람이라도 있으면, 관官이 좋은 말로 타이르고 엄한 말로 나무라서 거두게 하고, 때때로 살피고 단속하여야 할 뿐이다. 그런 사람까지 돌볼 필요는 없다.(牧選四窮 厥有三觀 一曰齡 二曰親 三曰財 年未滿六十 能自食其力 及已滿十歲 能自行求食者 不暇恤也 雖無六親(父母兄弟妻子爲六親) 尚有緦功之親 家力稍贍 可以收恤者 官宜以善言誘之 以危言怵之 使之收恤 以時察飭而已 不暇恤也)"

이런 원칙이 현재의 자본주의 사회에서도 완전히 무시되지 않는다. 다만 변용되었을 뿐이다. 흔히 먼저 시장이 책임을 져야 한다고 생각한다. 시장은 상품을 교환하는 제도에 지나지 않는다. 시장은 주체主體가 아니라 수단

手段일 뿐이다. 시장은 책임질 수 없다. 그러므로 시장의 책임이란 개인의 책임이다. 개인이 시장 속에서 스스로 알아서 살아야 한다. 노인이 그렇기는 어려우므로 가족이 책임을 질수 밖에 없다. 그러나 가족의 부양 능력이 많이 약해졌으므로 가족도 버겁다. 다음으로는 친지나 이웃이 맡아야 하나 가족 밖의 공동체가 많이 무너졌다. 마지막으로 국가가 맡아야 한다.

이 네 부양 주체, 곧 개인, 가족, 친척·이웃, 국가 가운데에서 노인 개인은 대부분 스스로 책임을 맡을 수 없다. 그럴 수 있다면 왜 노인 부양이 문제가 되겠는가? 친척·이웃도 주부양자가 되기는 어렵다. 친척과 이웃의 책임감이 가족보다는 약하고 부양 자원은 국가보다 미미하기 때문이다. 보조 부양자는 될 수 있다. 그러므로 자본주의 사회에서는 노인 주요 부양자가 가족과 국가이다.

그렇다면 가족과 사회 가운데서 누가 부양을 맡아야 하는가? 자유주의자나 봉건주의자들은 주로 가족이, 사회민주주의자들은 주로 국가가 부양해야 한다고 주장한다. 이들은 주요 부양 주체를 달리 보고 있다. 그러나 가족부양과 국가부양을 상호배타적相互排他的인 것으로 이해하고 한쪽만을 선택하여 중시한다는 점에서는 다르지 않다. 가족부양과 국가부양이 나름대로 완전하며, 따라서 국가부양이 가족부양을, 가족부양이 국가부양을 큰 무리 없이 대체할 수 있다고 생각한다. 만약 그렇다면 대안을 찾는 문제는 간단하다. 최근에 가족이 해체되어 가족의 부양이 어렵게 되었다고 하더라도, 부양을 전면적으로 사회화시켜버린다면 노인 부양의 문제는 쉽게 해소될 것이기 때문이다. 그런데 과연 그럴까?

국가와 가족의 부양 능력의 강점과 단점이 동일하다면 서로 대체하더라도 문제가 없다. 그러나 다르다면 문제가 있다. 따라서 가족과 국가의 장단점을 간략하게 다시 정리해보자.

가족은 공동체적인 인간관계의 원초原初이자 최후의 보루堡壘이다. 필요 및 욕구를 생성하고 충족해주며 물리적 부양과 심리적인 부양을 다 할 수 있다. 노인의 빈곤, 고독과 무료를 해소시킬 수 있다. 특히 효孝를 실천하는 사회적 공간이다.

그러나 가족은 가족 밖의 큰 사회보다는 매우 취약하다. 예나 지금이나 가족이 사회보다는 바람과 우박에 날려 흩어지기(풍비박산風飛雹散)가 훨씬 쉽다. 노인 부양에 필요한 자원과 품을 확보하지 못한 경우가 많으므로 노인의 생계를 보장하기가 매우 어렵다. 이런 가족의 한계 때문에 가족 연대가 강건하였던 전통사회에서도 사회가 노인 부양에 참여하지 않을 수 없었다. 전통사회에서는 생산력 수준이 낮았으므로 물질적 자원이 부족한 가족이 더 많았다. 현대 자본주의 사회에서는 물질적 자원보다는 노동력이 부족한 가족이 더 많다. 그래서 예전에는 '장병長病에 효자孝子가 없었지만' 지금은 병이 없어도 효자가 없다. 아무튼 가족의 가장 큰 약점은 노인의 생계마저도 보장할 수 없다는 점이다.

이와는 달리 국가(사회)는 최저생계를 용이하게 보장할 수 있다. 사회의 대표인 국가는 노인 부양에 필요한 자원과 노동력을 동원할 수 있는 힘을 가지고 있다. 그러나 노인들에 대한 고독이나 무위의 문제를 해결하기는 어렵다.

사회부양과 가족부양의 경제 효율성도 살펴보자.

사회부양은 국가가 국민으로부터 거두어들인 자원으로 소득과 수발 따위의 현물을 제공하는 것이다. 그런데 국가는 계주에 지나지 않으므로 엄밀히 말하면 사회부양은 국가가 아니라 계원인 국민이 한다. 노인에게 제공하는 현금과 현물은 대부분 조세에서 나오고 조세의 원천은 국민의 노동이다. 노인의 사회부양은 결국 그 시대의 노동하는 사람들이 모시는 것에 지나지 않는다. 이것은 가족부양과 다르지 않다. 가족부양에서도 노동하는 사람이 노동하지 못하는 노인과 아이들을 보살핀다. 다만 가족부양에서는 각 가족의 구성원이 다른 일을 하면서 비전문非專門으로 하는 것과 달리, 사회부양에서는 부양 담당자가 다른 일은 하지 않고 돈을 받고 전문專門으로 노인을 돌본다. 이것은 마치 자동차 공장의 노동자가 다른 일은 하지 않고 부분 노동만을 하는 것과 같다. 그리고 가족부양에서는 단순 협업이, 사회부양에서는 분업의 원칙[35]이 적용된다. 특히 대형 시설에서는 '규모의 경제' 원칙까지 적용된다. 따라서 사회부양의 생산성이 높다.

그렇다면 사회부양이 자원을 낭비하지는 않는가? 부양에는 숙련 노동만이 필요한 것이 아니다. 예컨대 노인이 위급危急하면 어린이라도 119에 전화는 걸 수 있다. 따라서 노인이 공동체 속에 살면 비전문 인력을 활용할 수 있다. 그리고 노인도 다른 사람들을 도울 수가 있다. 그러나 특정 직업인만이 노인을 보살피는 분업체계分業體系에서는 비전문가의 손길은 쓸모가 없다. 더군다나 사회 심리적 부양을 전문가가 하기는 어렵다. 손자가 잠자리에서 할머니의 볼과 젖가슴을 만져주는 일을 어떻게 수발인이 대신할 수 있겠는가? 할 수 있다 하더라도 그것은 노동이며 돈으로 환산되어 지불되어야 한다. 이 점에서는 가족부양이 더 효율적이다.

국가와 가족은 장단점이 다르므로 단순하게 대체한다면 문제가 생길 수밖에 없다. 이것은 그동안 서구에서 진행된 사회복지의 전개 과정을 보아도 알 수 있다. 가족부양이 어려워지자, 부양의 사회화를 추진하였다. 노인의 물리적 생계 위기는 어느 정도 해결하였으나 외로움과 무료와 같은 정서적 문제까지 배려하지는 못했다. 이런 한계 때문에 서구의 여러 나라들에서는 가족의 중요성에 눈을 돌리고 있다. 호주에서는 강한 가족(strong family), 강한 이웃 공동체(strong community)를 노인 부양 정책과 관련된 표

---

35. 단순협업에서는 사람들이 이 일도 하고 저 일도 한다. 분업에서는 정해진 일만 한다.
36. 2003년 9월 http : //www.facs.gov.au/internet/facsinternet.nsf 참조.

어標語로 내걸기도 한다. [36] 이것은 사회복지를 축소하려는 이념적 성향만이 아니라, 사회복지만으로는 사회 심리적 부양이 어렵고 비용도 늘어난다는 점을 알아차린 결과도 반영하고 있다. 가족의 한계 때문에 추진하였던 사회부양이 스스로 한계를 드러내자 가족의 중요성이 부각되고 있다. 그러나 사회복지를 포기하고 완전한 가족부양으로 되돌아갈 수도 없다. 이것은 많은 노인의 생계를 다시 위협하기 때문이다.

가족부양이나 사회부양 중 하나를 선택하는 것은 바람직한 대안일 수 없다. 어차피 어느 하나만으로 노인문제를 잘 해결할 수 없다면 하나만을 고집할 필요가 있겠는가? 마땅히 둘의 병행, 국가와 가족의 협력 부양을 생각해보아야 한다.

한편 국가와 가족의 부양 협력은 노인이 가족으로부터 분리되지 않아야만 가능하다. 그동안 가족이 해소되어 노인이 가족으로부터 분리되었으므로 부양의 사회화가 필요하게 되었다. 그렇다면 부양을 사회화시키면 가족이 회복되어 노인이 가족과 더 가까워지는가, 아니면 더욱 분리되는가?

가족부양이란 이미 가족관계가 있으므로 부양이 이루어지지만 부양을 주고받은 상호작용은 인간관계를 새로, 혹은 두텁게 만들기도 한다. 부양에서 미운 정, 고운 정이 쌓인다. 그래서 부모가 돌아가면, 모셨던 자식이 가장 서럽게 운다.

노인 부양이 사회화되면 부양의 주체는 가족이 아니라 국가이고, 대상도 가족이 아니라 개인이다. 가족이 배제된다. 부양이 사회화된 관계 안에서는 가족과 노인의 상호작용이 끊긴다. 따라서 국가부양이 늘어날수록 노인이 가족에서 더욱 분리된다. 물론 가족의 부담이 줄어들므로 가족이 다른 차원의 교류를 늘려갈 수도 있다. 예컨대 부모를 시설에 맡기고 자주 방문할 수도 있다. 그러나 부양을 하고 받는 상호작용이 줄어드는 것만은 분명하다. 노인이 가족으로부터 분리되어가므로 부양을 사회화하지만, 그럴수

록 노인은 가족으로부터 더욱 분리된다. 부양의 사회화와 가족으로부터 노인 분리는 동전의 양면이다.[37]

부양이 사회화되면 가족이 약해지고, 가족이 약해지면 부양이 더욱 사회화된다. 이렇게 돌고 돌아가면 부모와 자식이 '국물이 식지 않는 거리'에서 교류하는(김미경, 2000: 78) 끈마저도 사라지고 노인은 사육된다. 그러나 가족이 부양에 참여하면 가족이 살아남고, 살아남으면 부양에 참여한다. 그러면 노인의 사육이 줄어든다. 이 점에서도 국가와 가족의 부양 협력이 필요하다.

2) 가족과 국가의 부양 협력 방안

한 사회의 노인 부양은 큰일이다. 큰일에 협력하려면 일을 나누어야 한다. 이런 나눔에는 두 가지가 있다. 하나는 부양의 대상인 노인을, 다른 하나는 일의 내용을 나누는 것이다. 앞을 노인 나눔 협력, 뒤를 일 나눔 협력이라 하자. 노인 나눔 협력은 어떤 노인들은 가족에서, 다른 노인들은 사회에서 부양함이다. 여기서 각 노인은 가족과 국가 가운데 한쪽의 부양만을 받는다. 예컨대 자식이 없는 노인은 국가가, 나머지는 가족이 책임지게 한다. 이와는 달리 일 나눔 협력은 같은 노인을 가족과 사회가 함께 부양함이다. 예컨대 한 노인을 주간에는 국가가, 밤에는 가족이 부양한다.

---

37. 노인 부양의 사회화에 시선을 모으면 사람들은 부양의 사회화라는 앞면만 보므로, 그 뒷면은 보지 못한다. 노인의 분리를 어쩔 수 없는 현실, 자연 법칙의 결과처럼 받아들이며, 노인 시설의 위생과 편리함만을 따진다. 그래서 한국에서는 노인 장기요양시설이 시내에서 멀리 떨어진 외딴 곳에 주로 세워졌지만 이것을 문제삼는 사람이 드물다.

노인 나눔 협력은 늘 해왔다. 예컨대 오래전부터 가족이 없는 노인만을 국가가 시설에 수용하여 보호하여왔다. 여기서는 사회부양과 가족부양이 분리되어 섞이지 않는다. 두 쪽이 모두 저녁의 강점으로 이녁의 약점을 보완하지 못한다. 근친상간近親相姦으로 유전자遺傳子의 약점[38])을 고스란히 안고 있다. 따라서 이 노인 나눔 협력은 바람직한 대안이라고 보기는 곤란하다.

그러면 일 나눔 협력은 어떠한가? 여기서는 한 노인을 두 개의 주체가 부양한다. 국가부양과 가족부양이 섞이므로 이녁의 약점이 저녁의 강점으로 보완된다. 좋은 협력을 하려면 국가와 가족에게 각자 잘하는 부양을 맡겨야 한다. 그런데 노인들의 최저생계를 물리적으로 보장하려면 물질적 자원과 수발과 같은 용역이 긴요하며, 심리적 평안까지 누리게 하려면 사랑과 공경, 과제 부여 등이 이루어져야 한다. 국가는 기본필요를 충족해줄 자원과 수발을, 가족은 사랑과 공경, 노인 역할 제공을 잘 한다. 이런 강점들을 잘 살린 일 나눔 협력이 더 바람직한 노인 부양 방안이다.

그렇다면 이런 협력의 사례를 역사에서 찾아보자. 서구에서는 오래 전부터 연금으로 노인의 기본필요를 충족할 물질 자원을 국가가 공급하고, 수발은 가족에게 맡기고자 하였다. 이것도 일 나눔 협력의 한 방식이다. 물론 가족의 수발 역량이 현저히 위축된 현재 상황에서는 최선의 방법일 수 없다. 이런 나눔 협력은 조선 사회에서도 시도되었다. 가족 안팎의 공동체가 강건强健하였으므로 독노에게 물리적 자원을 국가가 지원하고, 수발과 같은 부양은 친척·이웃에게 맡기려 하였다. 『목민심서牧民心書』(정약용, 1981: 34, 愛民 六條, 振窮)에서는 지방 수령이 의지할 곳 없는 늙은 홀아비

---

38. 근친상간을 하는 동물은 좋지 않은 유전자를 다른 유전자로 보완받지 못하여 치명적 질병으로 멸종할 수도 있다.

와 늙은 과부寡婦에게 매달 곡식을 지급해주고 동리에서 덕德이 있는 사람이 가족을 대신해서 보살피게 할 것을 권장한다. 흉년이 들면 국가가 식량을 지원하고 가족이 노인을 보살폈다. 실제로 일 나눔 협력은 오랜 역사를 지닌다. 지금도 의도하진 않지만 이루어지고 있다.

현대 자본주의 사회에서는 가족과 국가의 역할을 어떻게 배분하는 것이 바람직한가? 가장 손쉬운 방법은 생계에 필요한 물질(소득 보장)의 제공이나 의료는 국가가 담당하고 나머지 수발의 제공은 가족이 맡는 것이다. 그러나 가족이 노인에게 필요한 물질 자원만이 아니라 수발을 제공할 만한 능력도 약해졌다. 따라서 국가가 수발도 지원하지 않으면 안 된다.

그러면 수발을 국가가 전담하면 어떤가? 이것은 노인을 가족으로부터 완전히 분리시키며 가족과 노인의 접촉을 현저顯著하게 줄인다. 사랑과 존경, 과제 부여와 같은 심리적인 부양이 어려워진다. 그런데 가족이 수발을 전담하기는 어렵지만 분담할 수는 있다. 국가가 물리적 수발을 제공할 때에도 가족이 심리적 부양을 감당하는 것이 좋다.

그러나 국가가 심리적인 부양을 전혀 할 수 없는 것은 아니다. 예컨대 과제 부여에서는 일이나 사회적인 역할이 매우 중요한데, 이것은 가족뿐만이 아니라 국가도 부여할 수 있다. 특히 노인들에게 일자리를 제공하는 일은 국가가 더 잘 할 수 있다. 따라서 심리적인 부양은 가족이 주로 감당하여야 하지만 국가도 분담하는 것이 바람직하다.

이제 국가와 가족의 노인 부양의 바람직한 업무 분담의 대강大綱을 정리해보자. 우선 기본필요를 충족시켜주는 물질적 부양에 필요한 물질적 자원 제공이나 의료는 국가가 사회보장의 방식으로 최종 책임을 지고, 수발은 국가와 가족이 분담하여야 한다. 수발 가운데 경애敬愛와 같은 심리적 보살핌은 주로 가족이 하되 국가가 보조해주고, 과제부여는 가족과 국가가 분담하여야 한다.

그렇다면 가족, 특히 자식이 없는 노인은 어떻게 할 것인가? 친척이나 이웃과 같은 공동체가 가족의 역할을 대신해 준다면 큰 문제가 없겠지만 친족도 이웃도 없는 노인은 어떻게 할 것인가? 사회적 접촉에서도 배제된 독신이 늘어나고 있으므로, 이 문제도 고려해 보지 않으면 안 된다. 이 경우에는 가족과 사회의 일 나눔이 불가능하므로 국가가 모든 부양을 책임져야 한다. 이것은 일 나눔이 아니라 노인 나눔에 속한다. 따라서 국가와 가족의 일 나눔이 바람직하지만 노인 나눔도 포기할 수는 없다.

이제 국가와 가족의 협력 부양 정책을, 가족부양의 원칙으로 삼는 소극적 사회복지, 그리고 주로 사회부양을 추구하는 적극적 사회복지의 경우와 비교해 보자(표 6-5). 소극적 사회복지정책에서는 가족이 없는 빈곤 노인만을 국가가 부양하고, 나머지 노인의 심리적 부양은 물론, 물질적 부양까지 가족에게 맡긴다. 이것은 자본주의 사회에서 대부분의 가족들이 노인 부양의 부담이 과중한 현실을 반영하지 못하고 있다. 이런 상태에서는 가족 갈등이 심화深化되므로 가족 구성원이 노인을 경애敬愛하기도, 노인들에게 적절한 과제를 부여하기도 어렵다. 한편 주로 사회부양만 추구하는 정책에서는 물질적 부양은 가능하나 심리적 부양까지 해내기는 어렵다. 그러나 국가와 가족이 협력하면 장점은 취하고 단점은 보완하여 많은 문제를 해소할 수 있다. 이것은 사회부양과 가족부양의 버리가짐(지양止揚)[39]이다. 이것을 정리하면 다음(표 6-5 참조)과 같다.

---

39. 지양止揚에서 지止는 그만둠, 양揚은 추켜 세움이다. 지양은 단점은 버리고, 장점은 가짐이다.

〈표 6-5〉 부양 협력 유형별 사회 · 가족의 부양 역할

구분		사회 가족 협력 부양		가족 중심 부양		국가 중심 부양	
		주체	보장 정도	주체	보장 정도	주체	보장 정도
유가족 노인	재화제공	국가	높음	가족	낮음	국가	높음
	물리수발	국가, 가족보조	높음	가족	낮음	국가	높음
	경애	가족	높음	가족	낮음	국가	낮음
	과제부여	가족, 국가보조	높음	가족	낮음	국가	낮음
무가족 노인	재화제공	국가	높음	국가	높음	국가	높음
	물리수발	국가	높음	국가	높음	국가	높음
	경애	국가	낮음	국가	낮음	국가	낮음
	과제부여	국가	낮음	국가	낮음	국가	낮음

2. 국가와 가족, 이웃 친족 공동체의 협동 부양

국가와 가족이 잘 협력하면 많은 노인문제를 해소할 수 있다. 여기에 친족과 이웃이 가담하여 힘을 보태면 어떨까? 가족 밖 공동체가 가족이나 국가처럼 부양을 책임지기는 어렵다. 이 공동체가 강했던 전통 사회에서조차도 가족보다는 물론, 국가보다도 노인의 생계를 부양할 역량이 작았다. 더

군다나 인간관계가 소원해진 자본주의 사회에서는 더욱 그렇다. 어찌 이웃 및 친족이 노인의 생계에 필요한 소득과 의료 및 수발을 가족과 국가처럼 감당할 수 있겠는가? 그래서 가족과 이웃의 부양 참여를 현실과는 동떨어진 생각이라고 여기기 쉽다. 그러나 이웃과 친족이 비록 미미하지만 부양할 능력이 전혀 없는 것이 아니다. 이웃과 친족 공동체(줄여서 이웃이라 함)는 국가 및 가족과는 다른 조직이므로 다른 역할을 가지게 마련이다. 국가가 가족의 역할을, 가족이 국가의 역할을 다 대신할 수 없는 것처럼, 국가도 가족도 어쩌면 이웃 역할을 다 대신할 수 없다. 이웃은 국가와 가족이 가지지 않는 고유한 역할과 역량으로 노인 부양을 도울 수는 있다. 뿐만 아니라 샘물도 써야 맑아지듯, 이웃도 부양에 참여하면 튼실해진다. 앞에서 제시한 국가와 가족의 협동 부양에 이웃이 힘을 보탠다면 비단옷에 꽃을 다는(금상첨화錦上添花) 꼴이 되므로 노인의 삶이 더욱 아름질 것이다. 국가와 가족, 이웃의 강점은 살리고 약점은 보완하는 일 나눔 협력 부양을 구상해보기로 하자.

국가와 가족의 부양 역할은 이미 살펴보았다. 그러면 이웃이 맡을 수 있는 역할이 무엇인가? 답을 얻으려면 이웃과 친족 공동체가 노인 부양에 참여하였던 전통사회로 역사견학을 떠나는 것이 좋다. 이 여행에서 이웃이 할 수 있는 부양 역할을 찾아보자.

그런 다음 이 역할들을, 국가와 가족은 할 수 없고 이웃만이 할 수 있는 것과 이웃이 하지 않고 국가나 가족이 대신해도 좋은 것으로 나누어야 한다. 이웃만이 할 수 있는 것으로 이웃이 국가와 가족의 협동 부양에 참여한다면 최상의 부양 방법이 될 것이다(표 6-6). 이것을 구하려면 전통사회에서 찾아낸 이웃의 부양 역할들을 앞에서 제시한 국가와 가족의 협력 부양 모형과 대질對質해 보아야 한다.

그런데 국가, 가족, 이웃의 협력 부양 방안은 부양 역할의 배분을 구상

<표 6-6> 국가, 가족, 이웃 협동 부양에서 활용할 이웃 역할

구분	이웃만이 할 수 있는 역할	국가 · 가족이 대체해도 무방한 역할
협동 부양에서 활용 여부	활용	활용하지 않음

하는 것만으로 완결되지 않는다. 노인 부양에서 가족에게 이웃과 국가가, 이웃에게 국가가 어떤 영향을 미쳤는가를 살펴보는 것도 중요하다.

1) 전통사회의 협력 부양

전통사회에서 이웃이 노인 부양에서 어떤 역할을 맡았고, 이웃은 가족의 부양을, 국가는 이웃과 가족의 부양을 어떻게 보완하였는가를 알아보기로 하자.

(1) 이웃의 부양 역할

전통사회에서는 노인을 주로 가족이 부양하였으므로 가족이 있는 노인과 없는 노인으로 나누어서 이웃이 노인 부양에 어떻게 기여했는가를 따져보자. 전통사회의 노인 부양에서도 물리적 생계 수단인 재화 제공, 물리적 수발, 애경哀慶, 과제 부여가 긴요하다.

가족이 있는 노인의 생계에 필요한 재화는 일차적으로 가족이 제공하였다. 그러나 그 가족이 가난한 경우 주위의 친척이나 이웃이 도움을 주었다. 물리적 수발도 대부분 가족이 부담하였지만 이웃이나 친척도 힘을 보됐다. 예컨대 가족이 잠시 집을 비울 때 이웃이나 친척이 노인들을 보살폈다.

애경도 가족들이 주로 하지만 이웃이나 친척들도 하였다. 예컨대 1960년대 나의 집에서 제사를 지낸 다음날 아침에 노인들이 있는 집으로 소년이던 나는 음식을 나르는 심부름을 하였다. 그리고 노인들의 고독 문제는 가족만이 해결하는 것이 아니다. 이웃이나 친척도 고독을 해소하는 중요한 역할을 한다. 마실과 사랑방은 노인들의 고독과 무료를 해소시켜주고 심리치료心理治療도 해주는 중요한 공간이었다. 노인들은 가족에게 말할 수 없는 고민을 친척이나 이웃, 친구들과 대화로 해소했다.

노인에게 과제를 부여하는 것도 주로 가족이 담당한다. 노인은 가족생활에서 자연스럽게 자기 역할과 할 일을 배당配當받는다. 그러나 노인들은 가족 밖의 공동체 속에서도 어른으로서 중요한 자기 역할을 부여받는다. 때로는 관혼상제冠婚喪祭의 주관자主管者로서, 때로는 갈등의 중재자仲裁者로서 자기 역할을 수행하면서 보람을 느끼고 존경을 받는다. 노인이 어떤 방식으로 이웃 공동체 속에서 자기 역할을 배당받는지를 백범白凡 김구金九의 어린 시절 이야기로 알아보자.

> "아버님은 한마디 말도 없이 빨랫줄로 (엽전 스무 냥으로 떡을 사먹
> 으려다 들킨 : 인용자주) 나를 꽁꽁 동여 들보에 달아매고 매질하기
> 시작하셨다. … 중략 … 그때 마침 나를 지극히 사랑하시는 재종
> 조부 장련長連 할아버지께서 지나가시다 나의 맹렬한 비명소리
> 를 듣고 … 중략 … 불문곡직不問曲直하고 나를 풀어주었다. 아버
> 님의 설명은 듣지도 않고 할아버지는 '어린 것을 그다지 무지하
> 게 때리느냐'고 꾸중하시고, 매를 빼앗아 아버님을 한참 때리셨
> 다. 나는 장련 할아버지가 고마웠고, 아버님이 매 맞으시는 것이

퍽 시원하고 고소하였다. 할아버지는 나를 등에 업고 들로 가서 수박과 참외를 실컷 사 먹이고 할아버지 댁으로 업고 가셨다. 종증조모 또한 아버님을 책망하시며 '네 아비 밉다. 너희 집에 가지 말고 우리 집에 살자.' 하시며 밥과 반찬을 맛있게 해주셨다. 나는 여러 날 할아버지 댁에 묵고 난 뒤에 집으로 돌아왔다."(김구, 1997: 26~27)

백범의 재종조부再從祖父와 재종증조모[40]는 전통사회의 아동 교육에서 중시한 "엄하면서 태연하고 부드러우면서도 단호함(嚴而泰 和而節)"(『논어집주論語集註』: 학이學而 12, 朱子의 注)의 원칙이 이루어질 때 이웃 어른들이 어떤 역할을 부여받고 수행하며 존경받는가를 잘 보여준다.

이제 가족이 없는 노인들의 부양에 이웃이 어떻게 기여寄與하였는가를 살펴보자.

이런 노인들은 생계에 필요한 재화를 스스로 마련하지 못하므로 남의 도움을 받아야 한다. 조선시대에는 먼저 친척의 도움을 받는 것이 원칙이었다. 『목민심서牧民心書』(정약용, 1981: 34, 愛民 六條, 振窮)에는 60세가 넘어서 자기 힘으로 먹을 수 없는 사람들에게 비록 육친六親이 없더라도 다소 형편이 넉넉하여 거두어줄 수 있는 친척이 있으면 마땅히 좋은 말로 타이르고 엄한 말로 나무라서 거두게 하라고 목민관에게 권한다. 이런 친척도 없는 사람들은 국가에서 생계자원을 공급하기도 하였다. 『목민심서(牧民心書)』의 다음 구절을 보면 잘 알 수 있다.

---

40. 재종조부는 백범의 아버지와 동갑이므로 실제로는 노인은 아니다. 그의 어머니인 재종증조모는 노인일 것이다.

"이 세 가지(나이, 친척, 재산 — 인용자주)를 끝까지 따져보아도 어디에도 속하지 않아 의지할 곳이 없는 딱한 사람이라야 관에서 돌본다. 늙은 홀아비로 자식이 없는 사람에게는 매달 곡식 다섯 말씩을, 늙은 과부로서 자식이 없는 사람에게는 매달 곡식 세 말씩을 지급해주며,[41] 또 요역徭役을 모두 면제해주고, 동리에서 덕德이 있는 사람을 골라서 이들과 함께 살게 한다.(三觀皆極 眞爲窮人之無所歸者 於是乎官養之 鰥而獨者 月給粟五斗 寡而獨者 月給粟三斗 又全兔其徭役 選隣里有德者 使之館接)"(정약용, 1981: 34, 愛民 六條, 振窮)

그러면 가족이 없는 노인들의 생계에 필요한 수발은 누가 하였는가? 위의 인용문引用文에서 나와 있는 바와 같이 친척이나 이웃이 하였다. 물론 가족보다 잘 하지는 못했을 것이다.

애경과 과제 부여도 이웃과 친척이 하였다. 노인은 이웃이나 친척에 기대 살면서 고독이나 무료를 해소할 수밖에 없었다.

(2) 국가와 이웃의 가족 보완

전통사회에서 이웃과 친족 공동체와 국가가 가족을 어떻게 보완해주었는가?

이에 답하려면 개인, 가족, 이웃, 사회(국가)의 상호작용이 어떻게 이루어지는가를 먼저 살펴보면 좋다. 흔히 모든 조직은 구성 요소들에 기대서 유지되고 구성 요소들의 취약성을 보완해준다. 가족은 개인에, 이웃은 가족과 개인에, 사회는 개인 가족 이웃에 기대고, 가족은 개인, 이웃은 가과

---

41. 왜 남녀의 차이를 두었을까? 탐구해볼 만하다.

개인, 사회(국가)는 셋의 취약성을 보완해준다. 특히 큰 것이 작은 것에게 정체성과 역할을 부여해준다. 가족이 개인을 사회화(socialization)하는 것처럼 이웃은 가족을, 사회는 가족과 이웃을 사회화한다. 물론 이것은 한 방향만이 아니라 쌍방으로 이루어진다. 예컨대 가족도 이웃에게 영향을 미친다. 그래서 맹자는 "내 노인을 잘 섬김으로써 남의 노인에게까지 섬김이 미치게 하고, 내 자식을 사랑함으로써 남의 자식에게까지 그 사랑이 미치게 해야 한다(老吾老 以及人之老 幼吾幼 以及人之幼)" (『맹자孟子』: 양혜왕장구상梁惠王章句上 7)고 하였다.

이러한 경향이 전통사회의 노인 부양에서는 어떻게 나타나는가를 살펴보자.

가족은 개인들에게 노인 부양의 역할을 부여하고 잘 하도록 권장하고 감독하였다. 이웃과 친족들도 개인과 가족에게 그렇게 하였다. 조선에서는 부모에게 불효하는 사람은 친족이나 이웃으로부터 질책을 받거나 손가락질을 당했다. 이것은 앞의 백범 김구의 이야기에서처럼 아버지가 아동을 폭행할 때 친척이 가만히 보고만 있지 않은 것과 같다. 심지어 부모에게 불효不孝하는 사람을 향약鄕約에 따라 처벌하기도 하였다.

그리고 국가도 가족과 이웃이 부모를 잘 부양하도록 권장勸奬하고 감시하였다. 조선에서는 국가가 노인을 모시는 가족과 이웃에게 요역徭役(나라에서 시키는 일)을 면제해주는 것을 바람직하게 여겼다.(정약용, 1981: 34, 愛民 六條, 振窮) 그리고 양로養老의 예禮를 다음과 같이 솔선수범率先垂範하기를 장려하기도 하였다. "수령이 효도를 일으키기 위하여 80세 이상의 사람들을 초청하여 잔치에 참여시키되, 80세 이상에게는 세 접시의 찬을, 90세 이상의 노인에게는 네 접시의 찬을 대접한다. 쇠약하고 병들어 올 수 없는 노인들에게는 집으로 찬을 보내고, 백세가 넘는 노인에게 여덟 접시의 찬을 좌수座首를 시켜 집에 가서 바치게 한다."(정약용, 1981: 8~10, 愛民

六條, 養老). 물론 이것은 실제로 국가가 항상 노인 부양을 잘하도록 최선을 다했다는 뜻은 결코 아니다.[42]

2) 전통사회의 부양 제도와 국가·가족 협력 모형의 대질

이제까지 전통사회 부양 방식을 논의하였다. 이것을 앞에서 제시한 국가·가족 협력 모형과 비교하면서, 전통 방식에서 이웃 및 친족 공동체가 맡았던 노인 부양의 역할들을, 대체할 할 수 있는 것과 없는 것으로 선별해 보겠다(표 6-7 참조).

전통 부양에서는 가족이 있는 노인의 기초 생계에 필요한 재화는 가족이 책임을 지고 이웃이 보조補助하였다. 국가·가족의 협력 모형에서는 국가가 책임을 진다. 이 점에서 국가가 기존의 가족 안팎의 공동체 역할을 대체한다. 이렇게 하더라도 특별한 문제는 없다. 물론 가족, 이웃, 친척 간에 물질을 주고받으면서 오가는 정서 교류가 없어졌다는 점이 아쉽지만, 가족과 이웃은 국가처럼 최저생계에 필요한 재화를 보장하기가 어렵다. 노인의 생계 재화를 이웃이 반드시 제공할 필요는 없다.

전통사회에서는 가족이 있는 노인들의 생존에 필수적인 수발은 가족이

---

42. 다산 정약용의 '굶주리는 백성'이란 시를 보자.
"…누렇게 뜬 얼굴들 생기라곤 볼 수 없어, 가을도 되기 전에 시든 버들가지요, 구부러진 허리에 걸음 옮길 힘이 없어, 담벼락 부여잡고 간신히 몸 가누네. 부모 자식 서로 간도 도우지 못하는데, 길가는 나그네야 어찌 다 동정하리. 어려운 살림에 착한 본성 잃어버려, 굶주려 병든 자들 웃고만 보고 있네. 이리저리 떠돌면서 사방을 헤매이나, 마을 풍속 본래부터 이러하던가? 부러워라 저 들판에 참새 떼들은, 가지 끝에 앉아서 벌레라도 쪼아 먹지. 고관대작 집안엔 술과 고기 풍성하고, 거문고 피리 소리 예쁜 계집 맞이하네. 희희낙락 즐거운 태평세월 보습이여, 나라 정치 한답시고 근엄한 체 하는 꼴이."(정약용 저, 송재소 역, 1981: 72~73)

〈표 6-7〉 전통사회 부양 제도와 국가 · 가족 협력 모형의 대질

구분		국가 · 가족 협동 모형		전통사회 부양 제도			이웃 역할 대체
		국가	가족	국가	가족	이웃	
유가족 노인	재화제공	책임	보조	하지 않음	책임	보조	가능
	물리수발	책임	보조	하지 않음	책임	보조	불가
	경애	보조	책임	하지 않음	책임	보조	불가
	과제부여	일부책임	책임	하지 않음	책임	보조	불가
무가족 노인	재화제공	책임	무관	보조	무관	책임	가능
	물리수발	책임	무관	하지 않음	무관	책임	불가
	경애	보조	무관	하지 않음	무관	책임	불가
	과제부여	일부책임	무관	하지 않음	무관	책임	불가
부양 감시, 장려		무관	무관	책임	무관	책임	불가

책임을 지고 이웃이 보조하였다. 국가 · 가족의 협력 모형에서는 국가가 책임을 지고 가족이 보조한다. 국가는 전통사회의 가족 역할은 일부만을, 이웃 역할을 모두 대체한다. 이것도 큰 문제는 없다. 그러나 이웃의 역할이 완전히 배제된다는 점에서 많이 아쉽다. 이웃이 노인을 자연스럽게 보살필 수 있다면 부양의 사회적 비용을 줄일 뿐만 아니라 노인과 이웃의 삶을 아름지게 한다. 예컨대 이웃이 윤의輪椅(휠체어)를 탄 노인에게 인사를 하고

조금이라도 도와준다면 얼마나 좋겠는가? 이웃이 노인 수발을 보조해주면 보조해줄수록 더 좋다. [43)]

가족이 있는 노인의 애경愛敬을 전통사회에서는 가족이 책임지고 이웃이 부조했다. 국가·가족의 협력 모형에서는 주로 가족이 담당한다. 그러면 가족은 이웃이 담당했던 역할을 다 대신할 수 있는가? 어렵다. 예컨대 가족에게 말 못할 사연을 누구에게 이야기할 것인가? 그리고 이웃과 친척으로부터 받을 수 있는 사랑과 존경을 가족이 대신할 수 있을 것인가? 이런 것을 어느 정도는 국가가 대신할 수도 있다. 예컨대 전문상담사를 국가가 고용하여 노인들의 어려움을 들어줄 수는 있다. 그러나 이것은 분명한 한계가 있다. 어떻게 수많은 노인들의 수많은 사연들을 상담사가 다 듣고 해결해줄 수 있을 것인가? 더군다나 상담사와 노인의 관계는 상품관계이다.

가족이 있는 노인들에게 과제를 부여하는 일을 전통사회에서는 주로 가족이 감당하고, 이웃이 보조했다. 국가·가족의 협력 모형에서는 가족이 책임지고 국가도 보조한다. 여기서 국가가 전통사회의 이웃 역할을 대신한다고 볼 수 있는데, 과연 완전하게 대신할 수 있을까? 물론 국가가 노인 일자리나 놀이 기회 마련은 공동체보다도 더 잘할 수 있다. 그러나 김구의 어린 시설 사건에서처럼 노인에게 숭고崇高한 과제를 국가가 자연스럽게 부여하기는 어렵다.

전통사회에서는 가족이 없는 노인의 생계 재화는 국가나 이웃 및 친족 공동체가 제공하였고, 수발은 공동체가 제공하였다. 국가·가족의 협력 모형에서는 국가가 책임진다. 이 점에서는 이웃의 역할을 국가가 대신하여도 큰 문제가 없다. 다만 이웃의 수발 보조는 유지하는 것이 좋다.

전통사회에서는 가족이 없는 노인들에 대한 애경과 과제 부여는 가족 밖

---

43. 노인들이 골목에서 아동의 등하교 길을 돌보아주면 줄수록 좋다.

공동체가 담당한 것과 달리, 국가·가족의 협력 모형에서는 국가가 담당한다. 그러나 국가는 한계를 가진다. 이웃이 참여하는 것이 좋다.

전통사회에서는 가족의 노인 부양의 감시와 권장은 주로 이웃과 친족 공동체가 담당하였다. 국가·가족의 협력 모형에서는 국가만이 담당한다. 그러면 전통사회의 가족 밖 공동체의 부양 감시와 권장의 역할을 국가가 대신할 수 있는가? 어느 정도는 대신할 수 있다. 예컨대 가족의 노인학대老人虐待를 사회복지사를 고용하여 예방豫防 활동을 하고 동영상으로 감시하며 엄하게 처벌할 수도 있다. 그러면 촬영撮影 사각死角의 노인 학대까지 막을 수 있겠는가? 그건 그렇다 치고 노인 불경不敬도 법으로 다스릴 것인가? 이웃과 친척이 어울려서 놀기만 해도 많은 문제들이 해소된다. 이웃이나 친척 공동체의 도움이 없이 국가의 노력만으로 가족 내 노인 학대나 불경을 막으려면 엄청난 인력과 경비를 투여投與하고도 사생활을 침해하기 쉽다. 그리고 가족의 경로 의식을 고취鼓吹하는 일을 이웃과 친족 공동체의 도움 없이 국가가 잘할 수 있겠는가?

전통사회에서는 이웃과 친족공동체를 강화하고 경로사상敬老思想을 고취하는 일은 국가가 담당했다. 국가·가족의 협력 모형에서는 관심조차 기울이지 않는다. 이웃과 친족 공동체의 소멸을 자연 사태로 보기 때문이다.

이상에서 살펴본 바와 같이 전통사회에서 이웃 공동체가 수행하였던 역할들을 국가와 가족이 큰 무리 없이 대신할 수 있는 것도 있고, 없는 것도 있다. 특히 국가가 이웃이나 친척 공동체의 역할을 제대로 대신할 수 없는 것들은 노인 부양의 질을 향상시키는 데 긴요緊要한 것들이다. 따라서 국가와 가족만이 부양의 책임자가 되는 국가·가족의 협력 모형은 많은 한계를 가진다. 이것만으로는 노인들의 고독과 무료를 제대로 해결하며 가족 연대를 강화하고 효를 권장하며 가족 안의 노인 학대 따위를 감시하기가 어렵다. 이런 것들은 이웃과 친족 공동체의 도움이 없이 불가능하다. 국가와 가족이 노인 부양의 주된 책임을 지더라도 이웃과 친족 공동체가 보완할 필요가 있다. 이웃 및 친족 공동체가 국가와 가족과 함께 노인을 부양하는 국가와 가족 안팎 공동체의 부양 모형을 〈표 6-8〉로 요약한다.

〈표 6-8〉 국가 · 가족 협력 모형과 국가 · 가족 · 이웃 협력 모형

구분		국가 · 가족 협력 모형		국가 · 가족 · 이웃 협력 모형		
		국가	가족	국가	가족	이웃
유가족 노인	재화제공	책임	보조	책임	보조	하지 않음
	물리수발	책임	보조	책임	보조	보조
	경애	보조	책임	보조	책임	보조
	과제부여	보조	책임	보조	책임	보조
무가족 노인	재화제공	책임	무관	책임	무관	하지 않음
	물리수발	책임	무관	책임	무관	보조
	경애	불가	무관	불가	무관	보조
	과제부여	일부 책임	무관	일부 책임	무관	보조
부양 감시, 장려		무관	무관	책임	무관	보조

3) 국가와 가족 안팎 공동체 노인 협력 부양의 가능성

국가, 가족과 이웃의 노인 협력 부양이 가능한가? 이에 답하려면 세 주체의 협력 부양이 가능한가를 먼저 따져보아야 한다. 이것이 현실에서는 일부이지만 이루어지고 있다. 예컨대 아동을 주간에는 국가가 비용을 부담하는 어린이집에서, 밤에는 부모가, 부모가 잠시 일이 있을 때는 조부모나 이웃이 돌보기도 한다. 노인도 이렇게 돌볼 수 있다. 세 주체의 협력 부양이 가능하다.

그렇다면 이 부양 모형의 실현을 판가름할 빗장(관건關鍵)은 세 집단의 능력유무能力有無와 존속여부存續與否이다. 이미 이 세 집단의 부양 능력의 강점과 약점을 충분히 고려하면서 이 부양 모형을 구성하여 왔으므로 이제 존속여부만이 남았다.

국가는 존속할 것인가? 당분간 국가가 쉽게 해체되지는 않을 것 같다. 그러나 국가가 복지를 반드시 책임지지는 않는다. 이것은 국민의 선택에 달려 있다.

가족은 존속할 것인가? 자본주의 체제에서는 가족이 축소되고[44] 해소되는 경향을 보인다. 이런 변화를 적지 않은 사람이 자연 법칙처럼 받아들이고 가족의 보존은 물론, 노부모과 동거하거나 교류하는 것마저도 고상高尙하게 체념諦念해버린다. 체념하면 가족은 '자연의 철칙'에 따라 결국에는 사라지게 마련이다. 그러나 알아차리고 보면 가족의 사라짐이 하늘땅의 조화가 아니라 사람의 짓이다. 사람이 스스로 그리 하면서 하늘땅이 그렇게 한 것처럼 생각한다. 이것도 리외離畏이다. 가족은 스스로 사라지지 않고 사

---

44. 대가족이 소가족으로 줄어들고, 세대 교류가 이루어지지 않기만 해도, 노인 부양에서 가족이 사라진 것과 다르지 않다.

람이 사라지게 한다. 해소하면 해소되고 해소하지 않으면 해소되지 않는다.

이것을 자본주의의 정신에 따라서만 조성한 주거환경이 어떻게 가족을 축소 해소하는가를 예로 삼아서 살펴보기로 하자. 한국에서는 지난 수십 년 동안 자본의 이익을 최대로 늘리는 방식으로 아파트를 공급하여 왔다. 그러므로 주거 환경이 가족의 어울림에 어떤 여향을 미치는가는 마음과 눈 밖에 멀리 두었다. 그 결과 한국의 주택 구조는 가족의 어울림을 어렵게 만든다. 왜 그런가?

아파트와 같은 주택은 철문와 양회(콘크리트)벽으로 밖과는 소통을 차단하지만 안에서는 사람마다 자기 몫의 공간을 허용하지 않는다. 사는 이에게 밖과는 고립만을, 안에서는 밀착만을 강요한다. 밖으로부터는 사생활을 보호해주지만 안에서는 침해한다. 아파트의 출입문이 하나 밖에 없고 모든 동선動線이 중앙으로 모이기만 할 뿐, 분산되지 않는다. 이런 집 안에서는 시아버지가 며느리의 눈치를 보지 않고 화장실을 사용할 수 없고, 딸과 함께 사는 할머니는 사위의 손님들이 거실에서 한담을 나누면 자기 방에 갇힌다. 이런 비인류적非人類的 주택이 여러 세대의 동거를 거부하는 심리心理를 키운다. 독 안에서는 쥐들도 싸운다.

전통사회의 주택은 안팎 사이만이 아니라, 안에서도 분리와 소통을 돕는다. 여러 세대의 흩어짐과 모임을 다 이루도록 한다. 예컨대 초가삼간에서도 안방마다 밖으로 통하는 문이 있다. 안방엔 노부모가, 작은 방엔 자식 부부가 살아도 대소변 보는 일로 서로에게 불편을 주지 않는다. 안방에 시어머니의 친구들이 모여 있어도 작은 방의 며느리는 밀폐密閉당하지 않는다. 각 세대는 사생활도 누리면서 소통도 나눈다.

예전에 제주에서는 부모가 결혼한 자식들을 모두 분가分家시겼다. 나이가 들어 농사일이 힘에 부치면, 큰 자식에게 살던 안거레(안채)를 농사와 함께 물려주고 밖거레(바깥채)로 물러나서 우영팥(울안의 텃밭)을 가꾼다.[45] 여기서는 어느 누구도 밀폐당하지 않고 사생활을 보호받으며 부모 자식 사이에 소통도 할 수 있다. 라다크에서는 자식이 결혼하면 자기가 살던 큰 집을 물려주고 옆에 있는 오두막으로 옮겨간다.(헬레나 노르베레-호지, 1991: 65) 이런 주거 방식에서는 세대 사이에 사생활은 보호되고 소통은 방해받지 않는다.

현대 주택과 전통 주택, 어느 것이 가족 공동체를 더 잘 길러주는가? 어떤 주택을 만드느냐에 따라 세대 분리의 욕구가 커지기도 하고 작아지기도 한다. 우리가 가족 친화적인 주거 문화를 가꾸어나가면 가족의 축소와 해소를 줄일 수 있다. 이와 같이 여러 방향에서 가족을 살리려고 마음을 쓴다면 가족은 결코 사라지지 않을 것이다.

이제 이웃과 친족 공동체가 유지될 것인가를 따져보자. 자본주의 사회에서 개인화의 물결이 가족에게까지 파고드는데 공동체인들 온전할 수 있겠는가? 그러나 이것도 하늘땅의 조화가 아니다. 그러므로 근대전의 세상처럼 강하지는 않더라도 국가와 가족의 부양을 보조해줄 수 있을 정도 이상의 이웃 및 친족 공동체를 만들어서 유지할 수는 있다.

이것도 주택을 예로 삼아 이야기해보자. 지금 한국에서는 아파트의 집들이 공간적으로 서로 밀착密着되어 있으면서도 차단되어 있다. 여기에 사는 사람에게 사생활私生活과 안전('세이프티'[46])을 완벽하게 보장해준다는 믿음을 갖게 할지는 모르나 고립을 키운다. 단절斷絶시킬 뿐, 이웃 사이의 소통疏通은 어렵게 만든다.

그런데 한국의 전통사회에서는 울은 있되 발뒤꿈치를 들면 집 안이 보이

---

45. 이것은 제주도 출신인 성균관대 러시아문학과 김군선 교수로부터 배웠다.
46. 이렇게 불러야 '있어 보인다'.

고 담이 높더라도 군데군데 구멍이 뚫려 있어서 안팎의 말소리가 오간다. 울과 담은 경계일 뿐, 폐쇄閉鎖 장치裝置가 아니다. 사는 이의 사생활을 보호해주면서도 고립시키지는 않는다. 분리하면서도 소통을 막지 않는다.[47]

어떤 주택이 이웃을 더 잘 사귀게 할 수 있는가? 주거 공간만 잘 설계하여 주택을 공급하여도 이웃이 자랄 수 있다. 아파트 단지 안에 종합사회복지관을 짓고 아이들과 노인들이 함께 어울릴 수 있는 취미 기회를 마련해주어도 이웃이 소생할 것이다. 이웃을 살리려는 마음을 나누면 이웃은 사라지지 않는다. 이웃이 살아나면 가족이 살아나고 가족이 살아나면 이웃이 살아난다.

이런 동네를 꿈꿀 수는 없는가?

"우리 동네 한복판에는, 어린이 집, 요양원, 재가 수발 중심, 일차 의료 기관, 각종 상담실, 취미 교실, 도서관, 주민지원중심(센터)이 모여 있고, 주변에서 이런 일들이 펼쳐지면 좋겠다.

며느리가 출근하면 위층에 사는 시아버지가 손녀의 손을 잡고 어린이집에 들렀다가, 문화교실에서 수채화를 그린다. 사위는 퇴근길에 어린이집에 들러 아들을 안고 아래 층 요양원으로 내려가서 치매든 장모님께 문안을 드린다. 윤의를 탄 장애인을 건강한 노인이 밀어주며 산책을 한다. 청소년들은 학원에 가서 입시교육을 받는 대신, 내공이 싸인 어른들로부터 사군자와 붓글씨, 대금과 색소폰, 피아노, 사물놀이, 살풀이춤, 탈춤, 요가, 명상도 배우면서 인생의 지혜도 덤으로 얻고, 어른이 되어서는 그것들을 다음 청소년에게 전해준다. 회의실에서는 진지한 토론도 하지만, 휴게실에서는 하나마나한 소리로 시간을 보낸다. 주말이면 '씨엄씨 몰래 술 돌

---

47. 박시종 교수의 가르침을 따랐다.

라 묵고 이 방 저 방 댕기다가 씨압씨 불알을 볿았네(시어머니 몰래 술 훔쳐 먹고 이방 저방 다니다가 시아비 불알을 밟았네)'(진도 아리랑)와 같은 노래를 함께 부르며 가족 내의 규율과 해방, 긴장과 해소의 변증법을 멋스럽게 누린다. 주민들의 결혼과 회갑 잔치에는 문화교실 사람들의 흥겨운 춤과 가락이 흐르고, 마을 사람이 영별하는 날에는 아름다운 꽃상여의 수술들이 소리를 타고 너울거리며 눈물이 꽃잎처럼 떨어진다. 사람들이 가락으로 마음을 씻고 이웃들과 함께 즐거워하니, 늘 남을 감사하게 생각하면서 존경하고, 베풀고도 보답을 기대하지 않는다.(爲而不恃)(『노자老子』: 2장) 낮에는 나무 아래 평상에 동네 사람과 함께 누워 흔들리는 잎 사이로 열린 하늘과 흘러가는 구름을 보고, 밤에는 마당에 나가 이웃집 아이와 별을 헤아린다. 할머니의 무거운 짐을 청소년이 달려가 들어주고, 울고 있는 아이의 눈물을 이웃집 할아버지가 다가가서 닦아준다.

최저생계가 보장되어 있으므로 설령 벌이가 조금 적더라도 사는 데는 아무런 지장이 없으니 누구나 장인 정신을 가지고 열심히 일하고, 부담 없는 비용으로 성실한 남의 일손을 빌려 쓴다. 출근자의 발걸음에는 기운이 넘치고, 퇴근자의 얼굴에는 보람이 가득하다. 잘난 사람이나 못난 사람이나 모두 개살구 같은 개성을 드러내면서 자기 삶에 만족하고, 싸웠다가도 금방 만나서, 환한 얼굴로 이야기꽃 웃음꽃을 피워낸다."(박승희, 2012: 484)

5절 마무리[48]

나는 어릴 적에 증조할머니의 쭈글쭈글하지만 따스한 젖가슴과 시원한 볼을 만지작거리다 잠들곤 하였다. 할머니는 그런 나를 좋아하셨다. 우리는 어쩌다 맛있는 음식이라도 생기면 할머니께 먼저 드려야 했고, 그럴 때마다 드는 시늉만 하시다가 이내 손자들에게 나눠주곤 하셨다. 그러면 우리는 어머니의 꾸중에도 아랑곳없이 덥석 받아먹었고, 할머니는 그런 손자들의 모습을 웃으시면서 지켜보셨다. 그날 아침에 친척집에서 제사 음식을 장만하다가 동네에서 가장 나이가 많이 드신 할머님이 잡수시라고 가져 왔다. 나는 실귀 먹은 할머니께 큰 소리로 사연을 알리며 할머니 앞에 놓아드렸다. 할머니는 떡을 조금 맛보시다가 체하셨는지 쓰러지셨고 오후에 돌아가셨다.[49] 아흔 살이셨다.

북유럽의 노인들은 항상 목에 비상단추를 걸고 산다. 긴급한 일이 있을

---

48. 다음은 오래전에 어딘가에 실은 '내 학문의 퇴행'이란 글을 정리한 것이다.
49. 1968년 그때에는 병원이 멀고 전화도 차도 없었다.

때 누르면 도우미들이 곧바로 달려온다. 모든 노인의 삶을 국가가 세심하게 보살핀다. 넉넉한 연금을 지급하고 병을 치료해주며 수발을 들어준다. 한국의 고달픈 노인들과 비교하면 북유럽의 노인은 '천국'에 산다.

그런데 그 '천국'에서 노인이 왜 창가에서 홀로 먼 하늘을 바라보고 책상 위에 놓인 자식들의 사진을 들여다보며 스스로 삶을 마감하는 경우까지 있을까? 나의 증조할머니는 국가로부터는 아무런 혜택도 받지 못하셨고 병원이 없어 평생 병원에도 못 가보셨다. 돌아가시던 날에도 병원으로 급히 옮겼더라면 더 사셨을 것이다. 그러나 늘 음식과 함께, 자손과 이웃의 공경까지 드셨던 할머니께서는 외로울 틈마저도 없었다.

북유럽 노인들에게는 국가의 손길이 매우 풍요롭다. 하지만 그것은 어디까지나 사무적인 손길일 따름이다. 밤에 볼과 젖가슴을 만지작거리는 손자의 따사로운 손길과 국가의 풍요롭지만 사무적인 손길 가운데, 어떤 것을 노인이 더 좋아할까? 이웃이 가져온 음식을 전하는 손자와 언제든지 부르면 달려오는 도우미 중에 누구를 더 살가워할까? 나의 할머니가 저 복지의 나라 노인들보다 더 행복했을 것 같다.

그래서일까, 나는 자꾸만 과거를 뒤돌아본다. 나도 고루한 사회제도를 싫어하고 잘 다듬어진 북유럽의 복지제도를 좋아한다. 그러나 나는 저녁(저쪽)의 삶을 부러워하면서 아름다운 이녁의 전통까지 깡그리 내던지고 싶지는 않다.

어느 토론회에서 나는 한 발표자의 말에 꼬투리를 잡은 적이 있다. 발표자의 의견에는 대체로 동감하면서도 가족주의와 연고주의, 지역주의와 함께 머지않아 소멸할 낡은 공동체주의라는 말만은 받아들일 수가 없었다. 가족과 공동체를 무조건 버려서는 안 된다는 나의 주장에 한 원로 사회학자가 반박反駁하였다. 몇 년 전 복지부의 관료가 노인복지 관련 국제회의에서 한국은 가정복지가 잘 되어 있어서 사회복지가 필요 없다는 말을 자랑스럽게 떠들었는데 지금 우리의 현실은 그 관료의 말이 얼마나 잘못되었는 가를 잘 보여주고 있지 않느냐고 물었다. 그분의 말뜻대로라면 나의 학문 적 관심은 퇴행적이다.

그러나 나는 계속 퇴행하고 싶다. 왜냐하면 '밥만 먹여주고 좋아하지 않으면 돼지를 사귀는 것이요, 좋아만 하고 공경하지 않으면 짐승을 기르는 것이라(食而弗愛 豕交之也 愛而弗敬 獸畜之也)'는 맹자의 말에 공감하며, 나의 증조할머니가 최상의 사회복지를 누리고 있는 북유럽의 노인들보다 더 행 복하게 사셨다는 믿음을 버릴 수 없기 때문이다.

사회복지社會福祉 없는 효孝는 살인殺人이고, 효孝 없는 사회복지社會福祉 는 사육飼育이며, 이웃과 친족이 없으면 효는 위태롭고, 사회복지는 낭비 된다.

참고문헌

高橋幸八郎, 1980,『자본주의 발달사』, 광민사

고미영, 2003, '가족실천의 패러다임 검토',『가족복지의 패러다임: 반성과 모색』, 한국가족사회복지학회 추계학술대회자료집

김경동 · 이의강 역주, 2003,『백거이 한적시선, 나 이제 흰 구름과 더불어』, 성균관대학교 출판부

김구 저, 도진순 주해, 1997,『백범일지』, 돌베개

김대환 편역, 1980,『자본주의이행론쟁』, 광민사

김미경, 2000, '노인복지에 대한 가족사회학적 접근',『한국사회학』제34호

김상봉, 1998,『자기의식과 존재사유』, 한길사

김연명 편, 2002,『한국 복지국가의 성경논쟁 I』, 인간과 복지

김영호, 1997, '노인여가활동과 노인자원복지프로그램',『노인여가의 현황과 과제』, 사단법인 한국노인복지연구소

김용근, 2017, '도박중독자가 구성하는 돈과 도박의 의미: 성찰적 내러티브 접근', 성균관대학교 박사학위논문

김익기 외, 1997,『한국 노인의 삶 · 진단과 전망』, 미래인력연구센터 · 생각의나무

김인숙, 2003, '가족지원기본법(안) 제정의 배경과 내용',『무너지는 '한국사회와 가족, 복지인프라 구축'이 시급하다』, 한국사회복지학회 정책토론회 자료집

김정희, 1995, '진흥왕 두 비석에 대해서 상고하다', 김정희, 민족문화연구회편,『국역 완당전집』솔

김종일, 2001,『복지에서 노동으로』, 일신사

김준호 편역, 1982,『경제사입문』, 백산서당

김태경, 2004,『물푸레나무를 생각하는 저녁』, 창작과 비평

김태성, 1997, '오늘날의 서구복지국가 무엇이 문제인가?: 한국의 사회복지 발전방향에의 함의',『한국사회복지학』제31호

김태현 · 김동배 · 김미혜 · 이영진 · 김애순, 1999, '노년기 삶의 질에 관한 연구 (Ⅱ)'『한국노년학』제19권 1호

김홍신 국회의원 대표 발의, 2003. 8. 22., '가족지원기본법안'

南懷瑾 저, 신원봉 역, 1999,『금강경 강의』, 문예출판사

노명식 편, 1983,『자유주의』, 종로서적

노자老子,『도덕경道德經』

『논어論語』

『논어집수대전論語集註大全』

『논어집주論語集註』

大塚久雄, 1978,『歐洲經濟史』, 岩波書店

도연명陶淵明 저, 1994, '移居', 기세춘 · 신영복 편역,『中國歷代詩歌選集1』, 돌베개: 574

마이크 비킨 지음, 정여진 옮김, 2016,『Hygge Life : 휘게라이프, 편안하게 함께 따뜻하게』, 위즈덤하우스

『맹자孟子』

모지환, 1991, '마르크스의 니드(need)이론에 관한 연구', 중앙대학교 석사논문

무까이 무사아끼 지음, 이창석 이지영 옮김, 2017,『라깡 대 라깡』, 새물결출판사

박광순 등 저, 1997,『경제사신론』, 유풍출판사

박승희, 1989, '大企業 一貫組立作業場의 勞動統制에 관한 事例研究', 성균관대 박사학위 논문

박승희, 1995, '현대 산업사회의 형성과 여가',『사회과학』제34권 제2호 통권 41호(별책특집), 성균관대학교 사회과학연구소

박승희, 1999, '사서에 나타난 유교의 사회복지 사상',『한국사회복지학』, 통권 38호, 한국사회복지학회

박승희, 2000가, '농촌노인들의 욕구충족과 욕구생성의 실태에 관한 연구',『한국사회학』제34집 겨울호

박승희, 2000나, '사회복지정책의 욕구이론에 대한 성찰',『사회복지정책』제10

집

박승희, 2002, '사회복지이념과 복지국가', 최경구 외, 『21세기 사회복지 정책』, 청목출판사

박승희, 2002, '주요 사회복지정책론의 가족 위기 대처 방식에 대한 비판적 검토', 『사회복지저책』 제14집

박승희, 2003, '역사 서문', Canda, E. R. & Furman, L. D. 저, 박승희·이혁구 외 역, 2003, 『종교사회복지실천론: 사회복지실천에서 얼알의 다양성』, 성균관대학교 출판부

박승희, 2012, 『한국사회보장론-스웨덴을 거울삼아』, 성균관대학교 출판부

박승희, 2015, 『사회복지학자가 읽은 도덕경』, 성균관대학교 출판부

박시종·이혁구, 2002, '옮긴이 보론', Mishra, R. 저, 이혁구·박시종 역, 2002, 『세계화와 복지국가의 위기: 지구적 사회정책을 향하여』, 성균관대학교 출판부

박영란, 1999, '노인과 가족의 부양부담: 성 인지적 정책 및 서비스 개발의 필요성', 한국가족사회복지학회, 제5회 학술세미나 자료

박옥주, 2002, '마약 의존자의 마약에 대한 접근 및 의존 과정에 관하 연구: 필로폰 의존자를 중심으로', 성균관대학교 사회복지학과 석사논문

박완서, 1992, 『그 많던 싱아는 누가 다 먹었을까』, 웅진출판사

박용순, 2002, 『사회복지학개론』, 학지사

박호성, 1989, 『사회주의와 민족주의』, 까치

『반야심경般若心經』

배영수 편, 『서양사강의(개정판)』, 한울

법제처 역주, 1981, 『經國大典』, 일지사

보건복지부, 1999, '21세기 고령사회를 대비한 보건복지 중장기 발전계획', 1999. 1.27일

석인해 역해, 1991, 『장자』, 일산서적출판사

손병돈, 2000, '비공식 봉지의 빈곤화와 효과와 그 한계', 『월간복지동향』, 2월호 제17호

신광영, 2000, '서구의 복지 사상', 미발표 논문

신섭중 외, 1987, 『각국의 사회보장: 역사·현황·전망』, 유풍출판사

심윤종 외, 1991, 『산업사회학』, 경문사

안동림 역주, 1993, 『장자』, 현암사

야오간밍, 손성하 옮김, 2006, 『노자강의』, 김영사

엄명용, 2000, '가정해체 현상의 규명과 그에 따른 가정회복 정책의 탐색', 『사회
　복지정책』 제11집

영암군 구림대동계복원추진원회, 2004, 『구림대동계지』

『예기禮記』

오쿠마 유키고大態由紀子 저, 노명근·노혜란 역, 1998, 『노인복지혁명』, 예영
　커뮤니케이션

王弼 저, 임현우 역, 1997, 『왕필의 노자』, 예문서원

원석조, 2000, '영국복지국가의 성립배경에 관한 연구', 『생산적 복지와 사회복
　지정책』, 한국사회복지정책학회 2000년 춘계학술대회자료집

유병용·신광영·김현철, 2002, 『유교와 복지』, 백산서당

은정희 역주, 1990, 『원효의 대승기신론 소·별기』, 일지사

이가옥·권선진·권중돈·이원숙, 1990, '노인부양에 관한 연구', 한국보건사회
　연구원

이기동 역해, 2004, 『시경강설』, 성균관대학교 출판부

이옥희, 2004, '페미니즘의 관점에서 본 가족복지정책', 『상황과 복지』 16호

이진숙, 2002, '독일 가족정책의 이념적 변천에 대한 연구–정당별 가족정책의
　이념과 정책수단에 대한 분석', 『한국 사회복지의 개혁과제와 전망』, 2002년
　한국사회복지학회 춘계학술대회 자료집

이진숙, 2003, '가족의 정치적 아젠다화: 가족변화에 대한 독일정당들의 대응',
　『상황과 복지』 16호

이혁구, 1994, '사회복지: 통제, 욕구, 그리고 권력', 『사회과학의 동향과 전망』,
　한울 아카데미

이혁구, 1999, '탈근대사회의 가족변화와 가족윤리: 21세기 가족복지의 실천방

　향', 『한국가족복지학』 제4호

이황 · 기대승 저, 김영무 역, 2003, 『퇴계와 고봉, 편지를 쓰다』, 소나무

장인협 · 최성재, 2002, 『노인복지학』, 서울대학교 출판부

『장자莊子』

전태국, 1997, 『지식사회학』, 사회문화연구소

정약용 저, 다산연구회 역주, 1981, 『譯註 牧民心書 Ⅱ』, 창작과비평사

정약용 저, 민족문화추진회 편, 1996, '虞候 李重協을 증별(贈別)하는 詩帖의 序', 『국역 다산시문집 6』, 솔

정약용 저, 송재소宋載邵 역주, 1981, 『단산시선茶山詩選』, 창작과비평사

정약용 저, 이지형 역주, 2010, 『논어고금집주論語古今注』, 사암

쩌우지밍 지음, 김재영 옮김, 2006, 『권력규칙』, 한길사

『채근담菜根譚』

최경구, 1991, 『조합주의 복지 국가』, 한나래

최명희, 1996, 『혼불』, 1권-10권, 한길사

최연혁, 2012, 『우리가 만나야 할 미래』, 쌤앤파커스

최일섭 · 최성재, 1995, 『사회문제와 사회복지』, 나남

최종식崔鍾軾, 1978, 『서양경제사론西洋經濟史論』, 瑞文堂

파울 페르하에허 지음, 장혜경 옮김, 2016, 『우리는 어떻게 괴물이 되어가는가』, 반비

피세진, 2017, 『제레미 벤담의 공리주의와 윌리엄 제임스의 실용주의』, 박이정

한국노인문제연구소, 1996, 『노인복지정책연구』

한국보건사회연구원, 2000, 『國民基礎生活保障法 施行方案에 관한 研究Ⅰ』

한무제漢武帝 저, 성백효 역주, 1994, '추풍사秋風辭', 『고문진보古文眞寶』후집, 전통문화연구회

헬레나 노르베레-호지, 2001, 『오래된 미래』, 녹색평론사

현외성 외, 1993, 『사회복지학의 이해』, 유풍출판사

홍성민, 2014, 『문화와 아비투스: 부르디외와 유럽정치사상』, 나남

Applbaum, K., et al, 1998, "The sweetness of salvation: consumer marketing and the liberal-bourgeois theory of needs", *Current Anthropology*, Volume 39, Number 3

Beauvoir, S. 저, 홍상희·박혜영 역, 1994, 『노년』, 책세상

Beck, U. 저, 홍성태 역. 1997. 『위험사회』, 새물결

Beck, U., 1986, *Riskogesellschaft: Auf dem Weg in eine andere Moderne*, Suhrkamp

Bell, W., 1983, *Contemporary Social Welfare*, Macmillan Publishing Co., New York

Bentham, Jeremy 저, 고정식 역, 2011, 『도덕과 입법의 원리 서설』, 나남

Bentham, Jeremy, 2010, *An Introduction to he Principles of Morals and Legislation*, Dodo Press.

Braverman, H. 저, 이한주·강남훈 역, 1987, 『노동과 독점자본』, 까치

Braverman, H., 1974, *Labor and Monopoly Capital*, Monthlyreview Press, New York and London

Canda, E. R. & Furman, L. D. 저, 박승희·이혁구 외 역, 2003, 『종교사회복지실천론: 사회복지실천에서 얼알의 다양성』, 성균관대학교 출판부

Compton, B. R. and Galaway, B., 1984, *Social Work Processes*, The Dorsey Press, Chicago, Illinois

Elmer, A. 저, 문석남 역, 1988, 『복지국가의 사회정책』, 대왕사

Engels, F. 저, 김대웅 역, 1985, 『가족의 기원』, 아침

Engels, F. 저, 박홍진 역, 『독일혁명사연구』, 1988

Esping-Anderson, G., 1985, *Politics Against Markets*, Princeton University Press, New Jersey

Esping-Anderson, G., 1990, *The Three Worlds of Welfare Capitalism*, Polity Press, U.K.

Esping-Anderson, G., 박시종 역, 2004, 『복지체제의 위기와 대응: 포스트 산업경제의 사회적 토대』, 한국노총중앙연구원

Esping-Anderson, G., 박시종 역, 2007, 『복지 자본주의의 세 가지 세계』, 성균관대학교 출판부

Foulcault, M., 오트르망(심세광 전혜리 조성은) 옮김, 2014, 『생명관리정치의

탄생』, 난장

Giddens, A. 저, 배은경·황정미 역, 1995, 『현대사회의 성, 사랑, 에로티즘: 친밀성의 구조 변동』, 새물결

Giddens, A. 저, 한상진·박찬욱 역, 1998, 『제3의 길』, 생각의나무

Gough, K., 1992, "The Origin of the Family", Skolnick, A. S. and Skolnick, J. H. (eds), *Family in Transition*, Harper Collins Publishers.

Huberman, L. 저, 장상환 역, 2000, 『자본주의 역사 바로알기』, 책벌레

Kautto, M., 1999. "Changes in age structure, family stability and dependency", Mikko Kautto etc (eds), *Nordic Social Policy - Changing welfare states*, Routledge, London and New York

Lukacs, G. 저, 박정호·조만영 역, 1986, 『역사와 계급의식』, 거름

Marshall, T. H., 1963, "Citizenship and Social Class", *Sociology at the Crossroads and Other Essays*, Heinemann, London

Martin, H. & Schumann, H., 강수돌 역, 1999, 『세계화의 덫 : 민주주의와 삶의 질에 대한 공격』, 영림카디널

Marx, K. & Engels, F., 1983, *Die deutsche Ideologie*, Marx Engels Werke, Band 3, Dietz Verlarg Berlin

Marx, K., 1986, *Das Kapital Ⅰ*, Marx Engels Werke, Band 23, Dietz Verlag Berlin

Marx, K., 1988, *Das Kapital Ⅲ*, Marx Engels Werke, Band 25, Dietz Verlag Berlin.

Marx, K., 김수행 역, 1991, 『자본론 Ⅰ(下)』, 비봉출판사

Marx, K., 김수행 역, 2016, 『자본론 Ⅰ(上)』, 비봉출판사

Marx, K., 김영민 역, 1987, 『자본 Ⅰ-1』, 이론과 실천

Marx, K.., 김영민 역, 1987, 『자본 Ⅰ-2』, 이론과 실천

Marx, K., 김영민 역, 1987, 『자본 Ⅰ-3』, 이론과 실천

Marx, K., 1985, *Zur Kritik der Politischen Ökonomie*, Marx Engels Werke, Band 13, Dietz Verlarg Berlin

Marx, K., Moore, S. & Aveling, E., 1977, *Capital*: *Volume Ⅰ*, International Publishers, New York

Maslow, A. H. 저, 조대봉 역, 1992, 『인간의 동기와 성격』, 교육과학사

Maurice, B., 1961, *The Coming of the Welfare State*, Routledge, London

Max Weber, 1991, '사회과학적 및 사회정책적 인식의 객관성', 임영일 외 편역, 『막스 베버 선집』, 까치

Merton, R. K., 1968, *Social Theory and social Structure*, The free press, New York

Mishra, R. 저, 이혁구 · 박시종 역, 2002, 『세계화와 복지국가의 위기: 지구적 사회정책을 향하여』, 성균관대학교 출판부

Norberg-Hodge, H. 저, 김종철 · 김태언 역, 1991, 『오래된 미래: 라다크로부터 배운다』, 녹색평론사

Polanyi, K. 저, 박현수 역, 1991, 『거대한 변환: 우리시대의 정치적 · 경제적 기원』, 민음사

Sallins, M., 1994, "The Sadness of Sweetness: The Native Anthropology Western Cosmology", *Current Anthropology*, Volume 37, Number 3

Skolnick, A. S. and Skolnick, J. H., 1992, *Family in Transition*, Harper Collins Publishers Inc.

Smith, A. 저, 최임환 역, 1989, 『국부론國富論(상上)』, 을유문화사

Stacey, J., 1996, *In The Name of The Family*. Beacon Press, Boston

Weber, M. 저, 임영일 외 편역, 1994, "사회과학적 및 사회정책적 인식의 객관성", 『막스 베버 선집』, 까치

Weber, M., 1985, *Wirtschaft und Gesellschaft*, J.C.B. Mohr, Tübingen

Weber, M., 1988, "Die Objektivität sozialwissenschaftlicher und sozialpolitischer Erkenntnis", *Gesammelte Aufsätze zur Wissenschaftslehre*, J.B.C. Mohr, Tübingen

Weber, Max, 1988, *Gesammelte Aufsätze zur Wissenschaftslehre*, J.C.B. Mohr, Tübingen

Weber, Max, 양회수 역, 1988, 『프로테스탄티즘의 윤리倫理와 자본주의資本主義의 정신精神』, 을유문화사

West, P., 1984, "The Family, the Welfare State and Community Care: Political Rhetoric and Public Attitudes", *Journal of Social Policy*. 13: 4

한국사회복지정책론

초 판 1쇄 발행 2005년 1월 30일
개정판 1쇄 발행 2019년 2월 28일

지 은 이 박승희
펴 낸 이 신동렬
펴 낸 곳 성균관대학교 출판부
책임편집 신철호
편   집 현상철 · 구남희
마 케 팅 박정수 · 김지현

등   록 1975년 5월 21일 제1975-9호
주   소 03063 서울특별시 종로구 성균관로 25-2
대표전화 02)760-1253-4
팩   스 02)762-7452
홈 페 이 지 http://press.skku.edu

ISBN 979-11-5550-323-2 93330

*잘못된 책은 구입한 곳에서 교환해 드립니다.